云南省现代农业产业技术体系建设成果

云南马铃薯产业技术与经济研究

杨艳丽　主编

科学出版社

北　京

内 容 简 介

本书是云南省现代农业产业技术体系建设成果,围绕马铃薯产业链各环节编写而成。全书共分十一章,第一章至第五章概述云南马铃薯研究史、进展和发展趋势,总结了马铃薯种质资源、品种选育和分子育种成果,介绍了马铃薯种薯繁育体系建设和种业发展概况,主要栽培特点和栽培技术,探讨云南马铃薯主要病虫害发生危害规律及主要防控措施;第六章至第十一章从产业经济的视角,分析了云南马铃薯的供求、投入产出、竞争力及发展前景等。

本书内容广泛,从应用基础研究到示范推广和案例分析,系统介绍了马铃薯产业链各环节的关键技术和发展趋势,可供相关从业人员和涉农院校相关专业的教师、学生参阅。

图书在版编目(CIP)数据

云南马铃薯产业技术与经济研究 / 杨艳丽主编. —北京:科学出版社,2016.6

云南省现代农业产业技术体系建设成果

ISBN 978-7-03-048466-6

Ⅰ. ①云… Ⅱ. ①杨… Ⅲ. ①马铃薯-产业发展-研究-云南省 Ⅳ. ①F326.11

中国版本图书馆 CIP 数据核字(2016)第 119641 号

责任编辑:刘 畅 / 责任校对:郑金红
责任印制:赵 博 / 封面设计:迷底书装

科 学 出 版 社 出版
北京东黄城根北街 16 号
邮政编码:100717
http://www.sciencep.com

北京通州皇家印刷厂 印刷

科学出版社发行 各地新华书店经销

*

2016 年 6 月第 一 版 开本:787×1092 1/16
2016 年 6 月第一次印刷 印张:20 1/2 插页 8
字数:486 000

定价:168.00 元
(如有印装质量问题,我社负责调换)

《云南马铃薯产业技术与经济研究》
编写委员会

主　　　编　杨艳丽

副　主　编　张德亮　孙茂林

编 写 人 员　(按姓氏汉语拼音排序)

白建明	陈　斌	陈际才	陈建林
丁　铭	董家红	郭华春	海梅荣
郝大海	胡先奇	金　璟	李灿辉
李文基	李学坤	刘　霞	刘彦和
刘元省	龙　蔚	卢春玲	卢丽丽
闵　康	孙茂林	荫启君	唐　唯
王洪洋	王孟宇	徐发海	杨家伟
杨琼芬	杨艳丽	杨正富	姚春光
张德亮	张宽华	张新永	张仲凯

前　言

　　云南省地域辽阔，生态环境多样，自然气候条件适宜马铃薯生长，是中国马铃薯五大主产区之一。据清代吴其濬著《植物名实图考》(1848年)卷六记载推断1848年以前云南就已引进马铃薯栽培。另据云南师范大学王军教授考证，雍正九年(1731年)在云南省的《会泽县志》中就有马铃薯的记载，因此，马铃薯传入云南有近300年的历史。云南省无论从纬度、山区生态类型还是气候条件，都非常适宜马铃薯的生长，自从马铃薯传入后，人们因地制宜，创造了其多样性的耕作制度，积累了丰富的栽培经验，形成各具特色的地方食品，马铃薯亦菜亦粮，深受云南人民喜爱。2013年中国马铃薯大会报告资料中显示，云南马铃薯的总产量占全国的8%。据云南农业年鉴统计数据，2013年主要粮食总产量中稻谷667.9万吨；小麦80.5万吨；玉米734.2万吨；豆类131.4万吨；薯类207.6万吨(折粮)，其中马铃薯194.5万吨(折粮)。2014年马铃薯种植面积增加到56.4万公顷，占粮食播种面积的18.76%，马铃薯已发展成为云南省继水稻、三米之后的第三大作物。随着马铃薯主粮化战略的实施，将会进一步提升云南马铃薯在全国的地位以及在粮食安全方面的作用和意义。首先，云南多样性的地理和气候特点，全年皆可种植、收获马铃薯，满足了全国各地人们一年四季都能吃到新鲜马铃薯的消费需求，同时真正做到了"藏粮于田"；其次，从粮食安全的角度看，云南马铃薯基本上3个多月一个生产周期，周年生产，在出现粮食危机时，云南将是备粮备荒的重要生产基地；最后，马铃薯生产也是农民增收致富的一条重要途径。

　　云南省马铃薯生产的长足发展与科学技术的进步密不可分。早在20世纪60年代，就有一批科技人员从事有关研究和开发工作，为马铃薯的发展作出了重要贡献。目前，有一大批科技人员投身马铃薯技术研究和推广工作。云南省长期立项支持马铃薯的科学研究和开发，许多地方政府也看到了马铃薯产业对当地经济发展促进的重要作用，积极支持新品种、新技术的推广和开发，农民的科技意识不断增强。无论是对马铃薯基础理论的探索，新品种选育、栽培技术研究，还是实用技术的推广，科技队伍不断加强，研发领域大大拓宽。近年来，云南省马铃薯种植面积不断扩大，产量明显增加，质量有显著地提高，这主要得益于优良品种的引进和选育改良，栽培技术的改进，病虫害的诊断和防治，生物技术的应用，以及科技的普及和培训等方面的工作。2003年农业部设立国家现代农业马铃薯产业技术体系，云南省于2009年建立了云南省现代农业马铃薯产业技术体系。体系设置技术研发中心和试验站，下设育种研究室、良种繁育研究室、病虫害防控研究室、栽培研究室和产业经济研究室，在各主要马铃薯生产州市县设置试验站，并将英茂集团大理种业作为新技术创新平台，成为体系的创新示范基地。自2009年体系建设以来，体系研发中心选育出的15个品种通过国家、省级和地方审定，4个品种申请品种保护，参与完成国家标准修订1项，颁布实施地方标准2项，克隆抗逆基因3个，集成技术10余项，每年编写并由省农业厅发布技术指导意见1～2个；申请专利5项，授权3项；获得无公害农产品认证 1 项。以此增强了科技创新能力。试验站累计示范新品种 8 个，建立集成技术综合示范区 62 499 亩，平均增产 20.32%，降低成本 11.5%；项目区良种覆盖率 90.12%，实现产量 13.1755 万吨，产值 131 755 万元(1000 元/吨计算)；辐射带动面积超过 1000 万亩。培训一大批科技队伍和科技示范户。发挥体系技术优势，服务"高产创建"、"科技示范县"、"示范村"和"示范基地"。

本书以云南省现代农业马铃薯产业技术体系建设成果为主，是体系团队成员辛勤工作、共同奋斗的智慧结晶。全书共分 11 章，第一章简述了本领域的研究历史、进展和发展趋势；第二章主要介绍了云南马铃薯种质资源、品种选育和分子育种；第三章介绍了云南马铃薯种薯繁育体系建设和种业发展情况；第四章围绕云南马铃薯栽培多样性，简述了云南马铃薯主要栽培特点和栽培技术；第五章探讨了云南马铃薯主要病虫害发生危害规律及主要防控措施；第六章至第十一章从产业经济角度，围绕云南马铃薯的供求、投入产出、产业竞争力、发展前景、信息化等内容，结合产业技术体系近年来的专题调查研究，对云南省马铃薯的产业发展进行全方位思考。本书内容广泛，从应用基础研究到示范推广和案例分析，系统介绍了马铃薯产业链各环节的关键技术和发展趋势，可供相关从业人员和涉农院校相关专业的教师、学生参阅。

本书第一章由云南省农业科学院孙茂林研究员主笔，云南农业大学杨艳丽教授、云南农业技术推广总站刘彦和研究员、云南理世实业(集团)有限责任公司刘元省参加编写；第二章由云南省农业科学院白建明研究员和云南师范大学李灿辉教授主笔，云南省农业科学院隋启君研究员和姚春光博士、云南师范大学唐唯博士、郝大海博士和王洪洋博士参加编写；第三章由云南省农业科学院杨琼芬研究员和云南英茂集团李文基主笔，云南省农业科学院张仲凯研究员、丁铭研究员、卢丽丽博士和云南省农业职业学院王孟宇教授、剑川县农业技术推广中心张宽华农艺师、寻甸县农业技术推广中心杨正富高级农艺师参加编写；第四章由曲靖市农业科学院陈建林研究员和云南农业大学张新永博士、海梅荣博士主笔，云南农业大学郭华春教授、德宏州农业科学研究所陈际才高级农艺师、迪庆州农业科学研究所闵康高级农艺师、开远市农业技术推广站杨家伟高级农艺师、宣威市农业技术推广站徐发海农艺师、文山州农业技术推广站卢春玲农艺师参加编写；第五章由云南省农业科学院张仲凯研究员和云南农业大学杨艳丽教授主笔，云南农业大学陈斌教授、胡先奇教授、刘霞博士和云南省农业科学院董家红研究员参加编写；第六章至第十一章由云南农业大学张德亮教授主笔，金璟讲师、龙蔚讲师、李学坤副教授参加编写。此外云南农业大学黄琼教授提供了马铃薯青枯病菌照片，黄勋、冯蕊、高达芳、林朕立等同学做了大量的文字处理工作；云南省农业厅相关领导对本书的编写提出建设性建议；在此，一并表示衷心的感谢。

由于我们的水平有限，产业发展较快，书中难免存在错漏之处，望同行专家和读者批评指正。

杨艳丽
2016 年 3 月 17 日

目　　录

前言
第一章　马铃薯产业发展概况 ······························· 1
　　第一节　云南马铃薯栽培历史 ························· 1
　　　　一、马铃薯的引入 ······························· 1
　　　　二、马铃薯的主要种植区域 ······················ 2
　　第二节　马铃薯在经济和生活中的作用 ··············· 5
　　　　一、主粮化在粮食安全保障中的地位 ·············· 5
　　　　二、平衡蔬菜市场的供应 ························· 6
　　　　三、养殖业中的重要饲料 ························· 7
　　　　四、食品加工与大众生活 ························· 7
　　　　五、边疆山区少数民族的重要作物 ················ 9
　　第三节　马铃薯产业发展 ··························· 11
　　　　一、栽培面积和产量的增长 ····················· 11
　　　　二、面向国内外消费市场的马铃薯产业 ··········· 19
　　　　三、技术进步在产业发展中的作用 ··············· 22
　　　　四、国内外科技合作 ··························· 25
　　参考文献 ······································· 34
第二章　马铃薯种质资源及品种选育 ····················· 36
　　第一节　马铃薯种质资源 ··························· 36
　　　　一、马铃薯种质资源收集和评价 ················· 36
　　　　二、马铃薯种质资源研究和利用 ················· 37
　　　　三、马铃薯野生种利用 ························· 38
　　　　四、马铃薯种质资源保护 ····················· 39
　　第二节　马铃薯新品种选育 ························· 39
　　　　一、马铃薯品种选育概论 ····················· 40
　　　　二、马铃薯选育技术 ··························· 50
　　　　三、马铃薯主栽品种 ··························· 53
　　第三节　马铃薯分子育种技术 ····················· 61
　　　　一、目标基因定位与克隆在马铃薯育种研究中的应用 ·· 62
　　　　二、分子标记辅助育种在马铃薯育种研究中的应用 ··· 64
　　　　三、转基因技术在马铃薯育种研究中的应用 ········ 68
　　　　四、分子设计育种在马铃薯研究中的应用 ·········· 71
　　参考文献 ······································· 71

附录　云南省育成的 56 个品种介绍 ································· 78

第三章　马铃薯脱毒种薯繁育体系及种业发展 ·············· **97**
　第一节　马铃薯种业发展现状及趋势 ·························· 97
　　一、云南省马铃薯种业的发展现状 ······················ 98
　　二、云南省马铃薯种业存在的问题 ······················ 98
　　三、云南省马铃薯种业的发展趋势 ······················ 99
　　四、促进云南省马铃薯种业发展的措施 ·················· 99
　第二节　马铃薯脱毒种薯繁育体系 ························· 100
　　一、马铃薯核心种苗生产技术 ·························· 100
　　二、马铃薯脱毒苗快繁技术 ···························· 103
　　三、马铃薯原原种生产技术 ···························· 106
　　四、马铃薯原种、一级种生产技术 ···················· 111
　第三节　马铃薯种薯质量标准及生产技术标准体系 ········· 113
　　一、马铃薯种薯质量及生产技术标准体系现状 ·········· 114
　　二、马铃薯种薯质量和生产技术标准的地位和应用 ······ 114
　　三、马铃薯种薯质量及生产技术标准体系的构建 ········ 115
　第四节　马铃薯脱毒种薯质量检测技术 ···················· 115
　　一、马铃薯病毒生物学测定技术 ························ 116
　　二、马铃薯病毒电子显微镜检测技术 ···················· 117
　　三、马铃薯病毒免疫学检测技术 ························ 120
　　四、分子生物学检测技术 ······························ 122
　第五节　云南省马铃薯种薯企业案例分析 ················· 124
　　一、英茂公司马铃薯脱毒种薯企业质量标准构建 ········ 125
　　二、英茂公司马铃薯脱毒种薯生产标准及运用 ·········· 125
　参考文献 ··· 133

第四章　马铃薯栽培模式及关键技术 ···················· **134**
　第一节　马铃薯栽培生态特点、种植制度及栽培模式 ······· 134
　　一、马铃薯栽培生态特点 ······························ 134
　　二、种植制度 ·· 135
　　三、栽培模式 ·· 140
　第二节　栽培新技术 ···································· 146
　　一、水肥高效利用栽培新技术 ·························· 146
　　二、马铃薯全程机械化作业 ···························· 148
　　三、防冻栽培技术 ···································· 150
　　四、马铃薯设施栽培技术 ······························ 151
　参考文献 ··· 154

第五章　马铃薯主要病虫害及防控技术 ·················· **155**
　第一节　真菌及卵菌病害 ································ 155
　　一、马铃薯晚疫病 ···································· 155

二、马铃薯早疫病 ……………………………………… 161

三、马铃薯黑痣病 ……………………………………… 163

四、马铃薯粉痂病 ……………………………………… 166

第二节　病毒病害 ………………………………………………… 169

一、症状类型 …………………………………………… 169

二、主要病毒及类病毒种类 …………………………… 170

三、马铃薯病毒病的流行特点 ………………………… 173

四、防控措施 …………………………………………… 173

第三节　细菌病害及其他病害 …………………………………… 173

一、马铃薯青枯病 ……………………………………… 174

二、马铃薯环腐病 ……………………………………… 177

三、马铃薯黑胫病 ……………………………………… 179

四、马铃薯疮痂病 ……………………………………… 181

五、马铃薯植原体病害 ………………………………… 185

六、马铃薯根结线虫病 ………………………………… 187

第四节　马铃薯主要虫害 ………………………………………… 189

一、马铃薯块茎蛾 ……………………………………… 189

二、马铃薯蚜虫 ………………………………………… 195

三、马铃薯地下害虫 …………………………………… 196

参考文献 …………………………………………………………… 197

第六章　云南省马铃薯供求分析 ……………………………………… 203

第一节　供求基本概念与理论 …………………………………… 203

一、供求规律 …………………………………………… 203

二、弹性理论 …………………………………………… 206

三、蛛网理论 …………………………………………… 206

第二节　马铃薯供给分析 ………………………………………… 209

一、种植现状 …………………………………………… 209

二、马铃薯市场供给分析 ……………………………… 212

三、云南马铃薯需求用途分类 ………………………… 213

四、云南省马铃薯消费分析 …………………………… 215

五、加工情况 …………………………………………… 218

第三节　马铃薯价格分析 ………………………………………… 221

一、价格 ………………………………………………… 221

二、马铃薯价格行情分析 ……………………………… 221

三、云南省马铃薯价格波动分析 ……………………… 223

参考文献 …………………………………………………………… 226

第七章　云南马铃薯投入产出分析 …………………………………… 227

第一节　投入产出理论阐述 ……………………………………… 227

一、投入产出比分析方法 ……………………………… 227

二、投入产出效率·····228

三、根据研究理论进行方法选择·····229

第二节　投入产出抽样调查说明·····229

一、调查方法和调查范围·····229

二、调查表及指标设计·····229

三、调查结果统计描述·····230

第三节　投入产出分析·····232

一、马铃薯投入分析·····232

二、马铃薯产出价值量分析·····235

三、云南马铃薯投入产出分析·····237

四、投入产出分析结果·····238

第四节　云南马铃薯投入产出比较分析·····239

一、马铃薯投入产出区域性比较·····239

二、马铃薯与竞争性作物投入产出比较分析·····241

第五节　投入产出效率分析·····243

一、马铃薯种植技术效率分析·····243

二、配置效率DEA分析·····245

三、C-D函数的效率分析·····246

第六节　产出影响因素分析·····247

一、影响因素数据描述·····247

二、产量影响因素模型·····248

三、种植面积影响因素模型·····249

四、结果分析·····249

参考文献·····249

第八章　云南省马铃薯产业竞争力分析·····**251**

第一节　产业竞争力分析的有关理论·····251

一、产业竞争力的内涵·····251

二、产业竞争力理论·····251

三、产业竞争力分析方法·····255

第二节　云南省马铃薯种植竞争力分析·····256

一、云南省马铃薯生产的国内区域比较优势分析·····256

二、云南省四大主要农作物区域比较优势分析·····260

第三节　云南省马铃薯加工业竞争力分析·····262

一、云南省马铃薯加工业发展现状分析·····262

二、云南马铃薯加工业优势分析·····262

三、云南马铃薯加工业劣势分析·····263

第四节　云南省马铃薯消费市场竞争力分析·····264

一、云南马铃薯市场优势分析·····264

二、云南马铃薯市场劣势分析·····265

  第五节 云南省马铃薯外部环境分析 ·· 265

    一、政府行为 ·· 265

    二、发展机遇 ·· 266

  参考文献 ·· 267

第九章 云南马铃薯产业前景展望 ·· **268**

  第一节 主粮化战略背景下的云南马铃薯发展前景 ······················ 268

    一、对未来云南马铃薯生产的影响 ·· 268

    二、对未来云南马铃薯加工的影响 ·· 269

    三、对未来云南马铃薯市场的影响 ·· 269

    四、对云南马铃薯消费的影响 ·· 269

  第二节 云南冬早马铃薯生产前景 ·· 269

    一、冬早马铃薯生产仍具拓展前景 ·· 270

    二、冬早马铃薯消费具有较大的市场前景 ·· 270

    三、冬早马铃薯生产面临的挑战 ·· 271

  第三节 云南大春马铃薯的生产前景 ·· 271

    一、云南大春马铃薯生产的机遇 ·· 271

    二、云南大春马铃薯生产的挑战 ·· 273

  第四节 云南马铃薯加工前景 ··· 273

    一、云南马铃薯加工业机遇 ·· 273

    二、云南马铃薯加工业威胁 ·· 274

    三、提升马铃薯加工产业的发展前景建议 ·· 275

  第五节 云南马铃薯消费前景 ··· 275

    一、云南马铃薯消费的机遇 ·· 275

    二、马铃薯消费的挑战 ·· 276

    三、拓宽马铃薯消费前景的建议 ·· 277

  第六节 云南马铃薯市场前景分析 ·· 278

    一、云南马铃薯市场机遇 ··· 278

    二、马铃薯市场面临的挑战 ·· 279

    三、提升云南马铃薯市场前景建议 ·· 279

  参考文献 ·· 280

第十章 "互联网+"与云南马铃薯产业发展 ························· **281**

  第一节 "互联网+"的概述 ··· 281

    一、"互联网+"的内涵 ·· 281

    二、"互联网+"的特征与优势 ·· 282

  第二节 马铃薯大数据 ·· 284

    一、大数据现象 ·· 284

    二、大数据带来的变革 ·· 284

    三、农业大数据及其运用 ··· 285

    四、马铃薯大数据工程 ·· 286

第三节　马铃薯电子商务 ··288
　　一、马铃薯电子商务的内涵 ·································288
　　二、马铃薯网络营销 ···289
　　三、马铃薯第三方物流的应用 ·····························292
　　四、建立安全可靠的支付体制 ·····························294
第四节　马铃薯物联网 ··294
　　一、有关概念 ··294
　　二、马铃薯物联网体系架构 ·································295
　　三、马铃薯物联网的实现 ·····································295
　　四、马铃薯物联网发展趋势 ·································296
　参考文献 ··297
第十一章　云南省马铃薯产业发展的思考 ·············**298**
第一节　加快马铃薯种薯育繁扩体系建设 ··············298
　　一、建立健全种薯繁育体系 ·································298
　　二、抓好良种繁育基地建设 ·································298
　　三、加强育种研究，推广优良品种 ·····················299
　　四、健全种薯质量控制体系和监测机构 ···············299
　　五、加强种薯市场管理 ···299
　　六、培育独特品种 ···299
第二节　提升马铃薯生产能力和水平 ·····················300
　　一、提高认识，放宽政策 ·····································300
　　二、改善基础设施建设，提高马铃薯生产能力 ·······300
　　三、以科技为支撑，全面提高马铃薯的生产水平 ·····300
　　四、转变生产经营观念，大力调整马铃薯生产结构 ···301
第三节　大力发展马铃薯加工业 ··························302
　　一、提高产品的科技含量以及加工技术水平 ·········302
　　二、促进高附加值马铃薯加工产品生产 ···············302
　　三、积极发展加工型马铃薯 ·································303
　　四、加大马铃薯加工龙头企业扶持 ·····················303
第四节　开拓马铃薯消费市场 ·····························304
　　一、引导消费观念，扩大消费需求 ·····················304
　　二、树立马铃薯品牌形象 ·····································304
　　三、提升储存能力，平抑市场供求 ·····················304
　　四、加快马铃薯市场体系建设 ·····························305
　　五、开辟马铃薯期货市场 ·····································305
　　六、建立完善马铃薯价格预警信息系统 ···············305
　　七、提升云南省马铃薯对外贸易 ·························306
第五节　积极推进马铃薯主粮化战略 ·····················308
　　一、加强对马铃薯生产的支持力度 ·····················308

二、提高科技人员和种植农户的整体素质 ······ 308

三、育种技术的提高 ······ 308

四、合理调整马铃薯种植结构 ······ 309

五、实施消费导向主导的马铃薯新食品的研发 ······ 309

六、推进马铃薯种植规模化、机械化耕作 ······ 309

七、大力发展马铃薯加工业 ······ 310

八、健全马铃薯的社会化服务体系 ······ 310

参考文献 ······ 311

彩图

第一章　马铃薯产业发展概况

　　云南省位于东经 97°31′~106°11′，北纬 21°8′~29°15′，地域辽阔，是中国西南部的高原山区省份，与东南亚的越南、缅甸和老挝等国家接壤。云南生态环境，自然气候条件适宜马铃薯生长，是中国的马铃薯主产区之一。据 2013 年中国马铃薯大会报告中统计，云南马铃薯的总产量占全国总产量的 8%，为五大马铃薯生产省份之一。根据云南农业年鉴，2013 年主要粮食总产量统计数据，稻谷 667.9 万吨；小麦 80.5 万吨；玉米 734.2 万吨；豆类 131.4 万吨；薯类 207.6 万吨(折粮)；其中马铃薯 194.5 万吨(折粮)。2014 年云南省马铃薯种植面积增加到 56.4 万公顷，占粮食播种面积的 18.76%，马铃薯已发展成为云南省继水稻、玉米之后的第三大作物。马铃薯作为重要的粮食、蔬菜和加工原料，在推动全省农业农村经济发展和农民增收致富中具有重要的作用。

第一节　云南马铃薯栽培历史

一、马铃薯的引入

（一）马铃薯的栽培历史

　　马铃薯(*Solanum tuberosum* L.)原产于南美洲安第斯山脉。中国学者考证认为，马铃薯传入中国的时间是明朝万历年间(公元 1573~1619 年)。云南是我国引进和种植马铃薯较早的省份之一。清代吴其濬著《植物名实图考》(1848)年卷六中说："阳芋，黔、滇有之。绿茎青叶，疏密、叶大小、长圆形状不一，根多白须，下结圆实，压其根则根实繁如番薯，茎长则柔弱如蔓，盖即黄独也，疗饥救荒，贫民之储，秋时根肥连缀。味似芋而甘，似薯而淡，羹臛煨灼，无不宜之。叶脉如豌豆苗，按酒侑食，清滑隽永。开花紫筩五角，间有青纹，中擎红的，绿药一缕，亦复楚楚。山西种植为田，俗呼山药蛋，尤硕大，花色白。闻终南山岷，种植尤繁，富者岁收数百石云"。文中并绘有阳芋的素描图，阳芋就是马铃薯，这是中国马铃薯栽培史上的第一张马铃薯形状素描图。按此记载，1848 年已有不同品种存在，农民已采用培土、压蔓等栽培技术，据此可推断 1848 年以前云南就已引进马铃薯栽培。另据云南师范大学王军考证，雍正九年(1731 年)在云南省的《会泽县志》中就有马铃薯的记载。云南省无论从纬度、山区生态类型和气候条件，都非常适宜马铃薯生长，自从马铃薯引入后，人们因地制宜，创造了多种耕作制度，积累了丰富栽培经验，使得马铃薯在全省广泛种植。马铃薯在云南广泛地被称为洋芋，其引进栽培无疑对全省社会和经济的发展产生了巨大的影响。在土壤贫瘠、缺乏灌溉的丘陵和高寒冷凉山区不适宜水稻种植,甚至不适宜玉米生长的地方种植马铃薯亦可获得较高产量。马铃薯作为粮食对于解决云南广大山区、边疆少数民族地区人民的食品供应起到了重要作用。马铃薯又可以作为蔬菜、饲料、休闲食品加工和淀粉工业的原料，消费市场广阔，对发展山区经济和农民的经济收入也有重要作用。由于优越的自然环境,适宜马铃薯生长的良好生态条件,以及巨大的市场需求,云南省已发展成为中国马铃薯主要生产地区。目前马铃薯在云南省已经发展成为继水稻、玉米之后的第三大栽培作物。

（二）马铃薯的栽培种

根据霍克斯(Hawkes, 1990)的分类,马铃薯分为 21 个系。马铃薯以植物形态特征、结薯习性和其他性状区分和归类,有 7 个栽培种和 228 个野生种。集合相近的种作为系,相近的系为组,相近的组为属,又根据需要在组下面设亚组。7 个栽培种均属于马铃薯系(*Tuberosa Rydb*),含二倍体、三倍体、四倍体和五倍体。其中三倍体和五倍体是不孕的,仅依靠无性繁殖繁衍后代。马铃薯栽培种,包括原始栽培种和普通栽培种,均产于南美洲,其中只有普通栽培种在世界各国广泛栽培。其他栽培种均分布在南美洲安第斯山脉不同海拔区域,有些是当地农民长期栽培的种。云南栽培的马铃薯种也属于普通栽培种,虽然在长期栽培和适应性选择过程中,有些品种的植物学特征会发生较大差异,但只是品种间发生的变异。云南农业大学研究团队应用 SSR 分子标记分析了云南收集的来自国内外 122 个马铃薯栽培种的遗传多样性,聚类分析以遗传相似系数 0.79 为准,品种分别聚在 8 个不同遗传组群,遗传相似系数在 0.6613~0.9315,据此认为品种遗传相似程度较高,遗传背景差异较小,亲缘关系较近。

二、马铃薯的主要种植区域

在中国马铃薯栽培区划中,云南被划入西南混作栽培区。自然特点是地域辽阔,万山重叠,以山地为主,占土地总面积的 71.70%,大部分山地虽然坡度陡峭,但山顶却较平缓,上有灰岩丘陵,连绵起伏,并有山间平地或平坝错落其间。本区气候温和,主要栽培区域处于高海拔山区,夏无炎热、气候凉爽,雨水云雾多,湿度大、日照寡。又有山间盆地,因此气候的垂直差异明显。云贵高原土壤一般较瘠薄、坡地多、易受旱,中低产田的比例大。但随着近 20 年来冬季农业的开发,在云南热带河谷、亚热带坝区的冬季栽培马铃薯技术中,从适宜品种的选育、栽培制度、配套栽培技术等创新了马铃薯的种植生产。将马铃薯生产区域南移到最南端的广大区域,极大丰富了马铃薯栽培、生产区的适宜范围,从而形成了云南马铃薯能够多季生产,周年供应的高原马铃薯生产特色。

根据云南省马铃薯栽培的耕作制度、自然生态条件、地理区域和产业发展现状,可以将马铃薯种植区域为划分为三个区,即滇东北、西北马铃薯大春作一季种植区;滇中马铃薯多季作种植区;滇南、滇西南马铃薯冬播作一季种植区。需要说明的是,由于云南特殊的高山、河谷交错的地理环境,形成山区冷凉、河谷干热的立体气候,在同一区域内有春播和冬播交错现象,如滇东北、滇西北大春作一季种植区内,沿金沙江河谷热区是冬播马铃薯生产区,在滇南马铃薯冬播作一季种植区,亦有高山地区春播生产马铃薯,但相对面积和产量均较小,不具代表性。按种植区的区划,各区的地理位置、生态特点、耕作制度和品种分布详述如下。

（一）滇东北、滇西北马铃薯大春作一季种植区

本区位于滇东北、滇西北高原,海拔 1900~3000 米。马铃薯主要种植在山地,区域

内的山顶常常有大面积较平缓的坡地。冷凉的气候，湿润、灰质和较肥沃的土壤条件，十分有利于马铃薯植株的生长发育，能够获得高产。在海拔 2500 米左右的高海拔寒冷山区，农民只能种植马铃薯、荞麦、萝卜、芜菁或耐寒蔬菜等作物，马铃薯成为农民主要的粮食和饲料作物。该区包括曲靖市、昭通市、丽江市、迪庆州、怒江州以及大理州、昆明市的部分县(东川、寻甸、禄劝、嵩明、石林等)。2013 年播种面积约 41.13 万公顷，占全省马铃薯种植面积的 77.58%，其中以昭通市和曲靖市面积最大；2014 年种植面积约 33.57 万公顷，鲜薯总产量 725.22 万吨，分别占全省播种面积、总产量的 63.32%、74.57%。本区种植马铃薯的自然条件优越，历史上一直作为主要作物栽培，用做粮食和饲料，产量对于当地经济发展和农民生活有着重要地位。

该区一般在 3～4 月份播种，种植方式为开沟条播，在农户耕地面积大的山区，常见以牛犁开沟播种。基肥为农家肥和普钙，播种密度 60 000 株/公顷左右，出苗后起垄，中耕除草起垄时，可追施氮肥。8～9 月份可收获。在高寒山区，不播种小春作物的地块，农民一直将马铃薯块茎留在地里，随用随收，可留至翌年初，这种方法对于贮存马铃薯，调节市场的供应起到一定的作用。有的地方收获后，撒播一茬萝卜、芜菁或耐寒蔬菜。在该区由于低温影响，会出现大、小春耕作的矛盾，为提高复种指数，增加单位面积产量，常把马铃薯作为间套种的主要作物之一。采用小麦套马铃薯，马铃薯间作玉米，马铃薯套豆类等栽培方式。例如马铃薯主产区宣威市，3 月份播种马铃薯后留出空行，于 5 月份间种玉米，马铃薯在 8～9 月份收获后，播一茬胡萝卜，10 月份玉米收获后，可套播小麦等作物，12 月份胡萝卜收获作为养猪饲料。这样既提高了单位面积的经济效益，又可使马铃薯茎叶还田培养土壤肥力。该区域栽培过程中发生的马铃薯病害主要是晚疫病 (Late Blight)，是晚疫病严重危害的区域。在每年 7～8 月雨水集中的季节，常常会造成马铃薯晚疫病的流行危害。由于常年马铃薯的连作，马铃薯疮痂病(Common Scab)和粉痂病(Powdery Scab)在局部也有发生。

该区内有许多海拔 2300 米以上的高寒山区，由于存在自然隔离条件好，病虫害较少，马铃薯退化慢等优越的生态环境和生产条件，在生产环节上能够与热带、亚热带冬季生产区形成很好衔接。成为种薯生产和供应地，如会泽、昭通的大山包和迪庆的香格里拉等地。为解决全省种薯的需求和运输问题，我省在会泽、昭通、宣威、宁蒗、丽江、剑川、禄劝、大姚、嵩明、寻甸等市、县建立了马铃薯良种和脱毒种薯繁育基地，每年脱毒种薯大量调运到坝区和冬季种植地区，出口到越南、缅甸等东南亚周边国家。该区是云南省主要种薯生产地。

（二）滇中马铃薯多季作种植区

该区位于云南中部，高度为海拔 1600～2000 米，包括昆明市、玉溪市、保山市、楚雄州和大理州的部分县、区等。2013 年种植面积 48 606.66 公顷，鲜薯总产量 107.31 万吨，分别占全省马铃薯面积和总产量的 11.13%、9.17%。主要分布在山区，部分坝区亦有栽培，是云南省马铃薯生产条件好，栽培水平高的区域。1997 年在楚雄州大姚县县华乡松子园，农民种植马铃薯品种‘中心 24’，鲜薯单产达到 6212 千克/亩(1 亩=667 平方米)，创全国最高单产新纪录。由于区内海拔高度和生态条件差异较大，形成了以大春一季作为主，小春作和秋作交错的种植格局。在北部和各县的高山区，气候温凉，适宜种植大春作一季，种植面积约占 60%。秋作全区基本都可以种植。在南部海拔 1600 米左右的低海拔热区，由于霜冻轻，常种植小春作马铃薯。在一些海拔较高的沿湖坝子，由于有湖水调节气温，霜冻较轻，如星云湖、抚仙湖、洱海、杞麓湖、异龙湖、滇池等沿湖也各分布有数十公顷的冬作马铃薯种植面积。滇中生产的马铃薯除少数山区作为粮用和饲料外大部分用作蔬菜。

该区大春作在 3～4 月播种，开沟条播或塘播，每亩种植密度 4000 多株，8～9 月收获。在大春季种植，农民常常将马铃薯与玉米间种，以提高复种指数，增加产量。秋季种植，在 7～8 月播种，到 11～12 月收获，一般种薯需要采用早收获的块茎或作催芽处理，打破休眠期，早出苗，以便在秋季较短时间内获得产量。小春作则在 12 月到第二年 1 月播种，4 月份左右收获。该区一些地方，农民还有利用开春气温回升，土壤湿润的有利时机，在 2 月播种，6 月收获的种植习惯，农民称之为"早洋芋"。在沿湖坝子由于能保证灌溉，耕作条件和土壤肥力较好，可获得高产，而且可在多季种植，对于调节市场，尤其是在 5 月份以前提供蔬菜用和加工业市场有较大意义，可获得较高经济效益。在该区马铃薯晚疫病是大春作和秋作主要病害，在小春作则需预防青枯病(Bacterial Wilt)，此外，局部地方有环腐病(Ring Rot)，以及马铃薯 Y 病毒病(Potato Virus Y，PVY)、马铃薯 X 病毒病(Potato Virus X，PVX)、马铃薯卷叶病毒病(Potato Leaf Roll Virus，PLRV)等病毒病害发生。在 2～3 月的干旱时期，小春作马铃薯害虫有斑潜蝇(Liriomyza Sativae)幼虫蛀食叶肉组织，造成植株叶片干枯，过早死亡。马铃薯块茎蛾(Potato Tuber Moth)、小地老虎(Black Cutworm)、蛴螬(White Grub)也时有发生。

（三）滇南、滇西南马铃薯冬播作一季种植区

该区多为海拔 1600 米以下的低海拔热带、亚热带河谷，坝子和丘陵山地，包括文山州、红河州、临沧市、普洱市、德宏州、西双版纳州以及玉溪市的部分县、市。区内大春季(5～10 月)主要种植水稻、玉米，这段时期由于气温高不适宜马铃薯生长发育，但冬季气温却有着栽培马铃薯的良好条件。在滇南冬闲田较多，马铃薯也被作为冬季重要的蔬菜作物和加工原料种植，在滇南冬季农业开发中具有很大的发展潜力。冬播作分为在 12 月末播种，4～5 月收获的称为小春洋芋，为主要生产方式。德宏、西双版纳、临沧等部分无霜区在 11 月初播种，2～3 月收获，产量和经济收益较高。2013 年冬作区的临沧市、德宏州、红河州、文山州、普洱市、西双版纳州等南部地、州，马铃薯种植面积 70 253.33 公顷，占全省马铃薯总面积的 13.25%；鲜薯总产量 140.61 万吨，占全省马铃薯总产量的 14.45%；滇南冬季种植马铃薯主要用于解决当地淡季蔬菜的供应，省内外蔬菜和加工原料市场的需求，由于冬季马铃薯种植面积较小，产品数量少，外销市场需求量大，冬马铃薯的价格高于大春生产的马铃薯，农民可以有很好的经济收入。在一些少数民族聚居的贫困山区则可以补充春荒的口粮问题。而且这些地区毗邻东南亚，对于开拓越南、缅甸、老挝、泰国等国际市场交通便利，马铃薯种植受到农民的欢迎和政府的重视，随着冬季农业开发，无论栽培面积和产量都有较快发展。该区域发生的马铃薯主要病害有晚疫病、早疫病(Early Blight)、各种病毒病害。害虫主要有黄蚂蚁(Yellow Ant)，当春季田间发生干旱时，发生螨虫，即红蜘蛛(Red Spider)、蓟马(Thrips)和白粉虱(Whitefly)的危害。

第二节　马铃薯在经济和生活中的作用

一、主粮化在粮食安全保障中的地位

（一）丰富的营养和世界主粮化消费

马铃薯亦菜亦粮，是人类重要的食物来源，鲜薯块茎中蛋白质含量1.6%～2.1%；脂肪含量0.1%左右；淀粉含量13.2%～20.5%(含糖量13.9%～21.9%)；粗纤维含量0.6%～0.8%；矿物质盐类占干物质的2.12%～7.48%；含维生素A(胡萝卜素)、维生素B_1(硫胺素)、维生素B_2(核黄素)、维生素B_3(泛酸)、维生素PP(烟酸)、维生素B_6(吡哆醇)、维生素C(抗坏血酸)、维生素H(生物素)、维生素K(凝血维生素)以及维生素M(叶酸)等。其中以维生素C的含量最丰富，鲜薯块茎中含量0.02%～0.04%，块茎越新鲜含量越丰富。一个成年人每天吃0.5千克马铃薯，即可以满足人体对维生素C的全部需要量。比较其他禾本科作物和豆类等主要食物源，马铃薯属于低热量、低脂肪、低蛋白质、高维生素C、高矿物质盐类的食物源。由于其养分的丰富和平衡，在欧美发达国家把马铃薯当作保健食品。美国农业部门高度评价马铃薯的营养价值，指出每餐只吃全脂奶粉和马铃薯，便可以得到人体所需要的一切营养元素，马铃薯是世界粮食市场的一种主要食品。

根据世界粮农组织(The Food and Agriculture Organization of the United Nations, FAO)发布的2011年统计，在消费马铃薯的167个国家和地区中，人均消费排序前20名国家有白俄罗斯、乌克兰、波兰、爱沙尼亚、俄罗斯、哈萨克斯坦、马拉维、比利时、立陶宛、英国、吉尔吉斯斯坦、卢旺达、罗马尼亚、荷兰、拉脱维亚、爱尔兰、秘鲁、加拿大、尼泊尔、波黑等；其中白俄罗斯、哈萨克斯坦、拉脱维亚、加拿大等12个国家人均消费量超过玉米、小麦和大米，居食品消费第一位。如白俄罗斯人均每日吃掉0.5千克，20年来每年人均年消费不低于170千克。消费量高的还有欧洲西北的国家荷兰、比利时、英国等；北美洲的加拿大；南美洲的秘鲁、智利等。非洲和亚洲较贫穷国家也将马铃薯作为重要热量来源，如马拉维、卢旺达、尼泊尔等。非洲热带国家，由于气候炎热，马铃薯栽培较少，人均年消费量不足1千克。据FAO 1999～2001年统计，全世界平均年消费量为31.1千克/人，发达国家消费量为73.9千克/人；发展中国家平均年消费量20.4千克/人。其中北美洲为45.1千克/人、欧洲为93.6千克/人；大洋洲为47.3千克/人；亚洲22.4千克/人。2014年中国年人均消费量仅为41.2千克，远低于欧美国家水平，且消费结构单一。有专家认为，随着全球人口的快速增长，"在未来世界出现粮食危机时，只有马铃薯能够拯救人类"。与小麦、玉米、水稻相比，马铃薯全粉储藏时间更长，在常温下可贮存15年以上，一些国家把马铃薯全粉列为战略储备粮。作为全球第一大生产国，中国提出了马铃薯主粮化战略，2015年中央财政安排1亿元专项资金，在马铃薯优势产区和主食产品消费潜力区的北京、河北等9个省(市)开展马铃薯主食开发试点，通过将马铃薯加工成适合中国人消费习惯的馒头、面条、米粉等主食品，实现马铃薯由副食品向主食消费转变，由原料产品向产业化系列制成品转变，由温饱消费向营养健康消费转变。逐步成为小麦、水稻、玉米之后的第四大主粮作物。随着对食品多样化和健康的需求，我国居民对马铃薯的食品消费量快速增加，预计到2020年，我国马铃薯作为主粮的消费率将达到 50% 以上。

（二）云南粮食供给中的地位

云南省的粮食保障人均年消费缺口为 55～67 千克，每年需要调入粮食。常年马铃薯播种面积占粮食总面积的 10%～12%，2013 年统计马铃薯产量(折粮)194.5 万吨，占粮食总产量的 10.7%(2014 年农业年鉴)，产量按 5 千克鲜马铃薯折 1 千克粮食计算)，成为第三大粮食作物。当年云南省内鲜食马铃薯的消费量约 306 万吨，占总产量的 35.3%，人均年消费量 67 千克，折粮 13.4 千克。可以看出云南的马铃薯消费量有很高的水平，对全省的粮食平衡供给有着重要作用。目前云南民间将马铃薯作为主粮消化的主要有两条途径，主要包括主粮化鲜食品，如在云南昭通、曲靖等地的高寒山区只能种植马铃薯、荞麦等作物，传统就将马铃薯作为主粮，消费习惯以将整个薯块煮、蒸和烤食等为主，或将马铃薯切块掺入米中煮饭，称为洋芋焖饭。主粮化干食品，在马铃薯主产区，有将薯块切片晾干炸食或煮食，干片磨成全粉(洋芋粉)水煮成洋芋糊食用，干品便于长期储藏，在山区缺粮时，即取即用，能够解决农户暂时的生活需求。在云南，马铃薯一年四季皆可种植，发挥着"储粮于田"的重要调节作用，同时，也是备荒、救荒的重要生产基地。当发生自然灾害，春播作物发生严重减产时，马铃薯作为救荒作物，秋播面积和产量明显增加，对云南粮食的供给平衡有重要作用。云南在实现马铃薯由副食品向主食消费转变，由原料产品向产业化系列和工厂化制成品转变中，主要开发的有洋芋(土豆)面条、米粉、食用淀粉等产品，已经形成一定规模。云南人民饮食以大米为主，研究开发最习惯食用和最大消费量的洋芋米线和米粉，将大大提高马铃薯主粮化的转化率。

实现马铃薯由副食品向主食消费转化过程中，需要降低制成品的价格，达到与米、面和玉米等粮食制成品基本同等价格。丰富制成品的花色品种，使消费者在适口性上、消费感官上更容易接受马铃薯主粮制成品。引导消费者的饮食习惯和健康消费，从马铃薯的富含维生素 C、低脂肪等特点，引导民众的角度认识马铃薯健康营养、保健食品的功能，提高马铃薯在主粮中的消费量。

二、平衡蔬菜市场的供应

马铃薯是粮、菜兼用作物。随着中国经济生活的发展，饮食结构的改善，人们更加重视健康饮食和丰富的菜篮子供应，对鲜食马铃薯的消费需求不断地增加。在云南人民的生活中，马铃薯是餐桌必不可少的蔬菜，烹调方法多种多样，花色菜品丰富。人们需要在市场上随时有新鲜的马铃薯，鲜食马铃薯占消费市场的最大份额。蔬菜用马铃薯已经在整个云南各地逐步形成了较大的生产规模，全年大量鲜食菜用马铃薯满足了本省内蔬菜消费市场供应，对于蔬菜消费市场的调节起到重要作用。云南出台了相应的马铃薯的交通运输、储运包装、物流设备和农产品绿色通道政策等，提高了马铃薯产品质量、减少储运损失、降低运输成本，极大促进了马铃薯的流通速度和鲜食马铃薯对消费市场的调节作用，如北部大春生产鲜食马铃薯调运南部热区，解决南部地区由于夏、秋季气候炎热，蔬菜供应市场缺口较大的问题。南部冬季生产蔬菜薯运往北部、中部，补充冬、春季蔬菜供应市场缺口，尤其对初春蔬菜淡季和春节市场供应起到调节作用。鲜食用马铃薯的市场价格相对较高，对农民的增产增收效益显著，种植面积和产量迅速增加。云南马铃薯的生产中，最大的生产量用于蔬菜消费，商品马铃薯大量外销到国内外。云南利用区位和生态优势，已经在主产区建立了许多鲜食马铃薯外销基地，一年四季均有大量马铃薯销售到全国以及周边东南亚国家。如冬季生产的马铃薯可供应市场，2010年种植面积达到13.7万公顷，产值20.4亿元，项目区人均马铃薯收入518元。巨大的市场需求和销售量，促进大量农村专业合作社和专业农户从事马铃薯的收购、储藏运输、市场营销、建立专业市场等流通业的发展；在从产地到消费者的餐桌的流通环节中，改善了大量农村富余人员的转移就业问题。

三、养殖业中的重要饲料

在马铃薯的消费结构中，除供人类食用利用外，很大部分用于饲料。根据国际马铃薯中心统计(1994～1996年)，中国马铃薯利用与消费比例为，食物36%、饲料31%、种薯6%、加工22%、其他5%。据试验每50千克薯块，可以生产猪肉2.5千克、生产牛奶40千克或奶油3.6千克。云南生产马铃薯作为饲料，虽然所占比例较小，但对于调节消费市场具有重要作用。在云南饲料马铃薯主要用于生猪养殖业，滇东北、西北主产区有将马铃薯作为生猪养殖饲料的传统。方式为在秋季收获后，大量薯块在农户家中堆储过程中，为防止薯堆发热需要不断翻堆散热，翻堆中一些质量差的薯块就被挑拣出来作为猪饲料。特点是利用程度高、取用方便。上述地区也是重要的生猪养殖区域及其猪肉产品加工供应区。如宣威、会泽等地的'大河乌猪'、'乌金猪'，迪庆藏区的'藏猪'，昆明高山区的'撒坝猪'等，马铃薯均是重要的饲料来源。猪肉加工产品则有著名的宣威火腿、撒坝火腿等。饲用马铃薯还具有调节消费市场的重要功能。在主产区，当食用薯消费市场缩小和价格偏低的情况下，农户可以增加饲用马铃薯使用，将过剩薯块转化成肉和奶，达到调节消费，在支撑大面积生产马铃薯的山区和农户的经济生活中有重要作用。

马铃薯的茎和叶也可以作青贮饲料和青饲料。一般将青贮茎、叶切碎氨化处理后与干饲料混合饲养牲畜。马铃薯茎叶生物质产量巨大，在单位面积内，马铃薯可获得的饲料单位和可消化的蛋白数量是一般作物所不及的。但目前尚未充分利用，主要问题是春播马铃薯收获时茎叶已经干枯不能作为青贮饲料。冬作马铃薯收获后，大量茎叶仍然鲜绿，可以作青贮饲料和青饲料，茎叶饲料开发还有很大的潜力。

四、食品加工与大众生活

（一）传统食品加工和消费

云南具有加工马铃薯的悠久历史，如在滇东北等地农户习惯将薯块加工成洋芋干片、洋芋粉、洋芋粉丝、粉皮等，并能够长期保存。这些制成干品虽然为粗制产品，但工艺简单、所需的生产设备、规模和资金要求低，许多农户家庭可以制作，用于蔬菜干品，可以长期储藏，或自家食用或市场销售，就地消费和转化了大量马铃薯。在鲜食加工方面，云南大街小巷随处可以见到的炸洋芋小摊、烧烤摊，以炸烤薯条、薯块、薯片配以当地人们习惯的酱料，以价格便宜、符合当地人口味，培育了广泛消费人群，作为中国式的薯条、薯片、薯块休闲食品，其消费市场和数量远超西方洋食品麦当劳、肯德基的炸薯条。上述大众化的马铃薯加工、消费和销售方式，形成很大的加工消费市场。

（二）现代马铃薯食品加工和产品

现代马铃薯加工业能够"标准化、规模化、多样化"加工生产马铃薯产品。据云南省不完全统计，现已建成并投入生产的马铃薯加工企业主要有如下几家。宣威润凯淀粉工业公司：1986 年成立的淀粉加工厂，年产精淀粉 2.2 万吨、变性淀粉 400 吨；生产的"润凯牌"精制马铃薯淀粉，产品质量指标达到并超过国家特级标准(GB 8884—88)和欧盟标准。昭通威力：2003 年成立的淀粉加工厂，年产精淀粉能力 4 万吨。镇雄县华业淀粉厂：2001 年建成的淀粉加工企业，位于昭通市镇雄县，年产精淀粉 3000 吨。产品质量达到 GB 8884—88 一级食用标准。云南鑫海食品有限责任公司：1990 年建立的速冻薯条加工厂，位于宣威市，为股份制企业。建有速冻薯条自动化加工生产线一条，年加工速冻薯条 5000 吨、脱水土豆片 200 吨，以及其他速冻产品。昆明天使食品总厂：1985年建厂的油炸土豆片加工厂，是国内第一批从事马铃薯深加工的国有企业；拥有三条先进水平的全自动油炸土豆片生产线，以及从日本引进的自动计算机称量、包装设备；年生产能力 3200 吨。生产的"天使"牌风味土豆片系列产品 1990 年被评为"农业部优质产品"及"国家质量达标产品"，又于 1997 年被评为首批"云南名牌产品"，"云南省优质产品"连续 8 年荣获"云南省消费者喜爱产品"，被国家工商行政管理局认定为"国家打假保优重点保护产品"，并在同行业率先通过 ISO9002 国际质量体系认证。昆明子弟食品有限公司：成立于 1998 年的油炸土豆片加工厂。从荷兰 H&H 公司引进全电脑自控马铃薯片生产线；年加工油炸薯片 5000 吨，生产的"子弟"牌马铃薯片产品获国家环保总局颁发的"有机(天然)食品"认证，获中国食品工业协会"中国质量信得过食品"证书；产能排在国内第三、第四位。国外独资企业昆明上好佳食品工业有限公司：1999 年成立的油炸土豆片加工厂。年加工油炸薯片 2000 吨，产品"上好佳"牌土豆片质量较好，在全国均有销售市场。昆明华澳生物技术有限公司主要生产马铃薯系列食品，采用加拿大 VC 国际企业的专利技术，2002 年上市的主要产品有马铃薯条、马铃薯泥和马铃薯饼，公司生产的"澳来旺"马铃薯系列食品受到消费者的欢迎，为云南省营养学会推荐食品。云南会泽农地有限责任公司：成立于 1998 年的马铃薯保鲜薯加工企业。位于曲靖市会泽县，股份制企业。已经建成年产 2 万吨保鲜马铃薯的生产线。此外，各地、州、市还分布有以马铃薯等为原料的各种淀粉加工、炸薯片、粉丝和粉条加工以及膨化食品加工中、小型企业。上述企业年加工马铃薯鲜薯数量 30 万吨以上。云南理世实业(集团)有限责任公司是专业的清真马铃薯加工企业，于 1996 年 10 月建成投产。历经十年一剑的艰苦磨练，将一个前景并不起眼的小型食品企业闯出了一片新的天地，实现了"小企业、大发展；小土豆、大市场"的梦想，成为开发、生产和销售"噜咪啦"高原鲜切马铃薯片及"理世"高原牛肉制品的清真食品企业，现有在岗员工 900 余人。企业立足乌蒙山区，与省地市农业科研部门合作，通过"公可+基地+协会+农户"的模式，建立原料薯生产基地。目前在云南、贵州、四川、重庆等十余个省市有销售市场。

（三）加工原料供应和基地

云南省高度重视马铃薯产业发展，特别是马铃薯加工企业对产业的带动作用。积极扶持马铃薯加工企业，努力按照"企业+基地+农户+先进技术"的模式，使企业成为马铃薯产业发展的"龙头"。1998 年云南省政府在宣威市召开"云南省马铃薯深加工产业发展专题会",2002 年 12 月又在宣威市召开"全省马铃薯产业专题会"。总结了云南省马铃薯产业发展中的经验,研究和提出产业发展的对策和措施,讨论如何将云南马铃薯这一传统产业改造提升、做大做强,形成云南省国民经济的重要支柱产业。这些措施对产业起到了重要促进作用。2002 年 8 月云南省政府专门召开了"全省农业产业化经营专题会",出台了一系列优惠扶持政策,对大型农业加工龙头企业给予重点扶持;同时,围绕龙头企业的原料需求,在全省建立了一批新的加工原料薯生产基地。如在产业规划布局中,建立了滇东北、滇西北淀粉加工区;滇中薯条、薯片加工区等。云南马铃薯加工业发展的优势在于,马铃薯全年生产,原料薯的供应较平衡。在我国的东北、西北马铃薯产区只能一季生产,在广东等南方地区只有冬季生产,在西南产区缺乏无霜热带地区的生产季节,唯云南全年可以生产和提供加工原料。平衡的原料供应减少了加工企业的气调仓储的成本和原料调运的成本,促进了加工业的发展。但云南马铃薯加工产业仍存在着很多问题,如现代化加工企业市场开发不足,2002 年加工率仅占总产量的 5%左右;原料供应不够,尤其是不能满足淀粉加工企业的开工率;专用型品种缺乏,缺少高淀粉、低还原糖、薯形优等专门用于加工淀粉、炸片、炸条等的品种;加工制成品的种类花样需要丰富。发达国家马铃薯的加工率达到 50%以上,马铃薯食品生产蕴藏着巨大的发展空间和机遇,在马铃薯主粮化战略实施过程中,通过将马铃薯加工成适合中国人消费习惯的产品,可以提高云南马铃薯的加工水平和加工率。

五、边疆山区少数民族的重要作物

在我国包括云南的西南地区习惯称马铃薯为洋芋,云南是集山区、边疆和少数民族聚居为一体的省份,马铃薯是各族人民的重要食物、饲料和经济收入来源。云南地域辽阔,属低纬高原,热带和亚热带河谷、坝子相间,具有独特的高原立体气候特点,无论在高寒山区、半山区、或者是亚热带坝区、低海拔热带河谷等生态区,各族人民都积累了丰富的马铃薯耕作制度,形成各种栽培方式,也有着适宜当地气候类型和栽培的品种资源。从海拔 136 米的玉溪市元江哈尼族彝族傣族自治县到 3485 米的迪庆藏族自治州的德钦县均有马铃薯种植。这些地区世代居住的少数民族在利用马铃薯时具有较特殊的食用方法,和在传统文化中独特的作用,形成了丰富多彩的边疆民族文化和饮食习惯。

（一）高寒山区少数民族的重要粮食和饲料

在部分彝族、藏族、白族和纳西族聚居的高寒山区,气候冷凉,霜期长,马铃薯是最主要的农作物,民众的生活与马铃薯关系最密切,当地最主要的食物、饲料来源,并且山区农户的耕地面积较大,生产的产品作为商品薯出售,成为当地农户经济收入的主要来源。这些地区过去山高路险,交通不便,马铃薯只能自产自销,或煮、或烤、或蒸,农户全年基本靠吃马铃薯生活,天天吃、顿顿有。现交通改善后,农户将大部分产品作为商品薯出售,再购入大米、面等食用,虽然保持吃马铃薯的饮食习惯,但马铃薯已经不作为主粮消费。高寒山区也是重要的种薯繁育地,优质的种薯大量外销,也是农户经济收入来源。云南省农业厅汤克仁以典型的彝族、纳西族聚居的丽江市为例,统计了 2001 年马铃薯产业对丽江高寒民族地区经济发展及农户脱贫致富的作用。例如在海拔 2690

米的宁蒗县跑马坪乡，地处小凉山彝区核心地带，彝族人口占 99.6%，种植作物有马铃薯、玉米、小麦、荞麦等，粮食播种面积近 2333.33 公顷；粮食总产 4522 吨；马铃薯播种面积 733.33 公顷；鲜薯产量 10 420 吨；折粮 2084 吨；马铃薯占总播种面积的 31.7%，产量占总产量的 46.1%。全乡以鲜薯产量计算马铃薯消费结构为，自食用薯 365 吨，占 35%；饲料用薯 315 吨、占 30%；外销商品薯 208 吨、占 20%；种薯 154 吨、占 15%。全乡农村经济总收入 483 万元，农民人均纯收入 451 元；马铃薯总产值 416 万元，马铃薯人均产值 389 元。在海拔 2899 米的玉龙县太安乡，纳西族人口占 84.4%；彝族人口占 11.3%；种植作物有马铃薯、玉米、小麦、白云豆、油菜、荞麦等，粮食播种面积 2400 公顷；粮食总产 4424 吨；马铃薯播种面积 786.67 公顷；鲜薯产量 8778 吨；折粮 1756 吨；马铃薯占总播种面积的 32.7%，产量占总产量的 40%。全乡以鲜薯产量计算马铃薯消费结构为，自食用薯 1054 吨、占 12%；饲料用薯 2054 吨、占 23%；外销商品薯 2014 吨、占 24%；种薯 3566 吨、占 41%。全乡农村经济总收入 981.4 万元，农民人均纯收入 804 元；马铃薯总产值 307.2 万元，马铃薯人均产值 349.7 元。以上统计表明，在许多少数民族聚居的高寒山区，马铃薯在当地的经济和生活中，起了重要的支撑作用。这些区域是云南最为贫困的地区，提高马铃薯的产量和产值，开拓产品的外销渠道对于少数民族地区经济发展和当地农户脱贫致富有着举足轻重的作用。

（二）热带、亚热带少数民族的重要经济作物

在西南边疆的德宏傣族景颇族自治州，傣族有冬季种植马铃薯的历史，如有陇川县的‘腰子洋芋’、芒市的‘波乍小红洋芋’、‘梁河洋芋’等，但只作为蔬菜自产自销，大量冬闲田未充分利用。随着冬季农业开发实施，高产新品种‘合作 88’、云薯系列、丽薯系列的推广，加上土地和生产条件好，栽培水平提高，产量达到 2000 千克/亩以上，产品上市时期在春节前后，市场需求量很大，销售价格高，成为了重要冬季马铃薯外销基地，傣族群众重要经济收入来源。在红河州、保山市、大理州、普洱市、文山州等亚热带地区，聚居着彝族、哈尼族、白族、傣族、壮族等少数民族，该区利用冬季播种，大面积种植小春马铃薯，成为最重要的冬季产区，由于这些区域交通比较方便，商品薯供应数量大，因此，4～5月收获的马铃薯产品大量外销，亦成为当地少数民族群众重要的经济收入来源。云南南部边疆少数民族地区农业生产存在土地瘠薄、零散、靠天吃饭、耕作落后、栽培水平差等现状，在红河州、德宏州、文山州、保山市、普洱市、怒江州等与缅甸、越南和老挝相邻的边疆河谷热区地带，聚居着彝族、壮族、哈尼族、傣族、傈僳族、佤族、景颇族、拉祜族、瑶族等少数民族，沿袭古老而传统的栽培方式，广种薄收、粗放管理，只能收获小薯块，每个块茎重仅 10 克左右，产量仅 3000～4500 千克/公顷。但究其能够维持悠久的栽培历史，可能因为尽管产量低，但马铃薯以耐旱、耐瘠、抗病虫、生育期短，可以保证有收获，应急度荒、保证食物供应等重要性而成为被选择的作物。在边远山区的集市上，时常可以看到以碗数或论堆数买卖交易马铃薯，形成边疆热带、亚热带民族地区独特的集市风景。

（三）传统民族文化与利用

云南各少数民族的民族文化和饮食习惯，形成了对马铃薯的特殊需求。如在白族、

纳西族和藏族聚居地区，长期栽培着薯形长，尾部稍弯，表皮红色，肉色白夹红色的品种，白族地区称为'鹤庆红'、'剑川红'，纳西族和藏族地区称为"老鼠洋芋、耗子洋芋"，其风味和薯形深受当地民族的喜爱。在彝族地区的'小乌洋芋'及'紫皮洋芋'品种，薯形小、圆形、紫皮、白肉夹紫色其风味糯性．长期栽培。边疆河谷热区地带许多小薯型品种，如'小红洋芋'等品种，具有较好的耐热性、耐旱性、耐瘠性得以保存。一些少数民族形成了对特定品种饮食习惯和认知，如腾冲市傈僳族认为'小红洋芋'风味糯性、耐煮，深受喜爱。新平县彝族认为当地'迷佐紫洋芋'具有健脾益气、强身壮肾、抗衰老等功效，可治神疲乏力、筋骨损伤、关节肿痛。此外还认为是婴儿的好食品，常吃又白又胖，该品种包装成礼品在市场上十分畅锺。各少数民族民族文化常常将各种彩色马铃薯作为吉祥物和食物，是婚、丧、寿、宴、祭祀活动中重要食品和供奉品，以及来往礼品，如永德小红洋芋是佤族人祭祀祖先和神灵的主要供品之一。

边疆少数民族地区由于文化差异、交通不便，相对处于较封闭的生活状态。现还保留着原始的马铃薯耕种方式，如景谷县彝族地区，5～6月将当地品种'富龙洋芋'的成熟果实采收后，放在竹笆上悬挂在自家火塘上方，经过干燥后的果实分离出种子，翌年1月直播或育苗移栽，由于不是经过配合力选择的杂交实生种，因此分离严重，生产中表现出植株株形混杂不齐、薯形薯皮各异、块茎熟期不匀等特点。麻栗坡县壮族、瑶族地区，至今保留着每年不播种，仅靠收获后存留在地里的小薯块发芽生长成株的方式，被称为"野洋芋"。这些少数民族地区也是云南深度的贫困地区，许多是石漠化生态区域。加强技术培训，提高当地少数民族的科技、文化水平。改变原始的马铃薯耕种方式，推广马铃薯栽培新技术、新品种，提高单位面积产量是针对边疆少数民族地区扶贫的重要任务。

第三节 马铃薯产业发展

一、栽培面积和产量的增长

（一）全球和中国的发展概况

马铃薯适应性广，从海拔水平高度到海拔4000米的高山区，从赤道到南北纬40°地区均有马铃薯种植，是仅次于玉米分布区域第二广泛的作物，主要集中分布在中国中西部、印度东北部、欧洲东部和西北部、美国西北部和南美洲安第斯山脉区域。马铃薯是继玉米、小麦和水稻之后的世界第四大作物。根据FAO发布的统计数据，2013年全球马铃薯种植总面积为1946.3万公顷；总产量为3.68096亿吨，其中亚洲地区马铃薯产量为1.8亿吨，占比为49%；欧洲地区马铃薯产量占比为30.7%。近10年来，世界马铃薯面积和产量分别保持在0.18亿公顷和3亿吨以上。2013年统计在马铃薯种植大国中，种植面积前10名的国家，中国577.2万公顷、俄罗斯208.8万公顷、印度199.2万公顷、乌克兰129.2万公顷、孟加拉44.4万公顷、美国42.6万公顷、波兰33.7万公顷、秘鲁31.7万公顷、白俄罗斯30.5万公顷、尼日利亚25.4万公顷。中国、俄罗斯、印度和乌克兰四国的种植面积占世界总面积的57.8%。产量前10名国家，中国8892.5万吨、印度4534.36万吨、俄罗斯3919.91万吨、乌克兰2225.86万吨、美国1984.39万吨、德国

966.97万吨、孟加拉860.3万吨、法国69.75万吨、荷兰680.1万吨、波兰633.42万吨，中国、印度、俄罗斯和美国四国的产量占世界总产量的56.1%。单产前10名国家，新西兰46 667千克/公顷、美国46611.5千克/公顷、比利时44 148.5千克/公顷、荷兰43 652.1千克/公顷、法国43 602.9千克/公顷、萨尔瓦多42 604.57千克/公顷、英国40 143.9千克/公顷、丹麦40 000千克/公顷、德国39 825.5千克/公顷、澳大利亚38 543.4千克/公顷，全世界平均单产18 900千克/公顷。中国的单产仅为15 406.4千克/公顷。中国虽然是马铃薯种植面积和产量的最大国，但因单产低而非最强国家。

从1995年中国逐步成为全球第一大马铃薯生产国，总播种面积和总产量均居世界第一位。2013年中国马铃薯种植面积577.2万公顷，占全球种植面积的29.7%；鲜薯产量8892.5万吨，占全球总产量的24.2%。马铃薯也是中国继小麦、水稻和玉米之后的第四大作物，占全国粮食播种总面积的5.2%，鲜薯产量占总产量的14.8%。中国农业科学院金黎平报道，1991～2011年20年间中国马铃薯种植面积增加了254.5万公顷；平均每年增加12 750公顷、每年增幅5.01%，从2009～2011年3年面积比前三年增加80.2万公顷；增幅18.1%；平均每年增幅6.03%，表明从2009年后种植面积扩大较快。同期20年间总产量增加了5672.5万吨；平均每年增加283.625万吨、每年增幅4.22%，从2009～2011年3年比前三年总产量增加1433.3万吨；增幅21.5%；平均每年增幅7.17%，表明2009年后单产和总产量增加更为显著。统计从1991～2011年20年间单产变化，单产从11 000千克/公顷增加到16 300千克/公顷，增加5300千克/公顷，平均每年增加265千克/公顷，每年增幅0.5%。2007～2011年5年统计，平均年种植面积507.9万公顷、年总产量7966.3万吨、单产15 700千克/公顷(参见表1-1)。比较年度间的变动，播种面积年稳定增加5%左右。总产量增加明显，达到年均增加10.62%，超过面积增加的一倍，其中2010年增长率达到23.50%，主要原因是单产有较大幅度的提高(较上年增加15.28%)。以上数据表明在中国马铃薯对农业生产和粮食安全的支撑作用更加凸显，并对于农业农村的经济发展和增加农民的收入具有较好的比较效益，许多地区将扩大马铃薯种植面积和提高产量作为农业农村经济发展的重要项目，促进了马铃薯产业的发展。2015年中国农业部提出，将因地制宜扩大马铃薯的种植面积，"在不挤占三大主粮的前提下，把马铃薯的种植面积由目前的8000多万亩(577.2万公顷)扩大到1.5亿亩(1000万公顷)，把马铃薯亩产量提高到2吨以上(30 000千克/公顷)为国家粮食安全提供更多保障"。

表1-1　2007～2011年全国马铃薯面积、产量和单产比较[①]

年份	播种面积/×1000hm²	增长率/%	产量[②]/×1000t	增长率/%	平均单产/(kg/hm²)	增减率/%
2007	4 491		65 745		14 600	
2008	4 673	4.05	71 035	8.05	15 200	4.11
2009	5 088	8.77	73 373	3.29	14 400	−5.26
2010	5 456	6.74	90 615	23.50	16 600	15.28
2011	5 687	4.06	97 545	7.65	17 200	3.61
年均	5 079	5.91	79 663	10.62	15 700	4.44

①面积、产量和单产统计来自2013年中国马铃薯大会主题报告，金黎平。

②产量和单产统计数为鲜薯产量。

根据中国农业统计年鉴 2013 年马铃薯生产统计，全国播种面积、产量和单产数据，排序了各省、区的生产情况(参见表 1-2)。中国马铃薯主要分布在西部地区，占播种面积的 73.45%；产量占总产的 73.02%。中部的湖北、湖南等省亦主要在鄂西、湘西等靠近西部的山区种植。马铃薯主要产区为春播生产，处于干旱半干旱山区，生产条件差，春旱影响大。产区内包括了全国大多深度和连片贫困地区，如甘肃定西、宁夏西海固、云南昭通、贵州毕节、湖北恩施等地区，提高马铃薯的生产水平，对于当地的农民脱贫致富具有重要意义。福建、广东、广西等省、自治区则是冬季种植区域，作为蔬菜具有较好的经济效益，种植面积和产量不断增加。

表 1-2　2013 年各省、区、市马铃薯面积产量和单产统计

省、区、市	播种面积 /×1000hm²	排序	产量[1] /×1 000t	排序	单产 /(kg/hm²)	排序
四川	768.0	1	2 810	1	18 842	12
甘肃	698.7	2	2 446	2	17 503	17
贵州	689.5	3	2 114	3	15 329	21
内蒙古	610.8	4	2 004	4	16 404	19
云南	530.1	5	1 945	5	18 433	14
重庆	356.3	6	1 217	6	17 078	18
陕西	281.6	7	591	9	12 269	22
黑龙江	267.7	8	1 080	7	20 171	9
湖北	237.5	9	741	8	15 600	20
宁夏[2]	221.9	10	425	12	8 947	24
河北	169.5	11	618	10	18 230	16
山西	168.6	12	296	17	8 778	25
山东[2]	115.1	13	424	13	18 434	13
湖南	100.4	14	368	14	18 326	15
青海	93.7	15	359	15	19 156	11
福建	78.9	16	309	16	19 581	10
吉林	74.1	17	484	11	32 658	1
广西	64.7	18	266	19	20 556	7
浙江	58.3	19	235	20	20 154	8
辽宁	54.7	20	286	18	26 142	5
广东	46.4	21	235	20	25 323	6
新疆	29.1	22	153	21	26 288	4
江西	10.9	23	65	22	29 816	3
安徽	9.0	24	22	23	12 222	23
西藏	0.8	25	5	24	31 250	2
海南	0.1	26		25		
全国总计	5 614.6		19 183		17 087	

①总产量按 5 千克鲜薯折 1 千克粮食计算。单产按鲜薯产量计算。

②宁夏采用 2010 年数据参考，山东采用 2008 年数据参考，均未加入全国总计中。

（二）栽培面积和产量比较

云南省是以山地耕作为主的省份，历史上就是马铃薯生产大省。2009 年在全国马铃薯播种总面积中，云南省总面积 46.6 万公顷，占全国面积的 10% 为第四位(参见图 1-1)。在马铃薯种植大省区中，贵州、内蒙古、甘肃、云南常年保持在 10% 以上，排序在 1～4 名间，各年份会有改变。云南省的播种面积稳定在 3～4 名之间。2009 年(中国农业年鉴)云南省在全国马铃薯总产量中，云南省总产量 144.4 万吨，占全国总产量的 12.20% 为第 5 位(参见图 1-2)。比较云南省近年来在全国马铃薯生产中的位置，云南省虽然有较快发展，但 2013 年统计四川、甘肃两省增长更加显著，云南省面积(参见图 1-3)和产量(参见图 1-4)只排在第 5 位。2013 年云南省单产略高于全国平均单产(超出 1346 千克/公顷，7.87%)。由于各地马铃薯的生态气候、播种面积和生产条件差异较大，将云南省与西部干旱、半干旱，山地耕作条件相似的马铃薯生产大省、自治区的单产比较，可能更有参考作用，以 2013 年全国平均单产比较，选取了甘肃、内蒙古、贵州、四川、重庆、陕西、山西、湖北、宁夏等西部和中部主产省、自治区比较单产水平差距率(参见图 1-5)。四川的单产最高，超出全国平均单产 1755 千克/公顷，超产率达到 10.27%，比云南省单产高 409 千克/公顷，超产率达到 2.22%。单产最高的吉林省播种面积 7.41 万公顷，每公顷单产达到 32 658 千克，比云南高出 14 225 千克。云南马铃薯的单产虽然在西部产区处于较高的水平，但与先进省区比较仍然有很大的差距，云南马铃薯单产还有很大的提升潜力。

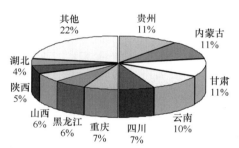

图 1-1　2009 年马铃薯面积前 10 省区播种面积比例

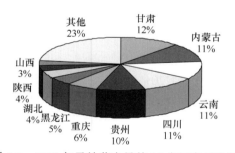

图 1-2　2009 年马铃薯产量前 10 省区产量比例

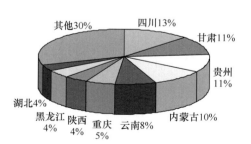

图 1-3　2013 年主要马铃薯省区播种面积比例

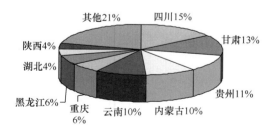

图 1-4　2013 年主要马铃薯省区产量比例

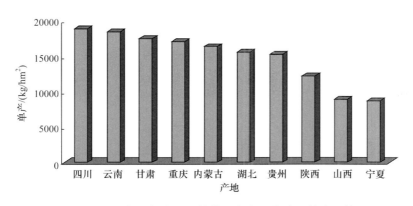

图 1-5　2013 年西部主要马铃薯生产省、自治区单产比较

（三）栽培面积和产量的增长

由于优越的自然环境，适宜马铃薯生长的良好生态条件，云南省已发展成为中国马铃薯的主要生产地区之一。以 1984 年统计为基础，根据从 1991～2013 年 20 年的统计数据(参见表 1-3)，云南马铃薯的播种面积在 1999 年前 10 年保持在 20 万公顷左右，平均每年增加 4.76%。2000～2002 年 3 年间面积在 30 万公顷左右。2003～2013 年 3 年间面积在 40 万～50 万公顷，其中最高 2006 年面积达到 54 万公顷左右。分析 1991～2010 年的播种面积，总面积增加了 34.08 万公顷，增长 180%，平均每年增长 8.18%。2000 年播种面积扩大到 30 万公顷以上，较 1995 年增长 39%；2005 年达到近 50 万公顷，较 2000 年增长 57%，两年面积跨上了两个新台阶(参见图 1-6)，2012 年后播种面积超过 50 万公顷，2013 年达到 53 万公顷。分析总产量的变化，22 年间总产量提高了 141.1 万吨，增长 264.36%，平均每年增长 12.02%。2000 年后总产量有较大突破，跨上了 100 万吨台阶；较 1995 年增长 66%；2005 年超过 150 万吨，较 2000 年增长 47%；2013 年总产量接近 200 万吨，较 2010 年增长 27%(参见图 1-7)。比较 22 年中面积增加与产量增加的关系，其中 2000 年和 2013 年面积与产量增长率比值分别为 3.6：6.6 和 0.8：2.7，该两年是生产效益最好的年份。云南马铃薯的平均单产 1999 年以前基本稳定在 13 000～14 000 千克/公顷。2000 年突破 16 000 千克/公顷；最高年份 2013 年达到 18 433 千克/公顷，每公顷较 1991 年提高 4334 千克，增长 30.74%，年均增长 1.4%(参见图 1-8)。比较播种面积、总产量和单产的年度间变化的相关性(参见图 1-9)。1995 年面积和产量增加率相等；2000 年单产和总产量高于面积增加率；2005 年产量依靠面积增加提高；2010 年面积、单产和总产量增加率为负数；2013 年在面积增长率较低的情况下，依靠单产增加，总产量增产率有明显提高。分析表明当扩大播种面积后，只有稳定和提高单产，才能有效地增加总产量。提高单产对促进产业发展，提高农民种植马铃薯的积极性有重要作用。

表 1-3　1984～2013 年云南省马铃薯生产比较[1]

年份	面积 /×1000hm²	总产量 /×1000t[2]	单产 /(kg/hm²[3])
1984	185.27	530.0	14 303
1991	189.30	533.8	14 099
1992	201.40	528.0	13 108

年份	面积 /×1000hm²	总产量 /×1000t②	单产 /(kg/hm²③)
1993	211.40	296.6	7 015
1994	226.50	613.0	13 532
1995	227.20	646.0	14 216
1996	226.33	640.6	14 152
1997	229.80	653.6	14 221
1998	252.60	692.0	13 700
1999	279.50	757.0	13 542
2000	316.90	1073.0	16 929
2001	378.70	1186.0	15 658
2002	348.10	1214.0	17 438
2003	419.80	1394.0	16 603
2004	444.50	1550.0	17 435
2005	498.70	1579.0	15 831
2006	539.90	1721.7	15 945
2007	443.40	1370.0	15 449
2008	466.20	1444.0	15 485
2009	533.33	1780.0	16 688
2010	493.10	1529.0	15 507
2011	496.40	1595.0	16 066
2012	516.70	1750.0	16 934
2013	530.10	1945.0	18 433

①资料来源：云南省农业厅，云南省马铃薯产量统计(1991～2002 年)。中国农业统计年鉴(1991～2014 年)。

②总产量以 5 千克鲜马铃薯折 1 千克粮食计算。

③单产以鲜马铃薯产量计算，在统计中根据面积和总产量稍有修正。

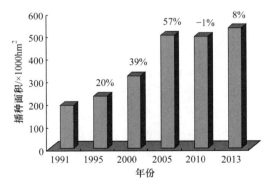

图 1-6 云南马铃薯播种面积及 5 年间增减百分率变化

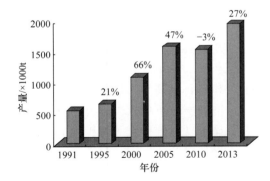

图 1-7 云南马铃薯产量及 5 年间增减百分率变化

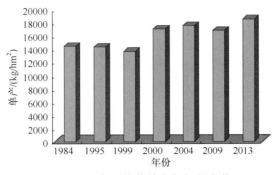

图1-8 云南马铃薯单产年间的变化

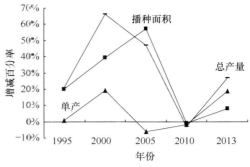

图1-9 云南马铃薯面积、产量和单产增减率变化

（四）各地区概况和冬季马铃薯生产

云南省传统的马铃薯主产区是滇东北和滇西北的春播区域，滇南和滇西南随着冬季农业开发和科技进步，种植面积迅速扩大，成为冬季马铃薯的重要产区。根据1996年云南省各地区马铃薯生产统计可以反映云南的基本情况(参见表1-4)。数据统计表明，当年昭通、曲靖两地区的面积占全省马铃薯面积的 72.35%，产量占全省马铃薯产量的75.13%(参见图1-10、图1-11)。昭通马铃薯占当地粮食面积的21.84%；占当地粮食产量的19.04%。曲靖、昭通马铃薯占当地粮食面积的14.48%；占当地粮食产量的13.85%。两地区是云南省最重要的马铃薯产区，该区内宣威市是全省最大马铃薯种植区，2010年播种面积达到 6.47 万公顷，总产量 105 万吨，综合产值 10.2 亿元。云南马铃薯生产的单产各地区差异显著，极不平衡。单产最高的玉溪21 968 千克/公顷，是最低的怒江6 773千克/公顷的 3.24 倍。以滇中、滇东北等产区单产较高，滇西南等边疆地区的单产较低(参见图1-12)。从 2000 年以来，云南省已经成为全国马铃薯面积发展最快，单产提高最大的省份之一。2000 年马铃薯种植面积达到 31.69 万公顷，单产 16 929 千克/公顷；总产107.3 万吨，占全省粮食总产量的7.07%。与1999 年比较，马铃薯种植面积增加了3.74 万公顷，总产量增加了29.6 万吨。2013 年种植面积53.01 万公顷，单产 18 433 千克/公顷，总产量194.5 万吨。

表1-4 1996 年云南各地区马铃薯生产统计[①]

地区	播种面积			总产量			单产
	/×1000hm²	占当地粮食面积/%	占全省马铃薯面积/%	/×1000t[②]	占当地粮食产量/%	占全省马铃薯产量/%	/(kg/hm²[②③])
昭通	93.25	21.84	41.20	1 064	19.04	33.20	11 408
曲靖	70.52	14.48	31.15	1 343	13.85	41.93	19 043
昆明	9.11	4.35	4.02	144	3.04	4.57	16 080
东川	2.92	16.27	1.28	54	16.45	1.67	18 330
丽江	11.84	8.79	5.22	121	6.21	3.76	10 185
保山	7.43	3.34	3.28	77	1.86	2.40	13 605
大理	6.13	2.15	2.70	81	1.39	2.51	13 118
临沧	4.75	1.69	2.15	37	1.07	1.16	7635

地区	播种面积			总产量			单产
	/×1000hm²	占当地粮食面积/%	占全省马铃薯面积/%	/×1000t[②]	占当地粮食产量/%	占全省马铃薯产量/%	/(kg/hm²[③])
迪庆	3.17	6.09	1.40	41	6.56	1.28	12 953
玉溪	3.15	2.40	1.38	70	2.00	2.18	21 968
德宏	2.81	2.51	1.24	26	1.10	0.79	9 053
楚雄	2.01	0.87	0.89	29	0.63	0.90	14 370
红河	1.84	0.65	0.80	25	0.47	0.78	13605
文山	1.81	0.54	0.80	13	0.30	0.41	7 080
思茅	0.85	0.27	0.38	6	0.16	0.19	7 133
合计	226.33	6.12		3 203	5.41		14 258

①资料来源：云南省农业统计年鉴。东川已经划入昆明，加入昆明统计数据。

②总产量按 5 千克马铃薯折 1 千克粮食计算。

③单产按鲜薯产量计算。

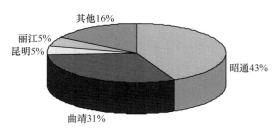

图 1-10　云南省各地马铃薯播种面积比例

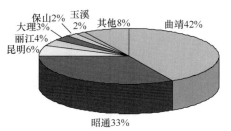

图 1-11　云南省各地马铃薯产量比例

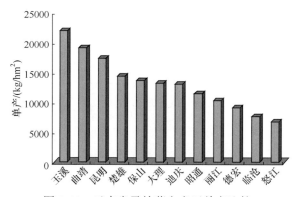

图 1-12　云南省马铃薯主产区单产比较

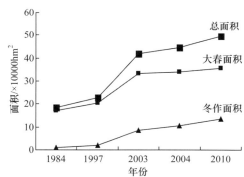

图 1-13　云南马铃薯总面积、大春和冬作面积变化

　　马铃薯在云南省农业生产的比重中有了显著的提高。云南省马铃薯快速发展的重要原因是冬作和小春作种植面积的扩大，产量增加，成为产业的重要经济增长点。云南具有周年生产马铃薯的优越自然条件,利用冬季生产马铃薯作为冬季农业开发的重要内容。

随着适宜品种、配套栽培技术的提高，生产效益显著。以滇南和滇西南为主的广大热带、亚热带区域马铃薯面积迅速扩大、单产和总产量不断提高。如 1984 年，云南省马铃薯播种面积 18.5 万公顷，其中大春作 17.2 万公顷，占播种面积的 92.7%；冬季作马铃薯约 1.05 万公顷，仅占马铃薯播种面积的 7.3%；1997 年播种总面积 22.98 万公顷，其中大春作 20.6 万公顷，占总面积的 89.6%；冬作约 2 万公顷，占总面积的 10%；2003 年冬作面积 8.6 万公顷，占马铃薯种植面积的 20%；2004 年冬作面积 10.7 万公顷，占总面积的 24.1%；2010 年达到 13.6 万公顷，占总面积的 27.6%，产值 20.4 亿元(参见图 1-13)。云南南部区域，适宜在冬季种植一季马铃薯，具有十分优越的马铃薯生长的自然条件，马铃薯耐储存，易运输，可以形成规模化生产。云南省南部和中部地区拥有相当规模适宜冬季马铃薯生产的耕地面积，全省已有许多传统的和新开发的知名冬作马铃薯生产区，如玉溪市的江川县、通海县；曲靖市的陆良县；昭通市的巧家县；德宏州的芒市、陇川县、盈江县；楚雄州的武定县；昆明市的东川区、寻甸县；大理州的大理市、弥渡县、南涧县；思茅地区的景东县；保山市的昌宁县、隆阳区、腾冲县；文山州的丘北县、广南县；临沧地区的云县、永德县、耿马县、双江县；红河州的建水县、石屏县等。冬作马铃薯由于商品价格较高，带动了农民的增收致富。如 2013 年，石屏县异龙镇高家湾村小春马铃薯单产 69 000 千克/公顷，田间收购单价 3.5 元/千克，实现收入 24.15 万元/公顷。随着云南省冬季农业开发和农村产业结构的调整，马铃薯作物在云南热带、亚热带区域还有很大的发展潜力。

二、面向国内外消费市场的马铃薯产业

云南省优越的自然条件使马铃薯生产具有四季生产，周年供应的特点。区位优势成为面向东南亚国家距离最近的省份。马铃薯的消费市场除在省内消费流通外，主要以鲜食马铃薯、种薯和加工原料销售到国内外市场。云南省制定了扶持马铃薯产业的政策和区域发展布局，提高了商品薯的生产能力和水平，增强了云南马铃薯的市场竞争力。

（一）面向东南亚、南亚的出口市场

云南相邻的越南、缅甸、泰国、老挝等东南亚热带国家，冬季能够生产马铃薯。夏、秋季是蔬菜生产淡季，对鲜食马铃薯需求量很大。冬季生产马铃薯留种困难，需要进口种薯。在马来西亚、泰国、菲律宾、越南等国的加工企业，需要大量进口原料薯(10 万吨以上)。东南亚国家对马铃薯的年需求量在 30 万吨以上，除从欧洲和美国进口外，从中国进口 7.5 万吨以上的原料薯大部分来自云南。云南大春生产马铃薯种薯可以弥补东南亚热带国家的需求，具有很大的市场潜力。如云南优质种薯，在越南引种试验结果表明，基本不发生病毒病害，平均产量达到 20 000～28 000 千克/公顷，典型高产鲜薯产量达到 30 000 千克/公顷，较当地自留种薯增产 30% 以上。1996 年统计，正常通关出口越南的马铃薯每年在 1 万吨左右。据昆明海关统计，2010 年的前两个月，云南对东南亚国家出口马铃薯达到 265.6 吨，占云南出口马铃薯总量的 99.7%，创汇 1.7 万美元，分别比 2003 年增长 51.8% 和 45%。此外还有大量商品马铃薯通过边民互贸出口到缅甸、越南、老挝等国。云南省在商品马铃薯向东南亚国家流通中，目前可以通过商贸出口订单、特定物资互换协议、边民集市互贸等方式，经澜沧江-湄公河航运、滇缅高速公路、滇越铁路、昆河高速公路快捷送达东南亚各国，随着昆曼高速公路、昆曼高速铁路，中老高速铁路的建设，云南与东南亚各国的交通运输将会更加便捷。在中国"一带一路"的战略中，云南省将建设成为辐射南亚、东南亚的中心。通过"中国-东盟自由贸易区"、"早期收获计划"、"中-泰果蔬零关税"、"孟中印缅经济走廊"、"澜沧江-湄公河合作机制"等多边框架协议，以及交通基础设施、通关便利化建设，云南商品马铃薯作为蔬菜、加工原料和种薯，面向东南亚已经形成一定的出口规模。南亚各国大多也属于热带国家，对云南的商品马铃薯和种薯有需求，是潜在的消费市场，可以借助在昆明举办的"中国-南亚博览会"和"昆明进出口商品交易会"的平台，通过经济技术支持，拓展云南马铃薯进入南亚国家的渠道，云南的商品马铃薯会成为出口的重要农产品。

（二）面向国内的商品市场

2008 年云南省内鲜食马铃薯的消费量约 306 万吨，人均年消费量 67 千克。比较 2009 年欧洲、发达国家和全国的人均年消费水平，云南的鲜食马铃薯消费量仅次于英国，高于德国和美国，远高于世界和国内的平均消费水平。提高省内消费量有一定难度，因此扩大云南马铃薯在国内、国外的外销，对促进产业发展和农民增收致富具有重要作用。云南冬季生产商品马铃薯在国内主要的消费市场是北方各地。中国北方马铃薯产区为大春一季作区，一般商品薯需要到 8 月以后才能上市。收获的薯块需在气调库或地窖储藏，成本高、损耗大。北方市场从 1~6 月常常形成蔬菜淡季和市场供应空当，加工企业的原料往往不能满足全年生产需求，造成停工。滇南冬季生产的马铃薯从 2 月份开始到 4 月底上市的产品恰好弥补了这段时期北方对蔬菜和原料马铃薯的需求，如云南的德宏、保山、昆明、大理、普洱、红河、文山等冬季作产区，常常是农民在地里收获，收购的汽车已在田头等待运销，农民减少了堆储环节的劳力、场地和损耗，生产效益较好。云南大春季收获后，冬闲田面积大，利用冬闲田发展冬作马铃薯生产，对促进农村经济和农民增收起到很好作用，因此冬作马铃薯无论面积和产量均有较快增长。云南大春生产的马铃薯主要作为蔬菜供应到四川、重庆、广西、广东、湖南、湖北、江浙、港澳等地。云南大春马铃薯主产区，例如宣威、会泽、东川、寻甸、禄劝、马龙、富源、曲靖、昭阳、彝良、镇雄、丽江等地区一般都有火车通达，或与邻省相接，运输成本低，加上大春生产的鲜薯价格相对较低，消费市场的扩展带动生产发展。如 2000 年寻甸县马铃薯商品年销售量 11.6 万吨，商品率达到 70%，全县有马铃薯收购专业户 226 户，运输专业户 401 户，销售专业户 47 户。宣威市建立了大型马铃薯批发专业市场，每年大量的马铃薯通过火车销往全国。昭通市每年也有大量的鲜食马铃薯销售到相邻四川的各地区。在昆明市亦有多个马铃薯的专业批发市场，每个市场日批发量在 100 吨左右。云南地处高原，在高海拔生态条件下生产的种薯病、虫害少，退化慢，加上推广了脱毒种薯生产技术，在马铃薯主产区的高寒冷凉山区，加强了脱毒良种繁育技术体系和脱毒种薯基地建设，使云南生产的马铃薯种薯以种性优良、带病率低、增产显著的优点，经过国内、外的试验和示范而得到肯定。由于其优越的生态条件，加强了脱毒种薯质量控制，云南生产的马铃薯种薯以质量好，增产潜力大，受到全国各地的欢迎。优质种薯也大量供应到全国各地，尤其能够弥补充南方冬作区的种薯不足的问题。

（三）商品市场与扶贫

　　云南省马铃薯虽然在国内外有一定知名度和消费市场，但需要开拓更大的市场。如大多马铃薯产区即为国家级和省级扶贫地区，包括高寒山区、边疆少数民族地区存在交通不便、专业化组织水平低、产业配套技术不完全等特点。在马铃薯生产中会发生种植面积扩大、产量增加后，商品销售困难、价格下降；运输不畅、储藏损耗大；品种不能满足各种消费市场的需要等等问题；造成农民只能"自产自销"，不能形成商品和增加农民的经济收入。在国家加大扶贫力度、倡导精准扶贫的进程中，为促进山区、边疆少数民族贫困地区马铃薯产业的发展，需要加大高寒山区、边疆少数民族地区马铃薯产业的科技投入，技术指导和培训，提高栽培技术水平；加大技术研发力度，研究出符合市场需要的品种和优质商品的配套栽培技术，生产高质量的商品马铃薯，增加产量和效益；加强交通和储运基础设施建设，建立专业市场和增强库存周转能力；改善包装水平，提高商品质量、减少损耗；组织和加强农民专业合作化水平、扶持农村经纪人，使商品薯"卖得掉运得出"。贫困山区农户一般拥有较大的耕地面积，扩大商品马铃薯的销售市场，提高马铃薯经济效益，对农民的脱贫致富有重要意义。例如在云南高寒冷凉山区分布许多贫困乡村，这些地区生产条件较差，耕地无灌溉设施，基本靠天吃饭。据统计约有200万贫困人口，把马铃薯作为主食、饲料和经济收入的主要来源。过去种植的马铃薯品种，对晚疫病抗性差，病毒病害严重，鲜薯产量仅 15 000 千克/公顷左右。因此农民的温饱问题长期得不到解决。但是，这些地区则具有作物生育期长，光照条件好，气候湿润等生态优势，种植马铃薯容易获得高产。近年来，通过推广马铃薯脱毒技术和新的优良品种，提高了品种对晚疫病、癌肿病的抗性，控制了病毒病，改善了栽培条件和技术。应用了先进的科学技术后，马铃薯种植面积和产量较快增加，一般鲜薯产量在 30 000 千克/公顷，高产的可达 60 000 千克/公顷，大幅度提高了人均有粮水平。例如云南省会泽县驾车乡是云南省 506 个扶贫攻坚乡和 103 个科技扶贫乡之一，属于典型的高海拔冷凉山区，平均海拔 2600 米，年平均气温 7.9℃，无霜期仅 4 个月，人均有耕地 0.17 公顷，是远近闻名的贫困乡。通过大面积推广脱毒马铃薯栽培技术，全乡单产增加 57%～70%，最高单产 85 500 千克/公顷。1998 年种植脱毒马铃薯 833 公顷，产量 2.5 万吨，平均单产 30 012 千克/公顷。1996 年全乡人均收入 248 元，1998 年提高到人均 801 元，1999 年人均有粮 570 千克，人均收入 931 元，基本解决了温饱问题。2008 年会泽全县种植马铃薯 36 873 公顷，鲜薯产量 101.98 万吨，全县农民人均产值 641.4 元。地处云南西南边疆的德宏傣族景颇族自治州的芒市轩岗乡，2014 年种植上千公顷马铃薯，每公顷产值近 9 万元，纯利润约 5.1 万元，主要销往昆明、保山、重庆等地；马铃薯产业近年来已成为轩岗乡村民增收的主要途径之一。文山州属于重度喀斯特石漠化区域，是"老、少、边、穷"重点扶贫地区，2013 年文山市种植面积 3203 公顷，虽然遭遇旱灾，平均产量仍然达到 28 500 千克/公顷，产值 62 700 元/公顷。全市马铃薯总产值实现 2.01 亿元。产品除供应本地市场外，还销售到广东、广西以及出口到越南。种植马铃薯成为农民增收的一大亮点。

三、技术进步在产业发展中的作用

云南省马铃薯生产的长足发展与科学技术的进步密不可分。早在20世纪60年代，就有一批科技人员从事有关研究和开发工作，为马铃薯的发展做出了重要贡献。现已经有一大批专门从事马铃薯技术研究、推广的科技人员。云南省长期立项支持马铃薯的科学研究和开发，许多地方政府也看到了马铃薯产业对当地经济发展促进的重要作用，积极支持新品种、新技术的推广和开发，农民的科技意识不断增强。无论马铃薯基础理论的探索、新品种选育、栽培技术研究、还是实用技术的推广，科技队伍不断加强，研发领域大大拓宽。近年来，云南省马铃薯作物的产量明显增加，种植面积不断扩大，质量有显著地提高。主要得益于优良品种的引进和选育，栽培技术的改进，病虫害的诊断和防治，生物技术的应用，以及科技的普及和培训等方面的工作。

（一）品种的创新与推广

云南省幅员辽阔，高山、河谷、盆地纵横，复杂的立体气候和生态环境的多样性等使马铃薯生产具有高原特色。气候和生态多样性的特点，马铃薯生产中需要栽培品种必须有广泛适宜性，或者是要有多种不同的品种满足各种生态、栽培制度的需求。如生育期、茎秆高矮、抗病性、抗寒性、品质、休眠期、耐贮藏性等，还需要不断地选育出抗病虫害，抗旱、产量高，满足消费市场，符合加工原料需求，增加综合效益的新品种。云南省海拔2 000米以上的山区是马铃薯大春季栽培区和主要产区。品种选育主要根据大春季栽培区的生态、气候和生产特点的需要，目标是高抗晚疫病，抗癌肿病，抗疮痂病、粉痂病，高产，休眠期长，块茎大整齐，淀粉含量高的中晚熟、晚熟品种。在海拔较低的半山区是春、秋两季种植的栽培区，要求抗晚疫病、抗青枯病，高产，休眠期中等，中晚熟品种。在低海拔热区种植品种则需要抗早疫病、抗青枯病和抗虫，耐干旱，休眠期长，耐贮藏，对日照不敏感的中熟、中晚熟品种。但是，在云南马铃薯生产中，生态环境多样性的限制，往往一个品种在某地方产量很高，但在另一地方则表现不佳，这就大大增加了品种选育和新品种推广的难度。

20世纪50年代，各地种植的多为当地长期种植的老品种，如'小乌洋芋'、'大乌洋芋'、'巫峡洋芋'、'斑庄洋芋'、'牛角洋芋'等。这些品种或是对晚疫病抗性差，或是产量低，或是适宜性不广，很少有在全省广泛种植的骨干品种。20世纪60年代初，引进选出了适应性强，食用品质好的中晚熟品种'米拉(Mira)'。该品种具有生育期适中，在高海拔山区8月份可以收获，在半山区8月初收获，在秋播、冬播和小春种植都能获得很好的收成，适应范围广，块茎干物质含量高，休眠期长，耐贮存，适于以马铃薯作为粮食和饲料的广大山区种植。此后，'米拉'品种迅速在全省普及推广，面积曾达到马铃薯总播种面积的80%以上，为我省马铃薯生产发展，发挥了重大作用。20世纪70年代至80年代初，利用引进资源选育出了'地农1号'、'克疫(Kuannae)'系列等抗病、高产品种，现在滇东北和滇西地区仍有一定的栽培面积。1987年从国际马铃薯中心(Center International Potato，CIP)引进大批马铃薯种质资源，从中筛选出'中心24'、'I-1085'、'CFK69.1'、'800946'、'榆薯CA'等可直接应用的品种。这些品种抗晚疫病，高产，如品种'中心24'在楚雄州大姚县县华乡松子园，鲜薯单产达到93 180千克/公顷，创全国最高单产新纪录。此外还从各地的地方吕种中筛选出'威芋3号'、'中甸红'、'90单选'、'昭农2号'、'伽玛2号'、'宁蒗1号'、'宁蒗2号'、'会薯001'、'会薯002'等品种，均在马铃薯生产中发挥了作用。

1995年会泽县用陆良县的品种'印西克'作母本与来自甘肃的品种'渭会2号'作父本杂交，选育出马铃薯新品种'会-2'并通过云南省审定。该品种可以算是云南省首次育成，拥有自主知识产权的品种。至今仍是全省主要种植品种之一。从1990年开始，从CIP引进50多个杂交和天然授粉的实生种子，从中经过5代选择，从7000多个无性系中选育出综合性状好，晚疫病抗性较好的'合作88号'，受到生产上的欢迎，成为大面积栽培的当家品种。2000年后，云南马铃薯品种选育和资源创新有了重大进展，各科研和企业先后引进和选育出'云薯201'、'云薯301'、'云薯501'等系列、'滇薯6号'、'丽薯5号'、'丽薯6号'、'昆薯6号'、'爱德53'、'宣薯2号'、'宣薯4号'、'宣薯5号'等数十个新品种。此外，云南省边远的少数民族山区，由于长期较为封闭，许多地方还保留有大量地方品种资源。这些品种耐热、耐旱、耐瘠、品质好，适宜边疆少数民族的传统文化和饮食习惯而得以保存，对保护生物资源的多样性有重要作用。2006年通过云南及周边地区生物资源调查，5年间收集到云南地方马铃薯资源105份，为资源创新和利用奠定基础。云南重视新品种的选育，从20世纪90年代起，开始建立本省的品种选育系统，相继育成了大批高产、适应性强的品种。新品种的不断育成和推广，成为省内的主推品种，标志着云南具备马铃薯品种自主创新的力量，改变了主要品种依靠从国内外引进的状况。部分品种还能够推广到国内其他的省区。国家马铃薯育种中心在云南建立了分中心，并相继在各地建立了规模化品种选育基地，建设成西南地区最大的马铃薯品种选育基地。表明云南马铃薯育种工作在国内具有较大规模，处于先进水平。

云南省马铃薯育种单位集中在大春主产区，冬作区域种植品种和种薯主要来源于大春主产区，因此育成品种无论在春作区和冬作区均有良好的广适性，高产性，才能容易快速推广。'合作88'、'中甸红'、'米拉'、'威芋3号'、'爱德53'、'云薯301'等均作为适宜冬作栽培的品种推广，目前推广品种'丽薯6号'，由于块茎大、高产和生育期合适，产品符合北方消费市场的需求，而成为冬作区重点发展的品种。上述适宜热带、亚热带品种的选育，既适宜云南冬作栽培同样基本可以在南亚、东南亚国家栽培，根据1997年调查云南高原繁育的脱毒品种在越南冬季种植的情况，表现出带病毒率很低，在越南3个省播种70～75天后田间病毒率不超过0.5%，而当地农民自留种薯病毒发生株高达76%～91%。在全越南40个省4000公顷面积调查，平均单产12 000～28 000千克/公顷，高产的河南省达到30 000千克/公顷。由于云南品种较强的适应性，可以延长播种期，越南在海拔700米的中部地区试种，产量也达到20 000千克/公顷，表现出很好的增产和推广潜力。

（二）脱毒良种快繁技术应用和种薯基地建设

针对马铃薯退化和病毒病害严重的问题，20世纪80年代末，云南省开展了马铃薯脱毒技术研究。1991立项建设云南省马铃薯良种脱毒繁育推广体系，并列为1991～1995年云南省重点科技攻关项目。全省二十余家科研、教学和农业技术推广部门联合攻关、密切协作，建立了从马铃薯茎尖分生组织培养、脱毒处理、病毒检测、获得脱毒核心种苗、组织培养扩繁生产用苗，温网室扦插茎段，扩繁生产微型薯，到1~3级种薯的繁育等脱毒马铃薯种薯生产体系。通过该体系，既解决马铃薯病毒引起的退化，又加速了优良品种的推广，从而较大幅度地提高了云南省马铃薯单位面积产量。从1996年起，脱毒马铃薯良种推广连续被云南省政府列为重大农业科技成果推广项目和丰收计划，大大加快了该项技术的推广速度。初步建立了以昆明市为中心，开展品种引进、选育和茎尖脱毒核心种苗生产；以曲靖市、昭通市、丽江市等为马铃薯脱毒苗扩繁、原种和一级种薯生产基地；主产县、市作为二级、三级种薯生产基地的良种脱毒快繁体系。形成全年生产"脱毒微型薯"2000万粒，各级良种20多万吨的种薯生产供应网络。应用脱毒良种快繁技术体系，全省大大提高了种薯质量。同时将适宜不同地区，马铃薯生产的高产新品种、种植新技术及时地推广到全省广大马铃薯产区。加强了马铃薯种植技术的培训，提高了农民的技术水平等措施。此后，马铃薯脱毒良种就在云南马铃薯生产中大面积推广。如1995年，全省示范推广马铃薯脱毒良种10 850千克，示范区平均每公顷单产鲜薯33 589.5千克，比对照品种'米拉'平均每公顷增产鲜薯9886.5千克，平均增产率为41.7%，与1990年云南全省平均单产13 500千克/公顷比较，平均单产增加了20 089.5千克/公顷，增幅达到了148.8%。2001年全省脱毒良种推广面积10万公顷，平均每公顷增产4500~6000千克，增产幅度达30%。脱毒马铃薯在生产上的增产效果显著，受到广大农民，尤其是贫困山区农民的欢迎，"要想富，脱毒马铃薯是条路"反映了山区农民对应用脱毒马铃薯的肯定。各级地方政府也看到脱毒马铃薯的增产效果和对山区农民脱贫，经济发展的促进作用，对技术推广相当支持。到1998年全省种植脱毒马铃薯良种面积已超过6.67万公顷，加上抗癌肿病良种的推广，示范推广面积达到12万公顷，约占当年全省马铃薯种植面积的50%，示范地区包括全省16个地、州、市80多个县、市、区，并辐射贵州、重庆、广西、四川、甘肃、内蒙古、青海等省、市、自治区，带动种植脱毒马铃薯良种的面积在20万公顷左右。马铃薯脱毒快繁技术大大加快了新品种推广的速度。由于脱毒马铃薯技术对云南马铃薯科研和生产中的巨大作用，1998年云南省政府正式批准实施云南省《马铃薯脱毒良种繁育体系建设项目》。为了促进马铃薯产业的发展，保护脱毒马铃薯种薯生产、经营和使用者的利益，加强了脱毒种薯质量控制管理，1999年由云南省技术监督局颁布《脱毒马铃薯种薯(苗)》云南省地方标准，规范了云南省脱毒马铃薯种薯生产、经营及使用。1998年云南省种子管理站也提出了《云南省马铃薯脱毒种薯管理办法(试行)》。这些法规和政策制定，都加强了对马铃薯脱毒种薯质量管理。2000年后，重点县、市都建立了脱毒种苗组织培养室，马铃薯主产县大多建立了塑料大棚、温网室、水培系统或雾化系统繁育脱毒微型薯，在高山区建立了各级种薯生产基地。云南省基本建立了完整的马铃薯脱毒良种快繁体系，制定了马铃薯脱毒种薯生产地方标准。自1996年以来，云南省马铃薯单产、总产的增加、种植面积的扩大与脱毒马铃薯良种的推广有着密切关系。马铃薯脱毒良种快繁技术体系显著促进云南马铃薯产业的健康发展。

（三）冬季马铃薯开发及栽培技术创新

云南省传统的马铃薯栽培区是滇东北、滇西北和滇中等高山和半山区，以大春作为主。在滇中的玉溪、昆明，滇西的大理、保山等沿湖盆地、亚热带坝区和河谷地带有冬季马铃薯种植，包括热带地区 10～11 月播种翌年 2 月份收获的冬作和 12 月末播种翌年 4 月份收获的小春作马铃薯，并称为冬季马铃薯生产。但栽培面积不大，如 1997 年仅占全省总面积的 10%，产品基本在地方消费和流通，未能形成面向国内外消费市场的大宗商品。云南南部和中部大部分地区属于热带、亚热带气候类型，秋季和冬季温暖、干燥、霜期短、霜冻少，甚至无霜，日照充足，适宜多种耐旱农作物生长。在大春水稻等作物收获后，冬闲田可达数百万公顷，充分利用这些耕地，提高土地利用效率。通过冬季马铃薯开发，能够带动地方农业、农村经济发展，增加农民的收入。冬季马铃薯生产的特点之一是栽培期较短，不然会影响春播，春季的气候逐步成为长日照，温度快速上升，不利于结薯。品种需要生育期中熟、中晚熟，对光照和温度不敏感的品种。特点之二是南部热带、亚热带气温高，马铃薯退化快，不容易储藏，生产出的产品基本不留种，虽然南部地区也在试验利用当地高山区繁育种薯，但目前种薯基本从大春作产区调入。种薯需要较好的生理年龄，即品种的休眠期、发芽程度适合冬作播种的要求。云南省相继育成了一批适应大春和冬作的高产品种，这些品种在春播区为晚熟、高产、抗病品种，用在冬作中表现为对光照和温度反应不敏感、中晚熟、高产、抗病虫害。休眠期、发芽程度比较适合冬作栽培的要求。这些品种还能够适应国内外蔬菜市场，加工原料市场的需求。适宜的品种并利用春播区的高寒山区生产优质脱毒种薯，形成了大春种薯供应冬作的生产循环链，解决了冬作生产的品种和种薯问题。冬季马铃薯生产的特点之三是云南冬作马铃薯在旱季和霜季栽培，植株生长期间会受到干旱影响和霜冻威胁，尤其是亚热带 12 月末播种的小春栽培马铃薯。云南在冬季马铃薯栽培中通过推广地膜覆盖技术，达到墒面保水保温、土壤温度保持能够促进植株的生长发育，很好地解决了干旱和霜冻问题，对冬季马铃薯的发展起到重要作用。技术的创新为冬季马铃薯开发提供了技术支撑。冬季马铃薯的面积和产量迅速增加，发展成为农业产业中大宗外销农产品之一，促进了云南的马铃薯产业发展。

四、国内外科技合作

（一）云南与国际马铃薯中心的合作

云南省马铃薯产业起步较晚，基础差，特别是科技的落后，严重制约产业发展。马铃薯产业存在着品种的引进和选育滞后，品种退化，种薯的质量和数量赶不上发展需要，病虫害防治和栽培水平低等问题。从 20 世纪 80 年代开始，云南省加强了与国内外科研机构、大专院校和生产部门的技术合作，尤其 CIP 是与云南合作最早、合作最好、最富有成效的国际农业科研组织。20 世纪 80 年代初，CIP 与云南省建立了马铃薯科技合作关系，CIP 与云南合作的马铃薯的间作套种研究，被列入 CIP 的 10 大协作推广研究计划的"温带马铃薯生产"课题中。1986 年云南承担了 CIP 的"华南马铃薯生产技术改良"项目，引进 CIP 的品种和育种材料并相继收集和保存了云南地方品种资源 51 份。1987～1988 年，CIP 支持云南建立了马铃薯组织培养室和防虫网室，开展脱毒马铃薯研究。1999 年云南省与 CIP 签定了《云南省人民政府与国际马铃薯中心开展农业科学技术交流合作协议书》以及《合作项目议定书》。先后启动了"引进 CIP 马铃薯杂交实生子组合示范和筛选"、"利用微生物制剂对马铃薯田间及贮藏害虫的防治研究"、"马铃薯病毒株系变化与品种相互关系以及危害机理与控制策略研究"、"甘薯种质资源交换与高产优质高抗新品种选育"、"昆虫病原体和生物工程菌对马铃薯主要害虫防治研究"、"马铃薯晚疫病综合防治技术研究及应用"、"马铃薯亲本引进、杂交组合筛选及实生种子应用技术研究"、"加工专用型优质马铃薯品种的引进及利用研究"、"特色马铃薯种质资源引进、收集、评价及产业化开发研究"、"南美洲安第斯山块根茎作物的引进、评价及利用研究"、"马铃薯青枯病综合防治研究与应用"、"马铃薯储藏病虫害的防治及应用研究"、"甘薯优良品种资源的引进、筛选及利用研究"等 13 个合作项目。CIP 先后为云南省提供了大量的品种资源和杂交组合实生种子。以后云南省各科研、院校和技术推广部门陆续利用提供资源选育出大批新品种,如'合作 88'、'中心 24'、'CFK69.1'、'I1085'、'合作 23'、'合作 126'、'滇薯 6 号'、'800946'、'榆薯 CA'等,特别是品种'合作 88'以高产、抗病、适应性强、品质好,在云南广泛推广种植,一度成为主要品种之一。2000 年云南省从 CIP 引进了 IP88001-IP88010 杂交组合,即 B1~B24 共 24 个杂交组合实生种子(True Potato Seed,TPS),在全省各地进行杂交组合选育,其中配合力表现较好的组合有 B9、B16、B18、B19、B20 等。用制种方法生产的种子在多个产区示范,利用实生种子作种,第一代实生薯大田产量 22 500 千克/公顷,无性二代产量 37 500 千克/公顷。大田用种量 75~120 千克/公顷,用种成本低,以每 6 元/千克种子计算,用种成本 450~720 元/公顷。同时,体积小,运输方便,生产成本低,用实生种子可以去除多种病毒,能够解决贫困地区的种薯来源,提高山区的生产效益。1986 年以来,CIP 对云南马铃薯产业发展给予不懈的支持。CIP 的前后总裁、副总裁、亚太地区办事处、驻北京办事处(CCCAP)前后主任以及科学家们不断地到云南科研、教学机构协助和指导马铃薯科学研究,并深入产地了解和指导生产技术。同时为了提高云南马铃薯科技人员的水平,CIP 资助和吸收了大批云南马铃薯科技人员赴 CIP 的驻地秘鲁利马考察当地生产和培训技术和参加国际会议。提供奖学金为云南培养了四名硕士研究生,支持云南举办马铃薯国际会议,双方亦通过不断互访在两地间交流技术和经验。目前,云南与 CIP 合作的执行项目有"Accelerating the Development of Early-Maturing-Agile Potato for Food Security through a Trait Observation an Discovery Network"(简称 TON 项目)等。通过上述合作项目的执行和实施,云南在马铃薯的品种选育、实生种子开发利用、病虫害研究和防治、脱毒种薯繁育、栽培技术等各学科的科学技术水平有了显著提升。实施的各个项目均获得了科技成果,一些项目在继续深入研究中,科技合作的成果在以后将进一步显现。

（二）云南与大湄公河次区域和南亚国家的合作

中国参与大湄公河次区域经济合作国家报告中指出,"发源于中国青藏高原唐古拉山的湄公河,自北向南流经中国、缅甸、老挝、泰国、柬埔寨、越南六国,全长 4880 公里,是亚洲乃至国际上的一条重要河流。湄公河在中国境内段称为澜沧江。自 20 世纪 90 年代以来,澜沧江-湄公河流域国际区域合作引起了国际社会的广泛关注,相关国家和国际组织开展了广泛合作,取得了不少有益的成果,有力地推动了该地区经济社会的发展。1992 年,亚洲开发银行(以下简称"亚行")在其总部所在地菲律宾马尼拉举行了大湄公河次区域六国首次部长级会议,标志着大湄公河次区域经济合作(The Greater Mekong Subregion,GMS)机制的正式启动"。"目前,GMS 合作范围包括中国(云南省和广西壮族自治区)、柬埔寨、老挝、缅甸、泰国、越南，总面积256.86万平方公里，总人口约3.26亿。该区域蕴藏着丰富的水资源、生物资源、矿产资源，具有极大的经济潜能和开发前景。GMS各国历史悠久，风景秀丽，民族文化多姿多彩。长期以来，受多种因素影响，经济和社会发展相对落后。进入21世纪以来，GMS各国都在进行经济体制改革，调整产业结构，扩大对外开放，加快经济和社会发展已经成为各国的共同目标"。"中国积极推动有关省区加强与GMS国家的农业交流与合作。与GMS国家密切合作，积极探索开发经济走廊沿线地区特色农业产业带"。"推进口国重要农业大省开展与GMS国家的农业合作，充分发挥中小企业的优势，扩大合作领域和范围，提升合作水平"。云南省地处湄公河次区域上游，积极推动农业科技国际间合作，倡导与GMS国家的农业交流与合作机制。2008年在昆明举行的大湄公河次区域农业科技交流协作发展研讨会上通过了联合宣言，宣言的签署方包括中国、柬埔寨、老挝、缅甸、越南和泰国的农业科研机构和相关政府部门。宣布正式成立"大湄公河次区域农业科技交流合作组"，相继设立了大豆、陆稻、甘蔗、马铃薯和植保农业经济五个专业工作组。通过合作组平台交换了包括马铃薯在内的品种264个，筛选试验品种48个，示范适宜品种34个(其中马铃薯品种6个)，示范面积近6500公顷，培训科技人员和农户9000多人次。于2009年成立"东南亚保护农业协作网"。我省选育的杂交水稻、陆稻、大豆、蔬菜、茶叶、甘蔗、马铃薯等品种，已被越南、泰国、柬埔寨、老挝、缅甸等周边国家引进并示范和推广。2010年，云南省分别在老挝、柬埔寨、缅甸又各建设了一个农业科技示范园，推广水稻、陆稻、大豆、马铃薯等农业科技成果，取得显著增产示范效果。2011年"云南—东南亚国际农业培训中心"正式揭牌。来自GMS国家的数十名专家和学员分别考察了陆良、会泽等马铃薯品种选育基地。"大湄公河次区域农业科技交流合作组"也吸引了国际水稻研究所(International Rice Research Institute，IRRI)等国际研究机构和国内许多省、区的科研和教学单位参与到科技交流合作组的活动中。2014年，云南省倡导成立了"中国—南亚农业科技交流合作组"。该合作组是目前中国与南亚国家间在农业科技领域内的首个多边合作机制与平台。2015年"第二届中国—南亚农业科技合作交流研讨会"在昆明举办。此次会议共有来自孟加拉、伊朗、尼泊尔、巴基斯坦、斯里兰卡和土耳其6个国家的21位政府官员及科技人员代表，以及国内来自国家农业部、中国农业科学院、中国热带农业科学院，及四川、重庆、新疆、西藏、广东、广西、贵州等省、自治区农业科研单位，云南农业走出去技术创新战略联盟的领导、专家学者和企业代表等105人参会。会议期间成功举办中国—南亚农业科技合作对接，通过对接，相关研究机构，就水稻、玉米、麦类、马铃薯等主要粮食作物，以及芒果、番茄等热带果蔬，在人员交流培训、种质资源交换、作物生产技术、信息交流等多方面达成初步合作意向，并有多家单位拟在后期推进协议的签署工作。2015年开始云南承担了来自南亚国家的青年农业科学家学习马铃薯病毒学科的进修任务。上述农业科技合作组织和活动，标志着云南在贯彻国家"一带一路"和"建设成为面向南亚、东南亚辐射中"的战略中，马铃薯产业和科学技术已经走出国门面向世界，能够为相邻的东南亚国家和南亚国家提供技术支持。

（三）云南与各国的科研合作

云南省重视与国际间马铃薯科技和生产的广泛合作，1996年根据中国与越南第二届科技合作项目《马铃薯脱毒种薯生产》议定书，云南与越南签定了"中越脱毒马铃薯生产技术合作项目"。双方交换了马铃薯种质资源，通过双方在越南红河三角洲各省品种比较试验，筛选出'VT-1'、'VT-2'等适宜越南种植的马铃薯品种，并应用脱毒技术生产种薯，表现出带毒率很低、种性好等特点，单产达到 30 000 千克/公顷。品种被越南农业和农村发展部认定为国家推广种植新品种。此后，云南省与越南不断加强马铃薯品种选育合作，筛选适宜东南亚热带国家冬季生产的马铃薯品种，常年都向越南、缅甸等东南亚提供大量的马铃薯品种和优质种薯。云南省与加拿大、白俄罗斯等国家马铃薯研究机构建立了科技合作，通过协议获得了大批马铃薯种质资源，丰富了云南的品种选育的基础材料。此外云南通过与国际知名实验室和大学建立科技合作，或参加国际研究项目或作访问学者，显著提高马铃薯科技水平，如参加全球晚疫病倡议组织(Global Late Blight，GILB)项目，云南马铃薯晚疫病菌群体遗传结构、发现 A_1 和 A_2 交配型，对病害的流行和监测等取得很好成果。通过对荷兰、加拿大、美国、日本、澳大利亚、秘鲁等大学和科研机构的进修、访问及合作研究，在发现抑制晚疫病物质、晚疫病和其他病害病理学基础研究和控制、马铃薯病毒学、脱毒种薯生产、野生种资源研究和利用、产业综合生产技术、马铃薯基因组学、分子生物学技术等，能够在国内外发表高质量论文，在马铃薯的研究水平上有了较大突破。对外合作还包括吸引国际科学家到云南短期工作。加大招商引资力度，吸引世界知名的马铃薯淀粉生产跨国公司，如荷兰艾维贝(AVEBE)公司与云南润凯淀粉工业公司合资，在宣威市建立马铃薯淀粉加工厂。香港港冠公司的威力公司、菲律宾上好佳集团分别在昭通市和昆明市都建立了淀粉加工、炸薯片等外资企业。澳大利亚泰尼科公司在滇建立了专门生产马铃薯种薯的园艺公司。这些举措提高了科学技术对马铃薯产业发展的支撑作用。

（四）云南与国际间的交流和培训

云南重视国际间马铃薯科技的合作交流和面向发展中国家的技术培训。1988 年在昆明成功地举办了第二届亚洲马铃薯协会学术年会，来自亚洲、非洲、欧洲和美洲等 22 个国家的 80 多位学者和近 40 位中国学者出席了会议，并分赴宣威、丽江等马铃薯产区现场考察和指导。通过会议使许多外国学者了解了云南马铃薯的生产状况，加强了云南和国外马铃薯有关机构和组织的信息、品种资源和技术的交流。1999 年云南省与 CIP 合作在云南丽江举办"马铃薯杂交实生种子生产与应用技术培训班"。云南 16 个地州 25 个主产县科技人员参加培训。使云南科技人员学习到杂交实生种子生产与应用技术，并了解到世界马铃薯产业发展的新动态和新的科技知识。2002 年云南省与 CIP 签定《中华人民共和国云南省人民政府与国际马铃薯中心开展科技培训合作项目议定书》，双方共同在昆明组建"东南亚薯类作物科研与培训中心"。作为我国和东南亚国家从事薯类作物研究、试验、示范和技术开发的基地，以及开展薯类作物科研、技术推广和产业开发人才培训的基地。"科研与培训中心"举办了多期技术培训班，邀请 CIP 的专家和国内专家讲授了马铃薯种质资源、品种选育、病虫害防治、栽培和贮藏技术等课程，培训了来自东南亚国家、我国西南地区和省内的马铃薯科技工作者，提高了培训人员科技水平。2004 年由世界马铃薯大会联合公司和中国农业部主办、云南省政府承办的第五届世界马铃薯大会在昆明市召开，来自 40 多个国家的著名科学家、企业家和政府官员 1 000 多名代表参加大会。在会议期间各国科学家和企业家代表展示了在马铃薯生产、加工等先进技术和经验。云南的政府官员介绍了马铃薯发展概况，专家宣读和发表了研究报告，企业家展示了产品和发展规划。充分展现了云南在马铃薯产业的技术水平。各国代表参观了昆明市西山区团结乡马铃薯品种展示园，展示园共展示了来自英国、澳大利亚、CIP 以及国内马铃薯新品种(系)182 个，嵩明、陆良、禄丰等县的小春大面积种植的示范展示区和加工企业。专家们对云南省的马铃薯产业发展给予了高度评价，表明世界对云南马铃薯生产的重视，无疑将促进云南马铃薯产业进入一个新的发展时期。为产业参与国际化奠定基础。

（五）云南与国内的研究合作

云南马铃薯产、学、研和大专院校与国内的科研、教学和生产单位建立了密切的合作关系，并得到国家和各省市的技术支持。主要在种质资源的收集、评价和利用、品种的引进、病虫害的基础研究和防控技术、抗旱性研究、转基因和分子生物学技术等领域开展了合作研究并获得成果。

1. 品种的引进和选育利用　早在 20 世纪 40 年代，云南从国内引进了'小乌洋芋'、'大乌洋芋'、'乌峡洋芋'等品种大面积推广种植，增加了马铃薯的面积和产量。1964年云南从武汉蔬菜研究所引进了原东德品种'米拉'，以高产、品质好、抗逆性强、适应范围广而成为主要栽培品种。20 世纪 90 年代中国农业科学院生物技术中心与云南合作进行抗晚疫病基因工程育种，利用 *Osmotin* 和 *Harpin* 基因，通过基因的克隆和表达载体的构建，建立了农杆菌介导的外植体遗传转化体系，经卡那霉素和 PCR 检测鉴定，获得了'米拉'、'大西洋(Atlantic)'、'会-2'的转基因植株。利用抗菌肽基因 ShivaA 蛋白基因开展抗菌肽基因抗马铃薯细菌病害青枯病和软腐病的遗传转化。参考已知抗菌肽基因的结构，设计了一个新的抗菌肽基因 ShivaA，经人工合成基因片段、拼接，PCR 扩增，然后克隆到大肠杆菌质粒 M13BM20 上，经 DNA 序列分析，得到 1 个与设计完全一致的克隆，随后将该基因切下，重新克隆到 Ti 质粒上，构建了该基因植物表达载体，应用于马铃薯栽培品种的遗传转化，获得了 6 个品种的转化植株，即'米拉'，'费乌瑞它'、'大西洋'，'津通 8 号'、'中心 24'、'会-2'、'CFK69.1'转基因植株。云南与北京大学生命科学院建立联合实验室基础上，1998 年合作开展了优质、高产转高蛋白基因马铃薯新品种的选育，共同选育的多个品系，通过隔离田间性状观察，抗病性、农艺性状的评价，其中有些转基因品系在云南有较好的表现，但未释放评价。2000 年，中国农业科学院植物保护研究所与云南合作推广选育品种'抗青 9-1'，以获得抗青枯病的新品种，在部分地区示范。2010 年，云南从青海农业科学院引进品种'青薯 9 号'，通过试种、示范推广，在春作区单产达到 45 000～60 000 千克/公顷，并以薯形好而大、品质好、高商品薯率，受到薯农的欢迎，已经在部分春作区推广。2004 年在昆明举办"第五届世界马铃薯大会"中，昆明建立了 6.7 公顷的品种展示园。在 CIP、中国农业科学院蔬菜花卉研究所以及国内外科研和技术推广机构、加工企业和各省、区专业协会的支持下，品种展示园共征集到马铃薯品种(系)128 个。其中：国外品种(系)29 个，省外品种(系)25 个，云南省新近选育出的品种(系)96 个，云南地方品种 32 个。展示园以其征集品种数量多，展示规模大，种植水平高。参加会议的代表参观丰富的马铃薯品种资源，赢得了与会参观的国内外专家和代表的广泛赞誉。为大会成功举办，扩大云南马铃薯产业对外开放，科技合作奠定了基础。

2. 实生种子的实验示范　内蒙古乌盟农科所于 1973 年向云南山区的丽江、宁蒗等地提供'克疫'TPS 进行生产试验，结果获得高产。通过 TPS 的应用试验，分析增产显著的原因为：①云南山区马铃薯大春一季作栽培区，一般分布在海拔 2000～3000 米的山区，气候特点为雨量充沛(年降雨量 1500～2000 毫米)，无霜期长(约 250 天)。植株在田间的生长期较长，自然条件极适宜马铃薯实生苗的生长。②'克疫'为晚熟品种，实生苗群体性状分离小，并且对晚疫病具有较高的田间抗病性。当时，西南山区主栽品种已感染较严重的病毒病害(白花洋芋、大白洋芋等)，一般单产为 5250～6000 千克/公顷。'克疫'实生苗结出的块茎就有显著的增产效应，例如 1975 年丽江县移栽'克疫'天然结实实生苗 27 公顷，在缺苗情况下，当年平均单产达到 18 750 千克/公顷。③云南山区交通不便，种薯调运极端困难。实生种子千粒重仅为 0.5 克，邮寄 150 克 TPS，即可以供移栽苗 1 公顷地。例如 1975 年丽江、宁蒗县栽植克疫实生苗 100 公顷，即节约种薯 185 吨。滇西北的丽江、宁蒗等地大面积应用'克疫'的天然 TPS，为解决滇西北山区种薯调运困难的问题起到一定作用，在全国马铃薯 TPS 的应用提供了范例，既能排除马铃薯的主要病毒，又是山区解决就地留种的有效途径。这也受到 CIP 的高度评价，认为对于解决不发达国家和地区的种薯问题具有重要意义。因此，该项技术受到国家的重视，技术推广迅速，1979 年四川和云南利用实生种子生产马铃薯的面积达到 2 万公顷。1986～1990年，我国有关研究单位提供给云南的杂交实生种子，用普通栽培种与二倍体栽培种杂交的实生种子，杂交优势显著，增产达 30%～40%，在云南试种选育出的 TPS 品系，例如'呼 H1'、'呼 H3'、'晋 H3'等杂交组合，其中 1990 年在云南宁蒗县布点示范'晋 H3'，实生苗当代产量 9500 千克/公顷，位居提供试验的 20 个组合之首位，无性一代产量 28 800千克/公顷，在 20 个组合中仍居首位，成熟期及块茎一致性达 90%以上。以后，由于脱毒马铃薯种薯繁育技术的完善和体系的建立，马铃薯 TPS 的应用以后逐步减少。但是国际上一直认为利用 TPS 生产马铃薯在发展中国家具有广阔的发展前景。尤其对于南亚、东南亚发展中国家，例如孟加拉国、印度、斯里兰卡、巴基斯坦、尼泊尔、越南、缅甸、老挝、柬埔寨，能够降低生产成本，有效地减轻病毒病的危害，防止品种退化。云南也从'克疫'组合 TPS 中选育出品种'克疫'，曾经是滇西北重要的栽培品种之一。在品种资源的收集、评价和区域调查也得到国家和各省区的支持。

3. 地方品种资源的收集与评价　云南省长期以来，各地曾经保留着丰富多彩的、内地早已难见的地方品种，这些品种一般局限在各少数民族区域内，当地常以品种块茎的形状、颜色或产地的地名命名，而且与当地的少数民族的经济生活密切相关。在海拔 3000 米的迪庆高原藏族地区，品种有'格咱白'、'尼西紫'、'中甸红'等；在海拔 2000～2500 米的滇西北高原白族地区有品种'鹤庆红'、'剑川红'等；纳西族地区有'老鼠洋芋'等；在海拔 2 000～2 500 米的滇中高山彝族地区有品种'转心乌'、'洋人洋芋'、'宣威粑粑洋芋'等；在海拔 1600 米左右的文山壮族地区有品种'文山紫心'等。性状独特，有的长似牛角，有的肉质呈紫色或红色。这些高海拔温带、亚热带区栽培的地方品种块茎较大，一般在 40 克以上。在海拔 1000 米左右的滇南彝族、哈尼族地区有'小糯洋芋'、'景东小洋芋'、'鞋底洋芋'、'景谷本地洋芋'、'瓦壳洋芋'；滇西南的傣族、苗族、彝族地区有'澜沧小洋芋'、'盈江小洋芋'、'兰坪江红'、'梁河小厂洋芋'等，这些在热带、亚热带区栽培的地方品种块茎很小，每个块茎重仅10多克。热带地区马铃薯品种耐热、耐旱，风味好。在全国和云南内地大部分主产区，马铃薯种质趋于同质化的情况下，这些具有民族性的品种，是宝贵的种质资源。2006～2011年，中国农业科学院作物科学研究所承担国家科技基础性工作重大专项"云南及周边地区农业生物资源调查"，马铃薯资源作为重要分项之一。项目针对①云南及周边地区民族的多样性和独特性；②云南及周边地区分布有丰富多彩的生物资源；③云南及周边地区特有生物资源；④生物资源本底调查是生物资源保护的基础；⑤生物资源本底调查是制定相关法规的需要；⑥调查与保护少数民族地区特有生物资源已刻不容缓的目标，对云南及周边少数民族地区生物资源系统调查，不仅能为国家制订生物资源有效保护和高效利用相关政策及为科学研究提供基础数据，保护和发扬少数民族的传统文化，而且有助于我国生物资源保存数量和质量的提高，同时，通过总结生物资源利用的经验，规范和指导当地民族更加合理与持续地利用生物资源，有利于边疆地区民族经济的发展与和谐社会构建。项目组织了全省各地、州、市、县相关单位，调查共收集到105份地方品种资源，在所调查的13个地、州、市中迪庆州12份、大理州10份、丽江9份、昭通5份、临沧4份等。调查的结果表明，地方自然条件差异小，耕作制度相同，产业化开发程度高，农民更多地采用改良高产品种，地方老品种逐步被淘汰，品种趋向同质化、单一化。在相对边远的少数民族地区，自然条件差异大，各民族传统文化和饮食习惯使丰富的地方品种资源得以保存。在调查各民族保有地方品种资源中，彝族和藏族最多，分别为35份和33份，合计占总数的64.8%；其次为白族9份；傈僳族和哈尼族均为3份；其他民族19份；傣族、拉祜族和佤族最少各1份。云南及周边地区的彝族和藏族普遍聚居生活在高寒山区或山区，马铃薯是最主要的粮食作物之一。因为交通不便和相对闭塞，所以收集到较多的地方品种资源。如在彝族聚居的宁蒗县保存有较多的资源。南部的地方品种资源则较少。随着冬季农业开发，品种也趋向同质化、单一化。如以傣族聚居德宏州成为重要的马铃薯产区，其品种从外地引进，保存的品种资源很少。由于特殊的自然环境和生产条件，特有的文化饮食习惯，各少数民族中保存有优良的地方品种资源。该调查基本摸清了云南地方品种资源，部分品种的植物学特征和生物学特性，了解各民族利用马铃薯的土著知识。对于保持云南农业生物的多样性是十分重要的。

4. 病虫害、抗旱性研究 1996年河北农业大学在内蒙古发现马铃薯晚疫病菌 A_2 交配型，2000年与云南合作调查，在马铃薯和番茄产区以致病疫霉菌 A_1 交配型为优势群体，云南绝大部分引起马铃薯和番茄晚疫病的致病疫霉菌群体仍然是无性繁殖群体，即使有有性生殖的发生，其范围也是有限的。2002～2003年，检测云南马铃薯晚疫病致病疫霉没有发现菌株的 mtDNA 单倍体属于"旧"群体的Ⅰb，全部是Ⅰa和Ⅱa两种单倍体，尽管两者在群体中的分布差异显著，但均属于"新"群体，表明致病疫霉"新"群体已经替代了"旧"群体，成为云南马铃薯产区的主导者。云南马铃薯产区分离获得的致病疫霉菌株，基本上尚未对防治药剂苯酰胺类杀菌剂产生抗药性。

20世纪90年代以来，云南与北京大学、浙江大学、中国科学院昆明植物研究所等单位合作，在马铃薯病毒学和防治技术方面开展了有效的研究。包括鉴定出马铃薯病毒的种类，包括 PVY、PVX、PLRV、马铃薯 M 病毒(Potato Virus M，PVM)、番茄斑萎病毒(Tomato Spotted Wilt Virus，TSWV)、类烟草脆裂病毒(Tobacco Rattle Virus，TRVlike)、马铃薯帚顶病毒(Potato Mop Top Virus，PMTV)。优势种群为 PVY(63%)、PVX(38%)、PLRV(33%)、TSWV(16%)、TRVlike(11%)。完善了病毒的生物学、电镜学、血清学和分子生物学(PCR)鉴定技术。建立脱毒马铃薯种苗、种薯检测筛选技术体系。研究了病毒的区域分布和流行；传媒昆虫的种类，传播病毒的方式和生活传毒特性。

2007～2011 年云南与中国农业大学合作，对马铃薯粉痂病、疮痂病等土传病害开展研究，明确了马铃薯粉痂病在云南的发生危害程度和马铃薯栽培品种对粉痂病的抗性。云南马铃薯产区普遍发生粉痂病，部分地区平均发病率高达 47.65%，严重度为 0.681，病情指数达 11.69。云南省栽培的 39 个马铃薯品种感粉痂病。在国内首次运用电镜技术对马铃薯粉痂病菌进行了研究，观察到了马铃薯粉痂菌的休眠孢子囊和游动孢子，初步掌握了马铃薯粉痂病病原的形态结构。基本明确马铃薯粉痂病的发生规律，初步建立安全、有效的防治技术体系，以抗病品种'会-2'为主，播种时穴中施用 80 千克/亩豆饼，是一种经济有效的防治措施。研究了施肥水平、土壤 pH、土壤类型以及海拔对马铃薯粉痂病发生的影响，建立了相关分子检测技术，为种薯检疫提供手段，为控制病害传播提供依据，以保证马铃薯种薯质量。

2010～2014 年，云南与上海农业科学院合作，开展马铃薯抗旱评价和利用研究。采用抗旱指数(Drought Resistance Index，DRI)和根系拉力测定的方法，提出马铃薯抗旱评价技术。编写《马铃薯抗旱性评价指南》地方标准。采用叶片研究马铃薯抗旱功能进行蛋白质组学。通过 MALDI-TOF-TOF/MS 质谱鉴定，获得 12 个表达差异蛋白，蛋白质组功能分析、分类后得到结果。差异蛋白中具有保护马铃薯光合作用系统以及线粒体正常运转的酶类，调节植株对环境胁迫响应的信号传导，以及调控组织内 N、C 的运输和代谢的功能蛋白。这些蛋白在受到干旱胁迫时，表达量均明显地升高。模拟干旱胁迫与正常供水状态下，比较了 9 个马铃薯品种的渗透物质脯氨酸(Pro)和抗氧化物质丙二醛(MDA)变化。干旱处理的植株中游离脯氨酸和丙二醛含量较正常灌溉处理均升高。一定程度上反映植物受环境水分胁迫的情况，以及植物对水分和盐分胁迫的忍耐及抵抗能力。在宣威筛选抗出抗旱品种'宣薯 5 号'等共计 10 个。三年试验结果，抗旱品种'宣薯 5 号'，亩产量 1806.79～2600.20 千克，较对照品种增产 121.33～560.50 千克，经各品种(系)间产量差异比较(SSR 检验)，达到差异极显著水平。从云南马铃薯地方品种资源中筛选出'宁蒗 182'、'宁蒗 152'、'永德紫皮洋芋'、'马尔科'4 份抗旱性强、生产潜力好的品种。其中'永德紫皮洋芋'、'马尔科'经品种间产量差异生物统计方法采用方差分析，差异在极显著水平，属于高抗旱性品种。云南马铃薯生产在不同生态区域存在与气候相关的多种栽培制度。区域内的生态环境，马铃薯的种植时期，生产用地和土壤结构，生产方式，生产期内的降水量和旱情程度差异很大。通过对不同栽培区调查旱情程度调查，首先获得和报道了干旱对云南马铃薯生产各产区的影响，并可以预测和评估干旱和产量损失。针对不同的生产条件提出节水抗旱策略。

5. 马铃薯产业技术体系合作 2008 年农业部为加强农业产业发展，设立国家现代农业产业技术体系，马铃薯作为产业体系的作物之一。2009 年建立了云南省现代农业马铃薯产业技术体系，体系设置技术研发中心和试验站，下设育种研究室、良种繁育研究室、病虫害防控研究室、栽培研究室和产业经济研究室，在各主要马铃薯生产州市县设置试验站，并将英茂集团大理种业有限公司作为体系的创新示范基地，作为新技术的创新平台。国家现代农业马铃薯产业技术体系与云南马铃薯产业技术体系对接，密切围绕马铃薯产业发展中的问题，在马铃薯品种选育方面育成了一批优良品种和品系，并能够在生产上迅速示范推广。对病害的基础研究和防治，达到较高水平，如晚疫病基因组学的研究，致病菌与寄主的互作关系。马铃薯粉痂病菌的分子检测技术等。栽培生产方面，如抗旱品种筛选，抗旱栽培技术等，科技与产业的结合，促进了云南马铃薯的产业发展。国家现代农业马铃薯产业技术体系首席科学家金黎平研究员多次率国家产业技术体系专家到云南讲课和指导工作，并深入陆良等地田间地头指导农技人员和农户。

6. 国内专家的访问和科技交流 云南省与国内著名科研单位除开展了马铃薯科技合作，还加强了科学技术的交流。中国作物学会马铃薯专业委员会 2000 年和 2003 年学术年会均在在昆明召开，来自国内的马铃薯产业科学家、技术推广和企业家都来到云南交流科技和产业开发的经验。云南省还举办了国内马铃薯栽培技术、马铃薯脱毒技术、种质资源收集和评价、品种选育和利用、贮藏技术等多种技术培训班，脱毒种薯交流会，吸收来自国内和本省的马铃薯科研、推广开发和企业到云南学习，实地现场参观。云南省马铃薯产业得到国内知名专家的亲临指导和授课。曾经访问云南的国内知名专家有，原中国农业科学院副院长、蔬菜花卉研究所所长、中国马铃薯专业委员会屈冬玉主任多次到云南视察和讲课，参加在云南举办的国内外相关会议。国家马铃薯产业技术体系首席科学家、中国农业科学院蔬菜花卉所金黎平研究员与云南的国家、省马铃薯产业技术体系专家开展项目合作中，多次到云南视察和讲课，参加在云南举办的国内外相关会议。中国农业科学院副院长刘旭院士、中国农业科学院作物研究所王述民所长、李立会研究员、郑殿升研究员、蔬菜花卉研究所李锡香研究员在云南及周边地区生物资源调查合作项目中，指导马铃薯的资源调查和评价。上海农业科学院基因中心罗利军博士，在主要粮经作物资源抗旱评价和利用合作项目中，指导马铃薯抗旱资源评价和抗旱评价指南的制定。中国农科院生物技术中心主任贾士荣研究员、唐益雄博士在抗病转基因马铃薯合作项目中，提供 *Osmotin* 和 *Harpin* 基因，并通过基因的克隆和构建表达载体，指导马铃薯的转基因方法和植株表达。北京大学生命科学学院李毅博士、林忠平博士在高产、高蛋白转基因马铃薯合作项目中，提供转高蛋白基因马铃薯材料，指导马铃薯的转基因方法和植株表达。中国农业科学院植物保护研究所所长、浙江大学生命科学学院周雪平博士，在马铃薯病毒的鉴定技术合作项目中，提供先进的分子生物学鉴定材料和方法，指导发表高水平论文。中国农业科学院植物保护研究所何礼远研究员在马铃薯青枯病品种选育合作项目中，提供抗马铃薯青枯病的品种和材料，指导马铃薯青枯病的防治。河北农业大学植物保护学院张志铭教授、朱华杰教授，在马铃薯晚疫病菌的群体变异合作项目中，参与云南马铃薯晚疫病的调查，承担了云南青年科学家的学习培训。国际马铃薯中心北京办事处宋伯符主任、王毅主任、谢开云博士和亚太中心卢肖平主任多次到云南，开展品种资源、品种选育、脱毒种薯、晚疫病预测与防治、贮藏与病害控制等国际合作和科学研究。中国农业科学院植物保护研究所彭德良研究员；中国农业大学植物保护学院国立耘教授与云南合作联合培养了马铃薯病理学方向的研究生。此外先后有中国科学院微生物研究所田波院士；中国农业科学院蚕业研究所蒯元章研究员；东北农业大学农学院陈伊里教授；山东省农业科学院作物研究所孙慧生研究员；中国农业科学院蔬菜花卉所连勇研究员、熊兴耀教授、黄三文研究员；华中农业大学谢丛华教授、柳俊教授；甘肃农业大学王蒂教授；东北农业大学农学院秦昕教授、王凤义教授、田兴亚教授、陆忠诚教授、吕文河教授、石瑛教授；内蒙古农业科学院作物研究所姜兴亚研究员；内蒙古正丰马铃薯种业股份有限公司云庭总经理等到云南指导工作；四川省农业科学院作物研究所何卫研究员、梁远发研究员；黑龙江省农科院马铃薯研究所洪乃武高级农艺师等到云南开展技术交流。上述仅记录部分赴云南的专家、学者，难免会有遗漏。

参 考 文 献

丁鲲，丁福祥.云南省马铃薯产业发展研究.云南科技管理，2012，3：26-27

段兴祥.积极推进农业产业化经营做大做强我省马铃薯产业.见：第五届世界马铃薯大会组委会编.中国(昆明)第五届世界马铃薯大会文集.昆明：云南美术出版社，2004，123-128

冯璐.第二届中国—南亚农业科技合作交流研讨会在昆明顺利召开.云南省农业科学院.2015，11 月，云南省农业科学院网站，www.Yaas.org.cn

冯涛，张德亮.云南省马铃薯产业外贸浅析-以东南亚市场为例.当代经济，2013，2：90-91

黑龙江省农业科学院马铃薯研究所.中国马铃薯栽培学.北京：中国农业出版社，1994，2-4

金黎平.我国马铃薯产业发展现状和展望.2013 年中国马铃薯大会主题报告，北京，2013

李露.农业科技"桥头堡"建设稳步推进.云南省农业科学院.2011，9 月.云南省农业科学院网站，www.Yaas.org.cn

李宗正.加强和扩大科技合作努力提高云南马铃薯产业科技水平.见：第五届世界马铃薯大会组委会编.中国(昆明)第五届世界马铃薯大会文集.昆明：云南美术出版社，2004，255-259

刘旭，郑殿升，黄兴奇.云南及周边地区农业生物资源调查，薯类.北京：科学出版社，2013，199-216

农业部编.中国农业统计资料(2007 年)，2007 年全国各地蔬菜、西瓜、甜瓜、草莓、马铃薯播种面积和产量.中国蔬菜.2009，1：51

农业部编.中国农业统计资料(2008 年)，2008 年全国各地蔬菜、西瓜、甜瓜、草莓、马铃薯播种面积和产量.中国蔬菜.2010，1：55

农业部编.中国农业统计资料(2009 年)，2009 年全国各地蔬菜、西瓜、甜瓜、草莓、马铃薯播种面积和产量.中国蔬菜.2011，1：53

农业部编.中国农业统计资料(2010 年)，2010 年全国各地蔬菜、西瓜、甜瓜、草莓、马铃薯播种面积和产量.中国蔬菜.2012，1：56

农业部编.中国农业统计资料(2011 年)，2011 年全国各地蔬菜、西瓜、甜瓜、草莓、马铃薯播种面积和产量.中国蔬菜.2012，23：53

农业部编.中国农业统计资料(2012 年)，2012 年全国各地蔬菜、西瓜、甜瓜、草莓、马铃薯播种面积和产量.中国蔬菜.2014，1：94

农业部编.中国农业统计资料(2013 年)，2013 年全国各地蔬菜、西瓜、甜瓜、草莓、马铃薯播种面积和产量.中国蔬菜.2015，1：12

农业部关于推进马铃薯产业开发的指导意见.2016 年 2 月 24 日，中国农业新闻网-农民日报

潘政扬.云南马铃薯产业化发展现状及展望.见：第五届世界马铃薯大会组委会编.中国(昆明)第五届世界马铃薯大会文集.昆明：云南美术出版社，2004，140-142

孙茂林，丁玉梅，秦晓鹏.薯类优异种质资源.见：刘旭，王述民，李立会主编.云南及周边地区优异农业生物资源.北京：科学出版社，2013，94-105

孙茂林，李云海，李先平.云南马铃薯栽培历史、耕作制度和民族特色的地方品种资源.中国农史，2004，4：13-17

孙茂林.云南薯类作物的研究和发展.昆明：云南科技出版社，2004

汤克仁.马铃薯产业对丽江高寒民族地区经济发展及农户脱贫致富作用调查.见：第五届世界马铃薯大会

　　组委会编.中国(昆明)第五届世界马铃薯大会文集.昆明：云南美术出版社，2004，144-151

陶大云.农业、农业科技对外合作大有可为.云南日报.2010，7月2日

王平华，李宗正，谢世清.马铃薯杂交实生种子应用技术研究.见：第五届世界马铃薯大会组委会编.中国(昆明)第五届世界马铃薯大会文集.昆明：云南美术出版社，2004，250-254

我国马铃薯主粮产品开发取得阶段性成效.2016年2月25日，新华社，中央政府门户网站 www.gov.cn

我国已成马铃薯生产和消费第一大国.2015年07月29日，新华网

谢开云，屈冬玉，金黎平.中国马铃薯生产与世界先进国家的比较.世界农业,2008，5：35-37

杨静，何霞红，王云月.应用SSR分子标记分析马铃薯遗传多样性.见：云南省农业技术推广总站编.马铃薯品种(系)图谱.昆明：云南美术出版社，2004，148-153

张雪，张德亮.云南省马铃薯市场行情浅析.当代经济，2013，4：88-89

中国农业年鉴编辑委员会.农业经济统计.各地区主要农作物播种面积和产量.北京：中国农业出版社，2003，140-165.

中华人民共和国国家和发展改革委员会，外交部，财政部，科学技术部.中国参与大湄公河次区域经济合作国家报告.新华社.2011，中央政府门户网站.www.gov.cn

第二章 马铃薯种质资源及品种选育

马铃薯作为重要的粮菜兼用和工业原料作物，在我国是仅次于水稻、小麦和玉米之后的第四大粮食作物。马铃薯种质资源极其丰富，19世纪50年代之后马铃薯杂交育种工作开始被广泛应用，与此同时，野生种的价值也开始被育种专家所认识。为此世界各国马铃薯育种专家都努力组织征集和利用各类外来种质资源。尽管如此，目前仍有许多野生种资源未被挖掘，即使已经收集到的资源也未被育种者全面认识和利用，马铃薯资源的基础研究工作还非常薄弱。种质资源的引进、鉴定、创新和利用逐步为我国育种者所重视。丰富育种材料的遗传基础，创造新种质资源是品种选育跨上新台阶的关键。

第一节 马铃薯种质资源

一、马铃薯种质资源收集和评价

种质资源是指携带特定性状或基因的生物类群中所有的个体。马铃薯具有较为丰富的种质资源，但因生长环境和其他表型变化较大及分类依据和标准不同，对马铃薯"种"的生物学分类，还存在许多争议。目前基本公认，马铃薯为茄科(Solanacea L.)茄属(*Solanum* L.)马铃薯组(*Sect. Petota Dumortier*)植物。Hawkés认为马铃薯组分为两个亚组：*Estolonifera Hawkes* 亚组和 *Potatoe G. Don* 亚组，21个系，7个栽培种和228个野生种。这个分类体系因为被许多基于计算机检索的种质资源数据库使用而广为流传且仍在使用，这类数据库的构建使用单位包括 CIP，德国莱布尼兹植物遗传与作物研究所(Leibniz Institute of Plant Genetics and Crop Plant Research)，荷兰遗传资源中心(Centre for Genetic Resources)，美国种质资源信息网(Germplasm Resources Information Network)等。Spooner等综合 SSR(Simple Sequence Repeats)、RFLP(Restriction Fragment Length Polymorphism)、AFLP(Amplified Fragment Length Polymorphism)等分子标记的研究结果及形态学分类结果，认为马铃薯组仅107个野生种，4个栽培种，依据遗传距离归属3个进化枝(Clade)。

1934年起，我国开始有计划地从国外引进马铃薯种质资源。20世纪30~40年代，主要从美国农业部引进资源材料，50年代从前苏联和东欧引进，70年代至今，资源引进来源随国际交往活动的增加而多样化。据统计，2010年，我国从世界各地引进并保留下的种质资源至少1300余份；2015年，在国家马铃薯资源库和资源圃中保存了5000多份资源材料。如20世纪50~60年代，从前苏联和东欧引进'米拉'、'疫不加'等250份优良品种(系)、马铃薯近缘种及野生种，有的仍在生产中使用。近年来，全国许多马铃薯主产区均向国外机构引进过种质资源并进行了评价，2010年，黑龙江对54份源于苏格兰作物研究所、加拿大弗莱德克顿研究站、洛耳赫全俄马铃薯研究所和191份源于CIP及137份国内材料进行淀粉含量评价，鉴定出40份淀粉含量较高材料。2013年，李永俊等对 1997～2004 年间从俄罗斯、白俄罗斯、日本、美国、韩国、波兰等国研究机构引进的 132 份材料进行评价,筛选出 10 份适合延言地区气候环境的高淀粉、抗晚疫病品种(系)。

据王军教授报道我省马铃薯资源引进可上溯到 1731 年以前。1955 年,原东北农业科学研究所通过德国将'米拉'引入了我国,1964 年云南从武汉蔬菜研究所引'米拉'入云南种植。

1998 年后随着我省马铃薯市场的活跃和扩大,马铃薯种质资源引进、评价和收集的条件成熟。云南省农业科学院从 CIP 等国内外机构先后引进大量种质资源。2001～2005 年从 CIP 引进 211 个组合,共 124 351 粒实生籽。2006 年从 CIP 引进 16 个彩色马铃薯组合 3100 粒实生籽,经 2005～2008 年三年的评价,筛选得到 50 个表现良好家系;随后,这些彩色马铃薯家系的鲜食和炸片品质也得到了评价。

云南农业大学一方面收集我省主栽品种,一方面用具有某些优良性状品种的天然实生籽后代来评价筛选优良种质资源。1992 年,郭华春用 4 个内蒙古主栽品种与 3 个云南省主栽品种的天然实生籽以及'呼 H3'杂交籽,通过分析这些实生籽后代的产量,商品薯率等指标,认为'呼 H3'和'CFK69.1'后代分离小,适合本地气候。2006 年,鲁绍凤等对 17 个品种的晚疫病抗性进行了评价。2012 年,王利亚等对 17 个品种进行了粉痂病抗性的评价,认为参试品种中'Russet Burbank'抗性最好。

除上述三家单位外,昆明市农业科学院也从 CIF 引进过杂交实生籽,并选育出新品种。

二、马铃薯种质资源研究和利用

种质资源引进后,经过评价筛选,其基本表型和特性已清楚。一部分资源可进行配合力分析,以利今后配制杂交组合。杨万林选取 10 个云南当地品种,经过杂交组合配制及杂交后代分析,明确其中 4 个可作为具有优良综合性状的亲本使用,2 个可作为特色亲本使用。

随着分子生物学研究手段的发展,借助分子生物学技术研究种质资源,可从基因水平了解特定性状是否存在,便于配制杂交组合。利用 SSR、RAPD 等分子生物学技术,研究种质资源的亲缘关系;检测特定基因的存在情况,可明确相应性状是否存在于种质资源中。李先平等用 RAPD 分析了 11 个马铃薯品种。发现 26 个随机引物中的 13 个可用于鉴定马铃薯品种,而且'CFK69.1'与其他品种的亲缘关系较远。郝大海对云南师范大学薯类作物研究所保存的 161 份材料的 R1 和 R3a 进行检测,在 43 份材料中检测到 R1 特异性扩增片段,R3a 则存在于供试的 161 份材料中。通过对 R3a 扩增产物测序,并进行序列比对,发现用 R3a 片段的碱基序列可以清晰地将 *S. verrucossum* 与普通栽培种分开,说明二者亲缘关系较远。2011 年,胡祚检测 96 份育种资源中的 R3b,发现 16 份中具有特异性条带。2012 年,李周检测了 107 份材料 PVY 抗性基因(Ry_{adg}、Ry_{sto}、Ry_{chc}、$Ry\text{-}f_{sto}$)紧密连锁标记、PVX 抗性基因($Rx1$、$Rx2$)连锁标记、PVM 抗性基因(Gm)连锁标记、PLRV 抗性基因($PLRV.1$)的连锁标记,马铃薯癌肿病抗性基因($Sen1$)和抗线虫病基因($H1$、$Gro1\text{-}4$),发现除少数材料外均携带 Ry_{adg}、$PLRV.1$、$Sen1$,不携代抗线虫病基因和抗 PVM 基因。

为了区分种质资源个体和分析亲缘关系,云南师范大学薯类作物研究筛选出 12 对 SSR 标记引物,结合核外遗传的线粒体 DNA(mitochondria DNA,mtDNA)和叶绿体

DNA(chloroplast DNA，cp-DNA)验证多态性引物，形成包括两对 mtDNA 标记 ALM1/3 和 ALM4/5，3 对 cp-DNA 标记 H1、H2 和 H3，共 17 对引物的核质共检分子标记，并构建了分子标记检测文库。云南省农业科学院李先平等用 41 个 SSR 引物检测 30 个彩色马铃薯材料，得到 128 个多态性条带。将这些多态性条带信息进行聚类分析，可将这 30 份材料分为两个类群，类群 I 为北美欧洲品种(系)，类群 II 为其他来源品种(系)。

种质资源利用可分为几种情况：第一，引进的资源材料适合当地气候条件及耕作制度，直接大规模用于生产，这种情况比较少见。引进的部分品种直接被用于生产，如引自德国的'米拉'，在云、贵、川、鄂等省曾大面积种植，至今虽然种薯严重退化，但在我省昭通、宣威、会泽等地还有一定面积种植。第二，引进的资源材料可以在当地气候条件下生长结薯，但不符合当地栽培制度和习惯，如'大西洋'。这个品种具有非常优秀的薯片加工性质，但因极差的晚疫病抗性，被农户拒绝而只能保存起来，留待以后作为杂交亲本使用。第三，资源材料具有某些优良农艺性状，但同时也具有某些不利性状，这种情况在资源引进时，非常常见，一般这种材料都只能经过改良后才能用于生产，或仅能作为优良性状的提供者。自 20 世纪 90 年代云南师范大学薯类作物研究所从 CIP 引入大量资源材料以来，云南省内的各科研院所都开始引进马铃薯野生种或近缘种材料，并以之培育出优质生产用品种，因此云南的马铃薯遗传基础较北方稍好。

三、马铃薯野生种利用

马铃薯具有非常丰富的基因库，野生近缘种非常多，至少有 100 个以上。许多抗病基因都是由马铃薯的野生近缘种携带的，如抗晚疫病的主效基因 *R1-R11*，源于 *S. dimissum*，抗癌肿病的基因存在于 *S. acaule* 中，*S. stenotomum* 既抗晚疫病又抗 PLRV。有研究者认为欧洲栽培种的抗病基因来源于 6 个马铃薯近缘种，*S. demissum* 含抗晚疫病和 PLRV 基因，*S. acaule* 含抗 PVX、PLRV、纺锤块茎类病毒(Potato Spindle Tuber Viroid，PSTVd)、癌肿病、线虫以及霜冻伤害基因，*S. chacoense* 含抗 PVA、PVY、晚疫病、科罗拉多甲虫和块茎蛾抗性，*S. spegazzinii* 中含抗镰刀菌属真菌(*Fusarium*)、癌肿病、线虫基因。因此，马铃薯野生种的常见利用方式之一，就是作为杂交组合的亲本之一，将 *S. stoloniferum* 含抗 PVA、PVY 基因，*S. vernei* 含抗线虫基因整合到后代中。野生种利用方式之二是将目的基因导入目标品种中。2009 年，Jones 课题组从野生种 *S. venturii* 中获得抗晚疫病基因 *Rpi-vnt1.1*，并将该基因导入普通栽培种'Desiree'中。2010～2012 年，在英国 Norfolk 进行了该转基因材料的田间晚疫病抗性评价。经观察，转 *Rpi-vnt1.1* 基因的'Desiree'植株高抗晚疫病，而且块茎与非转基因'Desiree'无差别。我国研究人员也进行了部分抗性基因导入普通栽培种的尝试。内蒙古科技大学肖欢欢将马铃薯晚疫病主效抗性基因 *R1*、*R3a* 和 *Rb* 导入'Desiree'，并成功获得携带 *R3a* 的再生植株。

也有非种间将其他基因导入到马铃薯中。1998～2001 年，云南省农业科学院张仲凯等与北京大学李毅等合作筛选出 4 个具较好农艺性状、2 个高淀粉转基因品系，并对 4 个品系进行安全性评价，获得国家农业部转基因马铃薯环境释放许可。2002 年，李先平等将引起植物过敏反应的 *harpinEa* 基因用农杆菌法导入晚疫病易感品种'大西洋'中。2008 年，丁玉梅等将苏云金芽孢杆菌的毒蛋白基因 *Cry1 Ab* 导入主栽品种'会-2'中得到转化成功的再生植株。2013 年，陈秀华等将大豆中的组成型表达 S-腺苷甲硫氨酸合成酶基因用农杆菌法导入'大西洋'中，得到了 4 个抗旱耐盐碱的马铃薯材料。

随着转基因技术的日趋成熟完善，野生种的第二种利用方式会变得越来越普遍，育成携带优良农艺性状的抗生物逆境和非生物逆境马铃薯的周期将会大幅度缩短。

四、马铃薯种质资源保护

1999 年 4 月 23 日，我国正式加入国际植物新品种保护联盟(International Union for the Protection of New Varieties of Plants，UPOV)，成为 UFOV 公约 1978 文本的成员国。与之相应，我国对马铃薯品种的法律保护依据是《植物检疫条例实施细则(农业部分)》(1995)、《中华人民共和国植物新品种保护条例》(1997)、《中华人民共和国植物新品种保护条例实施细则(农业部分)》(1999)、《中华人民共和国种子法》(2000)以及农业部 2001 年发布的《主要农作物品种审定办法》、《农作物种子生产经营许可证管理办法》、《农作物种子标签管理办法》、《农作物商品种子加工包装规定》、《主要农作物范围规定》等配套法规。

全球各国马铃薯种质资源库中收集野生资源最多的三个国家依次是美国、俄罗斯和德国。CIP 资源库有 7450 份材料。CIP 在遵守《植物遗传资源国际公约》促进植物资源交流的同时，应某些国家的要求，限制 CIP 资源的流向和用途。今后，引种的代价越来越高，因此，我国在大力引进资源的同时，也应保存和保护好我国的物种资源，包括已育成有生产价值的品种和仅具部分优良性状的品系或单株个体。

在申请品种审定时，育种者可向省或国家两级申请。通过国家审定的品种，可以在全国相应的生态区推广种植；通过省级审定的品种只能在相应省份推广。因为马铃薯通过营养器官进行营养繁殖，在全国范围内存在"跨区种植"和"未审先推"的情况，同时农户薯种自留的情况很普遍，育种者的权益得不到相应保护。

在我省，上述情况均存在，尤其是我省贫困地区较多，农户没有购买优良种薯的意识或没有足够的资金用于优良种薯投入，这种情况在昭通部分地区尤其突出。这就使得优良品种推广存在一定难度，育种者的权益也得不到保护。

第二节　马铃薯新品种选育

马铃薯的栽培种(*S.tuberosum*)原产于南美洲安第斯山(Andes)，约在 16 世纪 70 年代传入中国。而马铃薯传入云南则是在 18 世纪初，在云南种植已经有近 300 年的历史。新中国成立以前，马铃薯在云南已经广泛种植，但去少有研究。新中国成立以后，云南的马铃薯育种工作从无到有，规模从小到大，经过了从引种鉴定、品种筛选到杂交育种的漫长历程，针对不同时期生产上存在的主要问题，开展了育种研究。特别是改革开放以来，随着国际间交往逐渐频繁，大量的马铃薯种质资源从国外引进到云南，使资源研究与育种工作有了较大进步，极大地促进了云南马铃薯品种选育及产业发展。从 20 世纪 90 年代至今，针对抗晚疫病、高淀粉、鲜食、彩色和薯片(条)加工等育种目标，云南省已经审定了马铃薯新品种 56 个，而生产上也进行了 2～3 次品种的更新换代，使马铃薯生产水平不断提高。目前大约有 16 个品种在生产上使用，约占云南马铃薯播种面积的 95%左右。

一、马铃薯品种选育概论

（一）云南马铃薯育种历史

云南是我国种植马铃薯较早的省份之一。清代吴其濬《植物名实考图》(1848 年)卷六中有记载。尽管早在清朝时期云南就已经有了马铃薯种植的记录，但在文献中，最早较清楚地记载马铃薯被引进云南省并就地开展初步筛选工作的时间大约为 1906 年，引进材料为'爱德华国王'品种的天然实生种子。新中国成立以前，云南省滇东北及滇中地区的多数自然衍生的本地品种可能就是'爱德华国王'品种的实生后代。新中国成立以后，从 20 世纪 50 年代开始，马铃薯引种和品种筛选工作陆续在云南开展起来。从时间上划分，云南马铃薯育种工作可分为三个阶段：

第一阶段：从 20 世纪 50 年代到 80 年代初。在这个阶段，马铃薯育种主要以引种、评价为主，并且开展了马铃薯实生种子应用的研究。云南省陆续引进了许多马铃薯品种和资源材料，从中筛选出一些在生产上应用较广的品种，为云南省马铃薯产业的发展做出了贡献。

1964 年，曲靖地区陆良县农科所张明远、朱矩祥和杜若兰从武汉蔬菜研究所引入了 4 个马铃薯品种各 2 千克，试种后，筛选出抗病高产、适应性强、食用品质好的'马尔科'(即原东德品种'米拉')。后来，这个品种在全省基本普及，对我省马铃薯的持续增产，发挥了巨大的作用。

70 年代末至 80 年代初，昭通地区农科所马贤佩和太义友等收集了一批国内外的马铃薯品种资源，在大山包保存和筛选利用，从中筛选和选育出'地农 1 号'和'品比 4 号'等高产、抗癌肿病新品种。其中，'地农 1 号'曾经在滇东和滇南有一定面积的推广应用；'品比 4 号'在滇东北马铃薯癌肿病疫区普遍应用。这两个品种目前在滇东和滇南地区仍有一定的种植面积，对解决疫区百姓的粮食安全做出了贡献。

会泽县是马铃薯种植大县，会泽县农科所从 20 世纪 50 年代就开始了马铃薯育种与引种工作。但由于马铃薯种质资源很少，育种工作的难度很大。到 60 年代，虽然自选自育品种和外引品种有 28 个，但真正适应性广、丰产性好、品质优的主栽品种仅有 50 年代引进的'粑粑洋芋'(又称'河坝洋芋'、'巫峡洋芋')和 70 年代引进的'米拉'。70 年代，'粑粑洋芋'逐步被'米拉'取代。但进入 80 年代，'米拉'表现出晚疫病抗性退化趋势，产量和品质有所下降。为寻求替换品种，1987 年，会泽县农科所从 CIP 引入 46 个品种，历经三年试验研究，筛选出'51 号'和'83 号'适宜会泽县种植的两个优良品种，成为当时会泽的主推品种。1974 年到 1985 年期间，会泽县农业技术推广中心何廷飞等人，用'印西克'×'渭会 2 号'后代自交数代，经三轮筛选、鉴定，选育出 75-2-5-3 株系，即后来成为滇东北地区的主推品种'会-2'。

丽江市农业科学研究所从 20 世纪 60 年代末起，在丽江太安乡设点开展马铃薯品种选育及栽培技术的试验示范推广工作。丽江是云南最早开展马铃薯实生种子利用研究的地区之一。1973 年丽江地区农科所引进克疫实生籽开展试验获得成功，单产增 30%～50%，高的达 1 倍。通过几年的示范推广，实生籽应用面积迅速扩大。到 80 年代中期，实生苗当代及低代种薯种植面积达 10.05 万亩，并创造了实生苗当代单产 2605.4 千克/亩，低代实生薯单产 3773 千克/亩的高产纪录。马铃薯实生籽的大面积推广使全区马铃薯单产大幅度提高，由 1972 年的 410 千克/亩，提高到 1986 年的 655 千克/亩。丽江地区的马铃薯实生籽应用成为全国乃至世界典范。

第二阶段：20 世纪 80 年代初到 90 年代末。这个阶段的马铃薯育种工作主要以引进马铃薯杂交组合来进行品种筛选。

早在 20 世纪 80 年代初，以王军教授为首的云南师范大学的马铃薯育种研究工作，即形成了"有目的地引进国外马铃薯品种资源，扩大育种基因库；系统评价筛选，部分直接利用；最终构建自己的育种群体，从事自主开发和创新性育种研究"的思路。

20 世纪 80 年代以后，特别是 1985 年 CIP 驻北京办事处成立以来，CIP 向中国发放了大量资源。云南省通过与 CIP 合作项目，引进了大量 CIP 实生种子组合和种质资源，有 *S.tuberosum* ssp.*tuberosum*、*S.tuberosum* ssp. *andigena*、*S.phurej*、*S.demissum*、*S.vernei*、*S.berthautii* 和 *S.stoloniferum* 等遗传背景材料，包含了抗晚疫病(水平抗性和垂直抗性)、抗青枯病(5 个亚群)、抗癌肿病、抗虫和加工型等品种和育种资源。引进的 CIP 马铃薯杂交组合由云南师范大学、会泽县农业技术推广中心、大理州农科所、云南农业大学等多家单位合作开展品种筛选工作。由于云南省的生态条件与 CIP 所在地秘鲁的生态条件相似，从这些材料中选育出的品种对云南的气候环境有很好的适应性。90 年代以来引进"群体 A 和 B"和"新型栽培种"等资源，已经先后为我省马铃薯产业发展做出了巨大的贡献。其中从较早引进的品种资源中筛选出适于西南及西部地区种植的'中心 24'(24 号)、'I-1085'(51 号)、'CFK-69.1'(83 号)、'I-1039'(3 号)和'800946'等品种，并在生产中大面积推广；利用中心资源选出以'合作 88'、'合作 23'、'滇薯 6 号'为代表的一系列不同用途的新品系，并陆续通过了云南省品种审定。云南省农科院马铃薯研究开发中心、会泽县农技中心、大理市种子公司、云南农业大学、曲靖市农科院等研究单位对 CIP 马铃薯资源的评价、鉴定和筛选做了大量的工作。

另外，1987～1989 年，丽江地区宁蒗县农技推广中心的朱锡义通过与中国农业科学院屈冬玉等的合作，先后引进了 CIP 配制的 11 个含不同遗传背景的马铃薯杂交组合，美国康奈尔大学配制的 18 个以"新型栽培种"(New-tubersum)为主要遗传背景的马铃薯杂交组合。从中筛选和选育出的新品系(种)形成了近年来丽江市马铃薯育种的主要亲本材料。

从 20 世纪 80 年代中期开始，丽江农科所针对单产低，晚疫病严重的实际，开展了马铃薯新品种的选育工作。经过 20 多年的努力，先后选育出了'丽薯 1 号'、'丽薯 2 号'、'丽薯 3 号'、'丽薯 4 号'、'丽薯 6 号'、'丽薯 7 号'、'胜利 2 号'、'4043 粉红'等一批马铃薯新品种(系)。其中'丽薯 1 号'通过国家审定，'丽薯 2 号'、'丽薯 6 号'、'丽薯 7 号'通过云南省审定，至今丽薯系列品种的推广面积累计达 26.67 万公顷，为丽江乃至全省马铃薯生产的发展做出了积极的贡献。

在这个阶段，云南省于 1993～1994 年开展了首轮全省马铃薯品种区域试验(春作)工作，并于 1997 年审定了第一个马铃薯新品种：'榆薯 CA'。

第三阶段：从 2000 年开始至今。在这个阶段中，云南省开始了完全自主的马铃薯品种选育工作。

在 2000 年以前，云南省各育种单位主要是以引进品种(资源)和杂交组合，从中进行马铃薯新品种的评价和筛选，最终筛选出适应性好的品种进行审定推广。2000 年以后，我省的一些育种单位，包括云南师范大学、云南农业大学和云南省农业科学院等，继续从 CIP 和欧洲、美国、加拿大等国的马铃薯研究机构引进了大量的马铃薯种质资源，并进行了评价。云南省多家育种单位开始了自主配制杂交组合，进行马铃薯新品种选育工作。尤其是云南省农业科学院马铃薯研究中心加强了马铃薯常规育种工作，开始大规模合作育种，建立了面向中国南方省份和周边东南亚国家的马铃薯合作育种体系，在这个体系中合作单位包括云南省内的科研院所、高校、地州的农业推广部门以及南方省份的马铃薯育种单位，在云南省内外共审定了云薯、黔芋、丽薯、宣薯、德薯和泉云等系列品种 44 个。

2000～2015 年，云南省开展了大春季、小春季和冬作季共三个季节的马铃薯品种区域试验。通过区域试验由云南省农作物品种审定委员会审定的马铃薯新品种有 56 个。

（二）云南马铃薯育种现状

1. 多家单位开展马铃薯育种工作

从 20 世纪 90 年代末开始，云南社会经济发展迅速，交通运输条件改善，交通不再成为山区马铃薯流通的制约因素；并且马铃薯加工产业的兴起，农村产业结构调整和大力发展冬闲田种植马铃薯，极大的地促进了马铃薯产业的迅猛发展。在这种形势下，马铃薯育种工作也在全省范围内开展起来。

现在云南省内开展马铃薯育种单位主要有 12 家，除云南省农科院、云南农业大学和云南师范大学传统省级育种单位外，多家地州农科所(院)、县级农技中心都加入到马铃薯新品种选育工作中来。这些育种单位主要集中在滇东北和滇西北地区，包括昭通市农业科学院、曲靖市农业科学院、昆明市农业科学研究院、德宏州农业技术推广中心、丽江市农业科学研究所、迪庆州农业科学研究所和大理州农业科学推广研究院、宣威市农业技术推广中心、会泽县农业技术推广中心。在开展马铃薯育种的这些单位中，除部分单位通过引进国内外的马铃薯杂交组合来进行马铃薯新品种选育外，大部分单位主要是进行常规杂交育种。

2. 建成了云南省马铃薯育种体系

云南省的生态气候条件比较复杂，立体气候明显，耕作制度和农业生产也非常复杂。就马铃薯而言，不同季节、不同地区不同用途需要不同的品种。也就是说，云南省马铃薯产业发展需要比其他省份多得多的一系列品种，是几十个而不是几个品种。

云南省农业科学院马铃薯研究中心针对云南省立体气候条件和一年四季都能种植马铃薯，并且对马铃薯品种要求多样的特点，利用云南省周年都能生产马铃薯，可以缩短育种年限，加快育种进程优势，建成了立足云南，面向中国南方及周边国家、地区的马铃薯育种体系。该中心同云南省内各地区马铃薯研究和推广部门都建立了良好的合作育种关系，育种点遍布省内外，包括昆明、宣威、昭通、丽江、迪庆、会泽和德宏等州市十多家科研院所；并与四川、贵州、广西、广东和福建等省、自治区同行开展了合作育种。该中心根据市场和生产的需求，制定了详细的马铃薯育种规划。根据不同季节对马铃薯品种的要求，开展了大春、小春、秋作和冬作共四个季节的马铃薯育种工作，育种目标包括抗晚疫病、早熟、高淀粉、鲜食、薯片薯条加工、彩色和间套作等品种选育。

在这个体系中，已经先后选育出'云薯'、'黔芋'、'丽薯'、'宣薯'、'德薯'、'川凉薯'和'泉云'系列等品种 44 个，并已经在生产中示范推广。这些品种中包括高淀粉品种、薯片加工品种、薯条加工品种、冬作品种、鲜食品种和彩色品种，最大程度上满足了市场多样化和云南省马铃薯产业发展需要。

3. 云南省马铃薯新品种审定

云南省种子管理站于 1993～1994 年开始开展了全省马铃薯品种区域试验（春作）工作。2000 年以后，一些地州市种子管理站，包括昆明市、曲靖市、德宏州、文山州、普洱市和昭通市，也组织了马铃薯品种区域试验，并审定了 20 个马铃薯新品种。因为云南省对马铃薯品种的要求多样，云南省种子管理站又于 2012 年和 2013 年分别开始开展冬作马铃薯区域试验和小春作马铃薯区域试验。

截止到 2014 年底，云南省陆续审定了 56 个马铃薯品种(见本章后附录)。由于从 20 世纪 80 年代以来云南省与 CIP 的合作比较密切，所以从 CIP 引进杂交组合而选育的马铃薯品种占很大比例，包括'榆薯 CA'、'合作 23'、'合作 88'、'滇薯 6 号'、'合作 001'、'合作 002'、'合作 203'、'合作 3810'、'抗青 9-1'、'合作 003'、'靖薯 1 号'、'靖薯 2 号'、'靖薯 3 号'、'靖薯 4 号'、'靖薯 5 号'、'昆薯 4 号'、'宣薯 4 号'、'昆薯 5 号'和'昆薯 2 号'等共 19 个品种，占全部审定品种的 33.9%；以 CIP 材料为亲本的品种还有 21 个，分别为'丽薯 6 号'、'丽薯 10 号'、'丽薯 11 号'、'丽薯 12'、'云薯 202'、'云薯 203'、'云薯 401'、'云薯 502'、'云薯 503'、'云薯 505'、'云薯 601'、'云薯 701'、'云薯 801'、'宣薯 2 号'、'德薯 2 号'、'镇薯 1 号'、'宣薯 5 号'、'会薯 9 号'、'会薯 10 号'和'会薯 11 号'；含有 CIP 材料血缘的品种则达到了 40 个，占全部审定品种的 71.43%。因此，来自 CIP 的马铃薯资源材料是云南省马铃薯新品种选育的重要亲本。

4. 云南省马铃薯新品种推广情况

经过多年的品种选育和示范推广工作从 20 世纪 90 年代中期以来，云南省马铃薯栽培品种实现了一次更新换代，主要体现在原来栽培面积较大的'米拉'、'小籽洋芋'的面积逐渐减少，取而代之的是'合作 88'、'会-2'、'威芋 3 号'和'中甸红'等品种。这些品种的面积逐渐增加，最后形成昭通地区的马铃薯品种以'会-2'和'米拉'为主；昆明和曲靖地区的马铃薯品种以'合作 88'和'会-2'为主；滇西的马铃薯品种以'合作 88'、'丽薯 1 号'和'中甸红'为主；滇南以'合作 88'、'会-2'和'中甸红'为主的种植局面。

近年来，新选育出来的品种则表现出很好的发展势头，'丽薯 6 号'、'云薯 401'、'滇薯 6 号'、'宣薯 2 号'和'云薯 505'等品种在晚疫病严重的情况下，显示出不同的优良特性，适应了不同的种植环境和市场需求，种植面积逐渐扩大。由于马铃薯繁殖系数低、种薯推广体系不完备等因素，新品种尚没有成为主栽品种，目前新品种的种植比例不超过 20%。目前主栽品种'合作 88'、'会-2'和'中甸红'的晚疫病抗性下降，导致产量大幅度下降，这将给新品种的推广迎来了快速发展的机会，同时也要求新品种要具有很强的晚疫病抗性，才能够成为新的主栽品种。预计在未来 5～8 年内，云南省马铃薯将迎来新一轮品种更新。

（三）马铃薯育种单位

云南省农业科学院经济作物研究所：该所成立于 2004 年 3 月，是在原云南省农科院油料作物研究所(成立于 1979 年)和云南省农科院生物技术研究所部分课题的基础上组建而成的经济作物研究机构。作为正处级的独立法人事业单位，该所下设马铃薯研究开发中心、麻类作物研究开发中心、油菜研究开发中心、生物质能源研究室、特产作物研究开发中心。针对我省薯类作物、油料植物、麻类作物、生物能源类作物及其他特色优势作物生产，培养研发团队，建立研发平台，开展相关研究，任务主要是资源保存、遗传育种研究、栽培技术研究，新品种、新技术的示范、产业化开发，相关技术培训及科普宣传。

该所马铃薯研发中心是云南省最大的马铃薯研究团队。团队成员 19 人，研究员 5 人，博士 5 人，硕士 7 人包括国家马铃薯产业技术体系西南南部区育种岗科学家 1 人，云南省马铃薯产业技术体系岗位专家 2 人。主要开展工作包括马铃薯生物育种、种薯繁育、栽培技术研究、病害研究和新品种示范推广工作。该中心从 1989 年开始，即开展了马铃薯脱毒组培快繁技术研究，"八五"到"十三五"均承担了云南省科技攻关马铃薯育种项目；从"十一五"到"十二五"分别主持国家科技支撑计划子课题"高产优质专用马铃薯育种技术研究及新品种选育"和"马铃薯综合育种技术研究与新品种选育"，主持国家农业科技成果转化资金项目和科技部"863"项目等。

云南省农业科学院马铃薯研究中心从 2000 年开始进行马铃薯育种工作，历时 10 多年，建成了立足云南，面向中国南方及周边国家、地区的马铃薯育种体系。云南省内包括昆明、宣威、昭通、丽江、迪庆、会泽和德宏等州市十多家科研院所都参加了合作育种工作；并与四川、贵州、广西、广东和福建等省、自治区同行开展了合作育种。该中心根据市场和生产的需求以及不同季节对马铃薯品种的要求，开展了大春、小春、秋作和冬作共四个季节的马铃薯育种工作，从 2004 年到 2015 年已经先后选育出'云薯'、'黔芋'、'丽薯'、'宣薯'、'德薯'、'川凉薯'和'泉云'系列等品种 44 个(参见表 2-1)。这些品种中包括高淀粉品种、薯片加工品种、薯条加工品种、冬作品种、鲜食品种和彩色品种，最大程度上满足了市场多样化和云南省马铃薯产业发展需要。

表 2-1　云南省农业科学院经济作物研究所育成的马铃薯品种

系列品种	品种个数	品种名称
云薯系列	24	'云薯 101'、'云薯 102'、'云薯 103'、'云薯 105'、'云薯 201'、'云薯 202'、'云薯 203'、'云薯 301'、'云薯 302'、'云薯 303'、'云薯 401'、'云薯 501'、'云薯 502'、'云薯 503'、'云薯 504'、'云薯 505'、'云薯 506'、'云薯 601'、'云薯 602'、'云薯 603'、'云薯 604'、'云薯 701'、'云薯 801'、'云薯 901'
黔芋系列	5	'黔芋 2 号'、'黔芋 3 号'、'黔芋 5 号'、'黔芋 6 号'、'黔芋 7 号'
丽薯系列	4	'丽薯 7 号'、'丽薯 10 号'、'丽薯 11 号'、'丽薯 12 号'
宣薯系列	3	'宣薯 5 号'、'宣薯 6 号'、'宣薯 7 号'
泉云系列	2	'泉云 3 号'、'泉云 4 号'
德薯系列	2	'德薯 2 号'、'德薯 3 号'
川凉系列	2	'川凉薯 10 号'、'川凉芋 1 号'
抗青系列	1	'抗青 9-1'
镇薯系列	1	'镇薯 1 号'

云南农业大学：云南农业大学是云南省省属重点大学，多年来该大学坚持"引育并重，分子手段，生理育种，合作共赢"的理念开展马铃薯育种工作，多年来与 CIP、日本北海道大学、中国农业科学院、山西高寒作物研究所，河北北方学院和青海农科院等单位开展合作育种。

目前该大学引进 CIP 和日本、印度、德国等国品种(系)500 多份，每年自配和与国内育种单位合作组配杂交组合 200 多个，播种实生薯 3 万多粒，选育优良株系 1 000 余个，与大理、临沧、红河、德宏等州市合作建立了完善的田间评价体系。引进的'青薯 9 号'，'中薯 18'，'冀张薯 12 号'和自主选育的'滇同薯 1 号'完成云南省新品种区域试验和生产试验进入审定程序，其中'青薯 9 号'不推自开，每年示范面积达 20 余万亩。主要开展的马铃薯育种工作包括以下几点。

1. 抗晚疫病育种

针对马铃薯晚疫病是作物第一大病害的现状，1995 年 11 月 2 日，CIP 负责研究工作的副主任彼得·格利哥里博士首次向国际农业研究咨询组织(CGIAR)提出了旨在全球对晚疫病采取联合行动的倡议书，得到了 CGIAR 的支持和各国科学家的响应，被称为全球晚疫病(协作)倡议(GILB)。GILB 指定 CIP 负责协调分布于全世界的标准化国际田间试验(SIFT)，首批选定的标准化国际田间试验点 6 个，中国昆明(北纬 25°)、墨西哥托卢卡(北纬 19°)、尔瓜多尔基多(南纬 2°)、阿根廷巴尔卡斯(南纬 38°)、肯尼亚内罗华(南纬 2°)和印度尼西亚万隆(南纬 7°)。

为了实现 SIFT 在昆明的工作，1996 年 10 月 21 日，CIP 遗传学家 E.Chujoy 博士、驻中国代表宋伯符教授、合作研究项目负责人三军教授及谢从华研究员、谢开云博士一行 5 人访问了云南农业大学，双方表示了开展合作研究和合作培养研究生的共同愿望，宋伯符教授代表 CIP、陈海如校长代表云南农大签署了合作备忘录，备忘录于 1997 年 1 月起生效。

1996 年底，项目负责人王军教授向云南农业大学提供了 CIP 马铃薯无性系材料 118 份，用于开展 SIFT 试验和新品种选育。1997 年 3 月 18 日，118 份无性系材料播种于云南农业大学试验农场。1997 年罗文富教授、杨艳丽副教授获云南省自然科学基金资助，开展"马铃薯晚疫病菌群体动态监测及抗病品种选育(97C023M)"研究，继续对 118 份材料进行品种间多点品种比较试验。

2000 年底，云南农业大学将从 118 份材料中选育出的'滇薯 6 号(PB06)'和'PB08'、'PB01'提交云南省品种审定委员会，参加 2001～2002 年云南省马铃薯品种区试的预备试验。2003 年，在预备试验基础上推荐进入云南省第五轮马铃薯品种(系)区域试验(2003～2004 年，春作组)。2005 年'滇薯 6 号(PB06)'通过云南省品种审定，至目前累计种植面积超过 100 万亩。

1999 年云南农业大学从 CIP 再次引入抗晚疫病高代材料块茎家系 48 个组合，目前从中选育出品系 5 个，其中'F-5-6'和'F37-1'通过云南省品种区域试验，推荐进入审定程序。

2. 抗粉痂病育种

粉痂病是一个典型的土传病害，目前在西南马铃薯产区普遍发生，对该病害尚无有效的防控措施，选育和利用抗病品种是控制该病害的有效手段。云南农大对在云南栽培的马铃薯品种进行了抗性资源的评价、抗性资源挖掘和抗性基因克隆，目前正在进行杂交组合的选配，以期选育出抗病品种。

3. 分子标记辅助选择育种

为了提高选择效率，坚持常规育种和分子育种相结合，建立了多重 PCR 分子标记辅助选择体系，对保有的资源的抗病毒、抗晚疫病、抗线虫分子标记进行了筛查。用筛选出来含抗病标记的亲本配制了杂交组合，并通过多重 PCR 对杂交组合的实生苗后代进行抗病标记筛选，已筛选出聚合多个抗病基因的 1002-1 等株系，通过分子手段大大提高了育种选择效率。同时用引进的 C×E 群体开展了块茎形成等重要性状的 QTL 定位工作。

云南省师范大学薯类作物研究所：云南师范大学的马铃薯研究工作始于 20 世纪 70 年代，1991 年经云南省教育厅批准成立薯类作物研究所。现有在研人员 9 人，其中，高级职称 4 人，中级职称 5 人。主要从事马铃薯种质资源创新、遗传育种、生理、病理、良种繁育、马铃薯基因组和生物信息学研究，及马铃薯生产技术改良和技术培训等工作。薯类作物研究所的创始人王军教授曾当选为第二届亚洲马铃薯协会主席。

1985 年始，云南师范大学开启了与 CIP 的长期友好合作关系，主持完成各级各类科技计划项目 60 余项。从 CIP 等引进了大量国外马铃薯优良品种和原产地国家的种质资源，建立了 1500 余份拥有丰富遗传背景的马铃薯种质资源库，丰富了我国马铃薯育种资源的基因库。构建了以安第斯栽培亚种(*S. tuberosum* ssp. *andigena*)为核心的马铃薯抗晚疫病育种群体，改变了我国以普通栽培亚种(*S. tuberosum* ssp. *tuberosum*)为主要育种资源的历史。合作筛选和选育出一系列马铃薯新品种(系)，已审定、备案认定或通过省级区试的新品种 15 个。其中，'中心 24'、'CFK69.1'和'I-1085'曾一度成为云南省马铃薯主栽品种；抗癌肿病新品种'I-1039'为云南马铃薯癌肿病疫区的粮食安全作出了重要贡献；'合作 88'是目前我国西南地区的主栽品种，仅在云南省的常年播种面积就已超过 300 万亩。牵头制订了我国马铃薯种薯真实性和纯度鉴定标准(GB/T 28660—2012)。开发的马铃薯无病毒种薯生产技术体系成为云南省政府重大高新技术成果得到大规模的应用，参与修订我国马铃薯种薯质量标准(GB 18133—2012)。有关马铃薯晚疫病菌及其综合防治研究工作多次获得各级政府部门的表彰和奖励。曾成功主办了"第二届亚洲马铃薯学术大会"(1988)和"第一届中国马铃薯晚疫病防治研讨会"(1993)，参与承办"第五届世界马铃薯大会"(2004)和"第一届中英马铃薯技术研讨会"(2006)等大型专业学术活动。为云南省马铃薯研究、生产和产业发展做出了重要的贡献。

昭通市农业科学院：昭通市农业科学院前身系云南省农业厅会泽驾车山区农业试验站；2013 年 8 月为昭通市农业科学院，加挂昭通市农业科学技术推广中心牌子。昭通市农业科学院是一所多学科、综合性、公益性农业科研推广机构。设有粮食作物研究所、经济作物研究所、高山作物研究所、生物技术创新所、畜禽研究所、农业科技信息所共 6 个科研机构。现有推广研究员 5 名，高级农艺师 27 名，农艺师 15 名。

近年来，通过不断加强与云南师范大学、云南省农科院经作所，以及 CIP 等科研院校的合作，组建了一支 12 位专业技术人员的育种团队，成立了云南师范大学昭通马铃薯研发中心，围绕马铃薯种质资源评价利用、马铃薯新品种(系)选育及育种体系构建和优质种薯高效生产技术体系的建设等方面开展研究，已经建立起优势互补，以市场需求为导向的"产-学-研一体化"的合作研究与开发的良好局面，并进行马铃薯新品种配套高产栽培技术研究及示范推广工作。

育种团队根据昭通市马铃薯生产条件和市场需求，从种质资源评价和筛选起步，制定了一年三季选育(大春为主，秋冬为辅)、4～5 年出新品种的选育方案。目前，昭通市农科院高山作物研究所已具有功能完善的 1200 平米的马铃薯脱毒组培中心、8000 平方米的马铃薯原原种生产普通大棚和 2000 平方米的滴管-雾化-基质复合培养示范大棚；具有固定的马铃薯育种基地 2 个，每年三季育种工作投入用地规模约 150 亩。

现有多个品系材料在参加或即将参加云南省马铃薯新品种区域试验；与省农科院合作选育的马铃薯新品种'云薯 401'、'云薯 203'已逐步成为山区马铃薯净作区的当家品种。

曲靖市农业科学院：曲靖市农业科学院成立于 1958 年 11 月，其前身为曲靖专区农业科学研究所、曲靖地区农业科学研究所、曲靖市农业科学研究所、曲靖市农业技术推广中心(曲靖市农业科学研究所)。是集"农业科研、示范、推广于一体"的综合性农业事业单位。负责全市农业科技发展规划的制定，并组织实施；主要开展水稻、玉米、马铃薯、麦类、豆类等农作物新品种的选育、引进、试验、示范、推广应用工作；负责农业新技术研究、开发和推广应用；负责对已经鉴定的农业科技成果的推广应用；组织对重大农技措施和农业新技术的培训和业务指导；负责对全市农业推广体系建设的指导；组织无公害农产品生产技术研究和技术规程的制定、指导，推进农业产业化发展。

曲靖市农业科学院从 20 世纪 90 年代开始开展马铃薯新品种选育工作。主要是利用从 CIP 引进的杂交组合来进行马铃薯新品种选育。现有从事马铃薯研究的科技人员 5 人，包括研究员 1 人，高级农艺师 3 人，硕士研究生 1 人。经过多年的努力，现有育种基地 15 亩，育种材料 100 多份，并获得马铃薯方面的奖励包括省政府科技进步三等奖 1 项和地厅级二等奖 4 项。育成审定马铃薯新品种'靖薯 1 号'、'靖薯 2 号'、'靖薯 3 号'、'靖薯 4 号'和'靖薯 5 号'共计 5 个。

宣威市农业技术推广中心：宣威市农业技术推广中心属公益一类事业单位，隶属于宣威市农业局，从事宣威市农业科技推广工作。在职职工 29 人，其中：高级农艺师 9 人、农艺师 15 人、助理农艺师 4 人(其中硕士研究生 4 人)、农业工人 1 人。现有马铃薯基地 2 个，包括国家现代农业示范园区，占地 300 亩，功能是原原种生产、新品种、新技术试验、示范；马铃薯育种基地 50 亩，功能是新品种选育。

单位职工中有 10 人长期从事马铃薯新品种选育、引进和推广工作，马铃薯栽培技术及马铃薯杂交实生籽的研究、试验、示范、推广工作，脱毒种薯生产工作。宣威市农业技术推广中心从 1992 年开始建设脱毒种薯生产基地，具备一定的原原种生产能力。现在建成西南地区规模最大、设备最先进的种薯研发中心，年生产原原种能力达 3000 万粒。

该中心开展从马铃薯杂交实生籽做起的马铃薯育种系列工作，同时也和云南省农业科学院经济作物研究所、云南农业大学等科研院所开展联合选育工作。2015 年配制杂交组合 13 个，生产实生籽 2 万粒；种植家系 3 万株，筛选出 800 多份单株；种植高代材料 100 余份。

自主或与省农科院合作选育审定了 4 个马铃薯新品种：'宣薯 2 号'、'宣薯 4 号'、'宣薯 5 号'和'云薯 801'。其中'宣薯 2 号'在 2013 年被国家农业部推荐为西南区主导品种，累计推广上万亩。'宣薯 6 号'、'宣薯 7 号'已通过省区试验和田间鉴评。

会泽县农业技术推广中心：会泽县农业技术推广中心是会泽县农业局下属的财政全额拨款的事业单位，承担着会泽县农业科学技术推广计划的制订和组织实施，负责会泽县粮油作物新品种选育(引进)及标准化生产技术的试验、示范、推广，承担会泽县粮油作物新品种、新技术、新材料、新产品引进、开发、试验、示范、推广，为会泽县薯类产业、种子产业实施提供技术培训、技术指导和咨询服务等工作。

会泽县是马铃薯生产大县，从 20 世纪 50 年代以来，会泽县农技中心一直坚持马铃薯科研研究与推广工作，先后荣获地厅级以上科技成果奖 26 项，受表彰的先进个人 116 人次，在实践中积累了丰富的工作经验，熟练掌握了马铃薯种质资源创新、新品种系选育、茎尖剥离、组织培养、脱毒快繁、种薯标准化生产等关键技术，开展了大春、小春、秋作马铃薯丰产栽培技术试验集成与示范推广。在多期重大项目的实施中，能按时、按质、按量完成项目任务，具有明显的区位优势、资源优势、人才优势和技术优势。

通过多期农业综合开发项目和省级财政资金扶持，会泽农技中心建成了"规模大、档次高、设备齐全、管理完善"的会泽县脱毒马铃薯繁育中心(曲靖市马铃薯研发中心)，具有年生产脱毒组培苗 300 万苗，原原种 1000 万粒的能力，是云南省马铃薯种薯(苗)快繁基地县；会泽县农技中心还建成了稳定的马铃薯育种基地和 7 个相对稳定的马铃薯试验、示范点，为会泽马铃薯新品种选育试验示范及其丰产栽培技术试验集成与示范推广奠定了坚实基础。

多年来，与云南农科院经作所、云南师范大学薯类研究所、云南农业大学等科研院所建立了长期友好合作关系，通过长期艰苦努力，成功选育并通过省级审定的马铃薯新品种'会-2'、'合作 88'、'合作 23'、'合作 001 号'、'合作 002 号'、'合作 003 号'、'会薯 9 号'、'会薯 10 号'、'会薯 11 号'等 9 个，待审定新品系 5 个('会薯 8 号'于 2015 年提供国家马铃薯品种冬作组生产试验、'会薯 14 号'、'会薯 15 号'于 2015 年通过省级田间鉴定、'会薯 13 号'、'会薯 16 号'于 2015 年参加云南省马铃薯品种春作组区域性试验)，有苗头的成形新品系 15 个(小面积示范繁种)。

昆明市农业科学研究院：昆明市农科院为全额拨款事业单位，隶属昆明市农业局，是集农业科学技术研究、示范推广、教育培训、开发咨询、农业生产技术指导服务职责于一体的全额拨款公益类事业单位。

昆明市农科院目前从事马铃薯科研及推广的专业技术人员共有 6 名，其中高级农艺师 3 人，农艺师 3 人，建有马铃薯组培室一个，在嵩明县小街镇建有 60 多亩的马铃薯选育及试验示范基地，建有年产 90 多万粒的马铃薯原原种扩繁温网室大棚 13 000 多平方米。

昆明市的马铃薯科研推广始于 1989 年，在昆明地区先后开展了"脱毒马铃薯种薯推广"、"加工型马铃薯基地建设"、"马铃薯杂交实生种子的应用"、"马铃薯种薯基地建设"、"马铃薯晚疫病综合防治技术示范"、"马铃薯高产创建"、"马铃薯模式攻关"等省市下达的项目，并获得农业部及省、市成果奖 9 项。

2001 年始开展马铃薯新品种的选育工作，目前收集和保存马铃薯种质资源 500 多份，经过组配从中选育出一批性状优的品系，先后提供 6 个品系进入省区试，其中'昆薯 2 号'、'昆薯 4 号'、'昆薯 5 号'通过省级审定并在生产上累计推广应用 40 多万亩，扩繁马铃薯脱毒原原种 750 多万粒，同时获原原种生产方法国家专利 1 项。

德宏州农业技术推广中心：德宏州农业技术推广中心隶属德宏州农业局，属副处级全额拨款独立核算国家一类公益事业单位，是德宏州农业科学技术研究和示范推广的龙头，承担着全州主要农作物新品种的选育和新技术的试验、示范、推广、培训等工作。是促进农村经济发展和边疆新农村建设的主要力量。

该中心马铃薯课题组从事马铃薯新品种选育、引进、推广工作，主要承担国家、省马铃薯产业技术体系德宏马铃薯试验站建设项目、国家和云南省马铃薯冬作区域试验和云南省、德宏州下达的马铃薯种薯繁育基地建设项目、高产创建项目等，并与云南省农业科学院经济作物研究所合作开展冬马铃薯选育工作。每年引进马铃薯高世代材料50份左右，品比试验1～3组，种植面积5～10亩。与云南省农业科学院经济作物研究所合作选育出马铃薯新品种'德薯2号'和'德薯3号'，并通过云南省农作物品种审定委员会审定。

丽江市农业科学研究所：丽江市农业科学研究所(推广中心)成立于1963年9月，为全民所有制独立科研所，是专门从事农业科研及农业技术应用推广的事业单位。

丽江市农科所马铃薯项目组长期承担国家、省、市的马铃薯科研项目，从事马铃薯品种筛选、栽培技术研究、脱毒种薯生产技术研究与应用，并形成了一个结构合理、创新能力强的马铃薯科研推广团队，初步建成了'育、繁、推一体化'的脱毒种薯生产基地，优良种薯供应西南诸省，为西南山区人民脱贫致富作出了突出贡献。

丽江市农科所马铃薯项目组经过40多年的努力，积累了大量马铃薯种质资源材料。近几年来每年种植种质资源100份左右，配制杂交组合50个以上，种植杂交实生籽组合30个左右，培育实生苗3000株以上，种植高代材料300多份。多年来，成功选育出云南省首个国审马铃薯品种'丽薯1号'及滇审马铃薯品种'丽薯2号'、'丽薯6号'、'丽薯7号'，并与云南省农业科学院经济作物研究所合作选育出'丽薯10号'、'丽薯11号'、'丽薯12号'等7个优良马铃薯新品种。现在乃有'丽薯14号'、'丽薯1105'、'丽薯1307'、'丽薯5488'、'丽薯0610'、'丽薯1104'等6份材料在参加云南省马铃薯区域试验或生产试验。

迪庆州农业科学研究所：迪庆州农业科学研究所成立于1973年，是迪庆州集农业科研、示范、推广为一体的事业单位。该所通过青稞、马铃薯、中药材、蔬菜、荞麦等基础研究、科技推广项目实施，为迪庆州高原特色现代农业发展提供了有力的科技支撑，取得显著的经济、社会效益，为农业发展、农民增收做出了突出贡献。

迪庆州农科所一直把马铃薯新品种选育、优良品种引进、示范、高产高效栽培技术推广、种薯生产和外销作为工作的重点，形成了一整套适宜迪庆高原推广的优质马铃薯种薯繁育及高效栽培技术措施。现已具备了年生产马铃薯脱毒组培苗100万苗，微型薯200万粒，繁育原种200亩，一级种1000亩，二级种4000亩的生产能力。初步形成了马铃薯新品种选育引进、组织培养、微型薯生产、原种，一、二级种扩繁，种薯营销，示范推广为一体化，科研+基地+农户，产、供、销一条龙的种薯产业化生产模式，常年组织外销优良种薯1000多吨。

迪庆州农科所先后引进筛选马铃薯优良新品种80多个，贮备育种材料170余份，本所系统选育的马铃薯品种有'中甸红'，与云南省农科院合作选育的品种有'云薯201'、'云薯301'。

大理州农业科学推广研究院:大理州农业科学推广研究院是原大理州农科所、经作所、土肥站、农环站、园艺站、农机推广站和农技推广中心合并,于 2013 年 1 月成立的正处级全额拨款事业单位。围绕"人才立院、科技强院、创新活院、实干兴院、特色显院"的建院方针和"开放合作、集成创新、服务发展、实惠农民"的工作定位以及"省内一流、西部领先、国内知名"的工作目标,开展农业种植业、农机、农业环境保护的新技术、新品种、新产品的引进、试验研究和示范推广;开展农作物新品种选育、农业科技攻关、人才培养、现代农业科技信息服务等工作。

从 2001 年起开展马铃薯新品种引育种工作以来,先后从云南师范大学薯类作物研究所所、云南农大植保学院、云南省农科院经作所和东北农大以及 CIP 等单位引进国内外育成新品种、新材料和杂交组合。目前院内马铃薯资源库已保存 400 多份优良育种材料。多年来承担或参与了国家农业开发项目、国家科技部星火计划、国际合作专项和云南省科技攻关项目等十余项马铃薯项目的研究。目前承担着云南省现代农业马铃薯产业技术体系大理试验站的工作。

大理州农科院从 2009 年起每年配制马铃薯杂交组合 20～30 个,收获马铃薯杂交实生籽 10 000～20 000 粒;目前田间保留 159 个杂交组合,1638 个无性世代材料。每年在大理州内组织春作、早春作和冬早三套多点试验,现有 4 个优良品系在参加云南省区域试验。与云南师大薯类作物所合作选育出新品种'合作 203'、与昆明市农科院所合作选育出新品种'昆薯 2 号',并通过云南省农作物品种审定委员会审定。

二、马铃薯选育技术

当马铃薯在起源地作为栽培作物时,无意识的品种选择就已经开始了。有文字记载的马铃薯杂交育种开始于 1807 年,英国人 Knight 首开先河,开始马铃薯育种工作,但未得到认可和普及,人们仍沿袭筛选天然实生种子后代。1851 年,智利的普通栽培种品种'Rough Purple Chili',通过巴拿马引到美国,与欧洲品种杂交,后代表现突出,引起了广泛关注,杂交育种开始被广泛利用。进入 21 世纪,生物技术育种方法被广泛利用在马铃薯育种上,但是它不能代替传统的马铃薯育种方法,仅仅是增加更多的工具和手段,提高育种效率。而马铃薯杂交育种至今仍是全世界的主要育种方法。

云南在马铃薯栽培区划中属于西南混作区,亦称西南山区垂直分布区。云南省地形复杂,气候兼具低纬气候、季风气候、山地气候的特点。因此,云南山区不同海拔及其复杂的气候特点确定了马铃薯栽培类型的多样化,要求在不同地区种植的马铃薯品种具有不同的特性。

(一)育种目标的确定

因云南气候干湿季明显,5 月中下旬到 10 月初为雨季,晚疫病发病严重;而 10 月中旬到翌年 5 月中旬为干季,降雨少,基本上没有晚疫病发生。所以,在云南根据种植区域、栽培季节和用途不同(如鲜食、淀粉或薯片薯条),育种目标也不同。

1. 滇东北、滇西北马铃薯大春作一季种植区

这一区域大多为高海拔(1900～3000 米)的山区,因为气候冷凉,马铃薯只能种植一季,大多在 3～4 月播种,8～9 月收获。在这些地区,要求马铃薯品种抗晚疫病、抗青枯病、抗旱、中晚熟，高产、耐贮运，多用途(兼用型)，休眠期较长(成熟后 50～70 天)，耐土传病害。

2. 滇中马铃薯多季作种植区

这一区域大多为海拔在 1600～2000 米的地区，一年可以种植多季。

大春季马铃薯通常与玉米等高杆作物进行套作，这就要求马铃薯品种抗晚疫病、抗青枯病、抗旱、中晚熟，高产、耐贮运，多用途(兼用型)，休眠期较长，耐土传病害，尤其是要耐遮阴。

小春季一般 12 月末到 1 月初播种，5 月上中旬收获，要求马铃薯品种早熟、抗霜冻、薯形好、芽眼浅、抗虫(斑潜蝇)，耐贮运；因为消费市场的原因，小春马铃薯品种还要求最好是黄肉、薯形为椭圆。

秋作季一般 7～8 月播种，到 12 月初下霜后收获，生育期短，要求马铃薯品种结薯早、抗晚疫病、耐霜冻、耐涝。

3. 滇南、滇西南马铃薯冬播作一季种植区

滇南、滇西南及江边、河谷地带(1600 米以下)等终年无霜的地区可以进行冬作。冬作一般在 11 月中旬播种，第二年 3 月中旬收获，要求马铃薯品种抗晚疫病、抗青枯病、结薯早、高产，大薯率高、薯形好、表皮光滑、芽眼浅、畸形少，耐贮运，休眠期长。

（二）亲本选配

明确了要选育具有什么样目标性状的新品种之后，能否获得理想的后代，其亲本的选配是非常重要的。目标性状将决定亲本选配。如培育炸薯片的品种需要选择的亲本与培育用于鲜薯消费市场的品种的亲本选择是不一样的。亲本的选择往往是基于他们的表型性状，如块茎形状、芽眼深浅、皮色和肉色等。其他如抗病性、抗逆性、熟性等性状对于亲本选择也是很重要的。

选择出来的两个亲本要具有目标性状，并且性状可以互补；基因型差异大或亲缘关系远的两个亲本进行杂交，后代中出现优良株系的概率将会增加。在育种实践中，通过某个亲本的后代表现来估计这个亲本向其后代传递优良性状的程度，也就是要选择配合力高的亲本来进行杂交。

大多数的品种都可以用来作为父本或母本。但有的马铃薯品种雌蕊败育，不能用作杂交母本；部分品种虽然能正常开花，但花药瘦小或呈黄绿色，无花粉或有效花粉率极低，这就意味着这些品种不能作为父本进行杂交，而只能作为母本；只有花粉效率高的才适合作父本。然而，一个品种的雌雄是否可育，需要通过试验来进行确定。马铃薯的雌性不育比较罕见，不能开花或极少开花的品种是很少用作亲本。雄性不育通常通过醋酸洋红染色和花粉萌发率来进行测定。

（三）杂交技术

1. 去雄　马铃薯属于自花授粉作物，天然杂交率极低，一般不超过 0.5%。在进行杂交育种时，需要对母本进行去雄。当马铃薯的花瓣开放时，花药就已经开口，授粉就已经完成。所以去雄的最佳时间是开花前的一到两天，这个时候花药还未成熟，花蕾较大有利于去雄。去雄的时候，选择母本植株上发育良好的花序，每个花序只选留 5～7

朵发育适度的花蕾，将开过的花及太小的花蕾全部去掉。用一把镊子将花瓣打开，小心去除花药，注意要保持柱头完整，并不要伤到花梗。

2. 花粉采集与保存 花粉从指定作为父本的植株上采集。采集父本植株上当天开放的新鲜花朵，这样的花药刚刚开裂，散发出来的花粉生活力强。如果用已经开放了2~3天的花，其花药尖端呈黄褐或黑褐色，花粉量少且生活力低。从花药中抖出来的花粉装到小玻璃瓶中，在装有氯化钙的干燥器中保存，6~7天仍然有生活力；如果先将花药干燥，再贮藏在-20℃条件下，花粉的生活力可以保持1~3年。当父母本的花期不遇时，可以保存父本的花粉等母本开花时就可以授粉。

3. 授粉 授粉一般在去雄后1~2天进行；在清晨花朵完全开放时做杂交最容易成功。最简单的授粉方法是将柱头伸入到采集有花粉的小容器中，使柱头上粘满花粉即可。一个花序只使用一个父本进行授粉。每一个新的父本都要使用一个新的小容器，以防止花粉混杂。不容易做成功的组合应该重复授粉2~3次。授粉完成后，在花柄上系上标签，注明日期和组合名称。

4. 套袋、浆果采收及洗籽

授粉一周后，如果花冠脱落、子房已经膨大、小花梗变粗弯曲，表明杂交成功；未受精的花在4~5天后即由花柄节处脱落。当膨大的浆果直径达到1厘米左右时，即可将浆果连同标签一起用小纱网袋套起来，并系在植株上，以防止浆果脱落混杂。

当母本植株成熟或浆果变软时，就可以进行采收。浆果采收后挂于室内后熟，当其变白变软有香味时，及时将种子洗出来。所有相同杂交组合的浆果可以一起处理。成熟的浆果在装有水的容器中挤出种子，种子会沉到底部，小心地将浮在水中的果皮和果肉去除，并洗去种子外部的黏液，然后倒在吸水纸上晒干。干燥的种子计数后装入种子袋中，注明组合名称和采集年份。

马铃薯实生种子可以长期保存，在一般干燥、温度较低的条件下可以储存5年，在密封干燥的低温条件下可保存10年或更长时间，仍有较高的发芽力。

（四）实生种子育苗及家系收获

获得杂交实生种子后，就需要进行实生种子育苗，并最后获得不同组合的家系，然后再从家系中进行多代选择，从而选育出新品种。

1. 苗床及基质准备 育苗在防虫大棚里进行，苗床宽1.5米，便于操作。播种的基质为珍珠岩：腐殖土：红土=3：1：1，混匀前将腐殖土和红土过筛，做好基质的消毒。苗床上基质厚8~10厘米，按每平方米普钙25克，尿素10克或者三元复合肥25克施入肥料，使肥与床土充分混合，精细平墒。

2. 种子处理 马铃薯实生种子有休眠期，而且发芽缓慢不整齐，因此播种前必须催芽。先用双层纱布把种子包好，再放入1500毫克/千克的赤霉素液中浸泡24小时来打破休眠。将浸种处理过的种子滤水后置于23℃的恒温箱中，每天用25℃左右的温水轻揉洗一次，洗去种皮上的黏液，一般需经3~4天才发芽，当发芽率达到3%~5%时，即可播种。

3. 播种 苗床在播种前一天浇透水，每平方米用600倍百菌清兑水喷雾进行基质消毒。播前根据苗床基质干湿情况酌量喷水。种子量少则实行点播，距离为5厘米×2厘米，每平方米播 1000 粒；如果种子量大，则要在种子中掺细沙拌匀后进行撒播；播后盖 1 厘米的过筛基质，过厚影响出苗。不同组合之间空出 10 厘米，并在两侧插标签做为记号。

4. 移植 通常情况下，实生种子播种一个月后，实生苗长到 6～7 片真叶，苗高 5～6 厘米时，就可以进行移植。植株不宜过高，否则移栽后头重脚轻，缓苗期过长，且不易成活。在移栽前一天，将苗床浇透水。按照组合将实生苗从苗床上挖起来，轻轻将基质抖掉，然后用直径 1 厘米左右的小木棍在装了基质的营养钵中插一个洞，将实生苗放入洞中，用手指轻轻压实基质；把营养钵摆放整齐，最后将标签插到每个组合的两端的营养钵中。

5. 适时收获 实生苗的生育期较长，正常成熟需要 150～170 天。当大部分植株接近正常成熟，即可以进行收获。收获时将营养钵倒出，每个营养钵中选取一个综合性状好的块茎，同一组合的装做一袋，统计每个组合收获块茎个数，来进行新品种的选育。

（五）马铃薯品系筛选

从家系开始进行筛选，到最后审定成为一个品种，要经过家系、无性 2 代、无性 3 代、品种比较试验等田间选择。然后才提交省级或国家级马铃薯区域试验，通过区域试验后参加生产试验，最后审定为品种。在筛选过程中，需要注意以下几个方面。

家系： 马铃薯家系是包括一个杂交组合所有基因型，没有经过选择和淘汰的群体。家系主要从薯形、外部病害(疮痂、粉痂和龟裂等)、内部病害(空心和褐斑等)来进行筛选，产量、皮色和肉色做为参考，通常入选率不会超过 10%。

无性 2 代： 由上年家系入选，每份材料种植 5 株。无性 2 代主要从薯形、空心、褐斑、和外部病害等方面来进行筛选，同时也要考虑皮色、肉色、产量、块茎大小和整齐度，以及有特殊用途的材料。通常入选率不超过 10%。

无性 3 代： 每份材料种植 20 株。主要从产量、块茎大小、块茎整齐度、空心、褐斑等方面进行筛选，薯形、皮色、肉色以及内部外部病害仍然要关注。同时，还要进行炸片、炸条，蒸煮评价，并进行淀粉和干物质含量的测定。通常入选率在 25%～30% 左右，入选株系参加下年的品种较试验。

品种比较试验： 品种比较试验通常进行 2 年，每次试验设三个重复共 120～180 个块茎。主要从产量、块茎大小、块茎整齐度、空心、褐斑和内部外部病害等方面进行筛选，薯形、皮色、肉色仍然要关注。同时继续进行炸片、炸条，蒸煮评价，并进行淀粉和干物质含量的测定；在生育期间还要进行植物学性状的调查，为参加区域试验做准备。

区域试验： 选择优良的品系材料参加为期 2 年的各级区域试验。通过区域试验后还将进行生产试验，在生产试验中如表现超过对照 5% 以上，则可以进行田间鉴评最终通过各级农作物品种审定委员会审定。

三、马铃薯主栽品种

从 20 世纪 50 年代以来，云南省主推马铃薯品种已经经过了两次更新换代。第一次更新换代是 20 世纪 60 年代引进的德国马铃薯品种'米拉'逐渐替换原来生产上使用的老品种；第二次是 90 年代中期开始，原来栽培面积较大的'米拉'、'小籽洋芋'的面积逐渐减少，取而代之的是'合作 88'、'会-2'、'威芋 3 号'和'中甸红'等品种。近年来，新选育出来的品种则表现出很好的发展势头，'宜薯 2 号'、'滇薯 6 号'、'丽薯 6 号'和'云薯 301'等抗病品种在晚疫病严重的情况下，面积逐渐增加。

1. '会-2'

品种来源：该品种是会泽县农业技术推广中心于 1974 年用'印西克'作母本，'渭会 2 号'作父本杂交，由 5 万多粒实生子经多年多代无性株系选择(1974～1985 年经三轮筛选、鉴定，选育出 75-2-5-3 株系，定名为'会-2')，于 1985 年选育而成的马铃薯品种(参见彩图 2-1)。

审定情况：1994 年通过曲靖地区品种审定委员会审定，2001 年 7 月通过云南省品种审定委员会审定，审定编号为'滇马铃薯 5 号'。

选育者：何廷飞，姜发昌，何静波，李万明，屠年忠，王正周，李云翔，钟素泰，李志林，李万芬。

种植区域：该品种全生育期 100 天，抗晚疫病，适应性好，丰产性好，结薯早，适宜冬作、早春作、小春作、大春作种植。

产量表现：1986～1988 年参加会泽县马铃薯新品种比较试验，3 年平均亩产 2956.57 千克，比对照'米拉'增产 682.2～1129 千克，增产 22.9%～43.8%，居 16 个参试品种系的第 1 位；1991 年参加昭通地区马铃薯新品种区域性试验，4 个点平均亩产 2107.15 千克，居 7 个参试品种系的第 2 位；1992～1993 年参加曲靖地区区域性试验，平均亩产 2157.7 千克，比对照'米拉'增产 432.92 千克，增产 25.1%，8 个试验点均居 10 个参试品种系的第 1 位。

推广情况：该品种于 1985 年开始在会泽县示范种植，1993 年曲靖、昭通两地 6 个马铃薯主产县种植面积达 48.5 万亩，平均亩产 2173～3096.8 千克，较'米拉'增 37%～84%，2003 年全省推广面积达 100 万亩以上，2010 年云南、贵州、四川、重庆、广西等西南地区推广面积达 300 万亩以上。2011 年实收火红乡冒沙井村农户钟鸣明种植的 2.8 亩，实收总产 14 545.98 千克，创最高单产记录 5194.99 千克。

栽培特点：①'会-2'大薯率高，选择粒重 50～100 克的薯块作为种薯，出苗率高，产量高。②最佳种植密度是每亩种植 4000 株。③采用平播后起垄模式的高垄双行栽培，田间苗出齐后及时进行中耕除草，生育期间至少要进行两次培土，垄高达 25 厘米以上，以增厚结薯层，避免薯块外露变绿，减少畸形薯。

图 2-1 '会-2'的植物学特性(白建明提供照片)

2.'合作 88'

品种来源:'合作 88'是会泽县农业技术推广中心与云师大薯类所于 1990 年利用 CIP 提供的 42 个杂交组合和 13 个品种的实生籽共 22 801 粒在会泽县进行单株选育而成,亲本为'I-1085'בBLK2'(参见彩图 2-2)。

图 2-2 '合作 88'的植物学特性(白建明提供照片)

审定情况:2001 年 7 月通过云南省品种审定委员会审定,审定编号为'滇马铃薯 4 号'。

选育者:何廷飞、王军、张勇飞、宋伯符、李云翔、钟素泰、王正周、王毅、李万芬、屠年忠。

种植区域:该品种全生育期 120 天,抗晚疫病,适应性好,丰产性好,适宜海拔 1280~1800 米区域冬作种植,适宜海拔 1800~2500 米区域大春作种植。

产量表现:1993~1994 年参加云南省马铃薯品种区域性试验(春作组),2 年 10 个试点平均亩产 2 469.2 千克,比对照'米拉'增 35.5%,居 7 个参试品种的第 2 位。

推广情况:该品种于 1993 年开始在会泽示范种植(1993~1995 年在海拔 2100 米区域小面积示范,平均亩产分别达到 3128 千克、3603.4 千克、3432.5 千克,较对照'米拉'增产 5.6%~47%)。1998 年在全省多个地州市县进行示范种植,品质好、产量高,深受广大农户及消费者喜爱,种植区域和种植面积迅速扩大,至 2006 年中国南方地区年种植面积达 100 万亩以上,当前,仍是西南地区冬作或早春作的主栽品种。

栽培特点:①'合作 88'休眠期中偏长(50 天左右),春作区向冬作区供种薯时,应注意催芽。②最佳种植密度是每亩种植 3700 株。③采用平播后起垄模式的高垄双行栽培,田间苗出齐后及时进行中耕除草,生育期间至少要进行两次培土,垄高达 25 厘米以上,以增厚结薯层,避免薯块外露变绿。④'合作 88'结薯晚,春作种植时待植株枯黄时收获,产量最高。

3.'威芋 3 号'

品种来源:贵州省威宁县农科所 1985 年从黑龙江克山农科所引进马铃薯'克疫'品种的实生籽,经多年系统选育,于 1987 年育成的马铃薯品种。1990 年引入到云南省昭通地区种植。

审定情况:2002 年通过贵州省作物品种审定委员会审定,审定编号为黔审薯 2002001 号。

选育者:贵州省威宁县农科所。

主要性状:'威芋 3 号'全生育期 100 天左右。株型半直立,平均株高 65 厘米,茎粗 1.18 厘米，分枝数 6.5 个，叶色淡绿，花白色，天然结实率低。薯块集中，薯形长筒，黄皮，白黄肉，表皮网纹较粗糙，芽眼较浅。淀粉含量 17.76%，还原糖 0.33%，大、中薯率占 85% 以上，食味较好。抗癌肿病，耐晚疫病，轻感花叶病。

种植区域：'威芋 3 号'适应性强，从海拔 1 600～3 300 米的不同种植区域均可种植并能获得高产。

产量表现：'威芋 3 号'在各级试验和示范中均表现比对照种增产，1990～1992 年多点试验结果，'威芋 3 号'比当地推广品种'品比 4 号'增产 2.9%～14.8%，比对照种'米拉'增产 8.7%～47.1%，一般亩产 1500～2000 千克，产量最高的试点亩产达到 2558 千克。1993 年在云南省区试中平均亩产为 2774.2 千克，其中在大理点的单产最高为 4500.2 千克；1994 年云南省区试中平均亩产为 2256.1 千克。

推广情况：'威芋 3 号'从 20 世纪 90 年代中期开始推广种植，适宜在大春、小春和秋作种植。由于晚疫病抗性下降等原因，种植面积有所下降。到 2015 年，'威芋 3 号'在云南的种植面积约为 145 万亩。

栽培特点：①该品种产量高，需肥量大，宜选择中等肥力、疏松土质种植，忌低凹渍水地。②选择当地最佳播种时期播种，播种前精选具有本品种特征的健康薯块，提倡整薯播种，如薯块偏大需切块时切刀要消毒。③播种密度、单种密度 3000～4000 株/亩，与玉米间作 2000～2500 株/亩为宜。

4. '宣薯 2 号'

品种来源：宣威市农业技术推广中心 1997 年从中国南方马铃薯中心引进的杂交实生种子，组合为'ECSort'×'CFK69.1'，经过连续多代的无性株系选择，于 2011 年选育而成(参见彩图 2-3)。

图 2-3　'宣薯 2 号'的植物学特性(白建明提供照片)

审定情况：在 2011 年通过云南省农作物品种审定委员会审定，滇特(曲靖)审马铃薯 2011001 号。

选育者：刘志祥，田恒林，展康，沈艳芬，徐发海，李彬，徐尤先。

种植区域：全生育期 100 天，田间表现中抗晚疫病，大春适宜在海拔 1900～2600 米的区域内推广种植，更适合冬作区种植。

产量表现：2003～2005 年参加曲靖马铃薯区试，平均亩产量 2546 千克/亩。其中，2004～2005 生产示范测产 2331.1 千克/亩，比对照增产 14.5%。2012 年 8 月 28 日，在宣威市乐丰乡高产创建测产，亩产量达 3506 千克/亩。

推广情况：'宣薯 2 号'从 2010 年开始进行多点试验，2011 年审定后开始进行大面积推广，推广地区集中在滇东北和贵州省大春地区和云南及省外冬作区。至今累计推广种植1000多万亩。因为'宣薯2号'生育期短、结薯集中、稳产，是外销性很好的菜用型品种，深受当地农民喜爱，种植面积在宣威基本稳定在50万亩左右。

栽培特点：①大春上提倡整薯播种，冬作切块定植时要保证每个薯块上都有芽眼，确保出苗率；②田间苗出齐后及时进行中耕除草，生育期间至少要进行两次培土，以增厚结薯层，避免薯块外露变绿，影响品质。

5.'中甸红'

品种来源：迪庆州农业科学研究所于20世纪80年代初期引种阿坝'红宣'品种，80年代中期开始从大田选择'红宣'优良单株进行系统选育。经多年对所选株系材料进行筛选、分类、观察、鉴定及品比试验选育出优良性状稳定的株系，命名为'中甸红'(参见彩图2-4)。

图2-4　'中甸红'的植物学特性(白建明提供照片)

审定情况：在2001年通过云南省农作物品种审定委员会审定，审定编号为滇马铃薯2号。

选育者：唐世文、余丽华、和卫泽、李新华、赵洪盛、李德元、和茂昌、和灿烯、倪建英、米云书、杨再清、李玉梅、阿吉姆。

种植区域：适合在云南海拔900~3600米地区冬、早春、大春和秋作四季种植。

产量表现：在全省各地种植均表现为田间产量稳定，中抗疮痂病和普通花叶病，抗青枯病、卷叶病，耐斑潜蝇和蚜虫；耐旱耐寒性强、高产、商品率高，增产增收效果显著，平均产量可达2400千克/亩，最高亩产达4200千克。

推广情况：'中甸红'品种从1988年开始进行多点试验，2001年审定后进行大面积推广。因为'中甸红'结薯集中、产量高，深受云南省当地农民的喜爱，在全省最大种植面积达80万亩。近几年面积比较稳定，2015年种植积20万亩。从2001年开始，累计推广种植中甸红450万亩。

栽培特点：①'中甸红'品种薯块大，而生产需求种薯一般较小为20~50克；加工用商品薯规格为120~180克；所以种薯生产种植密度为20厘米×60厘米，高垄单行，每亩5500~6000株；商品薯规格25厘米×75厘米，每亩3500~4000株。②栽培以垄作为宜，其优点是受光面积大，有利于提高地温，早出苗。同时，土层深厚有利于多结薯，结大薯；并且有利于田间排水，防治烂薯。播种深度一般在10厘米左右为宜。

6.'丽薯6号'

品种来源：1997年丽江市农科所承担CIP提供的杂交实生籽区域试验，经育苗移栽后，从'A10-39'×'NS40-37'组合的实生系分离群体中系统选育而成(参见彩图 2-5)。

图 2-5　'丽薯 6 号'的植物学特性(白建明提供照片)

审定情况：2008 年通过云南省农作物品种审定委员会审定，审定编号为滇审马铃薯2008002 号'。

选育者：杨煊，和国均，和平根，和忠，王忠华，王绍林。

种植区域：适宜在云南省大春一季作区及冬作区种植。

产量表现：一般亩产 2000～2500 千克左右，平均亩产 2083.3 千克，平均亩增产 274.5千克。2011 年丽江大春作经科技局验收最高亩产达 3812.3 千克；2014 年在冬作区大理弥度验收最高亩产 5454.51 千克。

推广情况：'丽薯 6 号'从 2004 年开始进行多点试验，2008 年审定后开始进行大面积推广，推广地区集中我省冬作区及大春作区。由于'丽薯 6 号'抗晚疫病，产量高、商品性好、商品率高、经济效益高，2014 年、2015 年连续两年被确定为云南省马铃薯生产的主导品种。2015 年，在我省冬作区、大春作区及广西、贵州、四川、重庆等省市自治区试验示范推广面积已超过 100 万亩。从 2008 年至今，累计推广达到 294.85 万亩，平均亩产 2083.3 千克，比当地主栽品种亩增产 274.5 千克，增幅为 15.2%。因为丽薯 6号深受当地农民喜爱，种植面积在不断增加。

栽培要点：①在大春作一季作区尽量用小整薯播种，切块时要保证每个薯块上都有芽眼，确保出苗率；②田间苗出齐后及时进行中耕除草，生育期间至少要进行两次培土，以增厚结薯层，避免薯块外露变绿，影响品质。③种植密度：3500 株/亩，施足农家肥和基肥，及时追肥，及时防治晚疫病。

7. '米拉'

品种来源：前民主德国用'卡皮拉'(Capella)作母本，'B.R.A.9089'作父本杂交，1952 年育成，1956 年引入我国，1964 年引入云南。至今在滇东北等马铃薯主产区大春季和秋作仍有种植。

主要性状：株型开展，分枝数中等，株高 60 厘米左右，茎绿色基部带紫色，生长势较强；叶绿色，茸毛中等入复叶大小中等，侧小叶 4～5 对，排列疏密中等；花序总梗绿色，花柄节无色，花冠白色，大小中等，无重瓣，雄蕊橙黄色，柱头 3 裂，天然结实性弱；浆果绿色、小，有种子；块茎长筒形，皮黄肉黄，表皮较光滑，但顶部较粗糙，芽眼较多、深度中等，块茎大小中等，结薯较分散；休眠期长，耐贮藏。中晚熟，生育日数 115 天左右；蒸食品质优；干物质含量 25.6%，淀粉含量 17.5%～18.2%，还原糖含量

0.25%，粗蛋白质含量 1.1%，维生素 C 含量 10.4 毫克／100 克；抗晚疫病；高抗癌肿病，不抗粉痂病，轻感卷叶和花叶病毒病；一般每亩产量为 1000～1500 千克。

适种地区：该品种适应范围广，产量稳定，在云南大春、小春和秋作均可种植。

产量表现：一般亩产 1500 千克，高产可达 2500 千克/亩以上。

推广情况：该品种 1964 年从武汉引入到云南，后来逐渐在全省普及。到 20 世纪 90 年代以前，该品种占云南省马铃薯种植面积 80%以上，至今在云南省每年大约仍有 50 多万亩的种植面积。

栽培特点：该品种耐肥，栽培时要注意增施肥料，与玉米间作时要适当放宽行距，以减少对玉米的荫蔽，如单间单可采用 95 厘米的行距，如双行间种可采用行距 166 厘米，单作适宜密度每亩 3500 株左右。

8. ‘滇薯 6 号’

品种来源：云南农业大学从 CIP 引进的群体 B 高代材料中筛选评价出的对晚疫病具有水平抗性的品种，亲本为‘387132.2’×‘387170.9’(参见彩图 2-6)。

图 2-6 ‘滇薯 6 号’的植物学特性(杨艳丽摄)

审定情况：2005 年通过云南省农作物品种审定委员会审定，审定编号为滇审马铃薯 2005001 号。

选育者：杨艳丽，罗文富，胡先奇，李正跃，王军，宋伯符，王毅，何卫，E.Chujoy。

种植区域：适宜在西南大春一季作海拔 1900～3270 米地域种植。

主要性状：‘滇薯 6 号(PB06)’株型直立，叶片茂密，叶色浓绿，花白色，开花性强，天然结实性弱；株高 70.4 厘米，茎紫色，葡匐茎 4～5 枝，平均茎粗 1.1 厘米。结薯集中，薯形圆形，淡黄皮黄肉，块茎对光较敏感，表皮光滑，芽眼少、浅。大薯率为 81%，单块茎平均重 119.7 克，干物质含量 28.8%，淀粉含量 18.41%，还原糖含量 0.21%；食口性好，质沙、香；对晚疫病抗性为水平抗性，病级为 1 级(国家 5 级标准)；生育期 101 天，块茎休眠期 81 天。在局部地区感粉痂病。

产量表现：‘滇薯 6 号(PB06)’在 2003～2004 年 2 年 22 点次的试验中，平均单产 2323 千克/亩，比 CK1(‘米拉’)增产 20.8%，居试验第 1 位。生产示范产量为 1800～3055.56 千克/亩。最高产量在寻甸县六哨乡，达到 4249 千克/亩(2012 年高产栽培配套技术 1 亩地实测产量)。

推广情况：2005 年‘滇薯 6 号(PB06)’通过云南省品种审定后，在会泽、剑川、寻甸、昭通、迪庆等高海拔地区作为水平抗性的抗晚疫病品种得到推广和应用，至目前累计种植面积超过 100 万亩。年种植面积在 8 万亩左右。

栽培要点：'滇薯6号'耐旱性较强，耐涝性较差，耐肥力较强。应用优质脱毒种薯，播前催芽，株行距根据当地的栽培耕作习惯，每亩种植密度3000~4500株。施足基肥。块茎对光较敏感，应及早中耕培土，收获后及时贮藏或加盖遮阴网。

9. '丽薯7号'

品种来源：该品种是丽江市农科所从'肯德'×'ALAMO'杂交组合实生种籽育苗移栽后产生的分离株系经系统选育而成(参见彩图2-7)。

图2-7　'丽薯7号'的植物学特性(白建明提供照片)

审定情况：2008年通过云南省农作物品种审定委员会审定，审定编号为'滇审马铃薯2008003号'。

选育者：杨煊，和国均，和平根，隋启君，王忠华，王绍林。

种植区域：适宜大春一季作区及早春作区。

产量表现：一般亩产2000~2500千克左右，平均亩产2035.8千克，平均亩增产258.5千克，在丽江大春作最高亩产达3710千克。

推广情况：'丽薯7号'由于抗晚疫病，产量高、红皮、黄心、口感好，适合当地口味，经济效益高，2004~2007年累计种植1067亩，其中外地州及外省340亩，丽江市727亩，平均亩产1852.6千克，比'合作88'平均亩产1525.1千克(国家)，增产19.3%，表现出新品系明显增产优势。2008年全市示范面积已发展到3500亩，外地州及外省750亩。至2008年累计生产试验示范5317亩。该品系已于2008年年底通过云南省审定并定名为'丽薯7号'。在"十二五"期间全省累计示范推广139.85万亩，平均亩产2021.1千克，比对照增产198.4千克，增幅为10.9%。因为'丽薯7号'口感好，淀粉含量高深受当地农民喜爱，种植面积在不断增加。

栽培要点：①在大春作一季作区尽量用小整薯播种，切块时要保证每个薯块上都有芽眼，确保出苗率；②田间苗出齐后及时进行中耕除草，生育期间至少要进行两次培土，以增厚结薯层，避免薯块外露变绿，影响品质。③种植密度为3500株/亩，施足农家肥和基肥，及时追肥，及时防治晚疫病。

10. '云薯301'

品种来源：云南省农业科学院经济作物研究所1997年利用'S95-105'与'内薯7号'配置杂交组合，经过7年的筛选，于2001年育成的马铃薯品种(参见彩图2-8)。

审定情况：2007年通过云南省农作物品种审定委员会审定，审定编号为'滇审马铃薯2007002号'。

选育者：云南省农业科学院经济作物研究所。

图 2-8 '云薯 301'的植物学特性和炸片情况(白建明提供照片)

种植区域:该品系块茎形好,食味好,蛋白质含量高达 3.43%,还原糖含量 0.06%,炸片品质优,适宜作鲜食、薯片加工兼用品种开发利用。建议在昆明附近薯片加工原料产区小春种植及我省东川、寻甸、禄劝、昭通、迪庆高寒藏区等大春中、高海拔马铃薯产区及生态气候条件与这些地区类似的地区推广种植。

产量表现:在 2003～2004 年昆明市小春区域试验中,平均产量 2183.4 千克/亩,所有试验点产量均高于对照'大西洋',平均增产 94.32%。

在香格里拉,2003 年,示范面积 533.6 平方米,产量 1621.3 千克/亩,较当地主栽品种'中甸红'增产 14.4%;2004 年,示范面积 1430.7 平方米,产量 1645 千克/亩,较当地主栽品种'中甸红'增产 23.5%。

2004 年,在寻甸示范面积 821 平方米,鲜薯产量 2632.5 千克/亩,较'合作 88'增产 30.8%;鲁甸示范面积 133.4 平方米,产量 2045 千克/亩,较当地主栽品种'合作 88'增产 9.4%。薯形好,中薯率高,抗晚疫病。2008 年以来,在昆明、建水和迪庆等地多点示范,平均单产 1510～3406.6 千克/亩。

推广情况:云薯 301'从 2003 年开始进行多点试验,2007 年审定后开始进行大面积推广,推广地区集中在滇东北大春季和海拔 1400 米以上的小春作区。2014 年,'云薯 301'在滇东北大春季和滇中小春作区共推广种植了 4 万多亩。从 2007 年至今,累计推广'云薯 301'达到 20 多万亩。因为'云薯 301'薯形好,大薯率高,深受当地农民喜爱,种植面积在不断增加。

栽培特点:①该品种喜水肥,休眠期长,选择肥力中上等地块种植,播种前做好催芽等工作;②冬季栽培对环境敏感,要求早播、深播;③重施基肥,亩施腐熟农家肥 2000 千克,化肥适量作底肥(参考值:复合肥 40 千克或尿素 15～20 千克,普钙 40～80 千克,硫酸钾 40 千克);④适时收获。

第三节 马铃薯分子育种技术

马铃薯 (*Solanum tuberosum* L.) 为茄科 (Solanaceae) 茄属 (*Solanum*) 马铃薯组 (*Tuberarium*)基上节亚组(*Hyperbasarthrum*)一年生双子叶草本植物,在人们日常生活和国民经济中起着举足轻重的作用。近年来,由于全球环境变劣,干旱、低温、病虫害等逆境胁迫严重影响马铃薯产业发展。随着我国对马铃薯需求的增加,现在生产上所用的马铃薯栽培种因为抗逆性差、品质差等问题已不足以满足人们的需求。如何实现优良性状在育种后代群体定向快速转移，提高育种后代的选择效率将成为解决上述逆境胁迫因素的重要手段，同样也是马铃薯育种学家们探索的重要课题。由于传统马铃薯育种须先进行品种或品系间的杂交，然后从后代中通过表现型观察选择理想的重组基因型，这种方式既耗费时间又耗费大量人力和物力。自从基因学说建立以后，育种家们就希望从选择表现型变为选择基因型来实现加快育种进度。近年来，由于马铃薯全基因组测序的完成，使得育种家利用现代分子生物技术和生物信息技术来加快抗逆品种选育和改善马铃薯品质成为现实，由此可见马铃薯分子育种技术也逐步成为马铃薯育种工作中重要手段之一。马铃薯分子育种包括目标基因定位与克隆、分子标记辅助育种、转基因育种和分子设计育种等4个方面。本节针对国内外马铃薯分子育种的研究进展作以概述，为马铃薯分子育种研究提供实践和理论依据。

一、目标基因定位与克隆在马铃薯育种研究中的应用

马铃薯目标性状基因有很多，在这里我们主要介绍马铃薯抗性、花色素相关基因克隆及与其相关数量性状基因座(Quantiative Trait Locus，QTL)定位。

（一）马铃薯抗晚疫病基因 *Rpi* 克隆

截至目前，已被克隆的 *Rpi* 基因有 28 个，它们分别来自不同的马铃薯野生种。其中有来自 *S. demissum* 的 4 个 *Rpi* 基因，即 *Rpi-R1*、*Rpi-R2*、*Rpi-R3a* 和 *Rpi-R3b*。来自于野生种 *S. bulbocastanum* 的 *Rpi-blb1/Rb*，*Rpi-blb2* 和 *Rpi-blb3*，均具有广谱抗性，可以同时对多个 *P. infestans* 小种产生抗性。Vleeshouwers 等利用效应子组学的策略，成功从野生种材料(*S. stoloniferum*)中克隆了 *Rpi-sto1* 和 *Rpi-pta1*。克隆的基因还有来自马铃薯野生种(*S. venturii*)的 *Rpi-vnt1.1*、*Rpi-vnt1.2* 和 *Rpi-vnt1.3* 这三个广谱抗病基因。除已经被克隆 *Rpi* 基因外，还有一些 *Rpi* 基因被定位，如 *Rpi-demf1*、*Rpi-phu1* 和 *R8* 等。

（二）马铃薯花色素苷相关基因克隆

花色素苷是花色素与各种单糖通过糖苷键结合形成的糖基化衍生物的总称，是一类重要的类黄酮化合物，是植物中最重要、分布最广泛的一类有色物质，赋予植物各种颜色，从红色、黄色到蓝色和紫色。目前花色素合成和调控的分子遗传研究主要集中在模式植物上，如矮牵牛、玉米、拟南芥。已从矮牵牛中分离出许多影响花色素苷着色的基因，为茄科植物花色素苷的研究奠定了基础，人们也开始启动彩色马铃薯的育种研究，以期获得富含抗氧化剂的马铃薯新品种及新株系。

Salaman 在 1910 年对马铃薯四倍体栽培种的色素研究中发现控制红色素合成的 *D* 基因位点定位于第 2 条染色体上，控制蓝色或紫色色素合成的 *P* 基因位点定位在第 11 号染色体。Dodds 等提出二倍体马铃薯中色素合成调控模型：位点 *R*，控制马铃薯红色素的产生；位点 *P*，控制马铃薯紫色素的产生，对位点 *R* 表现为上位性；位点 *I*，调控块茎皮色的表达，当 *I* 呈显性时，与位点 *R* 互作呈红色或粉红色，与位点 *P* 互作呈紫色，当 *R* 和 *P* 呈显性时则表现为紫色；位点 *I* 呈隐性时，基因型 *i. P. R* 则表现为白皮。后续研究分别发现基因 *R* 编码 DFR 酶合成红色天竺葵色素，定位于第 2 号染色体上；基因 *P* 编码类黄酮 3，5-羟化酶合成紫色飞燕草色素，定位于第 11 条染色体上；控制色素特异

性表达基因 *I* 编码 Myb 转录因子 An2，定位于第 10 条染色体上。云南省科研单位也在彩色马铃薯方面取得了一定成绩。云南省农科院对 18 个花青素合成途径关键酶基因在彩色马铃薯块茎中进行了表达分析，为今后在马铃薯上分离克隆花青素合成途径关键酶基因奠定基础。云南农业大学对彩色马铃薯二氢黄酮醇 4-还原酶(DFR)基因、类黄酮-3-*O*-葡萄糖基转移酶基因(3GT)、类黄酮-3′，5′-羟化酶(F3′，5′H)基因进行克隆及生物信息学分析，为该类基因在花色苷合成途径中的调控功能提供理论依据。

（三）马铃薯块茎形成的 QTL 定位

在以往的马铃薯的 QTL 研究和定位之中，基本上除了部分抗性的 QTL 研究，大多数的研究都与块茎的性状相关。四倍体马铃薯具有高度复杂的遗传变异，因此大多数的 QTL 研究都是在二倍体马铃薯群体中进行的。马铃薯的块茎是利用的产物，评价马铃薯优良的根本也是块茎，产量与品质是块茎的主要属性，因此找到并定位与其相关的 QTL 对在今后育种中更好地提高这两个品质有着极其重要的贡献。关于产量的 QTL 相关研究如下：Bonierbale 等利用 RFLP 标记在四倍体马铃薯群体中，定位出 26 个与产量相关的 QTL 位点，分布在 7 条连锁群上；Schäfer-Pregl 等同样利用 RFLP 标记在二倍体群体中定位出 8 个有关产量的 QTL，和若干个控制块茎淀粉含量的 QTL。与此同时对块茎的其他性状也有定位，van den Berg 等利用马铃薯四倍体栽培种 *S. tuberosum* (4*x*=48)倍性解离的双单倍体(dihaploid，2*x*=24)与野生种 *S. berthaultii*(2*x*=24)进行杂交，再分别与双亲 *S. tuberosum* 和 *S. berthaultii* 回交构建了两个二倍体回交群体(BCT，BCB)，观察其子代个体在长日照下的块茎形成能力，并采用性状与 RFLP 标记进行连锁分析，检测到 11 个与块茎形成相关的 QTL 位点，它们分布在 7 条染色体上，其中位于第 V 染色体上编号为 TG441 的 QTL 为块茎形成的主要 QTL，解释了 27%的表型变异率。同时在该群体内的连锁群上也检测出了与马铃薯块茎休眠相关的 QTL 位点。与块茎休眠相关的 QTL 位点，Freyre 等在二倍体杂交的群体内定位到 6 个与其相关的位点，分布在 6 个连锁群上。Douches 和 Freyre 在一个二倍体马铃薯 F1 群体内，用 RFLP 和 RAPD 标记定位到 6 个与炸片颜色相关的 QTL。在四倍体马铃薯研究中，时启冬以四倍体马铃薯 87 个 F1 代群体以及其亲本作为试验材料，利用 SSR 分子标记构建了一张遗传连锁图谱，对单株产量、淀粉含量等性状进行了 QTL 定位和分析。研究发现控制马铃薯淀粉含量的 QTL 位点有 3 个，控制马铃薯单株结薯数量的 QTL 位点有 2 个，控制马铃薯单株产量的 QTL 位点有 2 个，控制马铃薯商品薯率的 QTL 位点有 1 个，控制马铃薯干物质含量的 QTL 位点有 2 个，控制马铃薯钾含量的 QTL 位点有 1 个。周俊构建了近乎完整的马铃薯四倍体遗传连锁图谱，并首次定位了影响马铃薯试管块茎形成的 4 个 QTL。

（四）马铃薯抗病性的 QTL 定位

马铃薯病害种类主要为晚疫病、青枯病、病毒病等。对于病害的防治，人们目前依然依靠化学方法在马铃薯生产上对病害进行防治，但利用马铃薯品种自身的抗病性来防治是最有效的手段，因此对于病害的 QTL 研究至今仍是热点。研究者已经在晚疫病的 QTL 定位上有了重大的进展，得到了马铃薯与晚疫病抗性相关的 QTL，定位到了 12 条染色体上。Danan 等利用 meta-QTL 分析整合了前人报道的 144 个晚疫病抗性 QTL 和 42

个成熟期 QTL 定位结果。他们依据 19 篇报道中的研究结果构建了包含 2141 个标记的整合图谱，并在此基础上聚合前人的定位结果得到 24 个晚疫病抗性 meta-QTL 和 8 个成熟期 meta-QTL。其中位于染色体 V 上的晚疫病抗性 meta-QTL 和成熟期 meta-QTL 紧密相邻但相互分开，说明这两个性状可能受到紧密连锁但相互独立的基因控制。李竞才等在 F1 代 B3C1 水平抗性群体中定位到 6 个 QTL，其中有三个分别分布于 2、7 和 12 号染色体上，而另外的三个分布于 9 号染色体上，随着遗传群体的扩大，有希望进行更精确的基因定位。在四倍体的水平上，也有部分马铃薯的连锁图谱构建了出来，Meyer 等发现了一个能对晚疫病抗性起到决定作用的 QTL 并定位到了第 8 号染色体上。至今，已经在整个马铃薯基因组上定位了很多的抗晚疫病的 QTL。

（五）马铃薯抗虫性的 QTL 定位

马铃薯在整个生育时期中，非常容易遭受各种各样虫害的伤害，在地上和地下两部分直接影响到产量和品质，严重时使植株死亡。防治虫害的通常手段是化学防治，在造成严重的环境污染的同时也消耗了大量资金。所以选育马铃薯自身的抗性才是抗虫的最有效的手段，对于马铃薯抗虫害的 QTL 主要对 2 种虫害进行了深入研究。马铃薯孢囊线虫抗性目前有 14 个位点被定位到了 7 条染色体上，并定位出了 5 个 QTLs(Grpl、Gpa、GpaVspb、GpaMl、Gpa5)。马铃薯甲虫抗性的 QTL 研究则相对较少，只有一个主效 QTL 位点通过 AFLP 标记在两个四倍体群体中被定位出来。

二、分子标记辅助育种在马铃薯育种研究中的应用

分子标记辅助育种与通过表现型间接对基因型进行选择的传统育种方法比较，不受环境影响，不受等位基因显隐性关系干扰，结果可靠。此外，它对目标基因的转移可在育种早期进行选择，从而大大缩短了育种周期，与常规育种相比可大大提高育种效率，具有明显的优越性。分子标记辅助育种是育种的重要环节，在选择后代群体优良基因型中起着重要的作用。截止目前为止，国内外已有许多马铃薯重要性状基因的标记被发掘和定位，其中包括抗病及一些重要品质性状的基因和分子标记。另外，分子标记在马铃薯种质资源鉴定及马铃薯遗传多样性研究中也发挥了巨大作用。

（一）马铃薯重要性状基因及其标记的发掘

1. 晚疫病　由卵菌引起的马铃薯晚疫病是马铃薯生产上最具毁灭性的病害之一。目前认为，马铃薯栽培种的晚疫病抗性主要来源于主效抗病基因 *R1~R11* 以及其他未知抗病基因。这些抗病基因主要来自栽培种杂交亲本中的马铃薯野生种，如 *S. demissum* 和 *S. bulbocastanum* 等。从 1992 年到 2011 年期间有多个抗病基因 *R1* 的分子标记被筛选和定位。Li 等和 Mori 等分别独立筛选和定位到 1 个抗病基因 *R2* 的分子标记。EI-Kharbotly 等于 1994 年和 1996 年利用 RFLP 标记技术筛选和定位抗病基因 *R3*，*R6*，*R7* 各一个分子标记。2006 年，Colton 等筛选和定位到主效抗病基因 *RB* 的一个分子标记。徐建飞等以含有晚疫病抗性基因 R11 的材料 MaR11 和不含已知抗性基因的品种 Katahdin 为亲本进行有性杂交，对获得的 F1 分离群体的 83 个基因型进行了晚疫病菌株接种鉴定和遗传分析。结果表明，R11 为主效单基因，由此开发了 6 个与 R11 连锁的分子标记，将 R11

定位于 11 号染色体长臂末端。另外还有一些其他抗晚疫病基因的标记也被陆续筛选和定位出来，详细信息(参见表 2-2)。

2. 线虫 许多种线虫可以侵染马铃薯，其中最为常见的包括马铃薯胞囊线虫和根结线虫。线虫可以引起马铃薯减产、块茎大小及块茎外观发生变化，从而严重影响马铃薯生产和销售。防治线虫危害的最好方法是培育抗性品种。截至目前，大约有 17 个与抗马铃薯胞囊线虫的基因被标记定位。其中携带有 4 个标记基因的马铃薯特别高抗胞囊线虫：*H1*，*GroV1*，*Gro1* 和 *Gpa2*。此外，还筛选到 2 组与马铃薯抗根结线虫有关联的分子标记，分别是属于 CAPS 标记的 M39b，CT182；ESTS 标记的 19319，56F6，39E18，524F16，406L19，详细信息(参见表 2-2)。

表 2-2　马铃薯性状选择分子标记

基因	所在染色体	来源种名	标记名称	标记类型	抗性	参考文献
Sen 1	XI	*S.tuberosum*	NL25	PCR based	Synchytrium endobioticum	(Gebhartdt et al,2006)
Rychc	IX	*S.tuberosum*(resistance from *s. chacoense*)	CT220	RFLP	PVY$_O$，PVY$_N$ (extreme)	(Sato et al,2006)
Ryadg	XI	*S.tuberosum* ssp.*andigena*	TG508	RFLP	PVY$_O$ (extreme)	(Hämäläinen et al,1997)
Rysto	XI	*S.tuberosum* (resistance from *s. stoloniferum*)	M45，M5	AFLP	PVY$_N$ (extreme)	(Brigneti et al,1997)
Ryadg	XI	*S.tuberosum* (resistance from *ssp.andigena*)	ADG2	CAPS	PVY,PVY$_O$,PVY$_N$ (extreme to PVY$_O$, PVY$_N$)	(Ottoman et al,2009)
Ny-1	IX	*S.tuberosum* ssp. *tuberosum*	SC8951139	PCR based	PVY (hypersensitive to PVY$_O$，PVY$_N$，PVY$_{NIN}$)	(Szajko et al, 2008)
Ryadg	XI	*S.tuberosum* (resistance from ssp.*andigena*)	PYSC3	PCR based	PVY (extreme to PVY$_O$, PVY$_N$)	(Lopez-Pardo et al, 2013)
Rysto	XII	*S.tuberosum* (resistance from *S. stoloniferum*)	SCARYSTO4	PCR based	PVY (extreme to PVY$_{NIN}$)	(Cernák et al, 2008)
Rychc	IX	*S. chacoense*	RY186	PCR based	PVY (Extreme to PVY$_N$)	(Mori et al, 2011)
Rysto	XII	*S.tuberosum* (resistance from *S. stoloniferum*)	YES3-3A，YES3-3B	ESTS	PVY$_O$，PVY$_C$，PVY$_N$，PVY$_{NIN}$(extreme)	(Song and Schwarzfischer 2008)
Rladg	V	*S.tuberosum* ssp.*andigena*	RGASC850	SCAR	PLRV resistance	(Mihovilovich et al, 2014)
Nb	V	*S.tuberosum*	SPUD237	CAPS	PVX (hypersensitive)	(De Jong et al, 1997)
Rx1	XII	*S.tuberosum* (resistance from *S.tuberosum* ssp. *andigena*)	CP60	RFLP	PVX (extreme to PVX)	(Gebhardt et al, 2006; Ritter et al, 1991)
Rx1	XII	*S.tuberosum* (resistance from *S.tuberosum* ssp. *andigena*)	PVX	PCR based	PVX (extreme to PVX)	(Mori et al, 2011)
Rx1	XII	*S.tuberosum* (resistance from *S.tuberosum* ssp. *andigena*)	CP60	CAPS	PVX (extreme to PVX)	(Gebhardt et al, 2006; Ritter et al, 1991)
Rx2	V	*S.tuberosum* (resistance from *S.acaule*)	GP21	RFLP	PVX (extreme to PVX)	(Ritter et al, 1991)
Ns	VIII	*S.tuberosum*(resistance from *S.tuberosum* ssp. *andigena*)	SC811260	CAPS	PVS (hypersensitive)	(Witek et al.2006)

基因	所在染色体	来源种名	标记名称	标记类型	抗性	参考文献
Ns	VIII	*S.tuberosum* (resistance from *S.tuberosum* ssp. *andigena*)	CP16	CAPS	PVS (hypersensitive)	(Marczewski et al, 2002)
RB	VIII	*S.tuberosum* × *S.bulbocastanum somatic hybrids BC*	RB	PCR based	*P.infestans*	(Colton et al.2006)
Rpi-smiral	XI	*S.tuberosum*	45/X1	PCR	*P.infestans*	(Tomczyńska et al, 2014)
R1	V	*S.tuberosum*	AFLP1	AFLP	*P.infestans*	(Kuhl. 2011)
R1	V	*S.tuberosum*	R11800	PCR based	*P.infestans*	(Ballvora et al, 2002; Mori et al, 2011)
R2	IV	*S.tuberosum*	R2-800	PCR based	*P.infestans*	(Mori et al, 2011)
R2	IV	*S.tuberosum*	ACC/CAT-535, ACT/CAC-189, AGC/CCA-369	AFLP	*P.infestans*	(Li et al, 1998)
R3	XI	*S.tuberosum*	TG105a, GP185, GP250(a)	RFLP	*P.infestans*	(El-Kharbotly et al, 1994)
R6, *R7*	XI	*S.tuberosum*	185(a), GP250(a)	RFLP	*P.infestans*	(El-Kharbotly et al, 1996)
Rpi-ber	X	*S.berthaultii*	mCT240	ESTS	*P.infestans*	(Rauscher et al, 2006)
Rpi-ber1, *Rpi-ber2*	X	*S.berthaultii*	CT214	PCR based or CAPS	*P.infestans*	(Park et al, 2009; Rauscher et al, 2006)
Rpi-moc1	IX	*S.mochiquense*	TG328	CAPS	*P.infestans*	(Smilde et al, 2005)
Rpl-ber	X	*S.tuberosum*×*S.berthaultii BCS.tuberosum*	TG63	RFLP	*P.infestans*	(Ewing et al, 2000)
Rpi-phu1	IX	*S.tuberosumhybrids*	GP94	PCR	*P.infestans*	(Sliwka et al, 2010; Sliwka et al, 2008)
Rmc1	XI	*S.bulbocastanum*	19319, 56F6, 39E18, 524F16, 406L19	ESTS	*M.chitwoodi*	(Zhang et al, 2007)
H1	V	*S.tuberosum* (resistance from *S.tuberosum* ssp.*andigena*)	N195	PCR based	*G.rostochiensis*, Ro1, 4	(Mori et al, 2011)
H1	V	*S.tuberosum* (resistance from *S.tuberosum* ssp.*andigena*)	TG689, TG689indel12	PCR based	*G.rostochiensis*, Ro1, 4	(Galek et al, 2011)
H1	V	*S.tuberosum* (resistance from *S.tuberosum* ssp.*andigena*)	EM15(repulsion)	AFLP	*G.rostochiensis*, Ro1, 4	(Bakker et al, 2004)
H1	V	*S.tuberosum* (resistance from *S.tuberosum* ssp.*andigena*)	CMI(coupling)	AFLP	*G.rostochiensis*, Ro1, 4	(Bakker et al, 2004)
Gro1	VII	*S.tuberosum*	Gro1-4	PCR based	*G.rostochiensis*, Ro1	(Gebhardt et al, 2004; Milczarek et al, 2011)
Gro1	VII	*S.tuberosum* (resistance probably from *S.spegazzinii*)	CP56, CP51(c), GP516©	PCR based	*G.rostochiensis*, Ro1	(Ballvora et al, 1995; Kuhl 2011)
GroVI(all elictoH1)	V	*S.tuberosum*	SCAR-U14	PCR based	*G.rostochiensis*, Ro1	(Jacobs et al, 1996)

基因	所在染色体	来源种名	标记名称	标记类型	抗性	参考文献
GroVI(allelictoH1)	V	*S.tuberosum*	SCAR-X02	PCR based	*G.rostochiensis*，Ro1	(Milczarek et al, 2011)
GpaIVadg	IV	*S.tuberosum*	STM3016-122/177	SSR	*G.pallida*，Pa2/3	(Moloney et al, 2010)
GpaIVadg	IV	*S.tuberosum*	C237(119)/TaqI	CAPS	*G.pallida*，Pa2/3	(Moloney et al, 2010)
Gpa2	XII	*S.tuberosum* (resistance from *S.tuberosum ssp.andigena*)	77R	CAPS	*G.pallida*，pa2	(Milczarek et al, 2011；Rouppe vanderVoort et al, 1999)
Grp1	V	*S.tuberosum and others*	TG432	CAPS	*G.pallida*，*G.rostochiensis*，Ro5，Pa2，3	(Finkers-Tomczak et al, 2009；Milczarek et al, 2011)
N/A	V	*S.tuberosum* (resistance from *S.vernei*)	SPUD1636	PCR based	*G.pallida*	(Milczarek et al, 2011)
Eca11A	XI	*S.tuberosum×S.chacoense*	HM5-17	AFLP	*Erwinia carotovora* ssp. *atroseptica*	(Zimnoch-Guzowska et al, 2000)
Eca11B	XI	*S.tuberosum×S.chacoense*	HM1-28，EM3-32	AFLP	*Erwinia carotovora* ssp. *atroseptica*	(Zimnoch-Guzowska et al, 2000)
Eca1A	I	*S.tuberosum×S.chacoense*	EM4-44	AFLP	*Erwinia carotovora* ssp. *atroseptica*	(Zimnoch-Guzowska et al, 2000)

3. 马铃薯病毒 尽管至少有 37 种病毒可以侵染马铃薯，但是只有一小部分病毒种类可以对马铃薯生产造成损害，最为严重的是 PVY 和 PLRV。目前发现来源于马铃薯栽培亚种(*S. tuberosum* ssp. *andigena*)和野生种(*S. stoloniferum*)的 2 个基因 Ry_{adg} 和 Ry_{sto} 对 PVY 抗病效果最好。类似高抗 PLRV 的基因的分子标记也被挖掘出来，如来源于马铃薯栽培亚种(*S. tuberosum* ssp. *andigena*)的 Rl_{adg} 基因标记 RGASC850。另外还有高抗 PVX 的抗病基因及其分子标记被研究者们发现，这些标记分别是 CP60 等。尽管研究者们成功开发利用了一些抗病毒分子标记辅助马铃薯品种选育，但是生产上这些标记仍然远远不够，需要更多与抗病表型紧密关联的标记被挖掘。随着新一代测序技术的更新，高密度的遗传图谱构建，SNP 标记的开发等，相信会有更多抗性基因及分子标记被发掘并应用于分子辅助选择育种中。

4. 其他病害、抗旱及抗寒 除了抗晚疫病、马铃薯病毒、线虫等病害分子标记研究，研究者们还对马铃薯黑胫病、青枯病等也有一定的研究。Zimnoch-Guzowska 等利用 AFLP 标记技术筛选和鉴定出 6 个与抗黑胫病有关的分子标记，分别是 HM5-17，EM1-17，HM1-28，EM3-32，EM4-44，HM4-14。部刚等利用 RAPD 标记结合集群分类法(Bulked Segregant Analysis，BSA)对抗青枯病抗性的 RAPD 标记进行筛选和定位，最终筛选一个 OPG09960 标记，并用于检测相近遗传背景的二倍体马铃薯群体的抗性。之后部刚等利用 AFLP 标记结合 BSA 分析方法对与马铃薯青枯病抗性连锁的分子标记进行了分析，获得了 4 个与马铃薯青枯病抗性相关的 AFLP 标记，分别是 ATG/CTC307.0，ATG/CTC246.0，ATG/CTC191.0 和 AAC/CAC79.0，将其分别定位于 1 号和 12 号染色体上。Chen 等采用单标记检测分析法，将 C9701 的特异 SSR 标记与回交后代青枯病抗性进行了相关分析，结果表明有 2 个 SSR 标记在回交群体中与青枯病抗性呈显著相关性,它们是 STI0056.173 和 STI0046.190。STI0056.173 是在体细胞杂种和体细胞杂种的回交后代中均与青枯病抗性具有显著的相关性,表明 STI0056.173 可能与抗病基因具有较近的遗传距离,可作为青枯病抗性辅助选择标记。

截至目前,马铃薯抗旱和抗寒方面研究多停留在相关基因表达及相应逆境诱导基因分析层面上,很少见有分子标记报道。

（二）分子标记在马铃薯种质资源鉴定及遗传多样性研究中应用

近年来,DNA 分子标记技术被广泛应用于马铃薯种质资源鉴定、种间亲缘关系分析、系统演化等研究中。Provan 等通过 SSR 分析比较了欧洲马铃薯叶绿体 DNA(cpDNA)和细胞核 DNA(nDNA)的多样性,发现欧洲马铃薯的 nDNA 遗传背景非常狭窄。Scotti 等用 RFLP 结合体细胞融合技术,分析了核质基因互作与马铃薯农艺性状的关系。结果表明雄性生育能力取决于杂交路径和细胞质的来源,含有能与 *Solanum commersonii* 核基因引起雄性不育细胞质的基因型共享同一套线粒体 DNA(mtDNA)组成,在 *Solanumcommersonii* 核基因的遗传背景下,不能诱导雄性不育基因型的 mtDNA 类型不同,而雄性不育与雄性可育在 cpDNA 水平上也有显著不同。Sukhotu 等利用 RFLP 标记分析了 3500 份安第斯马铃薯地方品种中不同类型 cpDNA 的分布,发现 S、C、A 型 cpDNA 品种间可能发生频繁的基因交流或具有共同的起源祖先。Lara-Cabrera 等用 AFLP 数据与 cpDNA、形态学数据相结合,将分布在南美和美洲中部的二倍体马铃薯野生种分为 4 个姊妹群。云南农业大学采用 RAPD 分子标记对从云南省各地收集到的 67 份马铃薯栽培品种的遗传多样性进行了分析,从 DNA 分子水平证明了云南省马铃薯种质资源具有较高的遗传多样性。云南师范大学薯类作物研究所利用 12 个核 SSR 标记、2 对线粒体和 3 对叶绿体 DNA 标记,初步构建了 109 份供试马铃薯种质资源的分子指纹数据库,部分研究成果已整理成文得到认可成为国家标准(马铃薯种薯 GB 18133—2012,马铃薯种薯真实性和纯度鉴定 SSR 分子标记 GB/T 28660—2012),为马铃薯品种鉴定及育种保护、育种者权和种植者益等工作奠定了很好的基础。云南省农科院利用 41 个 SSR 分子标记对来源不同的 30 份彩色马铃薯种质材料进行遗传多样性研究。Gargano 等分析比较了野生种 *S. bulbocastanum* 和欧洲马铃薯栽培种 cpDNA 的不同序列,并开发出 4 对检测 cpDNA 上基因间隔区的 CAPS 引物。Hosaka 等用 cpDNA 上 1/11 和 10 位点的 CAPS 标记分析了日本马铃薯品种的细胞质遗传多样性。

三、转基因技术在马铃薯育种研究中的应用

随着现代分子生物学与生物信息学的发展,利用分子生物学技术来加速抗逆品种的数量和品质的提升,已经成为马铃薯育种领域的重点。其中转基因育种为马铃薯抗逆育种在基因型上进行筛选和鉴定中起到了很好的辅助作用。

（一）转基因技术在非生物逆境抗性育种中应用

干旱、低温和盐渍等胁迫可以从形态学、生理、生化等不同方面损害马铃薯的生长,从而导致马铃薯的产量严重下降。马铃薯在正常的生长条件下,其体内活性氧的产生和清除受抗氧化系统的精密调控，处于一种动态平衡状态，一般不会对植物造成伤害。但当植物受到干旱、低温和盐渍等逆境胁迫时，植物体内活性氧的产生和清除平衡被打破，导致植物体内活性氧大量积累，并且当活性氧的产生和积累超过植物体的承受和清除能力时，植物会遭受到氧化胁迫的伤害，从而引发对植物的一系列伤害，如蛋白质结构和功能的变性、细胞膜脂过氧化和光合作用下降等。

1. 转基因技术在抗寒方面的应用 当植物受到低温胁迫时，首先伤害的是细胞膜系统，低温改变了磷脂双层膜的膜相，从而显著抑制细胞膜的正常功能发挥。研究表明，植物在受到低温胁迫时，可以通过体内的渗透调节物质的积累来提高抗寒性。植物受到低温胁迫时，甜菜碱醛脱氢酶(BADH)活性增强，*BADH*基因的表达量增加，从而增加甜菜碱的含量。把编码甜菜碱生物合成酶的基因转到某些非积累甜菜碱的植物中，可以提高植物对低温的耐受力。研究者将拟南芥CBF(*AtCBF1-3*)基因以35s及rd29A为启动子转入马铃薯Umatilla栽培品种中，发现其在低温胁迫下，转基因植株能比对照的抗寒性增强。另外，编者还发现在转CBF(*AtCBF1*)基因的马铃薯体内抗冻蛋白(COR)表达增强。Wallis等将另一种抗冻蛋白(AFP)基因导入到植物转化载体Pkylx35s2中，用免疫杂交方法检测到了表达产物AFP，发现转基因马铃薯具有更强的抗寒性。

2. 转基因技术在抗盐胁迫方面的应用 植物在遭遇盐胁迫时，体内自由基的动态平衡会被破坏，活性氧积累，引起植物损坏。为了应对盐胁迫条件，植物会在体内产生渗透性保护物质，如甜菜碱、脯氨酸等物质。研究者们从分子表达方面进行深入探究，认为羧酸合成酶(P5CS)是合成脯氨酸的关键酶。高亚迪采用农杆菌介导法将*P5CS*基因转化到马铃薯的基因组中，通过测定获得的转基因马铃薯植株的生理生化指标，发现转基因株系体内的SOD、MDA以及脯氨酸等含量获得了一定程度的增加，在根系发达程度和结薯率方面均高于非转基因株系，由此表明转*P5CS*基因马铃薯的抗盐性得到了提高。Tian等研究发现马铃薯中乙烯响应因子(*StERF3*)负调控马铃薯抗晚疫病和盐胁迫，基因沉默马铃薯中的*StERF3*后，明显发现基因沉默后的马铃薯植株较对照抗盐胁迫能力增强。

3. 转基因技术在抗旱方面的应用 干旱导致细胞失水，紧接着引起细胞水势降低，气孔关闭，叶肉细胞CO_2的净光合速率和蒸腾速率下降。随着抗旱分子水平理论知识的积累，研究者们开始通过操控基因表达调控方法进行植物改造。甜菜碱是抗渗透胁迫保护物质之一它能降低细胞内的水势，维持细胞内外的水势差，从而使植物产生抗旱性。张宁等将甜菜碱合成的关键酶甜菜碱醛脱氢酶基因(*BADH*)导入到马铃薯'甘农薯2号'，经测定发现*BADH*基因导入马铃薯并能成功表达，提高了马铃薯的抗旱性。云南省农科院以马铃薯品种'大西洋'无菌苗茎段为外植体，应用农杆菌介导法将野生大豆的S-腺苷甲硫氨酸合成酶(S-Adenosyl-L-Methionine Synthetase, GsSAMS)基因转入'大西洋'中，结果表明转基因马铃薯株系具有较高的抗干旱、盐、碱胁迫，无论是逆境还是正常条件下栽培，产量均比未转基因植株有所增加。

（二）转基因技术在生物逆境抗性育种中的应用

1. 转基因技术在抗晚疫病方面的应用 马铃薯晚疫病是由致病疫霉菌引起的一种卵菌病害，可造成马铃薯大减产。已有许多关于转基因马铃薯对晚疫病抗性的报道，如

转 *Osmotin* 基因，葡萄糖氧化酶蛋白，*Harpin* 蛋白基因及激酶基因等。由于马铃薯可以通过主效抗病基因(*R*)抵御晚疫病菌的侵染，将 *R* 基因通过农杆菌介导法导入栽培品种中，转基因植株获得了对晚疫病的持久抗性并且效果明显。其中转抗病基因最为成功是 Jones 等将抗病基因 *Rpi-vnt1.1* 转入马铃薯栽培品种 'Desiree'，并通过 2010～2012 年三年田间种植马铃薯的感病表型分析，从而成功验证了转 *Rpi-vnt1.1* 可以使马铃薯对晚疫病菌产生持久抗病性。为了获得生物安全的抗晚疫病转基因马铃薯，肖欢欢构建了无选择标记抗病基因 *R3a* 的转基因马铃薯。

2. 转基因技术在抗病毒病方面的应用 病毒病不仅可以引起马铃薯严重减产，而且还能引起马铃薯的块茎质量大幅度降低。近年来抗马铃薯病毒的研究取得了多方面的进展。Hemenway 等将 PVX 的外壳蛋白导入到马铃薯中，获得抗 PVX 的转基因马铃薯。Tacke 等通过病毒蛋白基因转化马铃薯，降低了 PLRV 和 PVX 病毒在转基因植株体内的含量。通过外壳蛋白介导、复制酶基因介导、表达基因调控区、表达该酶等多种途径，获得一批抗 PVX、PVY、PLRV 和 PSTVd 的转基因马铃薯栽培种。如宋艳茹等将 PVY 病毒中国分离株的外壳蛋白基因成功转入马铃薯栽培种 'Favorita'、'虎头' 和 '克 4'。云南省农业科学院张仲凯等与北京大学李毅等合作进行了优质、高抗病毒性转基因马铃薯良种的研究，筛选出 4 个综合农艺性状较好的品系和 2 个高淀粉品系，亩产量达 2 吨以上，生育期 60～90 天；完成了 1 个受体亲本及 3 个转基因系的安全性评价，在云南首次获准农业部的转基因马铃薯环境释放许可，并申报了农业部商业化许可。

3. 转基因技术在抗虫害方面的应用 马铃薯在整个生育期都易遭受虫害，从而导致马铃薯绝产或减产，同时，虫害也影响马铃薯的品质。当前马铃薯抗虫转基因的研究与应用是解决虫害的有效手段之一。在苏云金芽孢杆菌晶体蛋白基因应用方面，Adang 等人在 1993 年把 *cry3A* 基因中的 A、T 序列富集区去除，*cry3A* 基因缩短为 1.8kb，遗传转化得到转基因马铃薯植株。经试验表明，获得的绝大多数转基因植株对科罗拉多甲虫具有高的毒杀效果。蒋红玲构建了 *CrylBa* 植物表达载体，并将其导入马铃薯品种 'Desiree' 中，转基因马铃薯叶片进行室内抗虫实验，4 天后杀虫到 100%。丁玉梅等以马铃薯品种 '会-2' 为受体材料，通过植物基因工程将 Bt 毒素蛋白基因的 *Cry1Ab* 类型导入马铃薯，以期获得抗马铃薯块茎蛾的转基因植株。Mi 等进一步优化 *cry3A* 基因的转基因步骤，以马铃薯品种 '大西洋' 为受体材料，研究表明转全长 *cry3A* 基因的转基因株系极显著高抗科罗拉多甲虫。目前在美国转 *Bt* 基因的马铃薯已经实现商品化。

（三）转基因技术在马铃薯品质改良中的应用

马铃薯块茎在低温贮藏条件下，块茎中的淀粉和蔗糖会降解，产生还原糖(RS，reducing sugar，主要包括葡萄糖，果糖等)，导致胞内还原糖的迅速累积。这种由低温引发还原糖积累的现象被称之为低温糖化。目前国内在马铃薯低温糖化研究方面，主要以华中农业大学研究为主。以 *StvacINV1* 基因为例，超量表达 *StvacINV1* 特异的互作蛋白转化酶抑制子 *StInvInh2B* 可以显著改善马铃薯低温糖化。Lin 等证明超量表达 *SbSnRK1α* 株系相对于对照块茎在低温贮藏 30 天后，转化酶活性降低 80%～95%，还原糖含量也降低 90%左右，显著改善油炸薯片的色泽。作者证明 *SbSnRK1α* 基因参与蔗糖分解途径，通过调控转化酶活性影响块茎中还原糖的积累，从而对改良马铃薯 "低温糖化" 性状具有应用价值。另外转基因技术在改良马铃薯块茎颜色方面也有一定进展。马铃薯的 *R* 基因是产生天竺葵色素的关键基因，在色素合成过程中需要二氢黄酮-4-还原酶(DRF)的催化。Zhang 等研究发现，转入 *drf* 基因的后代块茎为紫色或者红色，通过液相色谱-质谱分析得到了很高含量花色素苷的红色马铃薯，并且证实 DRF 酶是由基因 *R* 编码。

四、分子设计育种在马铃薯研究中的应用

设计育种(Breeding by Design)是 Peleman 和 van der Voort 于 2003 年提出来的，同时还申请了"设计育种"的注册商标，其策略是在基因定位的基础上，构建近等基因系，利用分子标记聚合有利等位基因，实现育种目标。其后，Varshney 于 2005 年又把基因组学和设计育种结合起来，提出了基因组学辅助育种(Genomics-Assisted Breeding)，即在获得全基因组序列的基础上，根据事先进行的虚拟基因组设计方案，通过一系列的育种手段和过程，获得一个聚集大量有利基因、基因组组配合理、基因互作网络协调、基因组结构最为优化的优良品种。王建康等又进一步明确分子设计育种应当分三步进行，即：①定位相关农艺性状的基因位点，评价这些位点的等位变异，确立不同位点基因间以及基因与环境间的相互关系；②根据育种目标确定满足不同生态条件、不同育种需求的目标基因型；③设计有效的育种方案、开展设计育种。

目前马铃薯的全基因组编辑育种尚处于起步阶段，还没有在实践中利用该技术体系培育出商业化品种，开展相关基础研究工作包括基因组研究(包括结构基因组、功能基因组和比较基因组研究)、基因和 QTL 定位、分子标记开发、标记辅助选择、转基因技术、定位群体的构建、生物信息学工具和平台数据库的开发及育种模拟工具和软件的开发等。云南师范大学与中国农业科学院深圳农业基因组研究所合作发起四倍体马铃薯'合作 88'基因组研究计划，这项研究将有助于全面解析马铃薯优良品种'合作 88'的背后基因组基础，为马铃薯全基因组设计育种奠定理论、物质和技术基础。这项研究属于国内外马铃薯标志性研究工作。总而言之，马铃薯分子设计育种将在庞大的生物信息和育种家的需求之间搭起一座桥梁，将大幅度提高传统育种效率，使得从经验育种逐步变为精确育种。

参 考 文 献

白建明，杨琼芬，李燕山，等.冬季马铃薯实生种子日光温室育苗移栽技术[J].中国马铃薯，2010,24(3)：220-221

包丽仙，李山云，李先平，等.引进彩色马铃薯资源的鲜食和炸片品质评价[J].西南农业学报，2013,26(5)：1902-1909

包丽仙，李山云，杨琼芬，等.引进彩色马铃薯资源的农艺性状及块茎性状评价[J].西南农业学报，2012,25(4)：1187-1192

陈秀华，王冬冬，李先平，等.组成型表达 *S*-腺苷甲硫氨酸合成酶基因提高转基因马铃薯抗旱耐盐碱性研究[J].东北农业大学学报，2013,44:25-32

丁玉梅，包文梅，周晓罡，等.农杆菌介导的 Bt 基因转化马铃薯的研究[J].云南大学学报：自然科学版，2008,30:53-56

方宣钧，吴为人.分子选择[J].分子植物育种，2003,1:1-5

高亚迪.农杆菌介导的 *P5CS* 基因转化东农 303 马铃薯的研究.哈尔滨:东北林业大学硕士学位论文,2010.

郜刚，金黎平，屈冬玉，等.马铃薯青枯病抗性的共性 AFLP 标记的初步定位[J].西北植物学报，

2005,25:269-274

郜刚，屈冬玉.马铃薯青枯病抗性的分子标记[J].园艺学报，2000，27(1):37-41

管绍刚，王持恒.宣薯 2 号马铃薯特性与栽培技术[J].农技服务，2010,27:1112

郭华春.昆明地区实生马铃薯品种筛选[J].云南农业大学学报，1992,4:26-29

郝大海.马铃薯种质资源晚疫病抗性稳定性分析及抗性基因鉴定[D].昆明:云南师范大学硕士论文，2007

和国钧，和平根，王绍林，等.马铃薯新品种丽薯 7 号选育[J].中国马铃薯，2009,23:256-256

和国钧，杨煊，和平根，等.高产优质抗病马铃薯新品种——丽薯 1 号.中国马铃薯，2002,58-58

胡祚，郝大海，段晓艳，等.cpDNA 标记在马铃薯杂交亲本选配中的应用[J].种子，2011,30:29-32

胡祚.马铃薯晚疫病抗性分子标记辅助选育初探.昆明：云南师范大学硕士论文，2011

黄吉美，李灿辉，李志林，蒋先林，等.高淀粉马铃薯新品种合作 003 的选育[J].作物杂志，2008,110-111

黄吉美，钟文翠，敖毅，等.马铃薯新品种合作 001[J].安徽农业科学，2009,37:10461-10462，10572

会泽县农技中心.马铃薯新品'会-2'简介[J].农技服务，2009,26:69

蒋红玲.Bt 杀虫基因双价植物表达载体的构建及抗虫马铃薯植株的获得.北京:中国农业科学院生物技术研究所硕士学位论文,2001

金黎平，庞万福，段绍光，等.中国马铃薯品种选育和应用[M].面向未来共同发展—2015 北京世界马铃薯大会.屈冬玉主编.北京:中国农业出版社，2015,106-107

李灿辉，龙维彪，杨仕忠，等.马铃薯育种研究与云南马铃薯产业发展[J].云南农业科技，2003,增刊：95-101

李飞，刘杰，段绍光，等.马铃薯幼苗在冷驯化期间的生理生化变化[J].中国马铃薯，2008,22:257-260

李瀚.马铃薯细胞质遗传多样性分子标记检测与分析.昆明:云南师范大学硕士学位论文,2014

李汝刚，伍宁丰，范云六，等.表达 Osmotin 蛋白的转基因马铃薯对晚疫病的抗性[J].生物工程学报，1994,15：135-140

李先平，何云昆，陈善娜，等.表达 HarpinEa 基因的转基因马铃薯对晚疫病的抗性分析[J].云南农业大学学报，2002,17：253-257

李先平，何云昆，孙茂林，等.马铃薯 RAPD 分析方法优化初探[J].西南农业学报，2000,13:59-64

李先平，何云昆，赵志坚，等.通过农杆菌介导把 HarpinEa 基因导入马铃薯的初步研究[J].中国马铃薯，2002,16:199-202

李先平，王冬冬，陈秀华，等.SSR 分子标记分析彩色马铃薯品种间的遗传关系[J].东北农业大学学报，2012,7:61-69

李先平，王冬冬，陈秀华，等.花青素合成途径关键酶基因在彩色马铃薯块茎中的表达分析[J].西南农业学报，2015,28:1888-1884

李永俊，赵希子，郭相和，等.国外马铃薯种质资源的引进与鉴定[J].农业科技通讯:2013,60-62

李云海，李灿辉，陈丽华，等.云南省马铃薯加工专用型品种的开发应用现状和发展前景[J].云南农业科技，增刊：2003,106-111

李周.马铃薯种质资源的分子标记检测[D].昆明：云南师范大学硕士学位论文.2012

刘长臣，刘喜才，张丽娟，等.马铃薯国外引种的探讨和建议[J].中国马铃薯,2010,24:73-76

刘长臣.马铃薯高淀粉资源的鉴定及综合评价[J].中国马铃薯，2010,24:11-13

刘福翠，谭学林，郭华春.云南省马铃薯品种资源的 RAPD 分析[J].西南农业学报，2004,17:200-204

刘卫民，邹万君，魏明，等.昆明市马铃薯新品种——昆薯 4 号[J].中国马铃薯，2012,26:61-62

刘彦和.云南省马铃薯种薯繁育体系与主产省区的差距分析及发展对策[J].种子科技，2015,33(3)：23-25

刘志祥，展康，孙多实，等.马铃薯新品种——宣薯 4 号选育[J].中国马铃薯，2011,25:320-321

鲁绍凤，杨艳丽，胡先奇，等.云南省马铃薯主栽品种对晚疫病的抗性分析[J].云南农业大学学报，2006,21:586-590

潘晓春.提高马铃薯实生苗移栽成活率的方法[J].中国马铃薯，2005,19(5)：371-372

时启冬.四倍体马铃薯 SSR 遗传图谱的构建及若干性状的 QTL 定位分析[D].哈尔滨:东北农业大学硕士学位论文，2014

宋艳茹，马庆虎，侯林林，等.转 PVY 外壳蛋白基因马铃薯及其田间实验[J].植物学报，1996,38:711-718

隋启君，白建明，李燕山，等.适合西南地区马铃薯周年生产的新品种选育策略[M].见：陈伊里，屈冬玉.马铃薯产业与农村区域发展.哈尔滨：哈尔滨工程大学出版社，2013,243-247

隋启君，白建明，杨琼芬，等.鲜食、薯条加工兼用型马铃薯新品种——'云薯 401'[J].中国马铃薯，2014,28:255-256

隋启君，包丽仙，白建明，等.2012 年云南省马铃薯产业发展状况分析[M].见：陈伊里，屈冬玉.马铃薯产业与农村区域发展.哈尔滨：哈尔滨工程大学出版社，2013,96-101

隋启君，李先平，杨万林，等.云南省马铃薯育种体系建设[M].见：陈伊里，屈冬玉.中国作物学会马铃薯专业委员会 2004 年年会论文集.哈尔滨：哈尔滨工程大学出版社，2004,301-307

隋启君，杨万林，李先平，等.高淀粉马铃薯新品种——'云薯 201'[J].中国马铃薯，2005a,19:255-255

隋启君，杨万林，李先平，等.高产、优质马铃薯新品种'云薯 101'[J].中国马铃薯，2005b,19:128

隋启君.中国马铃薯育种对策浅见[J].中国马铃薯，2001,15(5)：259-264

孙慧生.马铃薯育种学[M].北京，中国农业出版社，2003,353-355

孙茂林，李云海，李先平.云南马铃薯栽培历史、耕作制度和民族特色的地方品种资源[J].中国农史，2004,24(4)：13-17

孙茂林，谢世清，何云昆，等.云南薯类作物的研究和发展.昆明：云南科技出版社,2003

王芳.马铃薯种质资源的分子标记鉴定研究[D].昆明:云南师范大学硕士学位论文,2007

王建康，李慧慧，张学才，等.中国作物分子设计育种.作物学报，2011,37:191-201

王军.在云南发展马铃薯生产的特殊意义[J].马铃薯，1980,29-34

王立春.马铃薯实生苗培育技术[J].安徽农学通报，2008,14(3)：61-62

王利亚，杨艳丽，刘霞，等.不同马铃薯品种对粉痂病的抗性研究[J].河南农业科学,2012,41:103-105,109

王绍林，和平根，和国钧，等.马铃薯新品种'丽薯 6 号'选育[J].中国马铃薯，2009,23:255-255

王绍林，和平根，和国钧，等.马铃薯新品种'丽薯 10 号'的选育[J].中国马铃薯，2015,63-64

王绍林.云南开发利用马铃薯杂交实生籽前景广阔[J].中国马铃薯，2001,15(2)：121-122

王兆富.云南马铃薯种质资源分子标记鉴定及 SSR 指纹库构建[D].昆明:云南师范大学硕士学位论文,2010

肖欢欢.无选择标记抗晚疫病转基因马铃薯的获得[D].包头：内蒙古科技大学硕士学位论文,2015

肖继坪，李俊，郭华春.彩色马铃薯类黄酮-3-O-葡萄糖基转移酶基因(3GT)的生物信息学和表达分析.分子植物育种，2015,13:1017-1026

肖继坪，王琼，郭华春.彩色马铃薯二氢黄酮醇 4-还原酶(DFR)基因的克隆及生物信息学分析.分子植物育种，2011,9:728-735

肖继坪，杨晓娜，郭华春.彩色马铃薯品种'转心乌'类黄酮-3'，5'-羟化酶(F3'5'H)的生物信息学和表达分析.基因组学与应用生物学，2015,34:1494-1502

徐建飞，金黎平，段绍光，等.马铃薯晚疫病抗性基因 Rl 的遗传定位[J].作物学报，2009,35:992-997

杨加玉，李志林，董云忠.马铃薯新品种会薯 9 号[J].中国种业:2013,95-95

杨琼芬，李世峰，白建明，等.冬季马铃薯新品种"抗青 9-1"简介及栽培要点[J].云南农业科技，2006,55-56

杨琼芬，李先平，卢丽丽，等.引进马铃薯品种在云南的适应性评价[J].西南农业学报，2009,22(6)：1550-1556

杨万林，隋启君.云南马铃薯资源评价及利用[J].云南农业科技，增刊，2003,91-94

杨万林，隋启君.CIP 马铃薯资源在云南的评价、利用及前景[M].见：陈伊里，屈冬玉.2005 年全国马铃薯产业学术年会论文集.哈尔滨：哈尔滨工程大学出版社 2005,300-305

杨万林，杨琼芬，李世锋，等.云南马铃薯产业优势及发展趋势分析[M].见：陈伊里，屈冬玉.2007 年中国马铃薯大会、全国马铃薯免耕栽培现场观摩暨产业发展研讨会论文集.哈尔滨：哈尔滨工程大学出版社，2007,89-92

杨万林.云南省马铃薯品种的配合力分析及亲本选配[D].北京：中国农业大学硕士论文,2004

杨万林.云南省马铃薯生产现状及资源组成分析[J].中国马铃薯，2004,18(3)：187-188

杨煊，和国钧，和平根.马铃薯新品种丽薯 2 号的选育[J].中国马铃薯，2005,19:64

曾黎琼，段玉云，张云孙，等.云南转基因农作物研究与产业化:现状及其发展[J].云南大学学报：自然科学版，2009,31:479-488

张俊莲，王蒂.我国马铃薯育种方式的变迁及其转基因育种研究进展[J].中国马铃薯，2005,19(3)：38-42

张立平，杨静华，李天然，等.表达葡萄糖氧化酶基因抗晚疫病马铃薯的培育[J].河北农业大学学报:英文，2001,24:60-64

张宁，司怀军，栗亮，等.转甜菜碱醛脱氢酶基因马铃薯的抗旱耐盐性[J].作物学报，2009,35:1146-1150

张永芳.马铃薯分子育种研究进展[J].山西大同大学学报，2010,26:56-59

赵德柱，李灿辉.菜用型马铃薯新品种合作 3810 的特征特性及高产栽培技术[J].现代农业科技，2011,101-102

周俊.马铃薯(Solanum tuberosum L.)试管块茎形成的 QTL 定位及遗传分析[D].武汉:华中农业大学博士学位论文,2014

周真珍，徐明，李力.马铃薯分子抗性育种研究进展[J].作物研究，2015,29:550-554

朱维贤，蒋瑜，刘卫民，等.高产优质马铃薯新品种'昆薯 5 号'[J].中国马铃薯，2015,29:127-128

邹奎.我国马铃薯品种管理现状及发展思路[J].中国马铃薯，2006,20:42-45

Adang M J，Brody M S，Cardineau G，et al. The reconstruction and expression of a Bacillus thuringiensis cryIIIA gene in protoplasts and potato plants. Plant Molecular Biology，1993, 21:1131-1145

Bakker E，Achenbach U，Bakker J, et al. A high-resolution map of the H1 locus harbouring resistance to the potato cyst nematode Globodera rostochiensis. Theoretical and Applied Genetics，2004, 109: 146-152

Ballvora A，Ercolano MR，Weiss J，et al. The R1 gene for potato resistance to late blight (Phytophthora infestans) belongs to the leucine zipper/NBS/LRR class of plant resistance genes. The Plant Journal，2002, 30: 361-371

Ballvora A, Hesselbach J, Niewöhner J, et al. Marker enrichment and high-resolution map of the segment of potato chromosome VII harbouring the nematode resistance gene Gro1. Molecular and General Genetics，1995, 249: 82-90

Bonierbale M W，Plaisted P L，Tanksley S D. RFLP maps based on a common set of clones reveal modes of chromosome evolution in potato and tomato. Genetics，1988, 120: 1095-1103

Brigneti G，Garcia-Mas J，Baulcombe D C. Molecular mapping of the potato virus Y resistance gene Rysto in potato. Theoretical and Applied Genetics，1997, 94: 198-203

Brunt A A. The main viruses infecting potato crops. In Virus and virus-like diseases of potatoes and production of seed-potatoes，ed.P.H.B. Loebenstein，A.A. Brunt，and R.H. Lawson. Dordrecht: Springer, 2001

Cernák I，Decsi K，Nagy S，et al. Development of a locus-specific marker and localization of the Rysto gene based on linkage to a catalase gene on chromosome XII in the tetraploid potato genome. Breeding Science，2008, 58: 309-314

Chen L，Guo X，Xie C，et al. Nuclear and cytoplasmic genome components of Solanum tuberosum + S. chacoense somatic hybrids and three SSR alleles related to bacterial wilt resistance. Theoretical and Applied Genetics，2013, 126: 1861-1872

Colton L M，Groza H I，Wielgus S M，et al. Marker-assisted selection for the broad-spectrum potato late blight resistance conferred by gene derived from a wild potato species. Crop Science，2006, 46: 589-594

Danan S，Veyrieras J B，Lefebvre V. Construction of a potato consensus map and QTL meta-analysis offer new insights into the genetic architecture of late blight resistance and plant maturity traits, BMC Plant Biology，2011, 11:16

De Jong W，Forsyth A，Leister D，et al.A potato hypersensitive resistance gene against potato virus X maps to a resistance gene cluster on chromosome 5. Theoretical and Applied Genetics，1997, 95: 246-252

Douches D S，Freyre R. Identification of genetic factors influencing chip color in diploid potato (Solanum ssp.). American Potato Journal，1994, 71: 581-590

EI-Kharbotly A, Jacobs J M, Hekkert B T, et al. Localization of Ds-transposon containing T-DNA inserts in the diploid transgenic potato: Linkage to the R1 resistance gene against Phytophthora infestans (Mont.) de Bary. Genome, 1996, 39: 249-257

EI-Kharbotly A, Leonards-Schippers C, Huigen D J, et al. Segregation analysis and RFLP mapping of the R1 and R3 alleles conferring race-specific resistance to Phytophthora infestans in progeny of dihaploid potato parents. Molecular and General Genetics, 1994, 242: 749-754

Ewing E E, Simko I, Smart C D, et al. Genetic mapping from field tests of qualitative and quantitative resistance to Phytophthora infestans in a population derived from Solanum tuberosum and Solanum berthaultii. Molecular Breeding, 2000, 5: 25-36

Finkers-Tomczak A, Danan S, van Dijk T, et al. A high-resolution map of the Grp1 locus on chromosome V of potato harbouring broad-spectrum resistance to the cyst nematode species Globodera pallida and Globodera rostochiensis. Theoretical and Applied Genetics, 2009, 119: 165-173

Foster S J, Park, T-H, et al. Rpi-vnt1.1, a Tm-22 Homolog from Solanum venturii, Confers Resistance to Potato Late Blight. Molecular Plant-Microbe Interactions, 2009, 22:589-600

Freyre R, Douches D S. Development of a model for marker-assisted selection of specific gravity in diploid potato across environments. Crop Science, 1994, 34: 1361-1368

Galek R, Rurek M, De Jong W S, et al. Application of DNA markers linked to the potato H1 gene conferring resistance to pathotype Ro1 of Globodera rostochiensis. Journal of Applied Genetics, 2011, 52: 407-411

Gargano D, Scotti N, Vezzi A, et al. Genome-wide analysis of plastome sequence variation and development of plastidial CAPS markers in common potato and related Solanum species. Genetic Resources and Crop Evolution, 2012, 59: 419-430

Gavrilenko T, Antonova O, Shuvalova A, et al. Genetic diversity and origin of cultivated potatoes based on plastid microsatellite polymorphism. Genet Resour Crop Evol, 2013, 60:1997-2015

Gebhardt C, Ballvora A, Walkemeier B, et al. Assessing genetic potential in germplasm collections of crop plants by marker-trait association: A case study for potatoes with quantitative variation of resistance to late blight and maturity type. Molecular Breeding, 2004, 13: 93-102

Gebhardt C, Bellin D, Henselewski H, et al. Marker-assisted combination of major genes for pathogen resistance in potato. Theoretical and Applied Genetics, 2006, 112: 1458-1464

Hämäläinen J H, Watanabe K N, Valkonen J P T, et al. Mapping and marker-assisted selection for a gene for extreme resistance to potato virus Y. Theoretical and Applied Genetics, 1997, 94: 192-197

Hawkes, J G. The potato: Evolution, biodiversity and genetic resources. 1990, London: Belhaven Press.

Hemenway C, Fang R X, Kaniewski W K, et al. Analysis of the mechanism of protection in transgenic plants expressing the potato virus X coat protein or its antisense RNA. The EMBO Journal, 1988, 7: 1273-1280

Hosaka K, Sanetomo R. Development of a rapid identification method for potato cytoplasm and its use for evaluating Japanese collections. Theoretical and Applied Genetics, 2012, 125: 1237-1251

Jacobs J M E, Eck H J, Horsman K, et al. Mapping of resistance to the potato cyst nematode Globodera rostochiensis from the wild potato species Solanum vernei. Molecular Breeding, 1996, 2: 51-60

Jones J D G, Witek K, Verweij W, et al. Elevating crop disease resistance with cloned genes. Philosophical Transactions of the Royal Society B, 2014, 369:20130087

Kobayashi M, Yoshioka M, Asai S, et al. StCDPK5 confers resistance to late blight pathogen but increases susceptibility to early blight pathogen in potato via reactive oxygen species burst. New Phytologist, 2012, 196: 223-237

Kuhl, J.C. Mapping and tagging of simply inherited traits. In Genetics, genomics and breeding of potato, ed. J.M. Bradeen and K. Chittaranjan, Science Publishers Enfield, New Hampshire, 2011, 90-112

Lara-Cabrera S I, Spooner D M. Taxonomy of North and Central American diploid wild potato (Solanum sect. Petota) species: AFLP data. Plant systematics and evolution, 2004, 248: 129-142

Li C H, Wang J, Chien D H, et al. Cooperation-88: A High Yielding, Multi-Purpose, Late Blight Resistant Cultivar Growing in Southwest China. American Journal of Potato Research, 2011, 88:190-194.

Li J, Lindqvist-Kreuze H, Tian Z, et al. Conditional QTL underlying resistance to late blight in a diploid potato population. Theoretical and Applied Genetics, 2012, 124:1339-1350

Li X, Van Eck H J, Rouppe J, et al. Autotetraploids and genetic mapping using common AFLP markers: The R2 allele conferring resistance to Phytophthora infestans mapped on potato chromosome 4. Theoretical and Applied Genetics, 1998, 96: 1121-1128

Lin Y, Liu T, Liu J, et al. Subtle regulation of potato acid invertase activity by a protein complex of invertase, invertase inhibitor, and sucrose nonfermenting1-related protein kinase. Plant Physiology 2015, 168:1807-1819

Liu X, Lin Y, Liu J, et al. StInvInh2 as an inhibitor of StvacINV1 regulates the cold-induced sweetening of potato tubers by specifically capping vacuolar invertase activity. Plant Biotechnology Journal, 2013, 11: 640-647

Lopez-Pardo R, Barandalla L, Ritter E, et al. Validation of molecular markers for pathogen resistance in potato. Plant Breeding, 2013, 132: 246-251

Machida-Hirano, R. Diversity of potato genetic resources. Breeding Science, 2015, 65:26-40

Marczewski W, Hennig J, Gebhardt C. The Potato virus S resistance gene Ns maps to potato chromosome VIII. Theoretical and Applied Genetics, 2002, 105: 564-567

Meyer R C, Milbourne D, Hackett C A, et al. Linkage analysis in tetraploid potato and association of markers with quantitative resistance to late blight (Phytophthora infestans). Molecular and Genernal Genetics, 1998, 259:150-160

Mihovilovich E, Aponte M, Lindqvist-Kreuze H, et al. An RGA-derived SCAR marker linked to PLRV resistance from Solanum tuberosum ssp. andigena. Plant Molecular Biology Reporter, 2014, 32: 117-128

Milczarek D, Flis B, Przetakiewicz A. Suitability of molecular markers for selection of potatoes resistant to Globodera spp. American Journal of Potato Research, 2011, 88: 245-255

Moloney C, Griffin D, Jones P, et al. Development of diagnostic markers for use in breeding potatoes resistant to Globodera pallida pathotype Pa2/3 using germplasm derived from Solanum tuberosum ssp. Andigena CPC 2802. Theoretical and Applied Genetics, 2010, 120: 679-689

Mori K, Sakamoto Y, Mukojima N, et al. Development of a multiplex PCR method for simultaneous detection of diagnostic DNA markers of five disease and pest resistance genes in potato. Euphytica, 2011, 180: 347-355

Morrell S and Ap Rees T. Control of the hexose content of potato tubers. Phytochemistry, 1986, 25: 1073-1076

Mugniéry D, Phillips MS. The nematode parasites of potato. In Potato biology and biotechnology: Advances and perspectives, ed. D. Vreugdenhil. Netherlands: Elsevier, 2007

Nowicki M, Foolad M R, Nowakowska M, et al. Potato and tomato late blight caused by Phytophthora infestans: an overview of pathology and resistance breeding. Plant Disease, 2012, 96: 4-17

Ottoman R, Hane D, Brown C, et al. Validation and implementation of marker-assisted selection (MAS)for PVY resistance in a tetraploid potato breeding program. American Journal of Potato Research, 2009, 86: 304-314

Park T H, Foster S, Brigneti G, et al. Two distinct potato late blight resistance genes from Solanum berthaultii are located on chromosome 10. Euphytica, 2009, 165: 269-278

Pino M T, Skinner J S, Jeknić Z, et al. Ectopic AtCBF1 over-expression enhances freezing tolerance and induces cold acclimation-associated physiological modifications in potato. Plant Cell Environment, 2008, 31: 393-406

Pino M T, Skinner J S, Park E J, et al. Use of a stress inducible promoter to drive ectopic AtCBF expression improves potato freezing tolerance while minimizing negative effects on tuber yield. Plant Biotechnology

Journal, 2007, 5: 591-604

Provan J, Powell W, Dewar H, et al. An extreme cytoplasmic bottleneck in the modern European cultivated potato (Solanum tuberosum) is not reflected in decreased levels of nuclear diversity. Biological Sciences, 1999, 266: 633-639

Ramakrishnan A P, Ritland C E, Blas Sevillano R H, et al. Review of potato molecular markers to enhance trait selection. American Journal Potato Research, 2015, 92: 455-472

Rauscher G M, Smart C D, Simko I, M. et al. Characterization and mapping of RPi-ber, a novel potato late blight resistance gene from Solanum berthaultii. Theoretical and Applied Genetics, 2006, 112: 674-687

Ritter E, Debener T, Barone A, et al. RFLP mapping on potato chromosomes of two genes controlling extreme resistance to potato virus X (PVX)Molecular and General Genetics, 1991, 227: 81-85

Rouppe van der Voort J, Janssen G, Overmars H, et al. Development of a PCR-based selection assay for root-knot nematode resistance (Rmc1)by a comparative analysis of the Solanum bulbocastanum and S. tuberosumgenome. Euphytica, 1999, 106: 187-195

Rouppe van der Voort J, Wolters P, Folkertsma R, et al. Mapping of the cyst nematode resistance locus Gpa2 in potato using a strategy based on comigrating AFLP markers. Theoretical and Applied Genetics, 1997, 95:874-880

Sagredo B, Balbyshev N, Lafta A, et al. A QTL that confers resistance to Colorado potato beetle (Leptinotarsa decemlineata) in tetraploid potato populations segregating for leptine. Theoretical and Applied Genetics, 2009, 119: 1171-1181

Sato M, Nishikawa K, Komura K, et al. Potato Virus Y resistance gene, Rychc, mapped to the distal end of potato chromosome IX. Euphytica, 2006, 149: 367-372

Schafer-Pregal R, Ritter E, Concilio L, et al. Analysis of quantitative trait loci (QTLs)and qualitative trait alleles (QTAs) for potato tuber yield and starch content. Theoretical and Applied Genetics, 1998, 97: 834-846

Scotti N, Monti L, Cardi T. Organelle DNA variation in parental Solanum spp. Genotypes and nuclear-cytoplasmic interactions in Solanum tuberosum (+ S.commersonii somatic hybrid-back cross progeny. Theoretical and Applied Genetics, 2003, 108: 87-94

Sliwka J, Wasilewicz-Flis I, Jakuczun H, et al. Tagging quantitative trait loci for dormancy, tuber shape, regularity of tuber shape, eye depth and flesh colour in diploid potato originated from six Solanum species. Plant Breeding, 2008, 127: 49-55

Sliwka J, Jakuczun H, Kamiński P, et al. Marker-assisted selection of diploid and tetraploid potatoes carrying Rpi-phu1, a major gene for resistance to Phytophthora infestans. Journal of Applied Genetics, 2010, 51: 133-140

Smilde W D, Brigneti G, Jagger L, et al. Solanum mochiquense chromosome IX carries a novel late blight resistance gene Rpi-moc1. Theoretical and Applied Genetics 2005, 110: 252-258

Song Y S, Schwarzfischer A. Development of STS markers for selection of extreme resistance (Rysto)to PVY and maternal pedigree analysis of extremely resistant cultivars. American Journal of Potato Research, 2008, 85: 392-393

Spooner D, Ghislain M, Simon R, et al. Systematics, Diversity, Genetics, and Evolution of Wild and Cultivated Potatoes. Bot. Rev., 2014, 80:283-383

Spooner D, Jansky S, Clausen A, et al. The Enigma of Solanum maglia in the Origin of the Chilean Cultivated Potato, Solanum tuberosum Chilotanum Group1. Econ Bot, 2012, 66:12-21

Sukhotu T, Hosaka K. Origin and evolution of Andigena potatoes revealed by chloroplast and nuclear DNA markers. Genome, 2006, 49:636-647

Sukhotu T, Kamijima O, Hosaka K. Nuclear and chloroplast DNA differentiation in Andean potatoes. Genome, 2004, 47: 46-56

Sukhotu T, Kamijima O, Hosaka K. Chloroplast DNA Variation in the Most Primitive Cultivated Diploid

Potato Species Solanum stenotomum Juz. et Buk. and its Putative Wild Ancestral Species using High-Resolution Markers. Genet Resour Crop Evol，2006, 53:53-63

Szabados L， Kovács H， Ziberstein A， et al. Plants in extreme environments: importance of protective compounds in stress tolerance. Advances in Botanical Research，2011, 57: 105-150

Szajko K，Chrzanowska M，Witek K, et al. The novel gene Ny-1 on potato chromosome IX confers hypersensitive resistance to Potato virus Y and is an alternative to Ry genes in potato breeding for PVY resistance. Theoretical and Applied Genetics，2008, 116: 297-303

Tacke E，Salamini F，Rohde W. Genetic engineering of potato for broad-spectrum protection against virus infection. Nature Biotechnol，1996, 14:1597-1601

Tian Z，He Q，Wang H, et al. The Potato ERF Transcription factor StERF3 negatively regulates resistance to Phytophthora infestans and salt tolerance in potato. Plant Cell Physiology，2015, 56: 992-1005

Tomczyńska I, Stefańczyk E, Chmielarz M, et al. A locus conferring effective late blight resistance in potato cultivar Sárpo Mira maps to chromosome XI. Theoretical and Applied Genetics，2014, 127: 647-657

Van den Berg J H，Ewing E E， Plaisted R L， et al. QTL analysis of potato tuberization. Theoretical and Applied Genetics，1996, 93: 307-316

Villamon E G，Spooner D M. Late blight resistance linkages in a novel cross of the wild potato species Solanum paucissectiim (series Piurana). Theoretical and Applied Genetics，2005, 111: 1201-1214

Wallis J G， Wang H，Guerra D J. Expression of a synthetic antifreeze protein in potato reduces electrolyte release at freezing temperatures. Plant Molecular Biology，1997, 35: 323-330

Witek K， Strzelczyk-Żyta D， Hennig J， et al. A multiplex PCR approach to simultaneously genotype potato towards the resistance alleles Ry-fsto and Ns. Molecular Breeding，2006, 18: 273-275

Xu X， Pan S， Cheng S，et al. Genome sequence and analysis of the tuber crop potato. Nature，2011, 475: 189-195

Zhang L H， Mojtahedi H， Kuang H， et al. Marker-assisted selection of columbia root-knot nematode resistance introgressed from Solanum bulbocastanum. Crop Science，2007, 47: 2021-2026

Zhang Y，Cheng S，De Jong D，et al. The potato R locus codes for dihydroflavonol 4-reductase. Theor Appl Genet，2005, 119: 931-937

Zimnoch-Guzowska E， Marczewski W， Lebecka R， et al. QTL analysis of new sources of resistance to *Erwinia carotovora* ssp. atroseptica in potato done by AFLP， RFLP， and resistance-gene-like markers. Crop Science，2000, 40: 1156-1160

附录　云南省育成的 56 个品种介绍

1.'榆薯 CA'

审定编号：滇引马铃薯 1 号

选(引)育单位：大理州市种子公司

品种来源：'377427.1'×'7xy.1'

特征特性：该品种植株直立，根系发达，株高 86 厘米，茎粗 1.5 厘米，茎三棱形，叶长形，茎叶淡绿色，花白色，长势强，结薯集中，生育期短，薯形圆，淡黄皮黄肉，块茎休眠期短，芽眼红色，芽眼浅，大中薯率 93%，抗寒耐旱，耐湿性强，高抗晚疫病，较抗病毒病，干物质含量 22.88%，淀粉含量 17.15%。

产量表现：一般亩产 1800～4800 千克，冬作较对照'米拉'增产 20%～30%，比春作增 25%～60%，比秋作增 150%～650%。

适宜区域：云南省海拔 1500～3300 米的地区种植。

2. '中甸红'

审定编号：滇马铃薯 1 号

选育单位：云南省迪庆州农业科学研究所、迪庆州种子公司

品种来源：迪庆州农业科学研究所于 20 世纪 80 年代初期引种阿坝'红宣'品种，80 年代中期开始从大田选择'红宣'优良单株进行系统选育。经多年对所选株系材料进行筛选、分类、观察、鉴定及品比试验选育出优良性状稳定的株系。

特征特性：该品种植株扩散、株高在 0.7 米左右，叶浓绿色、茎绿色，花冠白色，天然结实性好，生长势强。块茎椭圆形，表皮光滑，芽眼中等微红色，芽眼多，皮淡黄色，肉白色。休眠期中等，耐贮耐运，生育期 100 天左右，属中晚熟马铃薯品种。结薯集中，大薯率高，产量稳定性好，耐旱耐寒性强。抗青枯病、卷叶病，耐美洲斑潜蝇；中抗疮痂病和普通花叶病，感晚疫病。产量在每公顷 28 500～48 000 千克，鲜薯干物质含量为 25.44%，淀粉含量 16.74%，还原糖 0.34%，蛋白质 1.56%。

产量表现：1999～2000 年参加全省春作组区试，1999 年平均亩产 1928.6 千克，比对照'米拉'增 2.3%，2000 年平均亩产与对照'米拉'持平，两年平均亩产居第 4 位，比对照'米拉'增 2%；1999～2000 年参加冬作组区试，产量居第 1 位，平均亩产 1 820.5 千克，比对照'米拉'增产 27.3%。

适宜区域：云南省海拔 910～3 276 米地区范围内种植。

3. '丽薯 1 号'

审定编号：滇马铃薯 2 号，国审薯 2006007

选育单位：丽江市农业科学研究所

品种来源：'克疫'天然实生种子

特征特性：该品种株型直立，分枝少，株高 90 厘米左右且粗壮，茎微紫，叶浓绿色，复叶大，有 3～4 对侧小叶，叶面微皱，花冠紫红色，结实性弱，有种子；生长势强，生育期 105～120 天，结薯集中，块茎椭圆，表皮较粗糙，皮红色，肉淡黄色，芽眼深度中等，休眠期长，耐贮性好，食味好，蒸食品质优，淀粉含量 17.2%；抗晚疫病及癌肿病；一般亩产 2000 千克，高产田块亩产 3000 千克以上。

产量表现：1990～1998 年参加品比试验，平均亩产 2270.2 千克，比对照亩产 1427.8 千克增 59%；1999～2000 年参加全省区试，两年均居第 1，平均亩产 2045 千克，比统一对照'米拉'增 160.7 千克，增 8.5%。

适宜区域：该品种符合国家马铃薯品种审定标准，通过审定。属中晚熟鲜食品种，抗重花叶病毒病，中抗轻花叶病毒病，中抗晚疫病。适宜在云南、贵州毕节、四川、重庆、湖北恩施和宜昌、陕西安康西南一作区种植。

4. '合作 23 号'

审定编号：滇马铃薯 3 号

选育单位：会泽县农技中心、云南师大薯类所

品种来源：'381064.8'×'XY-13'

特征特性：该品种植株直立，株高 80 厘米左右叶片浓绿，茎秆带紫色，花冠白色，生长势强，生育期 105 天左右，结薯集中，块茎圆形或短卵，表皮光滑，芽眼中等深度带紫色，脐部带紫色，淡黄色皮肉；干物质含量 24.503%，淀粉含量 18.749%，还原糖含量 0.299%；抗晚疫病，高产、稳产，休眠期短。

产量表现：1993 年参加品比试验，平均亩产 4393.0 千克，比对照'会-2'增产 20.7%；1999～2000 年参加云南省第三轮区试，在春作组中平均亩产 1990.0 千克，在冬作组中平均亩产 1781.2 千克。

适宜区域：云南省三季串换留种地区种植。

5. '合作 88'

审定编号：滇马铃薯4号

选育单位：会泽县农技中心、云南师大薯类所

品种来源：'381064.8'×'XY-13'

特征特性：该品种株高93厘米左右，茎粗1.34厘米，株型半直立，叶色浓绿，茎色绿紫，花冠紫红色，生育期120天左右，结薯集中，薯块大，大部分薯块卵型，红皮黄肉，芽眼浅，表皮光滑。干物质含量25.806%，淀粉含量20.054%，休眠期中，耐贮藏，中抗晚疫病，抗癌肿病，无病毒病，产量高、抗性强。

产量表现：1993～1995年参加品比试验，亩产量分别为3128千克、3643.3千克、3432.5千克；1993～1994年参加省区试平均亩产量2469.2千克，比对照'米拉'增产35.5%，居参试种第2位。1997年会泽县示范68.2公顷，平均亩产2099.49千克。

适宜区域：云南省海拔2 100米以上一季春播区。

6.'会-2'

审定编号：滇马铃薯5号

选育单位：会泽县农技中心

品种来源：'印克西'×'渭会2号'

特征特性：该品种薯芽微红，花冠浅紫红，茎秆较硬，植株高度60～90厘米，生育期较'米拉'长15～20天，生育期100天左右，结薯集中，薯椭圆至长椭圆，芽眼浅，白皮白肉，100克以上薯个数点30%～80%，重量点60%～90%；500克以上薯芽眼部位易降低，特大薯易畸形。干物质含量18.68%，淀粉含量12.928%，还原糖含量0.254%，休眠期比'米拉'长30天左右。适应性较广，耐旱力较强。比'米拉'抗晚疫病。

产量表现：参加1992～1993年曲靖地区区试，产量居第一位，比统一对照'米拉'增产25.1%，比当地良种增产20.8%；1993年在会泽县示范386.53公顷，平均亩产2263.8千克。其中样板180.4公顷，平均亩产2489千克，比'米拉'增产84%。

适宜区域：云南省海拔1600～3000米日照时数近似会泽县的地区春季种植。

7.'云薯101'

审定编号：滇审薯200401号，国审薯2008003号

选育单位：云南省农业科学院经济作物研究所

品种来源：'S95-105'×'内薯7号'

特征特性：株型直立，分支较少，株高78.8厘米，茎粗0.97厘米，茎秆绿色，无色素分布，叶绿色，叶腋、叶脉均无异色，花冠白色，花柄节无色素。结薯集中，薯形圆形，形好，表皮光滑，芽眼较浅，黄皮黄肉，休眠期较短。商品薯率82.0%。蒸食品质优。水比重法测定鲜薯相对密度1.005，干物质含量23.53%，淀粉含量17.78%。生育期108天，晚疫病平均病级1.33(最高4级)，田间无卷叶病表现，块茎无环腐病发生。

产量表现：2003～2004年云南省马铃薯高淀粉加工专用品种区域试验，两年平均亩产2497千克，较'米拉'增8.3%，排名第4；平均淀粉产量423千克/亩，较'米拉'增11.8%，排名第3。

适宜区域：适宜在云南、贵州、四川南部、陕西南部、湖北西部的西南马铃薯产区种植。

8.'云薯201'

审定编号：滇审薯200402号，国审薯2008004号

选育单位：云南省农业科学院经济作物研究所

品种来源：'S95-105'×'内薯7号'

特征特性：生育期107天，株型半扩散，株高68.5厘米，茎粗1.08厘米，茎、叶绿色，花冠白色，有天然结实性。结薯集中，黄皮黄肉，薯形长椭圆，表皮粗糙，芽眼较浅，商品薯率71.6%。蒸食品质优。病害调查：晚疫病(5级制)平均病级1.43级，田间无卷叶病和青枯病表现，块茎无粉痂病、环腐病发生。

产量表现：2003～2004 年云南省马铃薯高淀粉加工专用品种区域试验，两年平均亩产 2532 千克，较'米拉'增 9.8%，排名第 1；平均淀粉产量 450 千克/亩，排名第 1，较'米拉'增 18.9%，达显著水平。

适宜区域：适宜在云南、贵州、四川南部、陕西南部、湖北西部的西南马铃薯产区种植。

9. '丽薯 2 号'

审定编号：滇审薯 200403 号

选育单位：丽江市农业科学研究所

品种来源：'呼自 79-172'בNS79-12-1'

特征特性：株型直立，株高 85.8 厘米，茎粗 1.36 厘米。茎、叶绿色，复叶大而下垂，侧小叶三对。花冠白色，天然结实性软弱，浆果绿色，大小中等，有种子。出苗至倒苗生育期为 100～125 天。生长势强，结薯集中。薯形扁圆，白皮白肉，芽眼浅而少，表皮光滑。薯块大而整齐，大中薯率 90%。休眠期长，耐贮藏。田间晚疫病抗性中。一般亩产 2000 千克，高产田块可达 3000 千克以上。食味好，适宜炒食。经云南省农科院测试中心分析结果，干物质含量 18.53%，淀粉含量 12.73%，蛋白质含量 2.3%，19 种氨基酸总量 1.79%，还原糖 0.3%。蛋白质和氨基酸含量较'丽薯 1 号'，分别高 0.54%，0.18%。

产量表现：2001～2002 年参加云南省马铃薯区域试验，平均单产为 2238 千克，比对照'米拉'增产 25.2%。生产示范平均亩产 1681.4～2589 千克。

适宜区域：云南省海拔 1900～3300 米范围内的一季薯作区种植。

10. '滇薯 6 号'

审定编号：滇审马铃薯 200501 号

选育单位：云南农业大学云南省植病重点实验室

品种来源：云南农业大学云南省植病重点实验室利用了国际马铃薯中心提供的杂交组合'387132.2'×'387170.9'的实生薯后代选育而成。

特征特性：生育期 101 天，株型直立，株高 70.4 厘米，茎粗 1.1 厘米，茎紫色，叶色浓绿，花白色，开花性强，天然结实性弱，薯形圆形，表皮光滑，芽眼浅，薯皮淡黄色，肉黄色，大薯率为 81%，经检测淀粉含量 18.41%，食味中上。通过病害鉴定，对晚疫病为水平抗性，在局部地区感疮痂病和粉痂病。

产量表现：在 2003～2004 年云南省马铃薯品种(系)区域试验(春作组)中，平均亩产 2323 千克/亩，比'米拉'增产 20.8%。生产示范亩产为 1800～3055.56 千克。

适宜区域：云南省 1300～1900 米作秋播和小春种植，1900～3270 米地区作大春种植。

11. '合作 001'

审定编号：滇审马铃薯 200502 号

选育单位：会泽县农业技术推广中心、云南师范大学薯类研究所

品种来源：会泽县农业技术推广中心、云南师范大学薯类研究所利用了 CIP 提供的杂交组合'387115.40'×'XY.14'的实生薯后代选育而成。

特征特性：植株直立，叶浓绿色，茎紫色，株高 87.5 厘米，茎粗 0.97 厘米，花冠紫红色，天然结实性较强，生育期 115 天；结薯集中，白皮白肉，薯形圆球，表皮光滑，芽眼中等深度、浅红色，商品薯率 82.2%。农业部农产品质量监督检验测试中心昆明测试点测试：干物质含量 30.8%，淀粉含量 21.03%，还原糖含量 0.24%。省区试病害调查：抗晚疫病，感疮痂病。

产量表现：在 2003～2004 年云南省马铃薯高淀粉加工专用品种区域试验中，平均亩产 2402 千克，比'米拉'增产 4.1%。生产示范亩产 1800～3055 千克。

适宜区域：云南省海拔 1800～2500 米大春种植。

12. '合作 002'

审定编号：滇审马铃薯 200503 号

选育单位：会泽县农业技术推广中心

品种来源：会泽县农业技术推广中心利用国际马铃薯中心提供的杂交组合'387004.4'דׁ387170.9'的实生籽，经多年选择而成。

特征特性：株高 61.81 厘米(小春)、124.7 厘米(大春)，茎粗 1.30 厘米(小春)、1.40 厘米(大春)，植株直立，株丛繁茂，生长势强，茎秆绿色、茎基部紫色，叶片绿色，花冠紫红色，薯块圆形，表皮光滑，芽眼浅，部分薯块芽眼周围红色，生育期 110 天左右(大春)，淀粉含量 12.9%左右(小春)、18.73%(大春)，经农业部农产品质量监督检验测试中心昆明测试点测试，干物质含量 24.5%，淀粉含量 18.73%，还原糖含量 0.09%。抗晚疫病，较耐潜叶蝇，不耐储藏。

产量表现：2001～2003 年参加云南省马铃薯冬作区域试验，平均亩产 1819.7 千克，示范亩产 1200～2200 千克。

适宜区域：云南省海拔 1600 米左右地区作小春种植，1900～2400 米作大春种植。

13.'合作 203'

审定编号：滇审马铃薯 200504 号

选育单位：云南师范大学薯类作物研究所、大理州农业科学研究所、国际马铃薯中心

品种来源：云南师范大学薯类作物研究所、大理州农业科学研究所、国际马铃薯中心从国际马铃薯中心提供的杂交组合'391002.15'×'391679.7'的实生子后代选育而成。

特征特性：株高 80 厘米左右，顶叶长卵形、较小，叶色浓绿，叶面皱缩，花冠浅紫色，花药橘黄，柱头 2～3 裂。大春季节有天然结实习性，浆果较小。大春季节出苗后生育期 115 天左右，结薯较分散；冬作生育期约 90 天，结薯集中；块茎球形至短椭圆形，皮色略显粉红，表皮龟裂状网纹明显，肉色淡黄，芽眼少、浅、淡红色，半光芽紫红色；耐储运，休眠期约 90 天；抗晚疫病、青枯病和花叶、卷叶病。干物质含量 26.0%～29.2%，淀粉含量 18.9%～22.8%，还原糖含量 0.05%～0.15%。蒸煮风味浓香，适口性好，炸片品质优。

产量表现：2003 年云南省马铃薯高淀粉加工型新品种(大春)区试，平均亩产 2158 千克/亩；淀粉含量 17.9%～22.2%，平均为 19.47%。2004 年平均亩产 2225 千克/亩；淀粉含量 17.1%～20.8%，平均为 19.0%。两年平均亩产 2 158.0 千克，平均淀粉含量为 19.2%，平均淀粉产量 415 千克/亩。

适宜区域：云南省作为高淀粉品种在大春一季作地区种植。

14.'合作 3810'

审定编号：滇审马铃薯 200505 号

选育单位：云南师范大学薯类作物研究所

品种来源：云南师范大学薯类作物研究所从 CIP 提供的杂交组合'393077.51'×'391679.7'的实生子后代选育而成。

特征特性：株高约 70 厘米，叶色浓绿，顶部小叶较小，叶面较皱缩，开白花，大春季节有天然结实习性。生育期约 90 天，块茎休眠期约 75 天。结薯集中，薯块偏大，结薯数较少，商品率 90%以上，薯型长、扁椭圆形，黄皮黄肉，表皮网纹密且明显，芽眼较深，眼眉稍突，半光芽浅紫色。块茎干物质含量 22%～24%，淀粉含量 15%～17%，还原糖含量 0.19%～0.30%，可溶性蛋白含量 2.3%，蒸煮味香，炸片品质中等。晚疫病抗性弱，感疮痂病。

产量表现：2003 年 10 月，参加云南省马铃薯新品种(冬作组)区域预备试验，平均亩产 1550.0 千克，获推荐进入正式区试。两年七个区试点的产量变化范围 810.0～3 690.0 千克/亩，平均亩产 2128.6 千克。

适宜区域：云南省各马铃薯生产季节均有较好的适应性，在中高海拔地区的大春季节产量表现好。

15.'云薯 501'

审定编号：滇特(昆明)审马铃薯 200501 号

选育单位：云南省农科院经济作物研究所、昆明市农业技术推广站

品种来源：云南省农科院经济作物研究所、昆明市农业技术推广站 1997 年杂交，组合'选 92-816'×'选 94-232'，经多年选育而成。

特征特性：生育期 100 天，植株扩散，株高 44 厘米，茎、叶绿色，叶脉有紫色素分布，开白花，有天然结实性。结薯集中，黄皮黄肉，薯型椭圆形，表皮光滑，芽眼较浅。干物质含量 23%，淀粉含量 13.68%，还原糖含量 0.42%，蛋白含量 2.85%，蒸煮品质优。抗性一般。

产量表现：2003～2005 年，参加昆明市马铃薯品种区域试验，2003～2004 年平均亩产 2163.3 千克，2004～2005 年平均亩产 2303.7 千克，两年平均亩产 2233.5 千克。示范平均亩产 2203 千克。

适宜区域：昆明市作为鲜食品种种植。

16.‘抗青 9-1’

审定编号：滇特(昆明、德宏)审马铃薯 200502 号，国审薯 2014007

选育单位：中国农科院植保所、云南省农科院经济作物研究所

品种来源：中国农科院植保所、云南省农科院经济作物研究所从国际马铃薯中心提供的杂交组合‘BR63.5’דBR104.12LB’的实生子后代选育而成。

特征特性：生育期 104 天，植株半直立，株高 68 厘米，茎秆浅紫色，叶色浓绿，花冠浅紫色，有天然结实性。结薯集中，白皮白肉，薯型圆形，表皮光滑，芽眼红色、较浅。干物质含量 23%，淀粉含量 14.31%，还原糖含量 0.07%，蛋白质含量 3.14%，蒸煮品质中上，抗青枯病。

产量表现：2003～2005 年，参加昆明市马铃薯品种区域试验，2003～2004 年平均亩产 2035.6 千克，2004～2005 年平均亩产 2352.1 千克，两年平均亩产 2193.9 千克。昆明示范平均亩产 2293 千克，德宏示范平均亩产 3591 千克。

适宜区域：昆明市、德宏州作为鲜食品种种植。

17.‘合作 003’

审定编号：滇审马铃薯 200601 号

选育单位：会泽县农技推广中心

品种来源：‘381400.22’ × ‘387334.5’

特征特性：该品种株高 72.3 厘米，茎粗 1.2 厘米，植株直立，茎秆绿中带紫，叶片浓绿，花冠白紫色，生长势强，天然结实性强；结薯集中，薯块扁圆，表皮光滑，芽眼少、浅、紫色，白皮白肉，生育期 110 天。品质检测结果：经农业部农产品质量监督检验测试中心(昆明)测试，干物质含量 25.7%，淀粉含量 23.00%，还原糖含量 0.03%。

产量表现：2003～2004 年参加云南省马铃薯品种(系)春作组区试，两年 11 个试点平均亩产 2242 千克，居九个参试品种(系)的第 3 位，比对照‘米拉’增 16.6%，增产显著；淀粉产量 393 千克/亩，比对照‘米拉’增产 25.6%，排第 1 位。

适宜区域：可在云南省海拔 2500 米以下的适宜地区作为春作推广种植。

18.‘五选 2 号’

审定编号：滇审马铃薯 200602 号

选育单位：南华县农业局

品种来源：‘马驮’ × ‘克疫’

特征特性：五选‘2’号花冠白色，植株扩散，株丛繁茂；生育期 96 天，出苗整齐度中等，幼苗长势强，株高 67.1 厘米，茎粗 1.18 厘米，茎秆绿色，叶片深绿色，结薯集中，薯块椭圆形，表皮光滑、黄色，薯肉黄色，芽眼数量中等、较深；薯块耐贮藏性好、大，中薯率分别为 57.5% 和 26.6%；晚疫病抗性较强，较耐潜叶蝇。适应性较广，产量表现稳定。食味品质上(微沙、香)，淀粉含量 17.9% 左右。

产量表现：2003～2005 年参加云南省马铃薯新品种(系)冬作组区域试验，7 个区域试验点平均单产 2 190 千克/亩，较对照种‘中甸红’亩增 0.5%，8 个参试品种(系)中产量居第一位。2005～2006 年在全省五地州进行生产试验，平均单产 2602.2 千克，最高单产达 3442.8 千克，表现较好。

适宜区域：可在云南省海拔 1500～2300 米的适宜地区冬季推广种植，也可以春作种植。

19.‘靖薯 1 号’

审定编号：滇特(曲靖)审马铃薯 200601 号

申请者：曲靖市农技推广中心、马龙县农技推广中心

品种来源：994002(B 2)

特征特性：靖薯一号，属中晚熟品种，全生育期 111 天。株型直立、紧凑，幼苗长势强，株丛繁茂，田间生长整齐；茎秆紫褐色、叶色浓绿、花深紫兰色、天然结实少；株高 93 厘米，单株分枝 4.2 个，茎粗 1.25 厘米，单株结薯 4.9 个。薯块长筒形，表皮粗糙，皮色深紫色，薯肉呈花纹紫色，芽眼数中，深度中等。大、中薯比率达 78%以上。经多年多点鉴定试验，'靖薯 1 号'田间无分离现象，性状稳定。抗晚疫病、高抗青枯病、抗花叶病，耐病性较好。大田斑潜蝇危害较少。薯块品质检测结果：经农业部农产品质量监督检验测试中心(昆明)检测，还原糖含量 0.16%、总糖含量 0.26%、蛋白质含量 1.91%、淀粉含量 19.08%。

产量表现：2003~2005 年，参加曲靖市马铃薯品种区域试验，平均亩产 2231 千克，比对照增 4%，列第四位。其中：2003 年，平均亩产 2132 千克，比脱毒'米拉'(对照)亩产 2080 千克，增 2.5%，列第四位。2004 年，平均亩产 2334 千克，比脱毒'米拉'(对照)亩产 2406 千克，减产 3%，列第六位。2005 年，平均亩产 2 228 千克，比脱毒'米拉'(对照)亩产 1949 千克，增 14.3%，列第 3 位。

适宜区域：可在云南省曲靖市海拔 1800~2300 米的适宜地区推广种植，特别适宜在微酸性(pH 5.5~6.5 之间)的红壤土中生长。可作春、秋、冬三季种植。

20. '云薯 102'

审定编号：滇审马铃薯 200701 号

申请单位：云南省农业科学院经济作物研究所

品种来源：该品种是云南省农业科学院经济作物研究所，1997 年用选'S95-105'作母本，'内薯 7 号'作父本进行有性杂交，并获得 1963 粒杂交种子。经实生苗培育，繁殖无性家系，系统选育而成。母本'S95-105'系内蒙古自治区呼伦贝尔盟农科所选育出的育种中间材料。父本'内薯 7 号'系内蒙古自治区呼伦贝尔盟农科所选育出的品种。

特征特性：生育期 106 天，中熟，株型半扩散，株高 75.7 厘米，茎粗 0.93 厘米，叶浓绿色，茎绿色，花冠白色，有天然结实性。结薯集中，淡黄皮淡黄肉，薯形圆形、形好，表皮光滑，芽眼较浅，商品薯率 82.1%。比重法测定淀粉含量含平均值 16.8%，干物质含量 22.6%。抗性接种鉴定：中抗晚疫病、中抗 PVY 和抗青枯病。

产量表现：2003~2004 年省高淀粉马铃薯加工专用品种区域试验，两年平均亩产 2502 千克，较'米拉'增 8.5%，排名第 3；平均淀粉亩产量 415 千克，较'米拉'增 9.7%，排名第 7。生产试验示范一般亩产 1396.6~2553.6 千克。

适宜区域：适宜滇东北地区大春作种植。

21. '云薯 301'

审定编号：滇审马铃薯 200702 号

申请单位：云南省农业科学院经济作物研究所

品种来源：该品种是云南省农业科学院经济作物研究所，1997 年用'选 93-92'作母本，'C89-94'作父本进行有性杂交，并获得 602 粒杂交种子。经实生苗培育，繁殖无性家系，系统选育而成。母本'93-92'，系内蒙古自治区呼伦贝尔盟农科所选育出的育种中间材料。父本'C89-94'，系 CIP 引入优良抗晚疫病、炸片资源。

特征特性：植株半直立，株高 70.9 厘米，茎粗 1.2 厘米，茎绿色略带紫色，叶绿色，花冠紫红色，开花较繁茂，天然结实性非常弱。结薯集中，匍匐茎较短，淡黄皮淡黄肉，薯圆形，表皮略粗、有网纹，芽眼较浅，单株结薯数 7.9 个，平均单薯重 84.6 克，大中薯率 75.7%，田间烂薯率 3.6%，比重法测定淀粉含量 15.3%，食味良好，块茎休眠期 71 天。抗性接种鉴定，高抗晚疫病、马铃薯 Y 病毒病、抗青枯病。干物质含量 25.0%，淀粉含量 15.27%，蛋白质含量 3.43%，还原糖含量 0.06%。

产量表现：2005~2006 年省区域试验，两年平均亩产 2102.1 千克/亩，增产点次 84.2%，比对照'米拉'增产 37.1%，增产显著，居试验第 2 位。

适宜区域：适宜全省大春作种植。

22.　'皮利卡'

审定编号：滇审马铃薯 2008001 号

选育单位：云南农业科学院生物技术与种质资源研究所

品种来源：该品种是云南省农业科学院生物技术与种质资源研究所从国外引进的波兰品种(引种编号 PI537033)，亲本组合为'MPI55 957 24'×'Pamir'，品种于 1982 年育成。

特征特性：植株半直立，匍匐茎长度稍短，分枝数 3～4 个。茎基部紫色、中部绿色，叶色深绿，茸毛少，复叶中等大，叶冠覆盖度适中。开花期偏短，花冠白色，结实性弱。结薯集中，结薯多，块茎椭圆形，薯皮浅黄色，薯肉浅黄色，块茎中等大小，整齐度好，芽眼深浅中等。干物质含量 26.5%，淀粉含量 17.43%，蛋白质含量 3.51%，还原糖含量 0.39%，维生素含量 22.35 毫克/100 克。抗晚疫病，块茎未见裂薯和空心。

产量表现：省区试(春作组)结果为，两年平均单产 1905.0 千克/亩，比对照品种'米拉'增产 24.2%，增产极显著，大中薯率 72.5%。两年 19 个点次，13 个点次增产占 68.4%。产量比较稳定。

适宜区域：云南省中、高海拔大春产区种植。

23.　'丽薯 6 号'

审定编号：滇审马铃薯 2008002 号

选育单位：丽江市农业科学研究所

品种来源：1997 年丽江市农科所从 CIP 提供的马铃薯杂交实生种子'A10-39'×'NS40-37'组合中选育而成。

特征特性：株型半直立，株高 67 厘米，茎粗 1.2 厘米，茎色微紫绿，叶绿色，有 4 对侧小叶，花白色，天然结实性弱，有种子；薯形椭圆，白皮白肉，芽眼浅而少，表皮光滑，单株结薯 5.8 个，平均单薯重 99.0 克，薯块大而整齐，商品率高，大中薯率 83.9%，结薯集中，匍匐茎较短，薯块休眠期长，耐贮性好；生育期 112 天左右，中晚熟品种。品质检测结果，干物质含量为 20.0%，淀粉含量 14.24%，蛋白质含量 2.06%，16 种氨基酸总量 1.44%，还原糖含量 0.16%，维生素 C 含量 17.5 毫克/100 克。抗性鉴定结果：高抗马铃薯晚疫病，抗马铃薯 Y 病毒病。

产量表现：2005～2006 年省区试结果，两年平均亩产 2070.9 千克比对照'米拉'增 35%，居第 3 位，两年 19 个试验点次中，有 14 个试验点次增产，占 73.7%。

适宜区域：适合云南省全省种植。

24.　'丽薯 7 号'

审定编号：滇审马铃薯 2008003 号

选育单位：丽江市农业科学研究所

品种来源：该品系是丽江市农科所，1997 年由'肯德'×'ALAMO'杂交实生种子育苗移栽后，产生的单株系统选育而成。

特征特性：生育期 115 天，植株田间长势强，株型半直立，株高 70.1 厘米，茎粗 1.4 厘米，茎色紫，叶浓绿，花色紫红，天然结实性弱，有种子；结薯集中，匍匐茎较短，薯形卵圆，红皮、肉淡黄，芽眼深度中，表皮光滑，单株结薯 5.5 个，平均单薯重 126.0 克，大中薯率 86.2%，块茎休眠期长，耐贮性好。品质检测结果，干物质含量为 20.1%，淀粉含量 14.42%，蛋白质含量 1.77%，16 种氨基酸总量 1.35%，还原糖含量 0.20%，维生素 C 27.2 毫克/100 克。抗性鉴定结果：高抗马铃薯晚疫病，中抗马铃薯 Y 病毒病。

产量表现：2005～2006 年省区试(春作组)结果，两年平均亩产 2038 千克，比对照'米拉'增 32.9%，居第 4 位，两年 19 个试验点次中，16 个试验点次增产，占 84.2%。

适宜区域：适合云南省中、高海拔大春马铃薯产区种植。

25.　'云薯 503'

审定编号：滇特(文山)审马铃薯 2008001 号

选育单位：云南省农业科学院经济作物所、文山州农业科学研究所

品种来源：该品种是云南省农业科学院经济作物所用'菲薯'作母本与'品系387136.14'作父本杂交选育而成，在国家科技攻关"西部开发"重大项目"冬季马铃薯新品种选育及产业开发示范"的支持下，选育出的具有完全自主知识产权的冬季专用型马铃薯新品系。

特征特性：株型直立，株高42.4厘米；叶绿色，茎浅绿色，花冠白色，有较强的生长势；天然结实率差；结薯集中，薯块大，椭圆形，皮淡黄色，肉淡黄色，芽眼浅而少；生育期77天，蛋白质含量1.8%，维生素C含量16毫克/100克；总淀粉含量18.75%；干物质含量24.6%。商品率90%左右，较抗晚疫病。品质优(蒸食品质优，口感优)。

产量表现：2006年冬在文山州砚山、丘北、文山和富宁4个点示范，每个点示范1亩。经实测：折平均亩产为1788.5千克/亩，比对照'合作88'亩产1428.6千克/亩增360.5千克，增20.2%。

适宜区域：适合文山州冬作、小春种植。

26. '云薯504'

审定编号：滇特(文山)审马铃薯2008002号

选育单位：云南省农业科学院经济作物所、文山州农业科学研究所

品种来源：是云南省农业科学院经济作物所用'VERAS'作母本与'内薯七号'作父本杂交选育而成，在国家科技攻关"西部开发"重大项目"冬季马铃薯新品种选育及产业开发示范"的支持下，选育出的具有完全自主知识产权的冬季专用型马铃薯新品系。

特征特性：株型直立，株高38.2厘米，叶绿色，茎浅绿色，花冠白色，有较强的生长势；结薯集中，田间烂薯率低，薯块大，圆形，皮淡黄色，肉黄色，芽眼浅；生育期77天，蛋白质含量2.26%，维生素C含量34.47毫克/100克；总淀粉含量19.69%；干物质含量28.6%；商品率89.1%，晚疫病抗性中等；品质优(蒸食品质优，口感优)。

产量表现：2006年冬在文山州砚山、丘北、文山和富宁4个点示范，每个点示范1亩。平均单产达2503.8千克/亩；比对照'合作88'亩产1428.6千克/亩增1075.2千克，增75.3%。

适宜区域：适合文山州冬作、小春种植。

27. '云薯601'

审定编号：滇审马铃薯2009001号

选育单位：云南省农业科学院经济作物研究所

品种来源：该品种是云南省农业科学院经济作物研究所，利用杂交组合'会泽小乌洋芋'×'合作23'的后代分离材料，经过系统选育，于2003年育成的马铃薯新品种。

特征特性：区试平均生育期115天，熟期中晚熟，叶色绿，茎色紫带绿，花冠白色，结薯集中，块茎扁椭圆形，皮色紫黑，肉色白带紫色花纹，薯皮光滑，芽眼浅。块茎蛋白质1.98%，维生素C 32.4毫克/100克，总淀粉17.71%，还原糖0.14%，干物质24.6%；抗晚疫病、高感轻花叶病毒病(PVX)、高感重花叶病毒病(PVY)。

产量表现：参加2007～2008年云南省马铃薯品种(系)区域试验(春作组)，两年平均亩产1782千克，居第4位，较主对照'合作88'增产12.9%，较第二对照'云薯201'减产3%。2009年参加省马铃薯生产试验，5个点平均亩产1822.7千克，比对照增26.4%，增产80%。

适宜区域：适宜云南省马铃薯春作区种植。

28. '昆薯4号'

审定编号：滇审马铃薯2009002号

选育单位：昆明市农业科学研究院、云南省农业技术推广总站

品种来源：该品种是昆明市农业科学研究院和云南省农业技术推广总站，2002年从CIP引进的一批马铃薯选育材料中经筛选评价而育成的马铃薯新品种，其CIP脱毒试管苗编号为CIP389746.2，母本为'381379.9'，父本为'XY16'。

特征特性：株型半直立，繁茂性强，全生育期100天左右。株高65～70厘米左右，分枝4～5枝左右。茎秆粗，茎色绿带紫斑，叶绿色，平展。花梗长带紫斑，花冠浅紫色，开花繁茂性中等，天然结实性中等。结薯集中，大中薯率86.7%，大薯率和商品薯率较高。块茎大小整齐度中等，块茎圆形，芽眼少，芽眼深度中等，表皮光滑，淡黄皮、白肉。顶部及芽眼分布有粉红色斑，耐贮性好。块茎蛋白质 2.57%，维生素 C 14.9 毫克/100 克，总淀粉 16.2%，还原糖 0.37%，干物质 24.2%；感晚疫病、感轻花叶病毒病(PVX)、高感重花叶病毒病(PVY)。

产量表现： 参加 2007～2008 年云南省马铃薯区域试验(春作组)，2007 年平均亩产 1928 千克，居第 3 位，比'合作 88'增产 276 千克，增幅 16.7%，比'云薯 201'减产 35 千克，减幅 1.8%；2008 年平均亩产 2010 千克，居第 2 位，比 CK1 和 CK2 增产达极显著水平，比 CK1'合作 88'增产 431 千克，增幅 27.3%，比 CK2'云薯 201'增产 172 千克，增幅 9.4%。2009 年参加云南省春作组马铃薯新品种生产试验，5 个点平均亩产 1 762.98 千克，比对照增产 22.2%，增产 60%。

适宜区域： 适宜云南省马铃薯春作区种植，注意晚疫病防治。

29.'宣薯 4 号'
审定编号： 滇特(曲靖)审马铃薯 2009001 号
选育单位： 宣威市农业技术推广中心
品种来源： 该品种是曲靖市农业技术推广中心，2004 年从 CIP 引进的杂交实生种子，从'组合 990416'中经单株筛选而成的马铃薯品种。

特征特性： 属中晚熟品种，全生育期 108 天，株型直立，株高 89.8 厘米，植株叶色绿色，茎秆绿色带褐色，花冠白色，结薯集中，块茎大小整齐，薯型为圆形，表皮光滑，黄皮黄肉，芽眼少，商品薯率为 82.2%，无空心薯。块茎淀粉 18.73%，蛋白质 1.75%，维生素 C 23.7 毫克/100 克，总糖 0.33%，还原糖 0.14%，干物质 23.8%；抗马铃薯晚疫病。

产量表现： 2007～2008 年参加曲靖市马铃薯品种区域试验，平均亩产 2458 千克，比对照'米拉'增产 417 千克，增幅为 20.4%，比对照'合作 88'增 667 千克，增幅 37.2%，居第二位。

适宜区域： 适宜曲靖市海拔 2000～2600 米地区种植，特别适宜在微酸性的地块中生长。

30.'靖薯 2 号'
审定编号： 滇特(曲靖)审马铃薯 2009002 号
选育单位： 曲靖市农业技术推广中心
品种来源： 该品种是曲靖市农技中心，2000 年 CIP 引入的 B 系列，'994001 组合'F1 代中单株系统选育而成的马铃薯品种。

特征特性： 属中早熟品种，全生育期 102 天，株型直立，株高 80.8 厘米，叶棕色，基略带褐色，白花，结薯集中，块茎大小整齐，圆形，皮光滑，芽眼浅，肉黄色，商品薯率达 79.6%。淀粉含量 15.7%，高抗晚疫病。

产量表现： 2007～2008 年参加曲靖市马铃薯品种区试，平均亩产 2689 千克，比对照'米拉'增 31.7%，居第 1 位。2006～2008 年示范 31.33 公顷，亩产 2852.9 千克。较对照亩增 757.7 千克，增 36.2%

适宜区域： 适宜曲靖市海拔 1900～2500 米适宜生态区域推广种植。

31.'靖薯 3 号'
审定编号： 滇特(曲靖)审马铃薯 2009003 号
选育单位： 曲靖市农业技术推广中心
品种来源： 该品种是曲靖市农技中心，2000 年从 CIP 引进 A 系列'8005 组合'，经系统选育而成的马铃薯品种。

特征特性： 属中熟品种，生育期 108 天，株型半直立，株高 75.8 厘米，植株叶片绿色，茎秆绿色略带褐色，花冠紫色，花繁茂，结薯集中，块茎大小整齐度中等，葡萄阿拉伯树茎长度中等，薯型为扁圆型，表皮光滑，芽眼浅，皮色为黄色，肉色白色。块茎总淀粉 20.5%，蛋白质 2.11%，维生素 C 6.96 毫克/100 克，总糖 0.25%，还原糖 0.07%，干物质 25.8%；高抗青枯病、粉痂病、疮痂病、病毒病和环腐病，抗晚疫病。

产量表现： 2007～2008 年参加曲靖市马铃薯区域试验，平均亩产 2355 千克，比对照'米拉'增产 314 千克，增幅 15.4%。生产试验示范，一般亩产 2602 千克左右，比对照'米拉'增 26.9%。

适宜区域： 适宜曲靖市海拔 2000～2550 米大春季种植。

32. '宣薯 2 号'

审定编号：滇特(曲靖)审马铃薯 2011001 号

选育单位：宣威市农业技术推广中心

选育完成人：刘志祥、田恒林、展康、沈艳芬、徐发海、李彬、徐尤先

品种来源：1997 年从中国南方马铃薯中心引进杂交实生种子，组合为：'ECSort'×'CFK-69.1'，经连续多代的无性株系选择，于 2000 年育成的马铃薯品种。

特征特性：属中晚熟品种，株型扩散，叶片绿色，茎秆绿色，花冠白色，开花繁茂，结薯集中，块茎大小整齐，薯形为椭圆形，表皮光滑，芽眼浅、少，皮色、肉色均为黄色，无空心薯，食味上等，品质优。全生育期 100 天，株高 82.3 厘米，茎粗 1.23 厘米，商品薯率 77.8%。品质检测：总淀粉含量 15.84%，蛋白质含量 1.94%，维生素 C 含量 16.7 毫克/100 克，总糖含量 0.18%，还原糖含量 0.06%，干物质含量 19.3%。抗性鉴定：中抗马铃薯晚疫病。

产量表现：2003～2005 年参加曲靖市马铃薯品种区域试验，平均亩产 2546 千克，比对照'米拉'增产 23.6%，2004～2005 年生产示范测产，平均亩产 2331.1 千克，比对照'米拉'增产 14.5%。

适宜区域：适宜在曲靖市海拔 1900～2600 米区域内推广种植。

33. '云薯 502'

审定编号：滇特(普洱)审马铃薯 2011002 号

选育单位：云南省农科院经济作物研究所、普洱市农业科学研究所

选育完成人：隋启君、李杰、杨峰、杨海云、刘天勇等

品种来源：1999 年进行杂交，组合为'shempody'×'serrana-inta'，经多年多代无性株系选择，于 2003 年育成的马铃薯品种。

特征特性：株型扩散，梢矮，茎秆绿色，中等粗细，叶片绿色，叶缘平展，叶脉绿色，花冠紫红色，薯形为椭圆形，红芽眼、浅，白皮白肉，薯形好。全生育期 78～113 天，株高 26.4～45 厘米，商品薯率 87.4%。品质检测：总淀粉 17.03%，蛋白质 2.4%，还原糖 0.12%，干物质 23.0%。抗性鉴定：抗马铃薯晚疫病，感轻花叶病毒病，感重花叶病毒病。

产量表现：2004～2006 年参加普洱市马铃薯品种区域试验，平均亩产 2063 千克，比对照'合作 88'增产 3.9%，生产试验，平均亩产 1995 千克，比对照'合作 88'增产 10.8%。

适宜区域：适宜在普洱市海拔 950～1320 米区域内推广种植。

34. '德薯 2 号'

审定编号：滇特(德宏)审马铃薯 2011003 号

选育单位：德宏州农业科学研究所、云南省农业科学院经济作物研究所

选育完成人：陈际才、李先平、罗有卫、杨琼芬、尹自友、包丽仙、黄廷祥、李章田

品种来源：2002 年进行杂交，组合为'会-2'×'PB06'，经多年多代无性株系选择，于 2006 年育成的马铃薯品种。

特征特性：株型扩散，茎秆绿色，叶片绿色，结薯集中，薯形为扁圆形，表皮光滑，淡黄皮白肉，粉红色芽眼、浅，芽眼数中等，全生育期 75 天，株高 50 厘米，茎粗 1.2 厘米，商品薯率较高。品质检测：总淀粉含量 17.42%，蛋白质含量 1.99%，维生素 C 含量 27.5 毫克/100 克，干物质含量 25.2%。抗性鉴定：抗马铃薯晚疫病、感轻花叶病毒病、中抗重花叶病毒病。

产量表现：2006～2007 年参加德宏州马铃薯品种区域试验，平均亩产 2358.3 千克，比对照'合作 88'增产 36.49%，生产试验平均亩产 2985 千克，比对照'合作 88'增产 21.5%。

适宜区域：适宜在德宏州海拔 845～920 米冬作马铃薯区推广种植。

35. '云薯 505'

审定编号：滇特(德宏)审马铃薯 2011004 号

选育单位：云南省农业科学院经济作物研究所、德宏州农业科学研究所

选育完成人：隋启君、陈际才、杨万林、罗有卫、白建明、黄廷祥、徐宁生、李俊龙

品种来源：2001 年进行杂交，组合为'Serrana'בYAKHANT'，经多年多代无性株系选择，于 2007 年育成的马铃薯品种。

　　特征特性：属中晚熟品种，株丛直立，叶、茎浓绿色，冬种基本不开花，结薯集中，薯形为扁圆形，表皮略麻，白皮白肉，芽眼浅，芽眼数中等，全生育期 30 天，株高 42 厘米，茎粗 1.1 厘米，食味好，品质优，商品薯率较高。品质检测：总淀粉含量 14.66%，蛋白质含量 2.36%，维生素 C 含量28.0 毫克/100 克，干物质含量 21.9%。抗性鉴定：抗马铃薯晚疫病、中抗轻花叶病毒病、感重花叶病毒病。

　　产量表现：2006～2007 年参加德宏州马铃薯品种区域试验，平均亩产 2393.0 千克，比对照'合作88'增产 27.87%，生产试验平均亩产 2485 千克，比对照'合作 88'增产 16.5%。

　　适宜区域：适宜在德宏州海拔 845～920 米冬作和滇东北大春季马铃薯区域推广种植。

36. '宣薯 5 号'

　　审定编号：滇审马铃薯 2012001 号

　　选育单位：宣威市农业技术推广中心、云南省农业科学院经济作物研究所

　　品种来源：于 2001 年进行有性杂交，组合为'VYTOK'ב387136.14'，经单株和系谱选择于2006 年育成的马铃薯品种。

　　特征特性：生育期 112 天。生长势强，株形半直立，株高 85.6 厘米，茎粗 1.27 厘米，叶色深绿，茎绿带紫色，花冠浅紫，开花繁茂，天然结实性弱。结薯分散，块茎大小整齐度整齐，田间现场评价好。块茎长椭圆形，浅黄皮带紫色芽眼白肉，薯皮麻，芽眼浅，大中薯率 77.83%。单株结薯数 10.0 个，平均单薯重 111.3 克，休眠期 60，耐贮性极好。品质检测：总淀粉含量 23.37%、蛋白质含量 2.3%、维生素 C 含量 23.3 毫克/100 克、总糖含量 0.37%、还原糖含量 0.14%、干物质含量 29.1%。抗性鉴定：抗晚疫病、感轻花叶病、感重花叶病。

　　产量表现：参加 2009～2010 年云南省马铃薯品种春作区域试验。两年平均亩产鲜薯 2904.6 千克，比'合作 88'增产 115.2%，比'云薯 201'增产 97%，两年各点都比对照增产。2011 年生产试验 4 个点平均亩产 2419.7 千克，比对照增 17.07%，增产点率 75%。

　　适宜区域：适合云南省马铃薯春作区种植。

37. '会薯 9 号'

　　审定编号：滇审马铃薯 2012002 号

　　选育单位：会泽县农业技术推广中心、会泽县优质农产品开发有限责任公司

　　品种来源：于 2003 年进行有性杂交，组合为'合作 003'ב会-2'，经单株和系谱选择于 2007年育成的马铃薯品种。

　　特征特性：生育期 112 天。生长势强，株形半直立，株高 76.8 厘米，茎粗 1.23 厘米，叶色深绿，茎色绿带褐色，花冠浅紫色，开花繁茂性中等，天然结实性中等。结薯较集中，块茎大小整齐度中等，田间现场评价好。块茎扁圆形，皮色白皮芽眼带红色，肉色白，薯皮光滑，芽眼深度中等，大中薯率77.07%。单株结薯数 9.1 个，平均单薯重 107.2 克，休眠期 67 天，耐贮性极好。品质检测：总淀粉含量 17.62%、蛋白质 2.38%、维生素 C46.2 毫克/100 克、总糖 0.39%、还原糖 0.24%、干物质 23.2%。抗病性鉴定：抗晚疫病、感轻花叶病、感重花叶病。

　　产量表现：参加 2009～2010 年云南省马铃薯品种春作区域试验。两年平均亩产鲜薯 2218.9 千克，比'合作 88'增产 64.4%，比'云薯 201'增产 50.5%，两年各点都比对照增产。2011 年生产试验 4个点平均亩产 2754.28 千克，比对照增 32.33%，增产 75%。

　　适宜区域：适合云南省马铃薯春作区种植。

38. '昆薯 5 号'

　　审定编号：滇审马铃薯 2012003 号

　　选育单位：昆明市农业科学研究院

　　品种来源：于 2000 年从 CIP 引进杂交实生种子(编号为 996003)，组合为'ACHIRANA'ב TPS-67'，经多年无性系选择育成的马铃薯品种。

特征特性：出苗较整齐，生育期 98 天左右；幼苗生长势强，株高 55.24 厘米，茎粗 1.102 厘米，茎秆绿色，叶片较浓绿，花冠白色，结果偶见；植株直立，株丛繁茂性特强。结薯集中，薯形扁圆，表皮光滑、白色，薯肉白色，芽眼数少、中等深；薯块耐贮藏，食味品质较好，大、中薯率分别为 42.07% 和 34.85%；休眠期 63 天。品质检测：总淀粉含量 13.36%、蛋白质含量 2.33%、维生素 C 含量 32.7 毫克/100 克、还原糖含量 0.08%、干物质含量 20.0%。抗性鉴定：中抗晚疫病、高感轻花叶病、感重花叶病。潜叶蝇危害较轻。

产量表现：参加 2009～2010 年云南省马铃薯品种冬作区域试验。两年平均亩产鲜薯 2148.2 千克，比对照品种对照 1 增产 31.61%，显著。生产试验平均亩产 1510.8 千克、比对照增 7.8%。马龙、建水、大理和元谋平均亩产分别为 1936 千克、1060 千克、1923 千克和 1596.4 千克。分别比对照增 61.6%、1.3%、24.31% 和 7.07%，德宏 1038.8 千克、比对照减 25.9%。

适宜区域：适合云南省马铃薯早春作区种植。

39. '云薯 303'

审定编号：滇审马铃薯 2012004 号

选育单位：云南省农科院经济作物研究所

品种来源：于 2001 年进行有性杂交，组合为 '昆引 6 号' × '转心乌'，经多年无性系选择育成的马铃薯品种。

特征特性：出苗整齐，生育期 100 天左右；幼苗长势较强，株高 41.47 厘米，茎粗 0.957 厘米，茎秆紫色，叶片较浓绿，花冠白色，结果偶见；植株半扩散，株丛繁茂性中等。结薯集中，薯形扁圆形，表皮粗糙或有网纹、紫色，薯肉白色带紫花纹，芽眼数较少、中等深；薯块较耐贮藏，食味品质较好且有香味(口感粉质重)，大、中薯率分别为 27.93% 和 46.67%；休眠期 63 天。品质检测：总淀粉含量 17.15%、蛋白质 2.26%、维生素 C 25.8 毫克/100 克、还原糖 0.05%、干物质 25.7%。抗病性鉴定：中抗晚疫病、感轻花叶病、感重花叶病。潜叶蝇危害轻。

产量表现：参加 2009 年～2010 年云南省马铃薯品种冬作区域试验。两年平均亩产 2037.5 千克，比对照 CK1 增产 24.83%，与对照产量差异显著。生产试验平均亩产 1850.3 千克，比对照增 30.02%，增产 100%。

适宜区域：适合云南省马铃薯早春作区、冬作区种植。

40. '云薯 203'

审定编号：滇特(昭通)审马铃薯 2012001 号

选育单位：云南省农业科学院经济作物研究所、昭通市农业科学技术推广研究所、宣威市农业技术推广中心

品种来源：2001 年用 '合作 23' 与 '昆引 6 号' 配制杂交组合，经连续多代的无性株系选择，于 2003 年育成的马铃薯品种。

特征特性：平均生育期 110 天，株型直立，株高 50 厘米左右，茎粗 1.2 厘米，茎秆紫色，叶片大，花冠白色，花序大，上有小叶，花药橘黄，开花性中等。单株结薯 10～11 个，薯形椭圆形，块茎大，芽眼浅、紫色，淡粉皮白肉。商品薯率 79.2%。蒸食品质较好。水比重法测定鲜薯淀粉含量 17.8%。块茎蒸熟后呈现相当坚实、高度粉面、轻度干燥、肉淡黄色、稍有香味、粘、去皮后不褐变。品质检测：淀粉含量为 17.92%、蛋白质含量 1.81%、还原糖含量为 0.29%、干物质含量 22.2%。抗性鉴定：抗晚疫病、感 PVY、PVX。

产量表现：2009～2010 年两年昭通市马铃薯春播区试平均亩产 1970.6 千克，较对照 '会-2' 增产 41.9%，增产率 100%。2009 年生产试验净作平均亩产 2950 千克，比对照 '会-2' 增产 18.9%。

适宜区域：昭通市马铃薯春播生产适宜区域种植。

41. '云薯 701'

审定编号：滇特(昭通)审马铃薯 2012003 号

选育单位：云南省农业科学院经济作物研究所

品种来源：2001 年用'合作 23'与'转心乌'配制杂交组合，经连续多代的无性株系选择，于 2003 年育成的马铃薯品种。

特征特性：平均生育期 124.9 天，植株高，株型直立，长势强，茎紫色，茎秆粗细中等，茎翼直状，叶绿色，复叶大，小叶稀疏，小叶大小中等，叶脉紫色、叶缘平整，开花繁茂，花冠大小中等，花冠白色，柱头 2 裂，花药橙色。块茎长圆，红皮淡黄肉，有时薯肉有红色环分布，芽眼浅、多。块茎相当坚实，煮熟后肉色淡黄、粉面、轻度干燥、香味淡、综合评价口感很好。品质检测：淀粉含量为 20.61%，蛋白质含量 2.41%，还原糖含量为 0.15%，干物质含量 26.6%。抗性鉴定：抗晚疫病、感 PVY、PVX。

产量表现：2009～2010 年两年昭通市马铃薯春播区试平均亩产 1587.5 千克，较对照'会-2'增产14.3%。2009 年生产试验净作平均亩产 2668 千克，比对照'会-2'增产 7.5%。

适宜区域：昭通市马铃薯春播生产适宜区域种植。

42. '镇薯 1 号'

审定编号：滇特(昭通)审马铃薯 2012004 号

选育单位：镇雄县农业技术推广中心、云南省农业科学院经济作物研究所

品种来源：2002 年用来自白俄罗斯的'GARANT'与来自云南省区试试验材料的'品系 3221'配制杂交组合，经连续多代的无性株系选择，于 2004 年育成的马铃薯品种。

特征特性：平均生育期 110 天，出苗整齐，幼苗生长势强，植株半直立，植株繁茂度中等；叶浓绿色，茎绿色，花冠白色，但极少开花。株高约 72 厘米，茎粗约 1.0 厘米，主茎数平均 3.2 个；结薯集中，块茎长椭圆，表皮略麻，白皮(芽眼周围紫色)、白肉，芽眼浅、芽眼数中等；食味中等，品质较好，薯块大，块茎形状好，商品薯率较高，植株高抗马铃薯晚疫病。田间综合评价好。品质检测：淀粉含量为 18.9%，蛋白质含量 2.26%，还原糖含量为 0.26%，干物质含量 26.3%。抗性鉴定：抗晚疫病、感 PVY、PVX。

产量表现：2009～2010 年两年昭通市马铃薯春播区试平均亩产 1936.6 千克，较对照'会-2'亩增39.4%。2011 年生产试验平均亩产鲜薯 2037.7 千克，比对照'会-2'(1659 千克/亩)增产 22.8%。

适宜区域：昭通市马铃薯春播生产适宜区域种植。

43. '云薯 506'

审定编号：滇特(德宏)审马铃薯 2012005 号

选育单位：云南省农业科学院经济作物研究所

品种来源：2001 年由印度引进杂交实生种子组合'BSS297'，经连续多代的无性株系选择，于2003 年育成的马铃薯品种。

特征特性：平均生育期 92 天，株型直立，幼苗长势强，植株繁茂度中等，株高 60～70 厘米，分枝 1～2 个，茎淡紫色，叶绿色，花冠紫色；结薯集中，薯形整齐，长椭圆形，白皮白肉，皮表光滑，芽眼浅；薯块大，田间烂薯率低，大薯无空心现象，抗晚疫病能力中等；蒸食品质优。品质检测：淀粉含量为 17.44%，蛋白质含量 1.70%，还原糖含量为 0.71%，干物质含量 21.9%。抗性鉴定：抗晚疫病、感轻花叶病毒病、感重花叶病毒。

产量表现：2006～2007 年两年德宏州马铃薯冬作区试平均亩产 2390.2 千克，较对照'合作 88'增产 39.7%。2007～2008 年生产试验平均亩产 2495.1 千克，较对照'合作 88'增产 8.58%。

适宜区域：德宏州马铃薯冬作生产适宜区域种植。

44. '德薯 3 号'

审定编号：滇特(德宏)审马铃薯 2012006 号

选育单位：德宏州农业科学研究所、云南省农业科学院经济作物研究所

品种来源：于 2002 年，用'会-2'与'观音洋芋'配制杂交组合，经连续多代的无性株系选择，于 2003 年育成的马铃薯品种。

特征特性：平均生育期 94 天，出苗整齐，幼苗生长势强，株丛直立，株丛繁茂度强；叶、茎浓绿色，冬种基本不开花。株高约 44 厘米，茎粗 1.1 厘米；结薯集中，块茎扁圆形，表皮略麻，白皮白肉，

芽眼浅、芽眼数中等；商品率较高；植株晚疫病抗性强；食味好，品质优，商品率较高，田间评价好。

品质检测：淀粉较高为 19.5%，蛋白质含量 2.46%，维生素 C 含量为 39.3 毫克/100 克，干物质含量 23.3%。

抗性鉴定：抗晚疫病、中感 PVX 病毒病、感 PVY 病毒病。

产量表现：2008～2009 年两年德宏州马铃薯冬作区试平均亩产 2 057.6 千克，较对照'合作 88'增产 10.0%。2010～2011 年生产试验平均亩产 2004.8 千克，比对照'中甸红'增产 14.8%。

适宜区域：德宏州马铃薯冬作生产适宜区域种植。

45.'云薯 202'

审定编号：滇审马铃薯 2013001 号

选育单位：云南省农业科学院经济作物研究所

品种来源：云南省农业科学院经济作物研究所于 2002 年春季配制杂交组合，母本为'Garant'，父本为'合作 003'，经连续多代的无性株系选择，于 2006 年育成的马铃薯品种。

特征特性：生育期 115 天，株高 77.8 厘米，茎绿色、茎粗中等、株型直立，复叶小、叶深绿色，叶表面有光泽，小叶密集度中等、聚合度高、叶缘波状，小裂叶多，侧小叶和小细叶多，开花性极强，花序中等大小、花冠白色、有天然结实性，块茎椭圆略扁，白皮白肉，薯皮光滑，芽眼浅。生长势强，抗晚疫病。

产量表现：2009～2010 年云南省春作马铃薯区试，两年平均亩产鲜薯 2082.7 千克，比对照'合作 88'增产 54.3%，比'云薯 201'增 41.2%。增产点率 90%。2011 年生产试验平均亩产 2350.8 千克，比对照增产 17.74%，增产 75%。

适宜区域：云南省中北部大春马铃薯产区种植。

46.'靖薯 4 号'

审定编号：滇特(曲靖)审马铃薯 2013001 号

选育单位：曲靖市农业科学院

品种来源：曲靖市农业科学院于 2002 年从国际马铃薯研究中心引进的 A 系列杂交实生籽组合'998007(ATZIMBA/TS-15)'，经连续多代的无性株系选择，于 2006 年育成的马铃薯品种。

特征特性：早熟品种，全生育期 98 天。株型直立，株高 92.1 厘米，叶片绿色，茎秆绿色略带褐色，花冠紫色，薯形为圆形，紫皮黄肉。总淀粉含量 17.8%、蛋白质含量 1.55%、维生素 C 含量 10.00 毫克/100 克、总糖含量 0.26%、还原糖含量 0.09%、干物质含量 23.3%。高抗马铃薯晚疫病。

产量表现：2009～2011 年，参加曲靖市马铃薯品种区域试验，平均亩产 1777.3 千克，比对照'米拉'增产 321.8 千克，增幅为 22.1%；比对照'合作 88'增产 353.8 千克，增幅为 24.9%，2008～2009 年多点同田对比测产 16 亩，平均单产 2085.3 千克。

适宜区域：曲靖市海拔 2000～2550 米马铃薯生产适宜区域种植。

47.'靖薯 5 号'

审定编号：滇特(曲靖)审马铃薯 2013002 号

选育单位：曲靖市农业科学院

品种来源：曲靖市农业科学院于 2002 从 CIP 引进的 B 系列'88005 组合(TPS-7/IPS-13)'，经连续多代的无性株系选择，于 2006 年育成的马铃薯品种。

特征特性：全生育期 93 天，属中早熟品种。株型直立，株高 80.2 厘米，植株叶片绿色，茎秆绿色略带褐色，花冠白色，结薯集中。薯形为圆形，表皮光滑，芽眼浅、少，皮色、肉色均为黄色。

产量表现：2009～2011 年，参加曲靖市马铃薯品种区域试验，平均亩产 1894 千克，比对照'米拉'增产 438.5 千克，增幅为 30.1%，比对照'合作 88'增产 470.5 千克，增幅为 33.1%。2008～2009 年多点同田对比测产 16 亩，平均单产 2 259 千克，比对照'合作 88'亩产 1 878 千克，增产 381 千克，增产 20.3%。

适宜区域：曲靖市海拔 2000～2550 米马铃薯生产适宜区域种植。

48.'云薯 401'

审定编号：滇特(昭通)审马铃薯 2012002 号，滇审马铃薯 2014001 号

选育单位：云南省农业科学院经济作物研究所、昭通市农业科学技术推广研究所、会泽县农业技术推广中心

品种来源：云南省农业科学院经济作物研究所 2001 年 6 月配制杂交组合'3258'×'白花大西洋'，2003 年 68 株进入单株选种圃，其中编号 S03-259 因抗晚疫病、综合性状优良入选，2006 年'S03-259'在寻甸县六哨和禄劝县撒营盘分别参加品种比较试验，2009～2010 年'S03-259'参加昭通市马铃薯区域试验。

特征特性：全生育期 112 天，植株中等，株型半直立，长势中等，茎无色，茎秆细，茎翼微波状，叶绿色，复叶小，小叶密集度中等，小叶大小中等，叶缘平整，开花繁茂，花冠大，花冠紫红色，柱头无裂，花药橙色。块茎长形，白皮白肉，光滑，芽眼浅、少、淡粉色。2011 年抗性鉴定：抗晚疫病、感轻花叶病毒病和重花叶病毒病。品质检测：总淀粉含量 19.58%、维生素 C 含量 25.7 毫克/100 克、蛋白质含量 2.09%、还原糖含量 0.15%、水分含量 78.4%。

产量表现：参加 2011～2012 年云南省春作马铃薯区域试验，两年平均亩产 2284.7 千克，比'合作 88'增产 37.22%，比'云薯 201'增产 64.86%。2013 年生产试验，4 个点平均亩产 2032.7 千克、比对照增产 51.70%、增产 100%。其中宁蒗点比'会-2'增产 57.9%，剑川点比'合作 88'增产 50.6%，会泽点比'合作 88'增产 77.8%，迪庆点比'中甸红'增产 37.5%。

适宜区域：云南省中北部大春马铃薯区域。

49. '云薯 603'

审定编号：滇审马铃薯 2014002 号

选育单位：云南省农业科学院经济作物研究所

品种来源：云南省农业科学院经济作物研究所 2001 年 3 月配制杂交组合'昆引 6 号'×'转心乌'，2005 年进入 S03 特色品比 II 圃，2006 年该品系分别在两个有代表性的试验点寻甸(海拔 2500 米)和禄劝(海拔 2200 米)参加品种比较试验，同时繁种。

特征特性：生育期 112 天，株高为 77 厘米，茎粗 1.2 厘米，茎秆深紫色，叶浓绿色，茎翼波形，复叶中等大小；花冠近五边形，白色背面淡紫，大小中等，花药畸形，开花性中等。幼芽中等大小，幼芽基部窄圆柱形红紫色。结薯集中，薯形扁圆形，形好，麻皮，芽眼浅，块茎芽眼少、红色、红皮白肉维管束红色，有时维管束内薯肉微红。商品薯率 85.8%。蒸食品质中上。水比重法测定鲜薯淀粉含量 18.9%。2011 年抗性鉴定：抗晚疫病、感轻花叶病毒病和重花叶病毒病。品质检测：总淀粉含量 15.77%、维生素 C 含量 19.3 毫克/100 克、蛋白质含量 2.66%、还原糖含量 0.41%、水分含量 75.1%。

产量表现：参加 2011～2012 年云南省春作马铃薯区域试验，两年平均亩产 1960.1 千克、比'合作 88'增产 17.73%，比'云薯 201'增产 41.44%。2013 生产试验，4 个点平均亩产 1582.4 千克、比对照增产 18.10%、增产 75%。其中宁蒗点较对照'会-2'增产 47.4%，会泽点较对照'合作 88'增产 9.6%，迪庆点较对照'中甸红'增产 31.3%，剑川点较对照'合作 88'减产 37.9%。

适宜区域：云南省中北部大春马铃薯区域。

50. '昆薯 2 号'

审定编号：滇审马铃薯 2014003 号

选育单位：昆明市农业科学研究院、云南师范大学薯类作物研究所、寻甸县农业技术推广站、大理州农业科学研究院

品种来源：昆明市农业科学研究院、云南师范大学薯类作物研究所、寻甸县农业技术推广工作站、大理州农业科学研究所等于 1994 年从 CIP 引进的育种群体 B 杂交组合中编号 391585 组合(母本'387132.2'×父本'387170.9')实生种子中；经协作选育出的一个中晚熟马铃薯新品系(品系号 391585.5)。

特征特性：生育期 98 天，植株直立，分枝较少，生长旺盛。茎秆紫色。叶色浓绿，心形顶叶较大。紫色，结薯集中，结薯数中等，商品薯率高，块茎长椭圆型，芽眼浅少略带黄色，薯皮光滑淡红色、成熟块茎肉色淡黄。自然休眠期约 100 天，较耐贮运。抗性鉴定：抗晚疫病、感轻花叶病毒病和重花叶病毒病。品质检测：总淀粉含量 18.41%、维生素 C 含量 33.7 毫克/100 克、蛋白质含量 2.49%、还原糖含量 0.08%、水分含量 79.3%。

产量表现：参加 2011～2012 年云南省春作马铃薯区域试验，两年平均亩产量 1741.5 千克，比'合作 88'增产 4.6%；折淀粉 320.61 千克，比'合作 88'增产 24.61%；比'云薯 201'增产 25.66%。2013 年生产试验，4 个点平均亩产 1 624.4 千克、比对照增产 21.23%、增产点率 75%。其中剑川点比'合作 88'增产 23.8%，会泽点比'合作 88'增产 2.9%，宁蒗点比'会-2'增产 79.0%，迪庆点比'中甸红'减产 6.2%。

适宜区域：云南省中北部大春马铃薯区域。

51. '会薯 10 号'

审定编号：滇审马铃薯 2014004 号

选育单位：会泽县农业技术推广中心

品种来源：会泽县农业技术推广中心 2004 年 7 月配制杂交组合'合作 23'דロ山红'，经多年选育，2009～2010 年参加会泽县马铃薯新品种(系)多点试验(3 个点)，2010 年开始示范繁种并定名为'会薯 10 号'。

特征特性：全生育期 105 天，生长势中等，植株直立，叶色深绿色，茎秆绿色，花色白色，花繁茂性中等，天然结实性弱，株高 68.1 厘米，茎粗 1.3 厘米，主茎数 3.3 个，中抗晚疫病，薯形圆形，白皮白肉，芽眼浅，薯皮略麻，结薯早、集中，块茎大小较整齐，单株结薯数 5 个，平均单薯重 94.9 克，商品薯率 68.5%，田间烂薯率、二次生长薯、裂薯、大薯空心率均较低，休眠期 45 天，耐贮性好，食味品质中等。2011 年抗性鉴定：中抗晚疫病、感轻花叶病毒病、中感重花叶病毒病。品质检测：总淀粉含量 17.11%、维生素 C 含量 17.7 毫克/100 克、蛋白质含量 2.31%、还原糖含量 0.12%、水分含量 77.1%。

产量表现：参加 2011～2012 年云南省春作马铃薯区域试验，两年平均亩产 1800.6 千克，比'合作 88'增产 8.15%，比'云薯 201'增产 29.93%。2013 年生产试验，4 个点平均亩产 1309.5 千克、比对照减产 2.26%、增产 50%。会泽点比'合作 88'增产 20.3%，迪庆点与'中甸红'产量相同；宁蒗点比'会-2'减产 21.0%，剑川点比'合作 88'减产 3.9%。

适宜区域：云南省中北部大春马铃薯区域。

52. '会薯 11 号'

审定编号：滇审马铃薯 2014005 号

选育单位：会泽县农业技术推广中心

品种来源：会泽县农业技术推广中心 2004 年 7 月配制杂交组合'D22'ד合作 334'，经多年选育，2009～2010 年参加会泽县马铃薯新品种(系)多点试验(3 个点)，2010 年开始示范繁种并定名为'会薯 11 号'。

特征特性：全生育期 108 天，生长势中等，植株直立，叶色深绿色，茎秆绿色，花色白色，花繁茂性中等，天然结实性无，株高 84.0 厘米，茎粗 1.5 厘米，主茎数 2.7 个，田间抗病性较好，薯形椭圆形，皮色浅黄色，肉色浅黄色色，芽眼浅，薯皮略麻，结薯早、集中，块茎大小整齐度整齐，单株结薯数 4.8 个，平均单薯重 94.4 克，商品薯率 69.3%，田间烂薯率、裂薯率低，二次生长薯、大薯空心率无，休眠期 50 天，耐贮性中等，食味品质中等。

产量表现：参加 2011～2012 年云南省春作马铃薯区域试验，两年平均亩产量为 1772.2 千克，比'合作 88'增产 6.44%、比'云薯 201'增产 27.88%。2013 年生产试验，4 个点平均亩产 1321.9 千克，比对照减产 1.34%，增产 25%。其中宁蒗点较对照'会-2'减产 10.6%，剑川点较对照'合作 88'减产 2.1%，迪庆点较对照'中甸红'减产 6.2%，会泽点较对照'合作 88'增产 23.8%。

适宜区域：云南省中北部大春马铃薯区域。

53. '丽薯 10 号'

审定编号：滇审马铃薯 2014006 号

选育单位：丽江市农业科学研究所、云南省农业科学院经济作物研究所

品种来源：丽江市农科所 2003 年从云南省农业科学院经济作物研究所引入 91 份杂交组合实生块家系在丽江太安种植。后经单株系与块家系相结合对该群体进行了筛选鉴定，至 2005 年发现 P03-S99

组合('serrana-inta'בPB08')产生的 P03-S99-2 株系表现理想，经测定其淀粉含量 19.6%，田间临时定名为'高淀 2'。2006 年种植 35 塘，2007 年种植 0.2 亩，2008 年亩产 1986 千克，淀粉含量 18.7%。2009～2010 年进行品比试验，2009 年编号为'丽 0901'，2010 年年底正式命名为'丽薯 10 号'。

特征特性：生育期 110 天，植株田间长势强，株型半直立，株高 67 厘米，茎粗 1.2 厘米，叶和茎秆绿色，花冠白色，开花性中等繁茂，天然结实性弱；匍匐茎中等长，块茎大小整齐度中等，田间现场评价好；块茎椭圆形，皮色白且光滑，肉色亮白，芽眼小且浅；单株结薯数 6～7 个，平均单薯重 100 克，大中薯率 72%，休眠期长 60 天左右，耐贮性好。食味好，既适宜蒸煮和炒食，又可作淀粉型加工品种。2011 年抗性鉴定：抗晚疫病、感轻花叶和重花叶病毒病。品质检测：总淀粉含量 19.99%、维生素 C 含量 23 毫克/100 克、蛋白质含量 2.66%、还原糖含量 0.16%、水分含量 76.5%。

产量表现：参加 2011～2012 年云南省春作马铃薯区域试验，两年平均亩产 2447.3 千克，比'合作 88'增产 46.99%，比'云薯 201'增产 76.59%。2013 年生产试验，4 个点平均亩产 1978.5 千克，比对照增产 47.66%，增产 100%。其中宁蒗点比'会-2'增产 52.0%，剑川点比'合作 88'增产 51.1%，会泽点比'合作 88'增产 61.6%，迪庆点比'中甸红'增产 37.5%。

适宜区域：云南省中北部大春马铃薯区域。

54. '丽薯 11 号'
审定编号：滇审马铃薯 2014007 号
选育单位：丽江市农业科学研究所、云南省农业科学院经济作物研究所
品种来源：丽江市农科所 2003 年从云南省农业科学院经济作物研究所引入 91 份杂交组合实生块家系在丽江太安种植。后经单株系与块家系相结合对该群体进行了筛选鉴定，2004 年发现 P02-48 组合('合作 88'×'Garant')产生的 P02-48-10 株系，2005 年种植 10 塘，两年产量表现均比对照'合作 88'增产显著，晚疫病抗性强，未发现病毒病病株，薯块大而整齐，商品外观好，食味品质优。2006～2010 年品比试验，编号为丽 0615，五年自选品比试验结果表现理想，2010 年年底正式命名为'丽薯 11 号'。

特征特性：生育期 108 天，植株田间长势极强，株型半直立，株高 83 厘米，茎粗 1.3 厘米，叶和茎秆绿色，花冠紫红色，开花繁茂性中等，天然结实性弱；匍匐茎中等长，块茎大小整齐度中等，田间现场评价中等；块茎扁圆形，皮色红镶斑，肉色白色，芽眼深浅中等，芽眼大带红色，单株结薯数 6.2 个，平均单薯重 105 克，大中薯率 74%，休眠期长 56 天，耐贮性好。食味好，适宜蒸煮和炒食，属优质鲜食菜用型品种。2011 年抗病性鉴定结果，抗晚疫病、感轻花叶和重花叶病毒病。品质检测：总淀粉含量 13.41%、维生素 C 含量 14.77 毫克/100 克、蛋白质含量 2.76%、还原糖含量 0.09%、水分含量 79.5%。

产量表现：参加 2011～2012 年云南省春作马铃薯区域试验，两年平均亩产 2595.8 千克，比'合作 88'增产 55.91%，比'云薯 201'增产 87.31%。2013 年生产试验，4 个点平均亩产 1759.7 千克、比对照增产 31.33%、增产 75%。其中剑川点比'合作 88'增产 25.2%，会泽比'合作 88'增产 52.2%，迪庆点比'中甸红'增产 50.0%，宁蒗比'会-2'减产 10.5%。

适宜区域：云南省中北部大春马铃薯区域。

55. '丽薯 12 号'
审定编号：滇审马铃薯 2014008 号
选育单位：丽江市农业科学研究所、云南省农业科学院经济作物研究所
品种来源：丽江市农科所 2003 年从云南省农业科学院经济作物研究所引入 61 份杂交组合实生块家系在丽江太安种植。后经单株系与块家系相结合对该群体进行了筛选鉴定，至 2004 年发现 P02-48 组合('合作 88'×'Garant')产生的 P02-48-8 株系，2005 年种植 12 塘，两年产量表现均比对照'合作 88'增产显著，晚疫病抗性强，未发现病毒病病株，耐贮性好，食味品质优。2006～2010 年参加品比试验，2006 年编号为丽 0607，2010 年年底正式命名为'丽薯 12 号'。

特征特性：生育期 106 天，植株田间长势强，株型半直立，株高 73 厘米，茎粗 1.2 厘米，叶色浅绿，茎秆绿色，花冠紫红色，开花性中等繁茂，天然结实性弱；匍匐茎中等长，块茎大小整齐度整齐，

块茎椭圆形，单株结薯数 8.7 个，平均单薯重 72 克，大中薯率 63.5%，休眠期长 56 天，耐贮性好。食味好，适宜蒸煮和炒食，属优质鲜食菜用型品种。2011 年抗病性鉴定抗晚疫病、感轻花叶和重花叶病毒病。品质检测：总淀粉含量 16.03%、维生素 C 含量 15 毫克/100 克、蛋白质含量 2.62%、还原糖含量 0.08%、水分含量 81.5%。

产量表现： 参加 2011～2012 年云南省春作马铃薯区域试验，两年平均亩产 2430.3 千克，比'合作 88'增产 45.97%，比'云薯 201'增产 75.37%。2013 年生产试验，4 个点平均亩产 2069.1 千克，比对照增产 54.42%，增产 100%。其中宁蒗点比'会-2'增产 68.4%，剑川点比'合作 88'增产 81.0%，会泽点比'合作 88'增产 52.1%，迪庆点比'中甸红'增产 34.4%。

适宜区域： 云南省中北部大春马铃薯区域。

56. '云薯 801'

审定编号： 滇特(曲靖)审马铃薯 2014001 号

选育单位： 云南省农业科学院经济作物研究所、宣威市农业技术推广中心

品种来源： 以'B71.74.39.10'作母本，'SERRANA-INTA'作父本配制杂交组合，是云南省农业科学院经济作物研究所与宣威市农业技术推广中心合作育成的马铃薯新品种。

特征特性： 株型直立，株高 72.2 厘米，叶片绿色，茎秆绿色，花冠紫色，花繁茂性为少花，生育期 92 天。结薯集中，块茎大小整齐；薯形为椭圆形，表皮粗糙，皮色为淡黄色、芽眼红色、肉色为乳白色。经农业部农产品质量监督检验测试中心(昆明)检验：蛋白质含量 2.28%、维生素含量 18.7 毫克/100 克、还原糖含量 0.203%、干物质含量 24.5%、总淀粉含量 16.82%。经云南省农业科学院农业环境资源研究所抗性鉴定结果：高抗晚疫病，中感 PVX 病，感 PVY 病。

产量表现： 三年区试产量平均亩产 2136 千克，排名第 1 位，比'米拉'增产 681 千克，增 46.75%；比'合作 88'增产 712 千克，增 50.1%。

适宜区域： 曲靖市海拔 1900～2600 米大春马铃薯区域。

第三章　马铃薯脱毒种薯繁育体系及种业发展

中国是世界第一马铃薯生产大国,中国和印度的马铃薯产量已占世界总产量的1/3,中国马铃薯生产面积和总产量持续增加,但平均单产却稳步缓慢增长,且增长幅度较小。马铃薯产业经过多年的发展,单产水平依旧很低,2013年中国马铃薯的单产水平为15 406.4千克/公顷,低于世界发达国家的单产水平(28 500千克/公顷);云南省是中国的马铃薯生产五大省之一,2013年云南马铃薯平均单产水平为18 433千克/公顷,略高于全国的单产水平。马铃薯是无性繁殖的农作物,由于农民长期自留种薯、种植户之间相互串换种薯和连续多年种植等原因,易造成马铃薯种性退化、品种混杂、带病毒和病菌严重,最终导致马铃薯产量减产和品质下降,所以马铃薯品质的好坏和产量的高低关键在于种薯,因此种薯生产在马铃薯产业链中占有非常重要的地位,如何规范马铃薯种薯生产已经成为马铃薯生产必须面对的问题。

中国有20多个省、市、自治区生产脱毒马铃薯种薯,但目前脱毒种薯的覆盖率和发达国家相比差距很大,脱毒种薯的生产远远满足不了马铃薯产业发展的需求,这是国内、省内马铃薯单产水平低的主要原因之一。如何提升马铃薯产业的综合生产能力,是马铃薯研究者、生产者、经营者和行业管理者面临的核心问题,选育具有强劲市场竞争力的马铃薯品种和生产出相应的脱毒种薯是解决该问题的基础。因此,提高我国马铃薯脱毒种薯的繁育效率和普及率是马铃薯产业发展的重要任务。

第一节　马铃薯种业发展现状及趋势

在马铃薯种业领域,许多马铃薯种薯生产大国,脱毒种薯生产不仅已经形成专业化的各级种薯专业生产农场,而且已经形成法律化的良种繁育制度,并由众多的专业化农场组成大型的马铃薯种薯公司,这些公司集新品种选育、种薯繁育和市场营销为一体。马铃薯种薯产业的高度集中和对高新技术的应用,在种薯质量的提升以及推动马铃薯生产水平的发展方面发挥了重要作用。和国际上马铃薯种薯生产出口大国相比,中国马铃薯种业规模小、标准化程度低,种薯生产缺少权威部门的组织规划、管理、协调和系统的质量控制,各生产环节缺乏纵向联系和衔接,短期内的快速扩张和无序的自主发展给马铃薯种薯行业的长远发展带来了不利影响。云南省马铃薯种业也存在以上问题,在有些领域的问题尤为突出,如种薯繁育基地无法实现轮作,导致病害和种薯混杂严重等问题。云南省马铃薯种业的发展,机遇和挑战并存,面临马铃薯生产大省身份和脱毒种薯质量差和普及率低的尴尬。

一、云南省马铃薯种业的发展现状

云南省马铃薯种业存在规模小、标准化程度低、质量监督和市场流通监管制度乏力等问题，严重制约着云南省马铃薯脱毒种薯的生产和运用，马铃薯脱毒种薯的质量和普及率低也成为了影响我省马铃薯产业提升和发展的主要制约因素之一。由于云南省马铃薯种业方面存在的诸多问题，导致脱毒种薯在生产上运用的优势不明显，加之马铃薯主要种植区域的社会经济发展落后，马铃薯种植户接收新型科技的能力薄弱，多方面原因导致云南省马铃薯脱毒种薯的推广运用任重道远，还需加大宣传，提高种薯质量，让农民认识到优质种薯的优势，同时加大马铃薯脱毒种薯的生产供给能力，只有双管齐下，才能改变我省马铃薯种业的现状从而获得发展。

但凡世界上马铃薯生产水平较高的国家，其种薯质量也非常高，究其原因除拥有先进的技术和设施外，主要是建有一套完整的种薯生产许可制度和市场准入制度，尤其是对脱毒苗的生产地和生产者管理十分严格，只有少数拥有可靠设备和技术人员的研究型单位才能从事脱毒苗的生产。而在云南省，任何单位或个人无论是否拥有脱毒种薯生产技术和设备均可生产包括脱毒苗在内的各个级别的脱毒种薯，由于缺乏检测监督机制和市场准入制度，不论是否合格都能直接进入市场，致使种薯市场十分混乱，种薯良莠不齐，坑农、害农现象层出不穷。

总之，云南省马铃薯种薯的生产和经营活动，虽有一系列国家标准、行业标准和地方标准支撑着，通过标准的实施也取得一些成绩，但和国际上的发达国家和国内发达省份相比还有一定差距，制定的相关标准在生产中的执行应用率较低，种薯质量控制和市场流通监管乏力。为促使云南省马铃薯种业发展，做好和省外、国外质优价廉马铃薯种薯做竞争的准备，需加快云南省马铃薯种薯标准化、规模化的发展步伐。

二、云南省马铃薯种业存在的问题

（一）马铃薯脱毒种薯生产设施和基地投资不均衡

云南省马铃薯脱毒种薯生产设施投资主要集中在马铃薯脱毒苗快繁和原原种生产环节，导致脱毒苗和原原种生产环节产能过大，原种、一级种和合格商品薯的生产能力不足，整个种薯繁育技术体系不配套，导致脱毒种薯质次价高。

（二）马铃薯脱毒种薯生产规模小

云南省马铃薯种薯的繁育主体以高海拔区域马铃薯种植农户自繁为主，近年投资建起的马铃薯种业企业均存在规模小(马铃薯原原种年实际生产量超过 1000 万粒以上的企业不多)、生产环节缺乏监督和规范、脱毒种薯质量有待提高的问题；2015 年行业内统计，云南省生产马铃薯脱毒种薯 1.006 亿粒左右，繁殖原种 2 万亩，生产马铃薯优质原种 1.8 万吨，繁殖一级种 8.6 万亩，生产马铃薯优质一级种 17.2 万吨。而在北方马铃薯种薯省，一个种薯企业的生产量就相当于我省一年的生产量(国家马铃薯产业技术体系数据库统计数据)。

（三）马铃薯脱毒种薯的贮藏设施简陋粗放

云南省马铃薯种薯的贮藏大多以农民自行存放为主，抗极端气候条件和市场滞销的能力较弱。2008 年和 2011 年，全国马铃薯滞销风波对云南省马铃薯产业的影响很大，造成生产出的马铃薯被丢弃在田里无人收获，省内相关部门也意识到需要提高马铃薯贮藏能力，但到目前，全省仅建有马铃薯种薯恒温库 3260 立方米，常温库 27 101 立方米，能贮藏马铃薯种薯 0.3 万吨，这和我省的马铃薯生产量相比，基本可以忽略不计，100 吨以上的通风控温贮藏库悉数可数，这使我省马铃薯种薯贮藏过程中损失率较大，普遍在 10%～15%。

（四）马铃薯脱毒种薯生产机械化程度低

云南省马铃薯种薯生产区域大多为高海拔冷凉山区，此区域地形多为坡地，很难形成连片的马铃薯种薯繁育基地，这给机械化生产带来一定的阻碍，生产上缺乏农技农艺融合的栽培技术，种植者缺乏技术培训，给马铃薯种薯基地的规模化、标准化、产业化管理带来一定的影响。

（五）马铃薯脱毒种薯质量、市场流通监管制度乏力

云南省马铃薯脱毒种薯整个生产过程未建立系统有效的质量检测及监督，田间繁殖过程没有专业的田间病虫害检验队伍，马铃薯脱毒种薯质量标准及生产标准执行乏力，多以繁殖代数替代种薯级别，更有甚者以种薯大小仓级别。

马铃薯种薯市场流通监管制度缺失，种薯营销未实行合格证制度和市场准入制度，无论质量好坏，均可在市场上流通销售。种薯经销商、购买者和种植户难以判断种薯质量的优劣，生产过程中发现问题，也缺乏客观公正的鉴定评价技术和评判。

三、云南省马铃薯种业的发展趋势

云南省马铃薯种业的发展趋势将向着布局合理化、生产规模化、质量标准国际化和监督法规制度化的方向发展。初步建立起布局合理、分工协作的现代马铃薯脱毒种薯生产技术创新体系，从而有效解决云南省马铃薯种薯面临的问题，大大提高云南省马铃薯脱毒种薯繁育技术创新能力，促使云南省马铃薯脱毒种薯繁育体系的结构趋于合理化；加速马铃薯种薯从繁、推、销及其监督体制的改革和完善，推动云南省马铃薯种薯由科研、生产、经营脱节向繁推销一体化方向转变，显著提升云南省马铃薯种薯的竞争力，从而增强马铃薯种薯对整个马铃薯产业的支撑作用，为实现云南省马铃薯产业发展目标，促进农民持续增收，保障粮食安全，提供强有力地科技支撑。

四、促进云南省马铃薯种业发展的措施

（一）制定云南省马铃薯种业发展规划

种业是马铃薯产业发展的基础，制定科学合理的云南省马铃薯种业规划，将指导建设设置合理、分工明确、质量保障、流通顺畅、监督到位的马铃薯种业体系。鉴于马铃薯的特殊性，种业体系应包括公益性的品种选育和核心种苗生产保存，市场化经营的种

薯生产和流通，独立的第三方种薯质量监督检测。建成以从事种薯生产的企业和组织、承担技术研究和新品种选育的公益性事业单位、依托事业单位的独立质量检测服务性机构等为主体的云南省种业体系。制定切实可行能提高种薯质量和生产效率的技术研发和补贴方案，加强种薯质量控制体系建设，增加大田种薯生产基地建设的投入。行业主管部门需认真履行职责，维护种薯市场次序，规范种薯生产经营活动，明确种薯生产经营主体，全面推行种薯市场准入制度。

（二）建立云南省马铃薯种薯市场准入制度

种薯质量和种薯市场管理制度是云南省马铃薯种业不断发展的重要保障。为此，制定严格的种薯质量检测监督制度,将为我省马铃薯种业的快速发展提供有效的发展环境。由行业主管部门成立专业的机构，执行我国种薯生产分级标准和质量认证体系，建立云南省种薯市场准入制度，规范种薯销售市场，实现种薯从生产到销售的健康、规范化运转；建立一个完善的云南省马铃薯脱毒种薯质量监督控制网络，通过这个网络的运行和监管，严格控制云南省马铃薯脱毒种薯的质量，规范云南省马铃薯脱毒种薯的市场，这个网络有效运行的社会效益和经济效益是不可估量的。

（三）建立马铃薯核心种苗统一供应中心和脱毒种薯质量监督和级别认定平台

建立云南省马铃薯脱毒核心种苗统一供应中心、云南省马铃薯脱毒种薯质量监督、种薯级别认定平台。一个中心和两个平台的建立和运转，将会从马铃薯脱毒种苗脱毒和检测技术、脱毒种薯田间检验技术及种薯质量控制技术的研究；云南省马铃薯脱毒种薯繁育体系的建立；马铃薯种薯质量管理办法及有关标准的制定三个方面全方位的支撑云南省马铃薯种薯生产的健康发展，有力地推动马铃薯产业的可持续发展。

第二节　马铃薯脱毒种薯繁育体系

马铃薯脱毒种薯的繁育及推广应用，是提高马铃薯品质和产量的主要措施，是规范马铃薯种薯繁育环节和经营市场的必要条件,是马铃薯产业健康可持续发展的坚实基础。所以，建立适合云南省省情的马铃薯脱毒种薯繁育体系，对促进云南省马铃薯产业做大做强起到决定性的作用。

一、马铃薯核心种苗生产技术

马铃薯在栽培繁殖过程中，植物病毒的侵染及其在马铃薯植株体内的积累造成马铃薯种性"退化"，致使马铃薯减产在30%～50%，有超过30种病毒和1种类病毒侵染马铃薯，其中危害最为严重的病毒为 PVY 和 PLRV。目前，马铃薯脱毒是防止马铃薯"退化"，使之恢复品种商品性状和产量性状的主要措施。采用一些钝化病毒的手段配合茎尖培养的方法将马铃薯病毒和病菌去掉，恢复马铃薯品种本身的生理功能和生产特性。马铃薯脱毒的主要程序为：优质适销的马铃薯品种→田间筛选单株→变温处理→茎尖脱毒→病毒检测→淘汰带病毒试管苗→脱毒试管苗试种→淘汰变异株系→获得马铃薯核心种苗。

（一）脱毒材料的选择

马铃薯脱毒材料的选择是脱毒工作的重中之重，一般要求在马铃薯现蕾或开花期从地里筛选生长健壮、品种特性典型一致的植株，备选植株挂牌做标志，较其他植株提前半个月收获，每株筛选个大、薯形标准和健康的种薯单独收获和贮存备用。在茎尖脱毒前必须对所收获的马铃薯进行初步病毒筛选，从中选择不带类病毒的材料，同时尽可能选择自身带马铃薯病毒较少的薯块作为脱毒材料。

（二）脱毒材料的预处理

根据脱毒材料的选取采用相应的预处理方法：在马铃薯薯块充足且时间较紧的情况下，取经变温处理(温度 40℃/6 小时和 25℃/6 小时，光照 12 小时/天，光强 2000～3000lx，湿度 70%以上)40～60 天的薯块上的芽尖进行茎尖剥离；在马铃薯薯块较少或时间允许的情况下，将变温处理的薯块的芽经外植体消毒处理后，经过无菌培养繁殖长出更多的无菌苗，在无菌苗繁殖的培养基中添加 20～30mg/L 病毒唑，正常培养待无菌苗生根后，辅以变温处理(温度 40℃/6 小时和 25℃/6 小时，光照 12 小时/天，光强 2000～3000lx)40～60 天后，取苗尖进行茎尖剥离。两种取材方法各有利弊，方法一：脱毒苗获得的周期短，但对于块茎内源菌和病毒较重的品种来说，获得合格脱毒苗的概率较低；方法二：获得合格脱毒苗的概率高，但周期较长，可根据具体情况进行选择。

（三）脱毒材料的消毒和茎尖剥离

马铃薯薯块的茎尖消毒和剥离：用解剖刀从薯块上切取长 1 厘米左右的芽置于自来水上冲洗 10～15 分钟，用低浓度洗衣粉水漂洗 1～2 分钟，再置于自来水上冲洗 10 分钟，然后加入蒸馏水漂洗 2 次后倒尽水，置于超净工作台上紫外灯下照射 20 分钟后进行无菌条件下的外植体消毒。先用 75%乙醇浸泡 30 秒，再用 0.1%的升汞(HgCl$_2$)溶液灭菌 3～5 分钟，最后用无菌水冲洗 3～5 次，然后在 40 倍显微镜下用解剖刀与解剖针(注射器针头尖)剥取带 1 个叶原基的生长点(直径约为 0.1～0.3 毫米)，以茎尖向上、切面向下的方向置于茎尖专用培养基中培养。

无菌苗茎尖的剥离：剪取健壮无菌苗的苗尖(长 0.5～1 厘米)进行茎尖剥离，方法同上。两种方法需注意在茎尖剥离时要快速，且须将芽尖或苗尖放在无菌潮湿的滤纸上，以防剥离的幼小茎尖失水死亡。

（四）马铃薯茎尖培养基

马铃薯茎尖培养通常选用 MS 培养基，推荐使用配方为：MS+NAA 0.05mg/L+6-BA 0.1mg/L+GA$_3$ 0.2mg/L+泛酸钙 0.2mg/L+糖 30%+琼脂粉 6～9g/L，此培养基适合大多数马铃薯品种茎尖的生长。

（五）马铃薯茎尖培养条件及注意事项

茎尖培养过程中应该使用茎尖专用培养基进行培养；茎尖培养温度控制在(22±2)℃，光照时间 12～15 小时/天，光照强度 2000～3000lx；茎尖培养 40～50 天时要将长度 0.5 厘米以上的茎尖苗转接到 MS 基本培养基中，将未分化的茎尖愈伤组织或长度小于 0.5 厘米的茎尖苗继续转接到茎尖专用培养基中培养，避免茎尖新生苗因营养匮乏造成提前衰老或污染导致死亡，转接过程中必须剔除被细菌、真菌污染和生长不正常的茎尖苗；另外，在茎尖转接的过程中避免不同茎尖交叉感染，严格执行茎尖苗"一尖一号"的编号制度。

（六）病毒检测

薯块芽检：薯块发芽后，要对预脱毒薯块进行芽检，其中马铃薯纺锤块茎类病毒为必检项目，其余病毒(害)可根据实际情况确定是否检测。

图 3-1　马铃薯纺锤块茎类病毒薯块症状
(杨琼芬摄)

茎尖检测：每一个茎尖成苗均需逐一进行检测，所检测病毒种类根据各地病毒病实际发生情况而变化，一般检测 PVX、PVY、PLRV、PVS、PVA 和 PVM 六种马铃薯病毒和 PSTVd(参见彩图 3-1)。另外马铃薯丛枝植原体(*Phytoplasma*)在云南部分地区有发生，可根据需要进行检测。

（七）马铃薯脱毒苗的田间试种

经检测后确认不带所检病毒的试管母株苗，在进行大量扩繁前，还需在温室大棚里进行试种观察，以确保经过脱毒的试管苗能够保持原品种的全部生物学特性及农艺性状，以防止因茎尖剥离培养后变异的发生。试种观察过程中除需注重本品种的生物学特性及农艺性状观察记载外，还需针对生产所需选择结薯集中、薯块整齐且产量高的单株进行扩繁利用。也就是说当年所获得的脱毒试管苗须经过病毒(害)检测、温室大棚试种观察后方可进入大规模生产环节，此过程至少需要 2～3 年的时间，所以生产上需提前计划做好准备。

（八）马铃薯核心种苗及保存

马铃薯核心种苗是指应用茎尖分生组织培养技术获得的马铃薯再生试管苗，经检测确认不带 PVX、PVY、PVS、PLRV、PVA、PVM 和 PSTVd，并经过田间试种确认保持原品种特征特性的无菌试管苗。

核心种苗的保存是指在含有植物生长抑制剂的培养基内进行无菌组织培养(参见彩图 3-2)，使其缓慢生长或停止生长，以达到中期保存的目的，在需要利用时能迅速恢复其正常生长。核心种苗保存推荐培养基配方 MS+甘露醇 4%+蔗糖 30g/L+琼脂粉 6～9g/L。先将接好的材料置于温度(22±2)℃、光照强度 2000～3000lx、光照时间 12～16 小时/天的条件下培养 15～20 天，待根系形成后将核心种苗移至冷库中保存，温度为 5℃左右，弱光(1000lx)，光照时间为 8 小时/天。

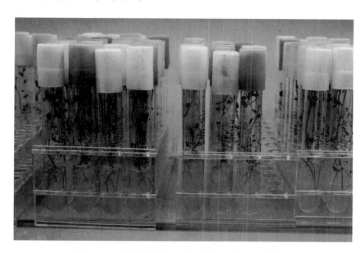

图 3-2　马铃薯核心种苗保存(杨琼芬摄)

二、马铃薯脱毒苗快繁技术

马铃薯是薯块无性繁殖作物，马铃薯薯块的繁殖系数最多能达到 10 倍/代，在云南一年能繁殖 1～2 代，我国北方一季作区 1 年只能繁殖 1 代，马铃薯的繁殖系数较低。利用组培技术繁殖马铃薯脱毒苗的繁殖系数是 3 倍/20 天，全年(9～11 个月)脱毒苗的繁殖系数为 2 万～17 万倍。为加快马铃薯的种薯繁殖速度，需要利用植物组培技术，以工厂化生产马铃薯脱毒苗的方式，达到提高繁殖系数，加快繁殖进度的目的。

（一）马铃薯试管苗工厂化生产需要的设备和产地条件

马铃薯试管苗工厂化生产需要的设备：冰箱、低温冰柜、精度为 1%和 1‰的天平、磁力搅拌器、蒸馏水器、器具消毒器、高压灭菌锅、超净工作台、空调、酒精灯、镊子、剪刀、除湿机、温湿度仪、紫外灯、烧杯、量筒、吸管、吸耳球、试剂勺、容量瓶等。

马铃薯试管苗工厂化生产必备的产地条件：实验室、洗涤消毒室、接种室、培养室、办公室、仓库等。实验室、接种室和培养室要求洁净、隔离条件良好，培养室需要控温、控光和控湿条件。

（二）马铃薯试管苗工厂化生产中培养基的配制

培养基母液的配制一般用蒸馏水，如果有条件最好用纯水或去离子水配制。下面以 MS 培养基为例，详细介绍各种母液的制备。

大量元素：大量元素的用量相对较大，按照表 3-1 的配方根据需要配制母液，配制过程中要保证每种试剂充分溶解，特别注意二水氯化钙($CaCl_2·2H_2O$)要单独溶解最后再加入总母液中定容，制备培养基时每升培养基取大量母液 50 毫升。

表 3-1　MS 培养基大量元素母液(20 倍)配制

成分	规定量/mg	扩大倍数	称取量/mg	母液体积/ml	配 1 升培养基吸取量/ml
KNO_3	1 900		38 000		
NH_4NO_3	1 650		33 000		
$MgSO_4 \cdot 7H_2O$	370	20	7 400	1000	50
KH_2PO_4	170		3 400		
$CaCl_2 \cdot 2H_2O$	440		8 800		

微量元素：微量元素用量较少，按照表 3-2 的配方根据需要配制母液，配制过程中要保证每种试剂充分溶解，制备培养基时每升培养基取微量元素母液 5 毫升。

表 3-2　MS 培养基微量元素母液(200 倍)配制

成分	规定量/mg	扩大倍数	称取量/mg	母液体积/ml	配 1 升培养基吸取量/ml
KI	0.3		60		
H_3BO_3	6.2		1 240		
$MnSO_4 \cdot 4H_2O$	223		44 600		
$ZnSO_4 \cdot 7H_2O$	8.6	200	1 720	1000	5
$CuSO_4 \cdot 5H_2O$	0.25		50		
$Na_2MoO_4 \cdot 2H_2O$	0.25		50		
$CoCl_2 \cdot 6H_2O$	0.025		5		

铁盐：按照表 3-3 的配方，两种试剂分别称量，并分别加热溶解后将两溶液混合后继续加热使其充分螯合，冷却后定容备用，制备培养基时每升培养基取铁盐母液 5 毫升。

表 3-3　MS 培养基铁盐母液(200 倍)配制

成　分	规定量/mg	扩大倍数	称取量/mg	母液体积/mL	配 1 升培养基吸取量/mL
$FeSO_4 \cdot 7H_2O$	27.8		5 560		
$Na_2\text{-}EDTA \cdot 2H_2O$	37.3	200	7 460	1 000	5

有机：有机物用量较少，按照表 3-4 的配方根据需要配制母液，配制过程中要保证每种试剂充分溶解，制备培养基时每升培养基取有机母液 5 毫升。

表 3-4　MS 培养基有机母液(200 倍)配制

成　分	规定量/mg	扩大倍数	称取量/mg	母液体积/ml	配 1 升培养基吸取量/ml
烟酸	0.5		100		
甘氨酸	2		400		
维生素 B_1	0.1	200	20	1 000	5
维生素 B_6	0.5		100		
肌醇	100		20 000		

（三）培养基制备和消毒

在培养基配制容器中加入将要配制培养基压量 1/3 的水，放入 5～7g/L 琼脂粉和 30g/L 的蔗糖加热熬煮，不断搅拌使其完全溶解；接照一定用量加入所需的大量元素母液、微量元素母液、铁盐母液和有机母液及植物激素，边加边搅拌，使其混合均匀，用水定容至配制的培养基用量，调节 pH 为 5.8 左右，分装培养基于培养瓶中并封口，放入湿热灭菌锅灭菌。待排净冷空气的灭菌锅压力达到 101kPa，温度升至 121℃时，保压 20～30 分钟，灭菌完毕后，放气由小到大或自然冷却，待压力下降至零时，打开放气阀排出残留蒸汽，打开锅盖，取出培养基冷却备用。

（四）马铃薯脱毒苗工厂化生产中的无菌操作

马铃薯脱毒苗接种程序为：换上工作服→戴上口罩和帽子→消毒液洗手→打开超净工作台→清洁工作台面、同时消毒接种工具→检查有无污染情况，打开接种材料→在酒精灯附近剪切扦插材料→盖好组培瓶盖，做好标记→放回培养室培养。

马铃薯脱毒苗快繁接种注意事项为：培养基配制分装后必须经过高压灭菌冷却 1～3 天后方能使用。接种操作前，超净工作台必须打开紫外灯照射消毒 20～30 分钟；接种前先用酒精擦洗工作台面、清洁手和接种材料；接种用具浸入 75% 乙醇中，在酒精灯上灼烧灭菌或者用灭菌器消毒，放在支架上冷却后再使用，通常每个操作人员配备两套工具交替使用；组培苗整个生产环境要求干爽、洁净、明亮，特别是接种室、培养室和实验室。接种室和培养室要定期进行消毒清洁，每隔一周打扫三次卫生并使用 84 消毒液进行消毒。在生产区域进口处应设有缓冲间，用于更换鞋、衣服和洗手，缓冲间必须安装紫外灯或者空气净化器，用于空气消毒灭菌。新转接的培养材料在进入培养室一周左右要进行污染情况的检查，对被污染的培养物要及时清理。

马铃薯脱毒苗的培养条件温度为 20～25℃，2000lx 以上的光照，每天光照时间 12～15 小时，培养室的相对湿度以 70%～80% 为宜，培养室最好配备空气除湿机、制冷空调、温湿度记录仪和光强测定仪，以控制培养室的温湿度和光照。培养室内的空气洁净度要求为 10 万级。马铃薯脱毒苗的培养 20 天左右即可转接(参见彩图 3-3)。

马铃薯脱毒苗繁殖过程中，需做好培养过程中的二具、培养材料的隔离措施。不同品种、不同批次的培养材料转接时必须更换接种工具，同一批培养材料进行转接时必须每天更换接种工具，只有严格做到操作规程，才能防止马铃薯组培苗扩繁过程中的病毒再感染。

马铃薯试管苗在继代两年后，有不同程度的病毒和细菌再次侵染。建议马铃薯脱毒试管苗的繁殖代数不宜超过 13 代，也就是转接时间不要超过 1 年，在现有条件下，做到每年更换基础核心种苗，以保证所生产种薯的质量。

图 3-3 马铃薯脱毒苗培养(杨琼芬摄)

三、马铃薯原原种生产技术

马铃薯原原种是采用脱毒试管苗(脱毒试管薯)在大棚温室和防虫网室隔离条件下生产的马铃薯种薯。具有不带马铃薯脱毒种薯质量标准规定的病毒和类病毒、真菌、细菌、品种纯正和单薯重在2～20克的特点。

马铃薯原原种的生产方式分为两种,一种为常规基质法,采用无土基质(蛭石、珍珠岩、草炭或者加入一些农家肥),按照一定的比例混合配制而成(参见彩图 3-4);另一种为雾培法,在无基质的条件下,以定时喷施营养液的形式自动化供给植株养分生产马铃薯原原种的方法(参见彩图 3-5),具有单位面积产量高、不接触土壤、生产周期短,生产不受季节限制、人为控制生产条件等特点,是目前正在发展的一种新型的马铃薯原原种生产方式。

图 3-4 基质法生产马铃薯原原种(杨琼芬摄)　　图 3-5 雾培法生产马铃薯原原种(杨琼芬摄)

(一)基质法生产马铃薯原原种

马铃薯原原种的生产环境要求:马铃薯性喜冷凉,不耐高温,茎叶生长最适宜的温度为17～21℃,每日平均温度达到25～27℃,生长就会受到影响,当温度低于7℃或高于42℃时,茎叶停止生长。薯块形成和发育的最适宜温度为17～19℃,温度低于2℃或高于29℃时,会引起匍匐茎长出地面变成茎叶生长,小薯块停止生长。

光周期和日照长短在马铃薯原原种生产中,对种薯繁育的植株生长和薯块形成及增长都有很大影响,日照时长超过15小时,茎叶生长繁茂,匍匐茎大量发生,但不形成薯块,日照时长在10小时以下,薯块形成早,植株生长不良;一般日照时长11～13小时,植株生长发育正常,薯块形成早。早熟品种对日照反应不敏感,在长日照条件下,对薯块的形成和膨大影响不大,晚熟品种则必须在12小时的短日照条件下才能形成薯块。在云南,最适于生产原原种的季节是秋季,前期温度相对较高,适合植株的生长,后期日照和温度适合结薯。对于早熟品种来说,云南一年四季均可生产原原种。

1. 基质配制和管理

原原种繁育基质的选择和配制:蛭石、草炭、珍珠岩或细砂均可作为马铃薯原原种生产的基质。根据生产地的实际情况选用基质(因地制宜),在云南通常采取腐殖土和珍珠岩混合、草炭和珍珠岩混合或蛭石和珍珠岩混合，比例以 1∶1 为宜。

肥料营养液的配制：大量元素肥料可在施用时直接兑入，使用量为 100 千克水加入复合肥(N∶P∶K=15∶15∶15)100 克、硫酸钾 50 克、尿素 30 克、硫酸镁 50 克。

微量元素制备(参见表 3-5)：根据苗的长势，每 100 千克水加入微量元素母液 10 毫升，微量元素亦可使用马铃薯专用微肥代替。

表 3-5　微量元素母液制备明细表

试　剂	试剂用量/g	蒸馏水定容/L	使用稀释倍数
KH_2PO_4	0.2		
H_3BO_3	0.6		
$MnSO_4·4H_2O$	2.23		
$ZnSO_4·7H_2O$	0.8	1	100
$CuSO_4·5H_2O$	0.5		
$Na_2-EDTA·2H_2O$	2.78		
$FeSO_4·7H_2O$	3.76		

备注：$FeSO_4·7H_2O$ 和 $Na_2-EDTA·2H_2O$ 需分别称量并加热溶解后再将两种溶液混合后继续加热使其充分螯合，再加入母液中定容至需要总量。

肥料使用次数和喷施量：每 7～10 天喷施一次，每次用肥水量为 4～5 千克/平方米。应根据不同品种，不同季节适当调整喷施的次数。

组培苗炼苗：将长到 5～8 片叶，苗龄 15～20 天，苗高 7～10 厘米，茎粗 0.6～0.8 毫米的组培苗放于种植温网室内，晴天需盖上遮荫度 60% 的遮光网，逐渐减小遮光时间，炼苗一周左右。

苗床和温网室消毒：移栽前用 1% 福尔马林和高锰酸钾混合溶液进行苗床喷雾，密闭温室 3～5 天后，打开通风 7 天，就可铺基质进行种苗的定植或移栽。

基质消毒：原则上基质不重复使用，使用过的基质若再次利用时，要进行全面消毒。在上茬收获后，去除基质内的杂物，打开温网室通风使基质干燥后，密闭温网室，在全光照下密闭 1 个月以上。在栽苗前 15 天用药物消毒，操作步骤如下：将基质喷水至潮湿后，1 天后用 1% 福尔马林和高锰酸钾混合溶液浇淋基质(5 升/平方米)，边淋边用薄膜将基质覆盖严密，密闭温室，在全光照下 5～7 天后，揭开薄膜打开温室通风 7 天，再将基质全面喷淋水，即可用于栽苗。

栽苗工具消毒：使用前均应蒸煮消毒，不能蒸煮的用肥皂水认真清洗后用 75% 酒精喷洒消毒。

工作人员消毒：进出温网室，必须更换鞋和工作服，并用肥皂洗净手。

准备基质：将拌匀的基质平铺于苗床上，厚度 10 厘米，整理铺平墒面，栽苗前一天喷水，待基质全面吸水后可栽植。

洗苗：将经炼苗后的脱毒试管苗用镊子轻轻取出，洗去培养基，剪去过长的根备栽。如苗茎段较长，可将植株剪为 2～3 个切段，每段至少带 2 个茎节。

栽苗：采用单行式或者宽窄行双行栽培方式，每平方米栽植数量在 100～200 株之间，根据品种、生产季节有所变化，一般行距不少于 10 厘米，密度变化仅改变株距。栽植时用筷子或镊子按确定的株行距打孔，一手拿苗，一手用镊子将根部轻送入孔内，深度达2厘米，理直根系向下，轻压根茎部四周基质，使根茎部与基质充分接触，并使切段上端叶片离开地面。

扦插：根据栽植需要，组培苗长到高8～10厘米，侧枝长5厘米时，剪取3～4厘米长的主茎顶端或侧枝茎端作插条，每个插条至少带2个茎节。剪去下端节上的叶片，将插条在0.1%的生根液中浸泡30秒左右，扦插于基质中，底部最少一个节位进入基质，深度1.5～2厘米。

覆土：待小苗高10～15厘米后开始用拌好的基质培土2～3次，培土高度为每次一个茎节(5～10厘米)。

水肥管理：组培苗栽植后浇透水，覆盖60%的遮光网，保持苗床湿润，忌旱忌涝，7天后逐渐揭去遮光网，夏秋幼苗防止强光照射，中午拉遮阳网遮阳；冬季增加温室内透光度，使幼苗多见日光。扦插苗如有喷雾条件，可通过定时雾化处理，控制最适宜的光照、温度23～30℃和空气湿度90%等环境，生根生长效果最好。5～6天后幼苗长出新生根，每7～10天喷施营养液一次，浇水和喷营养液交替进行。

2. 病虫害防控

马铃薯原原种生产的病虫害防治:温网室生产原原种在生长期要全程进行病虫害的防治。主要病害有早疫病、晚疫病、茎腐病；虫害主要有蚜虫、白粉虱、潜叶蝇和斑潜蝇。以"预防为主，综合防治"的原则进行全程控制。注意防止病源、虫源进入生产场地，严格控制带病植物、带病昆虫进入，棚内禁止吸烟。生产过程中每7～10天喷施一次农药，多种农药交替使用，原则是生长初期间隔长，生长中期间隔短，生长后期间隔更长。发现中心病株后要及时清除病株并加大药剂量及防治次数。

3. 收获贮藏

马铃薯原原种收获、贮藏:在生理成熟时适时采收，收获前提前10～15天控制水分，清除地上部茎叶，及时运出温网室。收获时避免机械损伤及品种混杂。收获后在通风处摊晾7天，避免阳光直射。剔除烂薯、病薯、伤薯及杂物；按种薯个体重量大小依次分为2克以下、2～5克、5～10克、10～20克、20克以上5个等级；尼龙网眼袋包装，按等级、原原种薯数、收获日期、品种名称和生产地名做好标记，采取双标签，袋内袋外各一个标签。按不同品种在散射光条件下贮藏，将种薯置于常温或低温室，保证种薯正常生理所需贮藏条件，贮藏期间翻拣1～2次，确保种薯品质。装袋不宜太满，平堆厚度在50厘米左右。低温贮藏条件为4～8℃，相对湿度70%～85%，注意通风和防虫。常温贮藏条件要尽量冷凉、注意通风和贮藏环境消毒等措施到位(参见彩图3-6)。

（二）雾培法生产原原种

炼苗：马铃薯合格脱毒苗进行水培，进入水培之前，需要进行5～7天的炼苗。炼苗可以使幼嫩的组培苗能够更快适应环境，炼苗时间根据品种和天气情况进行控制，以观察到植株茎干硬实，叶片舒展为标准。

消毒:水培苗床和移栽工具的清洁消毒可选择84消毒液1∶100或者0.1%多菌灵溶液进行喷洒或浸泡消毒。

图3-6 马铃薯原原种收获(杨琼芬摄)

水培苗定植：小心将炼好的组培苗取出，清洗干净培养基后连根定植在育苗泡沫板上，定植深度为组培苗下部第一个叶片处进入水中为最佳，注意操作过程中幼苗根系不能够弯曲或翻卷。

水肥及病害管理：水培苗定植后缓苗期需要3～5天，缓苗期用清水或低浓度的营养液培养，注意遮阳和保湿，如在春季昼夜温差大，夜间还需要对水培苗床进行覆膜保温。缓苗期注意观察，当植株有新根系发生时即可加入营养液或增加营养液浓度。营养液可选择MS配方(参见表3-2)，也可根据不同品种需求进行调整。配制过程保证各成分充分溶解。配制好的营养液加入水培苗床，液面高度保持在8～10厘米，使根系能够充分接触和吸收到营养。一般来讲，育苗周期为30～40天，期间更换1～2次营养液即可，如藻类产生速度过快可缩短更新时间，适当添加抑藻剂。由于育苗是在水环境中进行，湿度较高容易感染晚疫病，可结合不同病害发生的情况采取药剂防治。

水培苗上床：水培苗苗高达到15厘米左右时即可以剪切定植至雾培苗床。水培苗定植雾培床的主要操作步骤如下。

雾培设施的调试和消毒：移栽前对雾培设施进行运转调试，检查水管喷头是否通畅，电控系统是否正常。移栽前对雾培苗床，移栽工具等进行清洁消毒，与水培苗培育的消毒过程一致。

水培苗的定植：对于株高适宜的苗，将苗从育苗泡沫板中取出，剪除根系和茎段基部叶片和叶柄，苗茎基部浸泡在0.1%生根粉溶液中，浸泡10分钟后取出，沥干水分后用镊子夹住幼苗下端慢慢将苗插入面板上定植孔，移栽需要轻拿轻放，尽量减少植株损伤，需要特别注意的是定植苗要保证雾培面板上部至少有2～3厘米(3～4片叶子)，底部露出2～3厘米，以确保植株茎基部充分接触到喷雾营养液，植株上部叶片可以维持正常的生长(参见彩图3-7)。

雾培床设施管理：定植初期保持雾培环境空气湿度达80%～90%，以防水培苗生根前叶片萎蔫而造成移栽苗死亡。可使用人工喷雾，有条件的雾培设施可设定自动喷雾，根据幼苗萎蔫情况和天气情况进行调节。生根前一般白天保持24秒(喷雾时间)/5分钟(间隔喷雾时间)，夜晚24秒/10分钟，生根前以清水培养，同时注意遮阳。移栽后6～8天

图 3-7 马铃薯水培苗生产(杨琼芬摄)

定植苗生根后应减少遮阳时间，降低喷雾频率，喷施雾培专用营养液(参见表 3-6)白天 24 秒/10 分钟，夜晚 24 秒/20 分钟；进入结薯期后白天 24 秒/20 分钟，夜晚 24 秒/30 分钟。本时期和育苗时期相比，植株生长更加旺盛，对营养需求更高，因此要结合实际生长情况进行营养调节。同时增加光照防治植株徒长，促进植株叶片进行光合作用，更早进入产物积累阶段。雾培设施有固定的营养池，每周进行一次清洁，每次清洁后重新加入新的营养液。更换前如果营养池蒸发较大，可适当加水保证系统正常运行。

表 3-6　马铃薯脱毒微型薯雾培生产营养液配方

元素类别	试剂	营养液中含量/(mg/L)	备注
大量元素	NH_4NO_3	200	根据需要直接称取并充分溶解后取液加入总营养液
	KH_2PO_4	245	
	KNO_3	1 790	
	$MgSO_4 \cdot 7H_2O$	345	
	$Ca(NO_3)_2 \cdot 4H_2O$	378	
	NaCl	76	
铁盐	$FeSO_4 \cdot 7H_2O$	25	分别称取加热煮沸后再将二者加热螯合后加入总营养液
	$Na_2\text{-}EDTA \cdot 2H_2O$	33.5	
微量元素	$MnSO_4 \cdot 4H_2O$	1	注意二水钼化钠需单独溶解后再加入总母液，否则易与五水硫酸铜产生钼酸铜不溶物。
	H_3BO_3	1.5	
	$ZnSO_4 \cdot 7H_2O$	2.3	
	$CuSO_4 \cdot 5H_2O$	0.75	
	$Na_2MoO_4 \cdot 2H_2O$	0.025	
	$CoCl_2 \cdot 6H_2O$	0.025	

　　放苗操作：当植株从营养生长转化为结薯时，匍匐茎刚开始发生时，需要进行放苗工作。具体操作方法是剪去面板上茎基部 2～4 节的叶片和叶柄，轻轻将植株往下放 3～5 厘米。这样做可防治植株匍匐茎在定植孔内结薯，不利于采收和系统维护，同时下放

植株可增加匍匐茎的产生和结薯数量。

病害防治：雾培系统由于营养液循环回流，易发生系统侵染的病害，引起严重损失。巡回检查，一旦发现病害要摘除病叶病株并及时采取药剂防控，同时还需要对营养液进行更换和清洁消毒。

虫害防治：马铃薯原原种繁育过程中易发的虫害有蚜虫、潜叶蝇、斑潜蝇等。雾培棚里必须悬挂黄板和蓝板进行虫害的预防监测，出现虫害后积极进行药剂防治，控制虫害的发生。

雾培薯的采收和贮藏：对达到 5 克以上标准的种薯进行分批分次采收，采收过程尽量避免损伤植株和匍匐茎。采收前，将营养液换成清水喷雾洗去种薯表皮盐分，24 小时后进行采收。最后一次采收前，用清水喷雾 24 小时后关闭营养液喷雾系统，3～4 天后植株自然死亡，即可进行采收。

雾培薯采收后喷施 0.1%多菌灵或百菌清进行消毒，处理过的种薯在阴凉处晾干，等待皮孔自然收缩。种薯晾干后及时装袋进冷库贮藏(参见彩图 3-8)。

图 3-8　雾培法马铃薯原原种收获(杨琼芬摄)

四、马铃薯原种、一级种生产技术

（一）马铃薯原种、一级种种薯生产环境要求

环境选择：生产马铃薯原种、一级种的理想环境是在云南省海拔 2500 米以上，蚜虫虫口密度较小，气候较冷凉，风速大，田块四周具有天然屏障的地方。

地块选择：选择土壤肥力中上等，土质疏松，富含有机质，田块排灌方便，3 年以上没有种植过茄科或十字花科农作物的田块，或从未种植过马铃薯的田块作为马铃薯优质种薯生产的田块。

自然隔离条件选择：马铃薯优质种薯生产基地周围应具备较好的防虫、防病隔离条件。天然隔离条件在 800～1000 米以上，如无隔离设施，种薯生产田应距离其他级别的马铃薯、茄科及十字花科作物 5000 米以上。尽量做到不同级别、不同品种的马铃薯种薯不要种植到同一田块，以免造成种薯混杂和病害的交叉感染。

（二）建立脱毒种薯周年繁育体系

云南省因得天独厚的立体气候条件，一年四季均可种植马铃薯，也是西南和南方冬作区重要的马铃薯种薯生产基地。云南种薯繁育较为普及而简易的做法是，高海拔地区的种植户在获得合格的脱毒微型薯后，于当年春天(2～3月)播种，秋天(8～9月)收获后，经人工选择适宜大田生产，大小在30～50克/粒的种薯，自留种薯，下一年再次扩繁后调入冬作区或秋作用种。理想的繁育体系是2年3熟制。例如在曲靖市、陆良县、会泽县等地区的种薯扩繁方式：首先，由科研和种薯企业利用网棚进行脱毒苗生产微型薯，微型薯生产分春季和秋季。通常，春季生产的微型薯置于冷库储藏，用于冬作或小春作生产，秋季扩繁获得的微型薯，则作为次年春季生产用种。春季生产的种薯用于冬作或小春作生产。值得注意的是，在原种和各级种薯生产过程中，应采取种薯催芽，拔出病株，合理密植、田间质量检验和防止蚜虫危害等措施，尽可能采用整薯播种，减少切刀传病。

（三）马铃薯种薯级别

马铃薯种薯质量是影响马铃薯产量和质量的重要因素之一，也是提高生产水平的关键所在。根据我国种薯生产的实际情况，中国作物学会马铃薯专业委员会屈冬玉博士提出，全面采用三代种薯繁育体系(G1-G2-G3)，即从微型薯生产(G1种薯)开始，将微型薯生产得到G2代种薯再种植一年，得到G3代种薯，将G3代种薯用于商品马铃薯的生产。2012年，重新修改和发布的国家标准(GB 18133—2012)中规定了我国的马铃薯种薯级别为：原原种(G1)、原种(G2)、一级种(G3)和二级种(G4)4个级别，云南种薯分级一直按照国家4级标准进行种薯分级。

（四）马铃薯原种、一级种生产过程中的田间检验

马铃薯脱毒种薯田间检验有助于生产出质量稳定，品质可靠的优质种薯。田间主要检验品种的纯度和典型性状，即是否具有该品种的特征特性，品种纯度是否达到国家行业要求(GB 7331—2003)的植株生长和健康状况，检验田间生长是否正常，如氮肥使用量过多，长势茂盛，造成病毒病的隐蔽现象。营养不足，导致缺素症，一样不能作为种薯；田间病毒株率不超过5%。此外，还应关注种薯的成熟度和青枯病、早疫病、黑痣病、茎线虫病等病害。

1. 田间检验的方法

种薯田的田间检验是种薯质量控制的重要措施，但是，收获后对薯块的续检也很重要，主要检查田检过程中没有发现的病毒病、干腐病、软腐病等病害。具体方法(参见表3-7，表3-8)。

表3-7 田间检验的抽样标准

每批种薯抽检点数		
检测面积/亩	检测点数	检测总株数
≤15	5	500
>15，≤500	6～10(每增加100亩就增加1个点)	600～1 000
>500	每500亩划为一个检测区	同上

表 3-8 田间检验的质量标准

项 目	各级别种薯田间植株质量要求允许率最大			
	原原种	原种	一级种	二级种
混杂	0	0	0	0
重花叶	0	1	5	5
卷叶	0	0.2	1	5
青枯病	0	0	0.5	1
黑胫病	0	0	0.5	1

2. 田间检验的结果处理

生产期管理过程中要坚持在现蕾前后分两次进行田可检验，及时采取措施淘汰病株或杂株，确保种薯质量达到相关标准。同时，收获时需正确操作，减少薯块损伤。第一次检测，指标中任何一项超过允许率 5 倍，停止检测，不能用做种薯；任何一项指标超过允许率，但在 5 倍以内，可通告生产者拔除病株降低比例；第二次检测结果为最终结果，作为定级的依据之一。

总的来说，马铃薯原种、一级种大田生产过程中，需要综合考虑产地选择、健康种薯的选择、田间的质量检验和病害综合防治等因素，合理适当密植，才能保证生产出优质马铃薯脱毒种薯。具体措施为：合理安排前作，有利于提高单产；尽可能在相对单一的环境里，采用宽幅种植方法，可减少土传病害的发生；在播种前检查种薯是否感染病毒病、晚疫病、湿腐病、干腐病等病害，如有薯块感染应立即剔除；在生产过程中加强晚疫病、早疫病等病虫害的预防预报，做好防治工作；在种植、管理和收获过程中，确保进入种薯田的机械设备干净，不带病菌下田，严格进行田间检验，收获时需正确操作，减少薯块损伤(参见彩图 3-9)。

图 3-9 马铃薯原种、一级种生产(李燕山摄)

第三节 马铃薯种薯质量标准及生产技术标准体系

马铃薯种薯质量标准和生产技术标准体系是马铃薯种业发展的保障，马铃薯种业的标准化是现代种业的重要特征。云南省马铃薯种业虽有一些标准可依，但由于马铃薯种业发展涉及面广，标准化基础薄弱，马铃薯质量及生产技术的标准体系建设还存在诸多不足，完善这个体系的建设还是一个长期的、系统的工程。

一、马铃薯种薯质量及生产技术标准体系现状

种薯是马铃薯产业的源头，种薯生产与整个马铃薯产业发展有着不可分割的密切关系，马铃薯种薯质量标准和生产规程是马铃薯标准体系的核心，以标准为依托的严格的质量控制体系对马铃薯种薯的产量和质量保障起到至关重要的作用。

1982年第一个关于马铃薯的标准"马铃薯种薯生产技术操作规程"(GB 3243)颁布实施，拉开了中国马铃薯标准化的序幕，使中国马铃薯逐渐从无序状态向规范化生产过渡。发展至今，全国与马铃薯相关的标准就有34项，涉及马铃薯的产前、产中和产后，其中涉及马铃薯种薯的就有16项(参见表3-9)。云南省也根据自己的实际生产情况，制定并颁布了马铃薯脱毒种薯生产技术规程(DB53/T 331-2010)、马铃薯抗晚疫病鉴定第1部分晚疫病(DB53/T 335.1-2010)、马铃薯抗病性鉴定第2部分 X病毒(DB53/T 335.2-2010)、马铃薯抗病性鉴定第3部分 X病毒(DB53/T 335.3-2010)。

表 3-9　与马铃薯脱毒种薯生产有关的标准

序号	标准编号	标准名称	备注
1	NY/T 401—2000	脱毒马铃薯种薯(苗)病毒检测技术规程	病毒检测标准(行标)
2	GB 7331—2003	马铃薯种薯产地检疫规程	质量控制标准(国标)
3	NY/T 1212—2006	马铃薯脱毒种薯繁育技术规程	生产技术规程(行标)
4	NY/T 1783—2009	马铃薯晚疫病防治技术规范	病害防治标准(行标)
5	DB53/T 331—2010	马铃薯脱毒种薯生产技术规程	生产技术规程(地标)
6	GB/T 25417—2010	马铃薯种植机 技术条件	生产技术规程(国标)
7	NY/T 1963—2010	马铃薯品种鉴定	纯度鉴定标准(行标)
8	GB/T 16294—2010	医药工业洁净室(区)沉降菌的测试方法	生产环境监测标准(国标)
9	GB 18133—2012	马铃薯种薯	质量标准(国标)
10	GB/T 29378—2012	马铃薯脱毒种薯生产技术规程	生产技术规程(国标)
11	GB/T 29375—2012	马铃薯脱毒试管苗繁育技术规程	生产技术规程(国标)
12	GB/T 29376—2012	马铃薯脱毒原原种繁育技术规程	生产技术规程(国标)
13	GB/T 29377—2012	马铃薯脱毒种薯级别与检验规程	级别检验标准(国标)
14	GB/T 28660—2012	马铃薯种薯真实性和纯度鉴定 SSR 分子标记	纯度鉴定标准(国标)
15	NY/T 2164—2012	马铃薯脱毒种薯繁育基地建设标准	其他(行标)
16	NY/T 2383—2013	马铃薯主要病虫害防治技术规程	病害防治标准(行标)

二、马铃薯种薯质量和生产技术标准的地位和应用

马铃薯种薯生产在马铃薯产业链中占有重要作用，马铃薯种薯生产标准应贯穿马铃

薯生产全过程，包括核心苗的制备、脱毒苗的快繁、原原种的生产和原种、一级种的生产等环节。马铃薯种薯生产标准的完整性和先进性，直接影响到马铃薯种薯的质量和产量，可见马铃薯种薯生产标准，在马铃薯种薯生产的过程中起到非常重要的作用和地位，马铃薯种薯质量的提高，靠马铃薯种薯生产标准、质量标准和质量、市场监督标准的制定和实施来保驾护航。生产过程的高度程序化、标准化、规范化是马铃薯种薯质量的基础，种薯质量的标准化，流通市场的规范化是马铃薯种薯质量的保障。

尽管我国我省颁布了一系列与马铃薯种薯相关的标准和规程，行业部门也在不断加强生产经营的管理，但种薯生产体系缺少权威部门的组织规划、管理、协调和监督，诸多标准难于执行到位。

三、马铃薯种薯质量及生产技术标准体系的构建

马铃薯产业的快速发展，发展国际化种业的趋势越来越明显，世界种业先正达(Syngenta)公司、以农业化学和食品为主业的孟山都(Monsanto)公司等国际大企业觊觎中国的种子市场，中国马铃薯种薯的质量将面临国际市场的考验，而云南省马铃薯种业将面临更加严酷的来自省外、国外市场的竞争。虽然目前有 16 个标准支撑着马铃薯种薯标准化生产，但现有标准和生产需求还存在一定差距，需要集中、系统的围绕马铃薯种业，逐一填补和完善马铃薯种薯质量标准体系。例如马铃薯种薯仓储的标准还是空白，种薯标准中涉及的病害如黑茎病、湿腐病、干腐病、疮痂病等但没有完善的配套检测鉴定技术标准，或者是现有标准技术落后，需要更新。因此，构建马铃薯种薯质量标准体系，使马铃薯种薯生产、质量控制和监督、流通市场监管能够有据可依，是一件非常重要的事情。

马铃薯种薯生产和市场流通的管理单纯依靠质量和技术标准是远远不够的，还需要保证标准有效实施的一系列配套标准、规程、制度，使马铃薯质量标准体系完整、严密，具有较强的操作性，才能发挥标准在马铃薯种业中的作用，解决马铃薯种薯生产和市场混乱的难题。如：马铃薯种薯生产检验的注册规程、各级种薯生产资格审定标准和马铃薯种薯质量仲裁标准等。想在短时间内让科学、完善的标准、规程和制度在生产和市场监管中发挥作用，依靠自觉遵守是不够的，还需有效的行政干预，需要马铃薯种薯质量监控相关部门(质量检测部门、种子管理部门、农技推广部门和植物检验检疫部门)联合起来，构建一个科学的、分工明确的马铃薯种薯质量监控体系(包括质量检测体系和行政管理体系)。

第四节　马铃薯脱毒种薯质量检测技术

马铃薯种薯由于不同种质来源、不同区域、不同种类病毒发生流行特征以及种薯间病毒抗性差异等因素，导致不同区域不同品种带病毒种类差异显著。在实际生产过程中多种不同病毒复合侵染马铃薯植株的情况普遍发生。此外，由于品种间抗性差异以及环境条件不适宜病毒的发生流行，常常引起马铃薯植株带毒隐症现象出现。因此种薯带毒快速、准确、灵敏的检测方法是马铃薯病毒病害防控以及种薯带毒质量监测的先决条件。

可以采用症状、血清学、电子显微镜和分子生物学等方法进行检测。在自然条件下，病毒感染植株后，可能表现的症状，具有指示病毒侵染的诊断价值，可以作为生物学测定或症状描述确定带病毒或被某一类病毒侵染的证据。植株感染病毒后，当病毒在寄主细胞内积累达到一定的浓度时，可以用物理或分子生物学方法进行检测，其中病毒粒子形态、病毒外壳蛋白抗原和病毒的基因组是三个非常重要的检测靶标，可以通过透射电子显微镜下直接观察病毒粒子形态特征，从而初步确定病毒的归属；利用某种或几种病毒的特异性单克隆或多克隆抗体可以检测病毒的外壳蛋白或其他结构蛋白，也可以通过多种分子生物学方法检测病毒的基因组核苷酸，如 PCR(RT-PCR)、核酸斑点杂交(Nucleic Acicl Spot Hybridization，NASH)、滚环复制技术(RCA)、环介导等温扩增技术(LAMP)等不同的病毒核酸检测方法。

一、马铃薯病毒生物学测定技术

（一）症状学观察和描述

不同种类病毒在马铃薯植株上可引起不同的症状(参见彩图 3-10)，如果这些症状能在不同品种、不同环境条件下稳定地产生，它们就具有识别病害种类的应用价值，但往往病毒引起的症状通常与品种差异、环境因素变化以及病毒株系的不同而差异很大，此外田间植株常有一种以上病毒复合侵染的情况。因此，通过田间植株症状观察与描述鉴定病毒种类的准确性很大程度上取决于观察者的经验。

图 3-10　马铃薯病毒病症状表现(丁铭摄)
A. 黄化；B. 矮化；C. 花叶；D. 皱缩

（二）指示植物测定

指示植物是指对某一种或某几种病毒及类病毒具有的敏感反应，一旦被感染能很快表现出明显症状的植物。1925 年 James Johnson 开始用指示植物鉴定植物病毒。指示植物检测法是借助于对某些病毒敏感的植物而进行的病毒鉴定方法。通过病毒汁液摩擦接种指示植物检测已经被广泛用于马铃薯等茄科作物病毒的检测(参见表 3-10)，虽然所需的工作时间长(一般需要几周的时间)、灵敏度不高、工作量大、难以检测大量的样品，但是由于其结果观察的直观性、鉴定结果的可靠性和能准确地反映病毒的生物学特性，目前仍有广泛应用。例如 CIP 用千日红检测 PVX 和用马铃薯 A6 无性系检测 PVY。

表 3-10 几种常见的马铃薯病毒在主要指示植物上的症状

病毒种类	传播方式	指示植物症状
PVX	接触或蚜虫	毛曼陀罗:汁液摩擦接种在 20℃条件下，接种 10 天后，叶片出现局部病斑，心叶花叶 千日红:汁液摩擦接种 5～7 天，在接种叶片上出现紫红环枯斑 白花刺果曼陀罗:接种后 10 天心叶出现花叶病状 尖椒:接种 10～12 天接种叶片出现坏死斑点，以后系统发病 普通烟草:汁液接种 7～10 天感病初期叶片明脉，后期是沿脉绿带状 洋酸浆:汁液摩擦接种后，在室温 16～8℃条件下，经 10～15 天，在接种叶片上出现黄褐色不规则的枯斑，以后落叶
PVY	接触或蚜虫	A6:接种 5～10 天接种叶片出现褐色环状坏死枯斑。初侵染时呈绿色圆环斑，逐渐坏死
PVS	接触	千日红:汁液摩擦接种 14～25 天，接种叶片出现红色小斑点，略微凸出的圆环小斑点 毛曼陀罗:出现轻微花叶症 苋色藜:接种 20～25 天接种叶片出现局部黄色斑点 德伯尼烟:初期明脉以后是褐绿块斑花叶
PVM	接触或蚜虫	千日红:汁液摩擦接种 12～24 天，接种叶片出现桔红色小圆枯斑 毛曼陀罗:汁液摩擦接种 10 天后，接种叶片出现失绿病至褐病斑 A6:汁液摩擦接种叶片出现褐色晕状斑点
PVA	接触或蚜虫	香料烟:汁液摩擦接法，接叶微明脉
PVG	接触或昆虫	心叶烟:汁液摩擦接种，接种 20 天后，出现系统明显花叶症或白斑
PLRV	蚜虫	白花刺果曼陀罗:蚜虫接种后，系统卷叶
PSTVd	接触、昆虫、种子	鲁特格尔斯番茄:汁液摩擦接种在 27～35℃和强光 16 小时以上条件下，接种 20 天后上部叶片变窄而扭曲，至全株

二、马铃薯病毒电子显微镜检测技术

电镜技术是通过观察植物细胞中病毒颗粒的形态、大小、内含体形态等特征来鉴别病毒。电子显微镜有两大优点：获得结果的速度和令人信服的可视性。电子显微镜能很直观地观察到病毒粒子的形态特征，其最大分辨率可达到 0.1 纳米，目前已广泛应用于植物病毒的检测和研究(参见图 3-11)。病毒粒子的大小通常在 10～100 纳米之间，因此通过电子显微镜可以直观观察到病毒粒子的大小、形态和结构等形态特征，从而可以对病毒进行鉴定和分类。植物病毒的电镜诊断技术有电镜负染色检测法、电镜超薄切片法(参见图 3-11)和免疫电镜检测法。

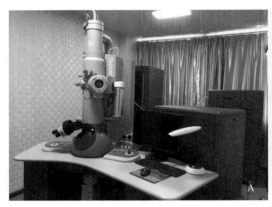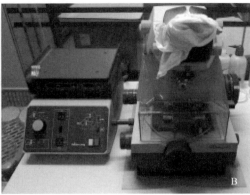

图 3-11　电镜诊断技术相关设备(丁铭摄)
A. FEI 透射电子显微镜；B. 超薄切片机

（一）电镜负染色检测法

1955 年，Home 和 Brenner 发现，利用重金属盐颗粒对病毒外壳蛋白的染色作用，从而将重金属盐聚集在核蛋白周围形成黑暗背景的沉淀区域，而在吸附样品的区域则形成一个核蛋白不沉淀的明亮区域，在电镜下可观察到像照片的底片一样的清晰图片，所以通常将这种方法称为负染色法。

负染色法的操作方法就是利用电子散射力强的重金属盐配成的染液，滴在吸附有病毒样品的 200 目铜网上，重金属盐将样品形成包围，使样品周围的背景部分染深，形成样品亮而背景暗的染色效果，从而可直观地观察样品的形态和大小等特征。由于负染色法分辨率高、直观、制样快速简易，是病毒病原快速鉴定、检测及其结构研究必不可少的一种方法(参见图 3-12)。

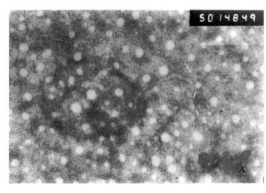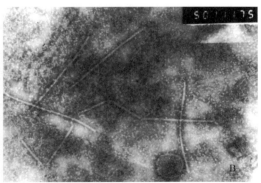

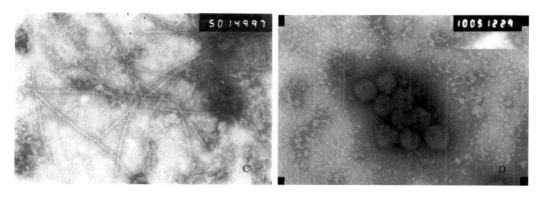

图 3-12　马铃薯病毒病病病毒粒子形态(丁铭摄)

A. 黄瓜花叶病毒粒子形态；B. 马铃薯 X 病毒粒子形态 C. 马铃薯 Y 病毒粒子形态；D. 番茄斑萎病毒粒子形态

（二）电镜超薄切片法

　　超薄切片法是将植物组织经固定、脱水、包埋和切片及染色一系列处理后，用电子显微镜直接观察并记录病毒粒子在细胞中的存在状态和部位以及细胞的病理变化。超薄切片法主要用于观察病毒在宿主细胞内的细胞病变和内涵体的形态特征分布等，通过电镜下观察病毒引起的该类变化，可以鉴定出不同株系和种类的病毒，并可以了解病毒在细胞内侵染引起一系列变化的动态过程。

　　对于提纯较困难的未知的病毒材料以及应用负染色方法仍然无法解决问题的待测病毒样品，可以通过电镜超薄切片法进行病毒形态的观察而使问题得到解决。因此，电镜超薄切片法在病毒学检测和实际生产中都有着不可替代的作用。虽然这种方法繁琐耗时，但由于不同植物病毒在细胞中的存在状态和部位所引起的细胞病理变化都有差异，因此对有些病毒的准确鉴定有一定的价值。如大多数马铃薯 Y 病毒科的病毒在细胞质里形成风轮状(pinwheels)和束状(bundles)的内含体(参见图 3-13)。

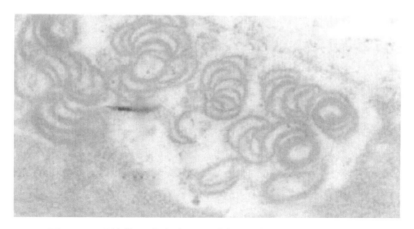

图 3-13　马铃薯 Y 病毒在细胞质中的风轮状内含体(丁铭摄)

（三）免疫电镜检测法

免疫电镜法是免疫学和电镜技术的结合，Derrick 在 1973 年建立了免疫吸附电镜技术(ISEM)，该技术利用免疫抗原与抗体的相互吸附产生集中沉淀的特性，将电镜负染法和免疫学方法相结合，从而能够在电镜视野下形成较为容易观察到的影像特征，免疫电镜法可以将病毒检测的阳性概率大大提高。常用的方法有诱捕法、修饰法、蛋白-A 吸附法。

诱捕法是将捕获抗体先包被在载体铜网上，用载体铜网来捕获样品溶液中存在的病毒粒子，再进行负染色制样观察。这种方法可有效提高电镜视野中病毒粒子的数量，观察较方便，灵敏度得到大的提高；修饰法是将吸附在载体铜网上的病毒粒子与其对应抗体进行反应，利用其在电镜下可观察到的特异性免疫反应产生的抗体"外衣"来进行病毒的血清学关系判断，此方法适用于病毒株系或种类的诊断及病毒复合侵染的检测等。为了增强修饰法的直观性，Lin 等创立了悬浮样品的金标记免疫修饰法。首先将病毒用一抗进行免疫修饰，然后用二抗或胶体金对蛋白进行标记，最后形成病毒与抗体金颗粒的免疫复合物，由于结合了直径 6～10 纳米的金颗粒在病毒抗体复合物上，在电镜下更容易观察病毒粒子形态以判断病毒的存在。蛋白-A 吸附法是将诱捕法进一步改进后的方法，首先利用蛋白-A 包被载体铜网，再将捕获抗体结合在蛋白-A 上用来捕获病毒粒子，这样可以很大地提高检测的灵敏度。

三、马铃薯病毒免疫学检测技术

植物病毒的外壳蛋白具有良好的抗原特性，不同病毒的外壳蛋白免疫原性差异较大。早在 1955 年就有研究人员用抗体与待测液的免疫沉淀试验检测病毒。酶联免疫吸附试验(Enzyme-Linked Immunosorbent Assay, ELISA)技术是由 Engval 和 Perlmann 在 1971 年研究成功的。1974 年 Voneret 首先成功应用 ELISA 检测人和动物的传染病，1976 年 Voller 以及 1977 年 Clark 和 Adams 报道了使用 ELISA 检测植物病毒。由于 ELISA 操作简便、准确性与灵敏度较高以及高通量等特点，该技术很快在病毒、其他微生物及具有半抗原的化学物质检测中广泛应用。

（一）酶联免疫吸附法

酶联免疫吸附法(ELISA)是将抗原与抗体的免疫反应特异性与酶对底物高效催化作用结合的测定方法。一般是将待测病毒样品或病毒抗体吸附在酶标板微孔上(参见图 3-14)，加上待测病毒抗体或待测植物病毒样品，加上酶标抗体(结合物或第二抗体)，再与该酶的底物反应形成有色产物。产物的量与待测病毒的量直接相关，故可根据呈色的深浅定性或定量分析。抗体标记的酶有碱性磷酸酶(alkaline phosphatase)和辣根过氧化物酶(horse-radish peroxidase)。它们与抗体结合不影响抗体活性。酶标记的抗体有病毒抗体(结合物，conjugate)、羊抗兔 IgG 的抗体或羊抗鼠 IgG 的抗体(第二抗体)。碱性磷酸酶的底物是硝基苯磷酸酯(p-nitrophenylphosphate, p-NPP)，产物为可溶性的黄色对硝基磷酸盐，吸收峰波长为 405 纳米(参见图 3-15)。

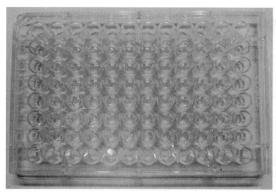

图 3-14　用于酶联免疫吸附测定的酶标板及操作示意(丁铭摄)

图 3-15　酶标仪(用于读取 405nm 下的吸光度)(丁铭摄)

1. 直接双抗体夹心法 ELISA　将已知的病毒抗体固定吸附在酶标板的小孔内,加入待检测病毒样品,加入相同抗体的酶标结合物,再加入底物显色,用酶标仪读数,根据数值大小与阴性和阳性对比后,判断待检测样品是否为带毒样品。本方法特异性强,可用于病毒株系或具有血清关系病毒间的鉴别。此法不宜用于具有不同血清亚型病毒的常规检测中。另外一个缺点是需要制备每种抗体的酶结合物。

2. 间接(DAS-ELISA)　先将待测病毒样品固定吸附在酶标板的小孔内,加入病毒抗体,再加入第二抗体,加底物显色后,用酶标仪读数。间接法因不需要自制酶标记物,操作简便,成本低,在植物病毒检测中受到重视,并广泛应用。它的缺点是特异性不高,受抗血清的质量及样品中杂质的干扰较大。

3. 三抗体夹心 TAS-ELISA　将已知的病毒抗体固定吸附在酶标板的小孔内,加入待测病毒样品,加入单克隆抗体,再加入第二抗体,加底物显色后,用酶标仪读数。相对于间接法多加了单抗,成本相当,克服了特异性不高和样品中杂质干扰较大的缺点。此法受单克隆抗体的质量影响较大。在植物病毒检测中应用将日益广泛,目前,云南已广泛应用 TAS-ELISA 检测各主要州市烟苗中烟草花叶病毒带毒情况。

（二）免疫试纸条法

免疫试纸条法又称快速免疫滤纸测定法(Rapid Immune-Filter Paper Assay,RIFPA)。利用特异性抗体球蛋白孵育红白两种乳胶颗粒制备成致敏乳胶,同时用封闭剂封闭致敏乳胶上的未被占据的位点，将上述乳胶颗粒以红上白下的相对位置分别固定在同一滤纸条上，制成免疫试纸条。测定时当滤纸条浸入待测样品粗汁液中时，待测病毒与试条上金标记胶体抗体(红色)结合后沿着硝酸纤维膜向上移动，当移动到固定有病毒胶体抗体(白色)部位时就会被吸附，该部位显示红色。该方法操作极其简单，不需要使用任何仪器，可在数分钟内得到结果，能在田间使用，有广泛应用价值。由于价格高，目前在植物病毒的常规检测中应用不普遍。

四、分子生物学检测技术

病毒核酸与其他生物相比较，其基因组较小，编码方式也较简单，但作为遗传物质仍保存着病毒从侵染、传播、复制、运动等等所有的信息，因此通过对病毒核酸的检测可以进一步深入研究，可以探知病毒种类、致病性及变异重组的差异。随着现代分子生物学技术的不断发展，逐渐建立了一些基于病毒核酸检测的新方法。

（一）dsRNA 电泳技术

当单链 RNA 病毒在寄主体内复制时，以病毒基因组 RNA 或与其互补的反义 RNA为模板合成与模板完全互补的新生 RNA 链，在新生 RNA 链合成结束的这个复制状态被称之为复制形式(Replication Form，RF)。1963 年 Montagnier 和 Sanders 首次在脑心肌炎感染老鼠的肿瘤腹水细胞中发现大分子量的 dsRNA 病毒以来，dsRNA 相继在许多动物、植物和真菌病毒中被发现。由于单链 RNA 病毒在感染植物细胞中以复制型 dsRNA 累积，因此 dsRNA 电泳图可以作为鉴定植物病毒的标准，此外利用 dsRNA 电泳技术可用于未知病毒序列的检测。李学湛等应用改进的 dsRNA 技术检测 PSTVd 病毒。Jerri 等利用dsRNA 技术在不同的电压、缓冲液以及病毒浓度条件下，进一步检测了类病毒的 *VP7*基因。研究表明 dsRNA 检测法操作简便、快速，使用仪器设备简单，一般的实验室就可以利用 dsRNA 技术进行病毒检测。但 dsRNA 检测方法受多种因素影响，只能粗略用于病毒的检测，检测结果不太准确。同时该方法不适合大量样品以及非 dsRNA 病毒的检测。该方法具有其他一些方法所具有操作简便、快速，使用仪器设备简单等优点，但是由于提取 dsRNA 耗时，工作量大，给复合侵染结果分析带来较大难度。

（二）PCR 检测技术

1. 常规 RT-PCR 检测技术

常规 RT-PCR 检测技术在马铃薯病毒检测中应用最广。运用 RT-PCR 检测一种植物病毒一般可包括以下五个步骤。①引物的设计与合成：根据已知的病毒特异基因序列，设计合成用于扩增病毒某特异性基因片段的寡聚核苷酸引物。②病毒 RNA 的提取。③cDNA 第一链的合成：以病毒 RNA 为模板，在 3′-端引物引导下，反转录合成 cDNA第一条链。④PCR 扩增：取一定量的反转录产物，加入过量引物，TaqDNA 聚合酶，dNTP，PCR 反应缓冲液，在 PCR 仪上扩增。⑤结果分析：采用琼脂糖凝胶电泳分析扩增结果。对于阳性反应扩增产物中应出现特定大小的电泳条带，而阴性反应无此电泳条带。目前利用该方法检测 PLRV、PVY、PVA、PVS、PVX 和 PSTVd 等。

合理的引物设计是利用该技术的关键。设计引物时应注意：引物内部避免具有明显的二级结构，尤其是发夹结构，两条引物之间不应有互补序列，尤其在引物的 3′-末端，如无法避免，其 3′-端的互补碱基也不能多于 2 个，引物 3′-端的 5～6 个碱基与病毒基因组中靶 RNA 片段的配对必须精确、严格，所选病毒基因组中的靶 RNA 片段应在该病毒的特异保守序列区，对于株系间分子变异大的病毒尤其应该注意。另外，RT-PCR 检测技术也可通过引物设计用于同种病毒不同株系间的鉴定，此时选择该株系中可区别于其他株系的特异序列区进行引物设计。例如 Weilguny1998 年根据 PVYNTN 的 Pl 基因序列设计了两对特异引物，结合一对常规引物，通过三对引物嵌套 PCR 实现了对 PVYNTN 的特异性检测。Boonham 利用该技术对 PVY 三个株系进行了鉴定。2005 年孙琦和张春庆利用该技术检测了国内常见的 PVY^N 和 PVY^O 株系。

2. 多元 RT-PCR 检测技术

多元 RT-PCR(m-RT-PCR)检测技术是近几年建立起来的一项新技术，与常规方法相比，此技术在一个 RT-PCR 反应中可同时检测多种病毒，操作更简便。

m-RT-PCR 检测技术与 RT-PCR 检测技术的主要区别在于：①m-RT-PCR 检测技术以 oligo (dT)或随机引物作为多种病毒的公共引物进行[反转录对于无 Poly(A)结构的 PLRV 则使用其 3′端引物]。②PCR 中使用了多对病毒特异性引物分别用于扩增各病毒的特异基因片段，不同病毒所扩增的基因片段间大小不同。③扩增片段的检测：一般扩增产物采用琼脂糖凝胶电泳进行检测，因不同病毒的 PCR 产物大小不同，因此可根据 PCR 产物的多少来判断植株体内带几种病毒，根据 PCR 产物的大小判断病毒的种类。

3. 荧光竞争 RT-PCR 检测技术　利用带有荧光标记的株系特异性引物进行 PVY 的 RT-PCR 检测，如样品中只含有 PVY^N 时 PCR 产物为绿色，如样品中只含有 PVY^O 时 PCR 产物为红色，如样品中同时含有 PVY 的两个株系则 PCR 产物为橙色。2007 年 Bright 将多元 RT-PCR 与荧光方法结合，可以同时从马铃薯块茎汁液中检测出常见的 PVY、PVX、PVA 和 PLRV 四种病毒，不用提取植物总 RNA，可同时检测大量样品(200～400 份)，大大降低了检测成本。此技术不需要进行琼脂糖凝胶电泳和染色即可对扩增结果进行检测，操作更为方便，但要求具有荧光检测设备。

4. 免疫捕获 RT-PCR 检测技术　免疫捕获 RT-PCR(Immunocapture-RT-PCR，IC-RT-PCR)检测技术是免疫学技术与 RT-PCR 技术相结合建立起来的检测方法。Nolasco 利用 IC-RT-PCR 技术成功地检测了包括 PLRV 在内的 8 种植物病原病毒，1 种类病毒和 1 种卫星病毒。此技术不需进行病毒 RNA 的抽提，并在不破坏病毒粒体的情况下即可对病毒进行检测。该方法中的病毒专化抗体可使用依赖于 dsRNA 的单克隆抗体替代,因此，该技术为不具有病毒专化抗体或采用免疫学技术检测困难的病毒提供了一个可行的检测技术。灵敏度与典型的 RT-PCR 检测方法相同。

上述各种马铃薯病毒 RT-PCR 检测技术具有简单、快速、灵敏、特异性强、重复性好等优点，仅用微量感病组织汁液即可灵敏的检测到病毒的存在。此类技术不仅可以在基因水平上为植物病毒的检测提供了更灵敏的手段，而且可与核酸序列分析结合，检测基因序列的变异，分析病毒株系间的序列相似性，比较亲缘关系，为病毒的鉴定提供可靠依据。此方法对仪器有较高要求，必须具备 PCR 仪，另外在对 PCR 产物进行检测时主要采用凝胶电泳进行，此方法需要 EB 染色，而 EB 具有强诱变作用，具有中等毒性，这些因素极大地限制了此方法的推广应用。

（三）环介导等温扩增技术

环介导等温扩增技术(Loop-Mediated Isothermal Amplification，LAMP)是一种新的核酸扩增技术，在同一管中实现反转录和 DNA 的快速扩增。体系的基本构成有反转录酶、4 条引物，具有链置换功能的 DNA 聚合酶，dNTP，缓冲液等。目前该技术已经应用于病毒、细菌和真菌的检测。LAMP 是在具有链置换活性的 DNA 聚合酶作用下，依赖于可识别靶标上 6 个特定区域的 4 条引物，可在恒温条件下扩增核酸，浊度仪和焦磷酸镁沉淀法等方法可以快速检测大量样品。

（四）核酸分子杂交技术

1. 核酸斑点杂交技术　1990 年，Owens 和 Diener 首次应用核酸斑点杂交(NASH)检测马铃薯病毒及其类病毒。2001 年白艳菊等研究并应用 NASH 的方法快速检测 PSTVd。除了用于类病毒检测外，NASH 还可以用用于同种病毒的不同株系的检测。Querci 等利用放射性 NSAH(Radioactive Nucleic Acid Spot Hybrization，R-NSAH)和非放射性 NSAH (Nonradioactive Nucleic Acid Spot Hybrization，NR-NASH)两种检测方法分别检测 PVX 病毒不同株系。此外 NASH 检测还可以用于多种病毒的检测，Janczur 等利用 NR-NSAH 检测方法，同时检测 PVS、PVX 以及 PVY 三种马铃薯病毒。与 ELISA 方法相比，NASH 方法具有操作简单、快捷以及成本低等优点。但由于在实验过程中使用放射性化学物质，NR-NASH 虽没有放射性危害，灵敏度方面通常达不到检测要求。

2. 基因芯片技术　基因芯片(Gene Chip)，又称 DNA 芯片，DNA 微阵列(DNA Microarray)或寡核苷酸阵(Oligonucleotide Array)，检测技术的原理是基于核酸碱基配对的原则，同时基因微阵列检测技术又结合了类似电子微阵列的集成原理，通常在 1 平方厘米的固相支持物上结合成探针，然后与标记的样品靶标分子杂交，通过对杂交信号的检测分析，明确目标分子的存在与否和浓度，因此基因微阵列技术可同时针对多靶标多点检测，具有其他技术所无法比拟的优势。1995 年 Schena 等首次报道了用于定量检测基因表达的微点阵。1998 年，该技术被 Science 期刊评为十大科技进步技术之一。DNA 微点阵最初主要应用于人类病原菌的检测，近年来，该技术也逐步应用于植物病毒检测领域。2005 年 Bystricka 等对前期建立的马铃薯病毒微点阵进行改进，利用 40mer 寡聚核营酸捕捉探针替代 PCR 产物，以提高杂交的特异性，试验结果表明所构建的寡聚核苷酸微点阵不但能够检测 PVA、PVS、PVM、PVX、PVY 和 PLRV 六种马铃薯主要病毒，还可以进一步用于鉴定 PVY^{NTN} 和 PVY^O 株系以及 PVSA 和 PVS^O 株系，因此寡聚核苷酸芯片与 cDNA 芯片相比较具有更高的特异性。

第五节　云南省马铃薯种薯企业案例分析

云南英茂农业有限公司是集花卉、马铃薯、农资、农业技术咨询等为一体的专业化的集团公司，是生产马铃薯组织培养苗、花卉种苗及马铃薯种薯生产的规模化、专业化、优质化的公司。已成为国际知名种源商在国内指定的生产经销商。并荣获"云南省农业产业化经营重点龙头企业"、"云南省优质种业基地"、"云南省农业科技示范园"等荣誉称号。公司依托云南独特的地理优势，建立辐射周边低海拔国家的云南马铃薯种薯区域合作发展模式，推进将滇产优质马铃薯种薯资源供应到周边低海拔国家和地区。并已启动英茂与越南、缅甸、孟加拉等国家的合作，并签署合作协议。公司紧紧抓住国家"马铃薯主粮化"发展战略和"一带一路"历史机遇，初步构建了面对东南亚种薯市场的布局，为滇产马铃薯种薯走向国际市场打开了一条通道，对未来滇产优质种薯的市场国际化推进具有战略意义。

一、英茂公司马铃薯脱毒种薯企业质量标准构建

云南英茂农业有限公司经过 2 年的时间，构建了公司的马铃薯种薯生产的企业质量标准，现分述如下。

马铃薯组培苗质量标准：不带 PVS、PVA、PVY、PVX、PLRV、植原体、马铃薯纺锤块茎类病毒、细菌和真菌，苗高 5～8 厘米，茎粗≥1 毫米，有效苗株数≥25 株/瓶，有效节点数≥3 节点+顶叶，顶叶张开，无灼伤叶片。

马铃薯脱毒种薯分级指标：原种纯度不低于 99.5%，薯块整齐度不低于 85.0%，不完善薯块不高于 1.0%；一级种纯度不低于 98%，薯块整齐度不低于 85.0%，不完善薯块不高于 3.0%；二级种纯度不低于 96%，薯块整齐度不低于 80.0%，不完善薯块不高于 5.0%；三级种纯度不低于 95%，薯块整齐度不低于 75.0%，不完善薯块不高于 7.0%。

二级种薯的块茎质量指标：环腐病允许率 0，湿腐病和腐烂<0.1%，干腐病≤1.0%疮痂病，黑痣病和晚疫病轻微症状(1%～5%块茎表面有病斑)≤10.0%、中等症状(5%～10%块茎表面有病斑)≤5.0%，有缺陷薯(冻伤除外)≤0.1%，冻伤<4.0%。各级种薯带病允许率参见表 3-11。

表 3-11　各级别种薯带病植株的允许率

| 检验次数 | 第一次检验 | | | | | 第二次检验 | | | | | 第三次检验 | | | | |
| 检验指标 | 病害及混杂株/% | | | | | 病害及混杂株/% | | | | | 病害及混杂株/% | | | | |
检验内容	类病毒植株	环腐病植株	病毒病植株	黑胫病和青枯病植株	混杂植株	类病毒植株	环腐病植株	病毒病植株	黑胫病和青枯病植株	混杂植株	类病毒植株	环腐病植株	病毒病植株	黑胫病和青枯病植株	混杂植株
原原种	0	0	0	0	0	0	0	0	0	0	0	0	0	0	0
原种	0	0	≤0.25	≤0.5	≤0.25	0	0	≤0.2	0	0	0	0	≤0.1	≤0.25	0
一级种	0	0	≤0.25	≤0.5	≤0.25	0	≤0.1	0	0	0	0	0	≤0.1	≤0.25	0
二级种	0	0	≤0.5	≤1.0	≤0.5	0	0	≤0.25	≤1.0	≤1.0	0	0	≤0.1	≤0.25	0
三级种	0	0	≤2.0	≤3.0	≤1.0	0	0	≤1.0	≤1.0	≤1.0					

二、英茂公司马铃薯脱毒种薯生产标准及运用

（一）马铃薯种薯生产全链标准生产体系

核心苗构建：建立病毒检测计划，进行核心母瓶的构建。

技术标准构建：根据各区域环境差异，各品种特性，摸索种植的时间及种植模式结合，逐步完善种植生产管理体系。

植保管理：生产环节具备全方位的消毒设施及消毒措施，避免在生产中病害的传播及品种的杂株出现；建立病虫害等防控及病毒检测方案，使用记录表，构建可追溯性的体系。

水肥管理：种植覆盖面积实施水肥一体化的管理，安装建设了灌溉系统、水泵房、水池等基础配套设施；并进一步优化、完善水肥一体化的灌溉系统，进行技术科学化的日常水肥管理。达到高产、高效、有效利用土地资源及水资源，做到现代化农业管理示范作用。设置 EC、pH 等关键检测指标控制各阶段生产过程。

设施设备：配备配套的机械设施，如拖拉机、翻转犁、旋耕机、起垄机、微型薯播种机、种薯播种机、液态施肥机、杀秧机、收获机、原原种分级机、原种分级机、一级种分级机。规模化、规范化生产，逐步转变为机械化高效率、规范生产替代人工传统生产。

仓储物流控制：目前拥有 3000 平方米的种薯仓储，设定预冷库、恒温库等冷库设施，保障种薯的质量；具备原原种种薯分级包装设备，能够按标准进行分级包装；具备物流环节监控温、湿记录仪跟踪物流环节关键指标。

质量的控制：按照公司马铃薯种薯生产全链标准生产体系建设的要求，从原原种母瓶核心苗→原原种→原种→一级种每个环节进行相关指标的检测，如果有一个环节检测不合格，达不到指标，该批次的苗株(种薯)进行整体销毁或降级处理，重新构建后再进行下一个环节的生产，病虫害的防治要求严格按照协作单位专家组的计划要求进行操作防治。

（二）英茂公司马铃薯种薯原原种（组培苗）生产体系

核心苗储备：根据生产计划从相关单位引进相应品种的脱毒核心苗。关键指标：品种纯度保证 100%、无真菌、无细菌、无国家标准(GB 18133—2000)规定的病毒及类病毒等。核心苗使用周期不超过 1 年。

核心苗病毒检测：将核心苗茎尖取下转接后，剩余部分以瓶为单位送检。检测方式为 DAS-ELISA 及 RT-PCR 同时检测，检测范围为马铃薯 S 病毒、马铃薯 A 病毒、马铃薯 Y 病毒、马铃薯 X 病毒、马铃薯卷叶病毒、植原体、马铃薯纺锤块茎类病毒，一旦出现目标病毒销毁全部核心苗并重新购买和构建。

核心苗茎段细菌检测：取核心苗茎尖部分转接至新的培养基中，将核心苗基部 2～4 毫米茎段切碎至于 LB 液体培养基中 28℃摇床振荡培养一周后，检查带菌情况，并作对应处理。

核心母瓶保种：采取茎尖动态脱毒手段保种，取茎尖 15 天重复一次转接。

组培苗培养容器选择：采用 450 毫升锥形三角瓶(外径，封口材料为双层牛皮纸及棉线)； 采用 500 毫升圆形透明 PE 盒(盒盖自带换气孔)。

培养基配制：培养基配方为 MS+蔗糖 30g/L+琼脂 5.4 g/L，pH5.8，将混合好的培养基(40L/桶)至于灭菌锅中 121℃，0.1kPa 下煮 15 分钟，确保琼脂完全融化；利用培养基分装机将煮好的培养基按 100 毫升/瓶分装，分装厚度为培养瓶边缘 2 厘米；采取湿热灭菌法，在高压灭菌锅中 121℃，0.1kPa 条件下灭菌 20 分钟。培养基灭菌完毕冷却后储藏于洁净区的培养基储藏室备用，并定时开启紫外灯对储藏环境灭菌。要求生产部门进行生产任务时，取储藏时间为 15 天≤X≤30 天的培养基使用。培养基需保证软硬适中，无污染。

组培苗接种流程及标准：每次生产前一周，对组培楼进行紫外灭菌+甲醛熏蒸消毒；并对洁净区进行空气洁净度检测，符合既定标准进行生产，否则对不达标区域再次进行灭菌处理，直至达到目标值；进入洁净区，完成换鞋、更衣、洗手、消毒后进入组培室接种室内，切换超净工作台杀菌灯后，对接种工具、母瓶、培养基做再次消毒处理；用医用直剪将组培苗母株从母瓶中沿培养基上表面剪出并放在接种盘内，并将茎段、茎尖分开定植；保证茎段或茎尖有 1～2 个腋芽节点，每瓶 27 个茎段或者茎尖，每茎段或茎尖长度 1～2 厘米，其中茎段或茎尖腋芽上下端不低于 0.5 厘米。将培养基内茎段或者茎尖以自然下方朝下方式均匀转接于培养基中，并保证腋芽点必须露在培养基以上；接种完成后，用打码机标注品种名，接种日期、接种人信息、母瓶信息等。

组培苗培养：人工光培养室内培养白天温度 20～22℃，夜间温度 18～20℃；瓶口光照强度 4000～5000lx，光照时间 12～16 小时；自然光培养室内温度 15～30℃，瓶口光照强度 5000～8000lx；培养室内人工光照培养 15 天；室内自然光照条件下培养 7 天，室外自然光培养 7 天。培养室内保证光照、温度的一致性，提升瓶苗均一性；室外培养保证环境的温光可控，避免高温、强光对顶芽或其他叶面的灼伤。

马铃薯脱毒苗生产环境的控制：洁净区域每天月消毒水拖地 1 次，每周臭氧消毒 1 次或甲醛熏蒸 1 次；每周对洁净区域进行菌落数检测，并对不达标环境进行重点消毒，直到符合要求；办公区域每三天用消毒水拖地 1 次，每月用臭氧消毒 1 次或甲醛熏蒸 1 次；每月对洁净区域进行菌落数检测，并对不达标环境进行重点消毒，直到符合要求；检测方法使用《GB/T 16294—2010 医药工业洁净室(区)沉降菌的测试方法》，每个区域的洁净程度等级如下：操作台为 100 级；接种室、培养室、走道、培养基储藏室、灭菌室为 1 万级；洗瓶室、培养基制备室、更衣室为 10 万级；组培楼外围环境每月进行以此灭菌杀虫处理，每季度进行 1 次绿化修整。

脱毒苗生产过程中的巡检及记录：接种 5 天后，隔 2 天检查一次污染情况，并对污染情况做记录，污染瓶苗需当天灭菌处理；每周实施不少于 1 次的全部瓶苗巡检，对生长出现问题的瓶苗及时调整温光及其他对应措施。确保培养环境及培养基符合各品种的生产特性。

组培苗病毒检测：核心苗进入扩繁前需对每瓶苗做一次病毒检测；每扩繁一代，取样 3‰ 进行目标病毒检测。检测方式为 DAS-ELISA，检测范围为 PVS、PVA、PVY、PVX、PLRV、植原体、PSTVd。

组培苗出瓶：达到公司出瓶标准的组培苗即可出瓶移栽获销售。包装框规格为 50 厘米×40 厘米×8 厘米，上口敞开，下口网状透气。包装前用消过毒的湿布垫于框内底部。以 75 瓶出瓶苗为单位将苗连带培养基正面朝上铺与塑料包装框中。然后再用消过毒的湿布将苗完全覆盖保水备用；每框悬挂标签注明品种、数量、出瓶日期、母瓶信息；如当天发货移栽，可直接移栽；如隔夜移栽，4～8℃冷藏储存，储藏时间≤2 天；保证储藏过程中的湿度控制，防止苗出现萎蔫。

（三）英茂公司马铃薯种薯原原种（微型薯）生产体系

马铃薯原原种生产温室结构标准：温室须完整、无破损，温室具备缓冲间，肩高不低于 3 米；温室四周用幅宽 2.0 米的 40 目防虫网封住，顶部用幅宽 1.5 米的 40 目防虫网封住，利于通风、降温、防虫效果，且须避免温室内及周围存在其他茄科作物；苗床宜用高架床，利于排水、透气。苗床高度以人员操作方便为宜(一般 40～60 厘米)，长 20～30 米，宽 1.5 米；喷灌系统由喷雾系统和滴管系统构成，利于控湿、降温、防早衰及减少中后期病害的发生。滴管标准为 2 升/小时、滴孔间距 10 厘米，安装间距 10～12 厘米一根。采用人工操作，则必须使用喷头；马铃薯生产需要冷凉、光照充足的环境条件。但云南地处高原，紫外线过强，温室效应明显，而且不少地方 4～9 月的温度依然会在30℃以上，尤其是在温室内，会达到 32～35℃，不利于马铃薯生长。因而，需要在不同时段进行阶段性遮阳降温，遮阳网可选择 50%～70%的黑色网纹网。

基质选择标准：选择性较广，常用基质有草炭、珍珠岩、蛭石、椰糠、腐殖土等或混合使用，实际生产中要因地制宜选用合适的基质，保证基质通透、恒温。通常选用草炭：珍珠岩=6：1；中等陶粒(3～5 毫米)：泥炭=5：5；腐殖土：珍珠岩=5：5 等混合基质。

基质的使用流程：苗床填充基质前清除温室内外杂物、杂草，清扫地面及苗床，并用氯制剂(如优氯净 800～1000 倍)对温室内地面、苗床彻底消毒后，方可填充基质备用，落到地面的基质未经消毒不可使用；基质需经过高温蒸汽消毒，温室达 90℃以上持续 1.5小时后冷却方可使用，也可使用药物消毒，如用 1%～2%的甲醛溶液淋灌、使用甲醛溶液淋灌消毒时要浇透基质，并边淋灌边覆膜，覆膜要严实，之后闷棚 5～7 天、开棚揭膜通风 5～7 天后定植；消毒完毕整平基质，基质厚度 10～12 厘米。

环境控制标准：各温室负责人负责其温室内外环境卫生的管理，生产垃圾应在现场工作结束后及时清除，并运送到指定垃圾堆放处；每天打扫操作区域卫生，及时清除苗床下、温室内外的杂草，杂草达到可清状态时必须立刻组织员工进行清除。垃圾桶、浇水皮管及清扫用具等必须按规定摆在固定位置，以便于环境整洁和提高工作效率。

空间消毒：可选用熏蒸剂如 30%百菌清烟剂(300～400 克/平方米)+12%达螨灵+异丙威烟剂(300～400 克/平方米)熏蒸等，时间保持至少 12 小时后开棚通风。

人员、工具消毒：进入温室必须进行脚底消毒，在接触到病株及病株残体后也必须先消毒后才能进行其他工作；定植时要使用的槽刀、定植标尺、壮苗托盘等一律用 75%乙醇喷洒消毒。

组培苗(驯化结束)质量标准：苗高 5～8 厘米，茎粗≥1 毫米，伸长的节≥3 节点+顶叶，无真菌、细菌污染，经检测确认不携带 PVX、PVY、PVS、PLRV、PVM、PVA 和 PSTd及植原体的组培苗。

组培苗定植：一般选择在 8 月 10 日～9 月 20 日进行，要根据品种特性确定种植时间，早中熟品种晚植、中晚熟品种早植。

基质处理：用喷雾或喷头浇透基质备用。

组培苗分级：定植前要对苗进行分级处理，分级参考指标为苗高、苗粗壮度、苗伸长节数。把分级指标状态相近的苗定植在一个苗床上。

定植:温室定植过程保证遮阳系统的要拉开遮阳网,并保持5～7天,利于苗的成活。定植结束,手工用喷头浇足定根水。

定植方式:用工具开槽～放苗～回填,定植密度为150～200株/平方米,株行距可用5厘米×12厘米或5厘米×10厘米等,深植,露出顶部1～1.5厘米,定植后4天内,逐一检查苗成活情况并进行补苗。

覆土:采用不覆土或1次覆土方式。覆土一般选择在苗高10～15厘米时进行,覆土高度3厘米,充分保障匍匐茎被埋于基质。

水肥管理:可选用15:15:15复合肥作为底肥,重复使用的基质一般用50千克/亩,新基质可加倍使用;追肥采用水肥一体化进行,花蕾期之前(定植后40～45天)采用N:P_2O_5:K_2O:CaO:MgO=1:0.5:1.5:0.6:0.18结构的肥料,7周后至停肥前可用N:P_2O_5:K_2O=1:3～4:6结构的肥料,定植后5～7天施第1次肥,头3周每周1次,4～7周一般1周1次～2次,浓度在2‰～3‰,水量5～7升/平方米,要根据季节、品种特性和植株状态进行调整;7周过后选用结薯肥,一般1周2～3次,浓度在1.5‰～3‰,水量5～7千克/平方米;根据品种,一般在60～75天停肥,90～100天停水。

病虫害防治:温室生产原原种,要全程控制病虫害。主要病害有早疫病、晚疫病,主要虫害有斑潜蝇、蚜虫和白(烟)粉虱,其中以晚疫病、斑潜蝇、蚜虫危害最重,因此,制定防治计划时也要以此为主要靶标,并以预防为主。晚疫病定植后2～3周为高发期。对晚疫病防治较好的药剂有甲霜灵锰锌、烯酰吗啉、克露、银法利、代森锰锌、嘧菌酯等,可用这些药剂交替进行,根据天气、季节一般5～7天/次。出现明显病害时,除清除病源中心植株外,3天1次药,直至病害完全空制;斑潜蝇防治为粘挂黄板纸,1张(20厘米×30厘米)/15～20平方米;药剂可选用阿维菌素、敌杀死+灭蝇胺、巴丹等交替施药;蚜虫防治为粘挂黄板纸,1张(20厘米×30厘米)/15～20平方米;专用药剂可选用吡虫啉、啶虫脒等;早疫病防治为8月中旬以后定植,早疫病较少,如果发生可用苯醚甲环唑、嘧菌酯等交替防治,第5天1次,直到完全控制。

气候控制与管理:马铃薯对温度要求较高,实际生产中营养生长期要将温度控制在20～28℃、不超过30℃,有利于茎叶及匍匐茎的生长;结薯期温度控制在13～18℃、不超过22℃,有利于结薯和薯块膨大;长日照有利于茎叶和匍匐茎的生长,短日照则利于结薯及薯块膨大,早中熟品种受影响较小。因而直接影响到种植时间的选择。结合以上因素和品种特性,在云南地区,中晚熟品种一般选择8月上中旬定植,早中熟品种则选择在8月下旬到9月初定植;云南地区光照紫外线强,热效应明显,设施栽培时,气温、基质温度都会达30℃以上,造成徒长。8月10日～10月15日在植株封行之前,天晴时一般要求在12:00～15:30用50%遮阳网遮阳,具体要根据天气情况操作。

株型控制:温室苗床生产原原种,植株高度不宜超过40厘米,可通过操作遮阳网、浇半腰水等降温控制。一旦植株出现徒长,不推荐使用矮化剂,尤其是多效唑,可通过打顶芽控制高度。

收薯与贮藏:在收获前2～3周停水(大致在1/3以上的茎叶出现萎黄,早中熟品种约80～90天、中晚熟品种约100～110天,至基质基本干透时适时收薯;收薯采用人工收薯,先清除上部茎叶再收薯,注意标志不可一起收走。为避免混杂,收薯时不能多个品种一起收,要按品种分别收取。阳光强烈时,要开遮阳网操作,收起的原原种尽快拉到阴凉处晾干；新收获的原原种不能立即包装装袋，要先放在通风无直射光的地方(温度12～15℃)摊晾 5～7 天后分级包装，同时剔除病薯、烂薯、伤薯、生长不充实薯及杂物等。按 2 克以下、2～5 克、5～10 克、10～20 克及 20 克以上 5 个等级进行分级包装，分组可采用分级机器进行；用尼龙网眼袋进行，装袋不能太满，确保网袋能平摊堆码，内外均置标签，标签上注明品种、数量、等级、收获日期、产地等；贮藏时注意让温度分次下降至 4～8℃，可贮藏 2～4 个月，长期贮藏时温度要降至 2～4℃；湿度在 70%～85%，堆码时下放栅格垫板。

（四）英茂公司马铃薯种薯原种/一级种生产体系

生产计划制定：根据公司的战略发展规划，结合原原种生产部的生产能力和市场需求编制年度生产计划。年度生产计划包括各品种种植计划、目标产量计划、设施设备要求计划、资金和物资使用计划、人力资源需求计划等，报公司审定后组织实施。大田生产部经理是生产计划的直接责任人。

土地计划：根据种植用种的总量，计划总需土地面积，于每年 11 月前落实用土地数量，规划土地比实际种植面积预留 10%作机动地块，同时考虑轮作地块，种薯生产地块最多三年要轮作种植。

整地：第一次整地于每年 12 月雪凌封山之前及时对土地进行一次深翻，犁深在 30～40 厘米之间，使土壤冻垡、风化，以接纳雨雪，冻死越冬害虫。在整地的同时认真清除一次地块的杂草，尤其是杂草的根茎(如白蒿根茎)应尽量拈除干净。待早春解冻后于 2 月中旬前对土壤再进行第二次精耕细耙，达到耕层细碎、平整无根茬，保住墒情，以待起垄播种。

原原种薯准备：原原种种薯主要根据种薯重量进行分级，规格分为小于 2 克以下、3～5 克、5～10 克，10～15 克，15 克以上五个级别。注意在分的时候要按品种分，待一个品种分完后再分另一个品种，并且在分装入袋时要挂上塑料品种标签，标签内容包括(收获时间、级别等信息)，即袋内装放一个内标签，标签一定要用记号笔书写，以便在播种时辨别和对应规划地块用种。

原种种薯分级准备：原种种薯个头差异大，在种薯选用时主要分为三种，即 30 克以下，40～50 克，100 克以上，注意在分级装袋的时候严格按照标牌的要求执行。

种薯处理：针对未渡过休眠期的种薯，在播种前 15 天对已选留作种的种薯必须进行一次全面的检查，看其是否渡过休眠期，如发现未度过休眠期，必须进行催芽处理。催芽处理的方法：一是将需要催芽的种薯置放于高温、潮湿和黑暗的条件下，促使其度过休眠期，然后摊放在散射光下，促芽变壮、变绿。二是用赤霉素 5～10 毫克/千克液浸种(整薯 10 毫克/千克，切块薯 5 毫克/千克)，然后待自然晾干后播种；对 50 克以下的种薯采取整薯播种(50 克以上的大种薯需要进行切块处理)。技术标准：切块前准备切刀两把，用 75%乙醇或 0.5%高锰酸溶液将切刀消毒，然后每把刀切一个种薯后放入消毒液消毒再换另一把刀切下一个。切块时要剔除病、烂、次、劣薯，选择无病变、霉烂、健壮无损伤的种薯,切种从基部开始，按芽眼排列顺序螺旋形向顶部斜切，最后对顶芽从中纵切，以破坏主芽，利用侧芽。保证每个切薯带 2 个以上芽眼，重达 20 克以上，切块处理时间应在播种前 1～2 天进行，切块后立即用含有多菌灵(约为种薯重量的 0.3%)或甲霜灵(约为种薯重量的 0.1%)的不含盐碱的植物草木灰拌种，并进行摊晾，使伤口愈合，勿堆积过厚，以防烂种。

施底肥：每亩施优质腐熟的农家肥 1000 千克、普钙或钙镁磷肥 40 千克、硼砂 1 千克，马铃薯专用复合肥 100 千克，于播种前 15 天准备好，选定堆放场地，四者充分混合后运入各地块待用，播种前待第二次土地精耕细耙结束后，按每块地的实际种植面积和需肥量将所需肥料用撒肥机施入田块，于播种时用播种机械施入田块。

施肥技术：按照每个复合带宽窄行的面积，宽行为垄面占用面积，窄行为空沟占用面积，如果是播种机操作，株距按 15～18 厘米，行距 90 厘米，施肥时按照肥料与宽行的有效面积将混伴好的肥料(农家肥+普钙)均匀地施散于宽行上，然后再进行起垄播种，起垄时无论是播种机操作或人工开厢起垄都要求要做到垄面平整，垄向(行)要直，垄厢底面宽保持 90 厘米，顶部保持 60 厘米，垄高 20 厘米；根据苗情长势，小苗生长期、生长花期、结薯期、块茎膨大期，进行全元素的水肥一体化配方施肥，结合防治晚疫病定期按计划进行预防防治病虫害。

播种时间和整地：根据繁育基地的地里环境及气候特点，马铃薯最佳播种时期是 2 月下旬～3 月上旬，如遇特殊情况，即 2 月气温回升特别慢或播种期间遇雪雨侵袭，播种时期可延迟至 3 月初至 3 月下旬；2 月中旬前对土壤再进行第二次精耕细耙，达到耕层细碎、平整无根茬，保住墒情，以待起垄播种。

原原种播种密度(生产原种)：原原种由于种薯较小，顶土力差和生长势都相对弱于原种种薯，故在播种时应加大密度栽培。播种机开厢起垄播种，覆带的宽度为 90 厘米，播种深度 10 厘米，小行距 90 厘米，株距为 10～12 厘米，根据种薯大小决定种植密度，每亩定植 6000～8000 粒。

原种播种密度(生产一级种)：按照原种种薯个头大小，将种薯小于 50 克以下的分出来，作为一种种植规格进行直播，大于 50 克以上的通过切块处理后，根据各品种的生育期早晚、植株高矮等因素因地制宜确定合理密植。在机械播种覆带的宽度为 90 厘米，早熟种('费乌瑞它'、'大西洋')机械播种株距 15～18 厘米、每亩播种 4000～4500 株；中(早)熟种('丽薯 6 号'、'宣薯 2 号'、'会-2'、'H-6')机械播种株距 18～20 厘米、每亩播种 4235 株；晚熟种为('合作 88'、'云薯 401')机械播种株距 20 厘米、每亩播种 3800～4000 株。

田间管理：在播种后 20～25 天即开始陆续出苗，出苗期间加强田间巡察，对田间出苗情况分地块进行记录，细看是否有病虫草害发生及人为、牲畜、自然损害地块情况，针对苗情、不同情况及时采取相应措施；待幼苗出齐长高至 10 厘米高时即进行第一次中耕培土除草、追肥，以提高地温，促进苗棵生长，培土厚度 5 厘米；团棵期进行第二次中耕培土，培土厚度(垄高)为 15～20 厘米，以加厚结薯层次促使多结薯，提高产量，同时避免薯块外露，降低品质；马铃薯的肥水管理尤其是肥料的施用方法，重点是以基肥为主，追肥为辅的平衡施肥原则，做到前促、中控、后保。前期应尽可能地使马铃薯早生快发，多分枝，施肥以氮磷为主；中期控制茎叶生长，不让其疯长，促使其转入地下块茎形成与膨大；后期不能使叶色过早落黄，以保持叶片光合作用效率，多制造养分供地下块茎膨大，施肥上以钾肥为主，适当补施氮肥。具体施用肥料时间和数量按前节追肥进行。在水分的管理上：如遇田间湿度过大或雨水偏多，则要开挖防洪排涝沟，防止田间积水，降低田间湿度。

病虫害防治：按照"预防为主、综合防治"的植保方针。坚持以"农业防治、物理防治、生物防治为主，化学防治为辅"的无害化控制原则。根据病虫发生种类、发生阶段，按照合法、安全、高效和经济的原则选药。连续阴雨天晴后或连续晴天阴后一定要打一遍药，要避开阴雨天选择晴天施药，如施药后不到 1 小时下雨要进行补施。结合施底肥时亩用 1 包二嗪磷 5%颗粒剂防治地下害虫，出苗后随时巡查地块，观察是否有病虫害发生。田间发现中心病株及时将中心病株连塘土(半径 20 厘米以内)一起拔除并清除到田外销毁，而后全田喷药普防。大田期喷药预防：从苗齐后开始，前期喷施 80%代森锰锌可湿性粉剂 500 倍液或 58%甲霜灵锰锌可湿性粉剂 500 倍液或 80%烯酰吗啉 1500 倍液。每隔 7～10 天一次，共喷 2～3 次；一般情况下从苗齐期至现蕾期(易感和感病品种)每亩用代森锰锌 120 克兑水 50 千克喷雾一次～两次→现蕾期每亩用 72%克露或 58%甲霜灵锰锌 100 克兑水 50 千克喷雾，每隔 7～10 天喷药一次，共喷施 2～3 次；盛花期之后使用银法利、福帅得防治 1～2 次。随时根据苗棵长势或虫情势态，重点是在现蕾前和开花期防治虫害，当田间有翅蚜虫达到 0.5 头/平方米时，每亩用 10%吡虫啉可湿性粉剂 2000 倍液或 50%抗蚜威可湿性粉剂 2000 倍液～3000 倍液喷雾进行 2～3 次蚜虫防治。

晚疫病、环腐病及黑茎病防治：病害的防治重点是以预防为主，加强对田间勤检查，发现中心病株后立即拔除，并对病株附近植株上的病叶摘除就地深埋，撒上生石灰。在防治上从苗齐后开始至现蕾期，用药时均添加增效剂，每亩用 80%代森锰锌可湿性粉剂 120 克兑水 50 千克喷雾或 58%甲霜灵锰锌可湿性粉剂 100 克兑水 50 千克喷雾。每隔 7～10 天喷一次，共喷 2 次；开花～盛花期在用 68.75 克/升，银法利悬浮剂 75 毫升(100 克)兑水 50 千克进行喷雾，每隔 7～10 天喷 1 次，喷 2 次。根据病害发生及气候情况总共进行 4～8 次化学药剂防治。

青枯病防治：用 72%农用硫酸链霉素 4000 倍溶液(即 15 克药剂兑水 60 千克)或 77%可杀得可湿性粉 500 倍溶液(即 120 克药剂兑水 60 千克)灌根，每株灌兑好的药液 250～500 克，隔 10 天灌 1 次，连灌 2～3 次。

去杂、除杂：在团棵期、初花期和块茎膨大期各进行一次拔出杂株、病株和有疑问的植株，把拔掉的植株集中销毁或深埋。第三次去杂，除劣时，植株已经结薯，在拔出植株的同时也要把块茎挖出。

田间检验：对病害发生和品种混杂情况进行调查。以病毒病、细菌性病害和真菌性病害的发病率、品种纯度等指标为依据，开具田间检验单。

机械杀秧：马铃薯种薯进入生长后期，田间郁蔽，植株抗病能力下降，许多病原菌依附于绿色的植株上伺机扩大侵染或者侵染块茎，这个时期就要把全田的秧子杀死，绿色植株消失，病原菌也就失去了寄主，块茎受感染的机会大大减少。根据所种植品种的生物学特性，当地上大部分茎叶淡黄，基部叶片已枯黄脱落，匍匐茎已表现干缩时进行杀秧，留残茬 5～8 厘米，也即在收获前 10～15 天先将马铃薯植株割掉，秧子完全枯死后两周再开始收获，可使块茎在土中后熟，表皮木栓化，收获时不易破皮。

收获：收获前保养调整好收获机，在操作过程中尽量减少破皮损伤。马铃薯地上茎呈现枯黄时，地下块茎易从脐部脱落，要及时收获，覆膜栽培更要及时，以防高温、高湿造成腐烂的而减产。收获时应选择晴好天气，避免雨天收获，不管是采用机械还是人工收获，收获过程中应尽量让薯块在田间晾晒片刻再人工捡拾，并注意去除杂质和按种薯个头大小进行分级，把破损薯、病薯单独准放。为防被雨水淋湿和夜间冷露危害，最好当天抓紧时间运回仓库贮藏。贮藏仓库要保持干燥、通风、遮阴，防止块茎见光变绿。

病毒检测：对原种(一级种)严格按照标准进行各种病毒和类病抽检。

贮藏管理：种薯收获入仓后第一次必须在15天内进行翻晾检查,择出霉变腐烂种薯,同时再对种薯进行分选分级，然后分50克以下、50～100克、100克以上三种级别分装。第二次在第一次翻晾分装后20天再进行一次仔细的翻晾分选，分选好后按每袋40千克定额包装并加挂内外标签，标签上注明品种名称、和薯级别、数量等字样。贮藏库应按需保持通风透气、温湿度适宜。

参 考 文 献

白艳菊，李学湛.马铃薯种薯质量标准体系建设现状与发展策略[J]. 中国马铃薯，2009(2)：106-109

何心凤，郭宝太.马铃薯卷叶病毒 CP 基因的 RT-PCR 扩增[J]. 中国马铃薯，2007，8:197-199

金黎平，罗其友.我国马铃薯产业发展现状和展望[J]. 马铃薯产业与农村区域发展，2013(7)：8-18

李文刚，曹春梅，刘富强.国际马铃薯种业现状及发展综述I——国际马铃薯种业发展趋势分析[J]. 2014
　　年中国马铃薯大会会议论文，马铃薯产业与小康社会建设：62-67

刘卫平.黑龙江马铃薯脱毒种薯繁育发展的对策[D]. 北京：中国农业科学院硕士论文，2013

刘彦和.云南省马铃薯种薯繁育体系与主产省区的差距分析及发展对策[J]. 种子科技，2015(3)：23-27

卢肖平.马铃薯主粮化战略的意义、瓶颈与政策建议[J]. 华中农业大学(社会科学版)，2015(3)：1-7

路平.马铃薯二种主要病毒的 ELISA 和 RT-PCR 检测技术研究[D].兰州：甘肃农业大学硕士论文，2005

仇建飞，Michele Konschuh，John Zhan 等.中国与加拿大马铃薯种薯生产标准化程度比较分析[J]. 农业
　　科学，2015(8)：20-21

桑月秋，杨琼芬，刘彦和，等.云南省马铃薯种植区域分布和周年生产[J]. 西南农业学报，2014，27(3)：
　　1003-1008

谢开云，屈冬玉，金黎平.中国马铃薯生产与世界先进国家的比较[J]. 世界农业，2008,349(5)：35-41

杨琼芬，李山云，杨明英，等.马铃薯优质种薯生产技术手册[M]. 昆明：云南省科技出版社，2015

袁文斌，车兴壁，王泽乐.比利时马铃薯种薯质量控制技术及管理措施[J]. 中国质保导刊，2014,6:78-80

第四章 马铃薯栽培模式及关键技术

云南是较早种植马铃薯的省区，马铃薯自明朝万历年间引入云南，距今已有近 300 年的栽培历史。由于地处中国西南部，是一个低纬度、高原山区省份，境内山峦起伏，地形地貌复杂多样，加之受东南季风和西南季风、高原季风的影响，形成了复杂多样的自然立体气候，为马铃薯提供了得天独厚的生长环境，可实现马铃薯加工原料及商品薯的全年供应，近年来随着我省马铃薯产业的不断发展，马铃薯逐渐成为薯农增收和政府发展高原特色农业的亮点。

第一节 马铃薯栽培生态特点、种植制度及栽培模式

一、马铃薯栽培生态特点

大春马铃薯是我省马铃薯的主要生产季节，主产区集中在曲靖、昭通、昆明等中高海拔冷凉山区，海拔范围 1900～3000 米，大多没有灌溉条件，基本上是靠天吃饭。一般于 2～4 月份播种，7～10 月份收获，品种类型以中晚熟品种为主。由于在马铃薯生长期间降水分布不均匀，本季生产在苗期和块茎形成期容易遭遇春季和夏初的干旱影响，后期则经常受到雨水过多且持续时间长的影响，导致晚疫病发生较重。

秋作马铃薯全省播种面积约 4 万公顷，总产量 60 万吨左右，主要分布在滇中、滇东北及滇西南的中海拔区域，海拔范围 1600～2000 米，一般每年 7 月中下旬至 8 月中旬前后播种，11 月至 12 月收获。栽培模式即可单作，有时可与其他作物间套作(如烟草、早玉米)，有时也会在遭受自然灾害的年份，如遭遇干旱水稻、烟草等作物种不下去，就会采用种植秋作马铃薯的补救措施。

冬早马铃薯包括冬作马铃薯、小春马铃薯、早春马铃薯，由于播种期在中秋节至立春前，收获在春季至夏季，为了便于生产上统计，都归在夏粮生产。云南省冬早马铃薯播种面积已达 300 万亩左右，占全省马铃薯播种面积 32%。冬早马铃薯已成为云南南部冬季农业开发的主要作物之一，也是促进云南南部农民增收的主要作物之一。

冬早马铃薯生产季节处于 9 月至次年 6 月，历经 1 月份低温和霜冻，以及冬春干旱，选择海拔按时播种，就是选择温度。海拔高低决定温度的高低，将薯块膨大期所需要温度及时间经过测算，合理安排生产地区，这是冬早马铃薯生产首要考虑的问题，也是冬早马铃薯生产的核心。云南每年 10 月 25 日左右开始霜降，特别是立冬后，低温冷害时有发生，对冬早马铃薯生产，带来不同程度的影响。为减轻冻害，生态区域的选择至关重要，据贵州省和云南曲靖市多年观察，冷空气流动方向总是由北向南，冷空气产生的冻害背风处低于向风处，流走处低于逗留处，北高南低低于南高北低地形，高地低于凹地。如果出现连续低温天气，要采取措施进行防控。冬早马铃薯海拔选择：冬作马铃薯

海拔 1600 米以下，小春马铃薯海拔 1650～1900 米，早春马铃薯海拔 1900～2000 米。要尽量选择耕作层深厚、疏松、肥沃、能排能灌、土壤沙贡、中性或微酸性的平地，并具备灌溉条件的土壤。

冬早马铃薯主要是商品薯，外销量占马铃薯生产 65%～75%。由于冬早马铃薯生产不能影响大春作物种植，以及对外销商品薯要求，小春马铃薯、早春马铃薯繁种，满足秋马铃薯用种等因素，冬早马铃薯品种一般选择生育期短的早熟、中晚熟品种，即休眠期 60～80 天，薯形光滑，能适应本地消费及外地消费的品种。现主要种植品种有'合作88'、'丽薯 6 号'、'会-2'、'宣薯 2 号'、'中甸红'等品种。

二、种植制度

（一）春作

我省春作马铃薯根据播种时间分为大春马铃薯和小春马铃薯。大春马铃薯全省种植面积约 600 万亩，总产量 700 万吨左右，品种类型以中晚熟品种为主。小春马铃薯全省播种面积约 150 万亩，总产量 200 万吨左右。

大春马铃薯是我省马铃薯的主要生产季节，主产区集中在曲靖、昭通、昆明等中高海拔冷凉山区，海拔范围约 1900～3000 米，大多没有灌溉条件，基本上是靠天吃饭。一般于 3～4 月份播种，8～9 月份收获，品种类型以中晚熟品种为主。由于在马铃薯生长期间降水分布不均匀，苗期和块茎形成期容易遭遇春季和夏初的干旱影响，后期则经常受到雨水过多且持续时间长的影响。大春马铃薯关键栽培技术如下。

1. 选地、整地 马铃薯对土壤要求不严格，可以在不同类型的土壤中正常生长，但以土层深厚、结构疏松、排水通气良好和富含有机贡的土壤最为适宜，能够满足根系发育和块茎生长及膨大的要求。土壤酸碱度以弱酸性最适宜，实际在中性甚至偏碱性土壤上亦能生长良好，但土壤碱性偏重时易发生疮痂病。弱酸性疏松土壤种植马铃薯出苗快，块茎形成早，薯块整齐，薯皮光滑，产量和品质均好。

整地应深翻细作，精细整地，使土壤颗粒大小适合、地面平整，为马铃薯生长创造疏松的土壤环境，有利于块茎的形成和膨大。耕作深度根据土层的深厚及肥力状况来确定，一般以 20～30 厘米为宜，结合播种理出浇渠以方便排灌。

2. 轮作换茬 马铃薯宜轮作。为了经济有效地利用土壤肥力和预防土壤传播的病虫害及杂草，应与禾谷类作物、豆类作物轮作，轮作年限 2 年以上，要避免与茄科作物、块根、块茎类作物轮作。如因条件限制确需连作，至少应种植抗病品种。

3. 品种选择及种薯处理 应当根据市场需求种植适销对路、且适应当地生态环境的优良品种，并使用健康的种薯，这是高产优质的基础，也是提高马铃薯生产效益的关键。

种薯可选择 30～50 克整薯，如薯块较大，则需进行种薯处理，主要包括切块和消毒，切块种植能节约种薯，并有打破休眠，促进发芽、出苗的作用。切块大小要适当，一般以切成 30～50 克为宜，应采取自顶芽至脐部纵切法，使每一切块都尽可能带有顶部芽眼，若种薯过大，切块时应从脐部开始，按芽眼顺序螺旋向顶部斜切，最后再把顶部沿顶芽中间切成两块，每个切块应至少有 1～2 个芽眼。切块时要剔除病薯，切刀要严格消毒(75%

酒精、0.2%升汞水或 3%来苏尔溶液),以防传病。切块后用广谱杀菌剂杀灭种薯表面可能携带的病菌,一般可使用多菌灵或百菌清配成药液喷洒或浸润种薯,如无条件也可用草木灰拌种,待切口木栓化后即可播种。

4. 播种技术　我省马铃薯栽培一般采用垄作模式,大垄有利于根系的生长发育和块茎的膨大。播种可采取单垄单行或单垄双行的播种模式。一般 2~3 月播种,密度 3500~4500 株/亩,播深 10~15 厘米,如遇干旱可平播后起垄,也可适当深播,但播深不宜超过 20 厘米,以免影响出苗。

5. 科学施肥

施肥原则:有机肥为主,化肥为辅;重施底肥,早施追肥,增施钾肥。

施肥方法:结合播种施足底肥,可一次性施入,也可先施所需氮素总量的 80%以上,磷、钾素全部,剩余部分结合中耕培土作为追肥施入。底肥应以腐熟的堆肥为主,每亩施用量农家肥 2 吨左右、复合肥 50 千克、过磷酸钙 50 千克、硫酸钾 20 千克,一般集中施入播种沟内。农家肥除能提供优质养分外,还具有保水保肥、增加通透性的作用,可起到前期抗旱、后期防涝的作用。齐苗后应尽早结合中耕除草,根据田间长势每亩追施硫酸钾 10~20 千克、尿素 8~15 千克。

6. 田间管理措施　发芽出苗期的管理目标:促根壮芽,防止缺苗。在出苗前,如土壤异常干旱,为防止缺苗,有条件的地区进行苗前灌水,要防止人畜践踏和土壤板结影响发根出苗。地膜覆盖的田块在幼苗出土时要及时破膜,防止叶片接触地膜被灼伤,为抑制杂草滋生可在播种前后施用除草剂。

幼苗期管理目标:促地下,带地上,达到苗齐、苗壮、根深叶茂为目的。关键措施是在齐苗后尽早进行中耕培土,使土壤疏松通气,提高土温,利于根系生长、匍匐茎伸长和块茎膨大。培土要结合根部追肥等措施进行,肥料以钾肥和氮肥为主,培土总厚度可根据播种深度确定,一般以种薯覆土总厚度不超过 20 厘米为宜,以增厚结薯层,避免薯块外露而降低品质。中耕培土同时起到了消灭田间杂草的作用,创造适宜马铃薯生长的土壤环境。

块茎形成期管理目标:以促为主,促地上带地下,要求地上部茎秆粗壮,枝多叶绿,长势苗壮,地下部结薯多。关键措施:此期需水量大,应加强水分排灌管理,尽量保证作物的需求,如茎叶过分徒长,可喷施矮壮素以抑制。

块茎增长与淀粉积累期管理目标:种薯田除外,控制茎叶徒长,促进块茎迅速膨大,延长生长期,后期防止作物早衰,为高产打基础。关键措施:耗水量占全生育期的 50%以上,是需水临界期,土壤含水量应保持在最大持水量的 60%~75%,如缺水应及时灌溉;作物有缺肥症状时,可进行叶面追肥,一般施用 0.3%~0.5%的过磷酸钙、磷酸二氢钾或硫酸钾等溶液并结合所缺微量元素,同时在封垄后要注意防控晚疫病。

7. 收获技术　适时收获,当植株大部分茎叶枯黄至枯萎时,周皮层变硬而厚,块茎干物质含量达到最高限度,是食用块茎的最适收获期,种用块茎应提前 1~2 周收获,以减少病毒、细菌、真菌等病原物在块茎中的积累,以获得健康种薯。

收获应选择土壤含水量较低时进行,若遇高温烈日,应在早上或傍晚收获,尽量避免块茎在烈日下曝晒,以防降低种用和食用品质。收获时应按照市场要求进行分级包装,并在收获后及时出售,降低贮藏成本,增加收益。

（二）秋作

秋作马铃薯全省播种面积约 4 万公顷，总产量 60 万吨左右，主要分布在滇中、滇东北及滇西南的中海拔区域，海拔范围约 1600～2000 米，一般每年 7 月中下旬至 8 月中旬前后播种，11 月至 12 月收获。栽培模式即可单作，有时可与其他作物套作，有时也会在遭受自然灾害的年份，如遭遇干旱水稻、烟草等作物受损，就会采用种植秋作马铃薯的补救措施。由于秋作栽培的生育期较短，产量较低，关键栽培技术介绍如下。

1. 品种选择和种薯处理　由于受到栽培制度的制约，应当选择生育期较短的中早熟品种，同时还要考虑当地市场要求。种薯处理主要包括催芽、切块和消毒。对于还未度过休眠期的种薯应当采取催芽措施，芽眼萌动后再进行播种。

2. 播种技术　由于生育期较短，且单株产量不高，播种密度较大春作高，一般 4000～5500 株/亩，种薯覆土厚度 10～15 厘米，因播种时气温及土温较高，一般不要覆盖薄膜，以免导致高温烂种。如播种时地下害虫如黄蚂蚁、蛴螬、地老虎等较多，会咬食种薯及幼苗，容易造成缺苗断垄，应在播种时随肥料施入相应的杀虫剂来防治地下害虫。

3. 科学施肥

施肥原则：有机肥为主，化肥为辅；重施底肥，早施追肥，增施钾肥。

施肥方法：净作田结合播种施足底肥，可一次性施入，也可先施所需氮素总量的 80%以上，磷、钾素全部，剩余部分结合中耕培土作为追肥施入。底肥应以腐熟的堆肥为主，每亩施用量农家肥 2 吨左右、复合肥 50 千克、硫酸钾 20 千克，集中施入播种沟内。苗出齐后应尽早结合中耕除草，根据田间长势每亩追施硫酸钾 10～20 千克、尿素 8～15 千克。套作每亩施用当地马铃薯配方肥 80 千克作追肥。

4. 田间管理措施　由于幼苗期适逢雨季，降水较多，播种时就要注意田间沟渠的整理，以避免田间积水。齐苗后尽早进行中耕培土，使土壤疏松通气，培土要结合根部追肥等措施来进行，培土总厚度可根据播种深度确定，一般以种薯覆土总厚度 15～20 厘米为宜。

块茎增长与淀粉积累期要注意控制茎叶徒长，促进块茎迅速膨大，延长生长期，后期防止作物早衰，为高产打基础。此期耗水量占全生育期的 50%以上，是需水临界期，土壤含水量应保持在最大持水量的 60%～75%，如缺水应及时灌溉；作物有缺肥症状时，可进行叶面追肥，一般施用 0.3%～0.5%的过磷酸钙、磷酸二氢钾或硫酸钾等溶液并结合所缺微量元素；同时在封垄后要注意防控晚疫病。

（三）冬作(冬作、早春)

1. 冬作马铃薯栽培技术

冬季马铃薯是我省农民增收的重要产业之一，常年种植面积在 300 万亩左右，一般 10～12 月播种，第二年 2～5 月收获，主要分布在南部热区和低热河谷区。冬季马铃薯具有生长周期短、可提早播种、提早成熟等显著特点，因此可以提早抢占农时、提早成熟，以缩短土地周期，并具施肥后见效快的优势。

品种选择：云南省冬季马铃薯产区一般水肥条件较好、光热充足、昼夜温差较大，适宜马铃薯生长发育。但低温霜冻、干旱、后期高温天气，会对植株造成一定程度的伤害。所以，应当选择耐寒、耐旱、抗病的品种，同时根据当地的种植制度和市场需求选择生育期适宜的马铃薯品种。根据我省多年来的冬季马铃薯生产实际情况，推荐使用'合作88'、'丽薯6号'、'宣薯2号'、'宣薯4号'等马铃薯品种，也可在具有一定市场需求的情况下种植一些特色马铃薯品种。

种薯选择：避免使用品系不纯、携带病害的商品马铃薯作种薯，种薯的选择还应考虑是否已过休眠期、是否已脱毒，否则会导致马铃薯不出芽、病害防控压力大等问题。应选用抗病、抗逆性强的品种。一般选择当年秋季收获的健康种薯，建议选用 30～50克的整薯，可避免病毒病和细菌性病害通过切刀传病。如薯块过大，应当切块，一般切成 30～50 克为宜，每块不少于 2 个芽眼，尽可能带有顶部芽眼。

种薯处理：切块种植能节约种薯，并有打破休眠，促进发芽、出苗的作用。但采用不当，容易造成病害蔓延。切块大小要适当，切块过小，养分和水分不足，不抗旱，产量低；切块过大，产量虽较高，但用种量过大，往往经济效益不高。切块时，应采取自薯顶至脐部纵切法，若种薯过大，切块时应从脐部开始，按芽眼顺序螺旋向顶部斜切，最后再把顶部沿顶芽中间切成两块。切块时要剔除病薯，切刀要严格消毒(75%的乙醇、3%来苏尔溶液均可)。种薯切块后用草木灰拌种，并应放置在阴凉干燥处放置至少 1～2天，使得切面愈合。

由于种薯表皮常带有疮痂和粉痂菌，在催芽前可用福尔马林喷洒种薯或浸种 5 分钟，之后用薄膜覆盖闷种 2 小时，再堆成薄层通风晾干。

催芽方法：使用湿砂层积法催芽，用湿砂或湿锯木屑作为堆积物，先铺砂 3～6 厘米厚，上边放种薯，再盖砂，砂的厚度以盖没种薯为宜，堆积 3～4 层后，表面再盖 5 厘米左右的砂，浇水至湿润状况，总厚度一般不超 50 厘米；温度保持在 15～20℃，淋水保持湿润，15～20 天后，可萌芽；当幼芽萌发至 1～2 厘米时即可播种。

精心整地：马铃薯在土壤疏松、营养丰富、土层深厚的壤土、有机土等环境条件下长势最好。选好田地后，开始精心整地。种植田块要做好深松、耙地等作业。深松作业的深度要打破犁底层，一般为 30～40 厘米。播种前再利用圆盘耙、旋耕机等机具或牲畜力量实施浅耙或浅旋，深度在 8 厘米左右。种植模式建议采用大垄双行种植，垄距 1.2米，垄宽 0.8 米，垄上播种 2 行，株距 25～30 厘米，行距 40 厘米。

适时播种：适时播种是保证马铃薯出苗整齐和产量的重要措施，一般秋季作物收获后即可整地播种，要立足一个"早"字，只要气候条件允许即可进行播种，力争早播种，早收获，早占市场先机。按照品种特性和栽培条件，确定适宜的播种量，一般 4000～4500株/亩，播种深度以 15 厘米为宜。

施足底肥：根据土壤肥力施肥，马铃薯对氮、磷、钾养分需求比例为 5∶2∶11，其中钾肥需求较高，为确保作物的钾素吸收效果良好，应选施有机肥效果佳。因此要合理施肥、施足肥、施有效肥，以满足作物不同营养特性对肥力土壤的要求。底肥在播种时一次性亩施农家肥 1000～2000 千克，三元复合肥 75～100 千克，硫酸钾 20 千克。种肥应施在种子下方或侧下方，与种子相距 5 厘米左右。

田间管理措施如下。

(1) 中耕施肥 苗期应根据不同地区采用适宜的农机具进行中耕培土，培土厚度应确保薯块膨大后不外露。结合中耕培土追施 5～10 千克/亩尿素，追肥深度 6～10 厘米，追肥部位在植株行侧 10～20 厘米；追肥作业要做到无明显伤根、不露肥。

(2) 病害防控 冬马铃薯出苗开始至成熟都是马铃薯晚疫病的发生期，要定期做好防治工作。选用不同药剂交替使用或混合使用，防止产生抗药性。一般选用 2～3 种药剂，每隔 7～10 天喷施一次，至少喷施 3 次。

青枯病是我省冬季马铃薯生产中的重要病害，应加强田间巡查，一旦在田间发现有疑似青枯病症状的植株，要立即将该植株整株(包括根部的土壤、种薯、长出的新薯块)全部移出地块以外，并对该病株处的土壤浇灌石灰水，并重点观察附近的植株是否染病，尽可能将危害降到最低。

(3) 防控霜冻危害 霜冻是冬季马铃薯生产的重要灾害之一，应根据天气预报，齐苗前，采用喷施 0.5%的磷酸二氢钾、在上风口燃烧潮湿秸秆放烟、微喷灌、喷施马铃薯专用叶面肥等措施防控霜冻灾害。齐苗后，除采取以上措施外，也可采取田间灌水的措施来进行防控。

(4) 收获 根据成熟度及市场需求适时收获，收获时间应在天气晴好的日子进行，收获后挑拣、分级和包装，及时入库或运输到销售市场。机械化收获时，应先除去茎叶和杂草。马铃薯整个收获、运输、销售、贮藏的过程必须注意防雨、透气、减少损伤等问题，才能保证马铃薯的商品性良好，获得较好的经济效益。

2. 早春马铃薯栽培技术

利用云南省优越的自然条件，马铃薯可以多季栽培，周年生产，早春作马铃薯种植。可在 4 月下旬至 5 月上旬收获，薯块品质好、生育期短、产量高。成为实现农业增效、农民增收的有效途径之一。

(1) 前期准备

选地与施肥：选择土层深厚松软、地势平坦、排水效果好、土质有利于地膜覆盖等特点。播种时一次性施入底肥(亩施农家肥 1000～2000 千克，三元复合肥 75～100 千克，硫酸钾 20 千克)。种肥应施在种子下方或侧下方，与种子相距 5 厘米左右。

选择优良品种：应选择休眠期短、抗病、高产优质的品种，每亩用种薯为 200～250 千克。

种薯选择：选择健康种薯，播前一到两天用��地宝溶液浸泡种薯，捞出阴干后进行切块、拌种、催芽等处理。

(2) 播种

最佳播种时间：播种的最佳温度是当地下 10 厘米的温度达到 5℃以上，也可根据当地结霜的程度调整播种时间。

适宜播种深度：播种深度一般选择 10～12 厘米为最佳。

最佳播种密度：选择单垄单行播种时，密度一般选择 4000～4500 株/亩。行株距为 25 厘米×70 厘米。

(3) 田间管理

破膜放苗：待薯苗长出后，要及时破膜放苗，并且用土封严破膜口，防止高温伤苗。

补充水分与追肥：马铃薯虽耐寒但是对水分敏感，太旱或者太涝都有会对其生长发育产生不良影响，要根据土壤湿度合理掌握灌水量，花期如土壤干旱要浇一次透水，忌大水漫灌，梅雨季要防止水涝，收获前的 10～15 天停止浇水。在花期可用 0.3%～0.5%

硫酸钾和过磷酸钙进行叶面喷施，每隔 10 天喷施一次。

适时收获：宜早不宜晚是马铃薯收获的关键，早春作马铃薯一般在 4 月下旬至 5 月上旬收获即可，这样在提前上市的情况下还保证了质量和下一季作物的种植。

三、栽培模式

（一）高垄双行栽培模式

马铃薯高垄双行栽培是指实行宽窄行种植，把宽行的土培到窄行上，使窄行形成埫，且埫高出 25 厘米以上的种植方式。试验证实，高垄双行栽培有以下优点：改善中后期田间通风透光条件，减轻荫蔽，提高光合效率；覆土深厚，土层松软，有利地下块茎生长，结薯多又大；有利机械化作业；田面受光面积大，利于提高早期地温，提早出苗；遇涝时易于排水，避免烂薯。其具体栽培技术如下。

1. 精细整地 马铃薯喜疏松土壤，整地质量直接影响块茎生长。高垄双行栽培应选择耕层深厚、土壤疏松、肥力中等以上、排灌方便光照充足的地块，深耕 25～30 厘米，两犁两耙，人工镇压碎垡，做到土壤疏松、土垡细碎。

2. 选种及种薯处理 选择高产、优质的'会-2'、'合作 88'、'丽薯 6 号'、'中甸红'和'米拉'等新品种的脱毒健康种薯。种薯处理和催芽方法按常规方法。

3. 整薯播种 整薯播种可避免病毒病和细菌性病害通过切刀传病，避免造成烂种缺苗。另外，整薯播种催芽后出苗整齐，群体结薯时期比较一致，生长的薯块整齐，商品薯率高。同时，整薯播种比切块播种抗逆性强、耐干旱、病害少、增产潜力大，有利于高产。整薯播种的薯块不应太大，否则，用种量大、成本高，薯块太小则种性不强，容易造成退化，一般用 30～50 克的种薯播种。如用大薯作种，应在播种前 3 天切块，用草木灰拌种，防止病菌侵染种薯。

4. 适时播种，合理密植

确定播种期应从以下几个方面来考虑：一是把块茎形成期安排在适于块茎膨大的季节。二是根据晚霜时间来考虑，一般应在晚霜前 20～30 天，气温稳定通过 5～7℃时播种，以免幼苗遭受低温冷害。三是根据品种特性而定，早熟品种适当提早播期。而中、晚熟品种抗逆性较强，可适当晚播，使结薯期相应后移到适于结薯的低温短日照条件下。

高产马铃薯叶面积指数为 3.5～4.5，一般达到 4 即可获得高产。熟期较早或植株较矮、分枝较少的品种，应适当密植。如'米拉'、'中甸红'等较早熟、分枝较少，要适当密植，亩播 4000～4500 株为宜；而中晚熟的'会-2'、'合作 88'等品种，分枝较多、单株叶面积较大，亩播 3500～4000 株较宜。在海拔低、水肥光热条件好的地区可适当稀植，随着海拔升高，水肥光热条件差，应适当加大播种密度。

5. 高垄双行栽培 实行宽窄行种植，宽行 80 厘米，窄行 40 厘米精细整地平整后，按 40 厘米行距开沟，沟深 10～15 厘米，种两行空一行，随后按株距 28～33 厘米播种，种薯上面再施种肥，然后再破土盖种，破土时两行马铃薯中间的梁不破，只破两行马铃薯两侧的梁。播种深度应根据埫情来定，一般来说，在土壤质地疏松和干旱条件下可播种深些，深度以 12～15 厘米为宜；播种过浅，容易受高温和干旱的影响，不利于植株的生长和块茎的形成膨大，影响产量和品质。在土壤质地黏重和涝洼的条件下，可以适当浅播，深度为8～10厘米为宜；播种过深，容易造成烂种或延长出苗期，影响全苗和壮苗(参见彩图4-1)。此外，在干旱情况下，播种时种薯芽眼向上有提早出苗的趋势。

图4-1 马铃薯高垄双行栽培模式(徐发海提供照片)

6. 施足底肥，早施追肥 马铃薯是高产作物，需肥量较多。在三要素中，需钾素最多，氮素次之，磷素较少。施肥以底肥为主，追肥为辅；重施底肥，早施追肥；多施农家肥，适施氮肥。在土壤肥力水平较高的情况下，为了避免植株徒长，可把氮肥总量的70%掺入农家肥作底肥混合施用，剩余30%作追肥。磷肥和钾肥一般作底肥施用。追肥要早，特别是早熟品种早追肥可促进早结薯、早收获、早上市；晚追肥，容易造成徒长，或块茎膨大迟缓、晚熟等现象，追肥要在植株封垄前结束。因此底肥要求亩施腐熟农家肥1500～2000千克，N∶P∶K=10∶10∶10复合肥80～100千克，两种肥料在播种时作底肥一次施入。齐苗后，结合查苗、补苗、中耕除草进行追肥，每亩追施尿素10千克或者碳酸氢铵25千克促苗。

7. 加强中耕管理，确保丰产丰收

查苗、补苗保苗齐：当幼苗生长至5～10厘米，如发现有缺苗，应将附近出苗较多的苗间苗移栽到缺苗穴内。

及时培土：为避免生长前期匍匐茎伸出地面变成普通枝条和结薯后块茎外露变绿，在马铃薯生长前期要及时培土。播种时要浅覆土，而后结合中耕除草进行培土，要求培土1～2次，植株封垄前要结合清沟厚培土，垄高至少25厘米以上，厚培土，土温稳定，可以减少畸形块茎产生，也可减少晚疫病菌孢子与块茎接触。

防治病虫害：要注意防控晚疫病、青枯病、环腐病、疮痂病和地老虎。

8. 适时收获 马铃薯叶片逐渐发黄直至干枯、且土壤含水量较低时即可收获，收获时应在适宜深度采收，以避免机械损伤，收获时按市场要求进行分级包装，及时销售。

（二）玉米间作马铃薯栽培模式

1. 会泽玉米间作秋马铃薯栽培模式 充分利用秋季光、热、水等自然资源，发展玉米间作秋马铃薯，是会泽县农村稳粮增收的有效途径之一。据会泽县多点调查和试验示范，每亩产鲜薯1000～1200千克、玉米700～800千克。合理地间套轮作，能有效地协调了土壤养分供应，发挥了土壤增产潜力和改善了土壤理化性状。其栽培技术要点如下。

选用良种：首先，选择'会-2'、'合作23'等丰产、早熟、休眠期短、易在高温下催芽生根的抗病耐寒的脱毒系列品种。其次，种薯要进行催芽。催芽是保证苗全、苗旺、增产的有效措施。对已通过休眠期的种薯催芽常用湿沙层积法，未通过休眠期的种薯催芽，应先用自然催芽处理之后露光晒种。催芽处理过的种薯苗全、苗壮、地上茎节短、结薯早、结薯多。

合理安排茬口，适时播种：合理安排茬口，适时播种是实现间作高产增效的关键环节，应本着：玉米马铃薯共生期越短越好，不超过30天；播种时平均气温不超过25℃，距早霜前至少有70天；兼顾后作栽播，避免茬口矛盾；趋利避害，稳产保收的原则，适时早播。后作为蚕豆、小麦的中海拔(2000米)左右地区，以6月底至7月初播种为宜；后作为小春马铃薯等其他短生育期作物的低海拔地区，以7月下旬至8月上旬播种为好；各地应因地制宜适时播种。

规格种植，合理密植：玉米播种采取规格化的宽行窄株密植方式。秋马铃薯间种在玉米的宽行(空行)内，玉米采收后，及时中耕培土，形成双行垄栽种植模式。马铃薯套种密度应根据马铃薯品种、土壤肥水、地力、海拔高度以及间作玉米的品种和种植密度等具体确定，一般每亩3000～4000株(参见彩图4-2)。

图4-2 马铃薯玉米间作栽培模式(杨艳丽摄)

重施底肥，适时追肥：马铃薯要重施底肥，一般底肥每亩用厩肥或土杂肥等农家肥1000～1500千克，配合每亩用三元复合肥50～60千克，于播种时集中施用。秋马铃薯一般生育期短，提高产量关键在于促进前期生长，齐苗期一次追施速效氮10～15千克能够促早发棵早结薯。

科学管理，防治病害：为减轻玉米与马铃薯共生期间的相互影响，秋马铃薯播种后，要及时清除玉米底脚枯叶和行间杂草，挖松沟土，增加田间和土壤的通透性。玉米采收后也应及时中耕培土，清沟排渍，保持通透良好，增强马铃薯的抗病能力。秋马铃薯晚疫病重，应及时连续防治。措施是：一旦发现中心病株，立即拔除深埋，同时在该株穴位用 1%～2%硫酸铜液喷洒；药剂防治，可在病害发生初期，用 64%杀毒矾可湿性粉剂 400 倍液或 50%多菌灵可湿性粉剂 500 倍液，每亩喷药液 100 升进行防治。

适时收获：一般待茎叶自然干枯变黄，薯块停止膨大，表皮变硬，块茎与茎秆易分离时为收获最佳时期。收获前 10 天停止浇灌，便于收获、贮藏和运输。晴天收获时应避免阳光暴晒，运输时注意防止磕碰。

2. 大理玉米间种马铃薯栽培模式

秋季是大理白族自治州光、热、水等气候资源较丰富的时期，马铃薯玉米间作解决了单一化的种植模式，在充分利用水分、土地、光热等生态资源的同时还充分地利用了空间，这种高矮作物间作模式增加了单位面积内有机物质的形成与积累，提高了土地单位面积的经济效益，使农业更高效的发展。秋马铃薯玉米间作是大理、祥云等地区种植较广泛的模式，是提高复种指数，实现山区半山区农业增效、农民增收的有效途径。其栽培技术要点如下。

品种选择及处理：选择早熟、高产、休眠期短、亢旱、抗病的品种，使用健康种薯，从外引进的种薯要经过消毒，防止病害蔓延。种薯用 1000 倍高锰酸钾溶液浸泡 10～15 分钟杀灭病原物，然后平铺于阴凉通风处阴干备用。选用健康无病、单薯重在 30～50 克的小整薯播种，如用大薯作种，应在播种前 3 天切块，用草木灰拌种，防止病菌侵染种薯。玉米选择株高适宜、株型紧凑、抗倒伏性好、生育期长的中晚熟品种。也可根据当地条件选育适合品种。

播前精心整地：选择土层深厚，土质疏松，土壤肥沃，通气性好的土壤。前茬作物收获后要进行深耕翻地，以便保水透气，深度以 22～30 厘米为宜。播种前需进行浅翻，平整体块。

合理安排茬口，适时播种：玉米马铃薯间种共生期过长，马铃薯薯苗纤细瘦弱，抗病力减弱；播种过迟，则影响小春作物种植。因此，玉米与马铃薯共生期以 25～30 天为宜。中海拔(2000 米)左右地区后作为蔬菜的可在 8 月中旬播种；后作为蚕豆的则应提早到 7 月中旬播种；后作为小麦的应在 8 月上旬播种。

科学施肥：秋马铃薯生育期短，仅 90 天左右，力争一次性施足底肥产量才高。亩施农家肥 2000 千克。马铃薯是喜肥作物，钾肥的需求量比氮肥，磷肥高，可用高钾、中氮、少磷的复合肥以 5∶2∶11 的比例施用。每亩 130 千克左右。

采用间作模式土壤肥力需求量大，故施足底肥对玉米很重要，在使用有机肥的同时还需搭配磷肥、钾肥。每亩有机肥施用量 1100 千克以上，硫酸钾 6 千克。苗期追施少量速效氮素肥即可，为防止倒伏壮秆期每亩施用碳铵量要适中，约为 10 千克，穗期每亩施尿素 7～10 千克。

合理密植，规范种植：土壤肥力差的地块每亩播种 4500～5000 株，土壤肥力高的地块每亩播 4000～4500 株。对种薯进行催芽可争取早熟，提高出苗率，芽长 1～2 厘米且颜色变绿后可播种。清除玉米枯叶及行间杂草、挖沟松土，沟深 12～15 厘米。马铃薯播种适宜土壤温度不低于 8℃，株距 30 厘米，行距 50 厘米。

优化田间管理：玉米收后及时清除杂草及秸秆，及时中耕培土。待马铃薯齐苗时，及时人工除草及培土，培土厚度 10～14 厘米，同时每亩根部追肥磷酸二胺 30～35 千克，要保持适宜的土壤湿度以满足块茎膨大期的需求。

加强病虫防治：对病虫害的防治应以农业措施为主，化学药剂为辅，严禁使用剧毒及高残留的农药。用高锰酸钾溶液等对种薯浸种是防治马铃薯病虫害经济有效的措施，玉米可在播前与整地结合对土壤进行消毒，也可用药剂拌土防治害虫的危害，用20%的甲氰菊酯乳油2900倍喷雾，可减小蚜虫对玉米的危害。

适时采收：马铃薯收获宜早不宜晚，待茎叶自然干枯变黄，薯块停止膨大，表皮变硬，块茎与茎秆易分离时为收获最佳时期。收获前10天停止浇灌，便于收获、贮藏和运输。晴天收获避免阳光暴晒，运输时注意防止磕碰。

（三）甘蔗间马铃薯栽培模式

1. 品种选用

马铃薯品种选择高产优质抗病品种'合作88'，种薯选择及处理与常规方法一致。

甘蔗品种选用当前大面积推广的由云南省农科院甘蔗研究所引进示范的'云引18号'、'云引42号'和'粤糖93/159'，每段种苗砍成双芽苗，用2%的石灰水浸种。

2. 精细整地 选择土层深厚、地势平坦、质地疏松的沙壤田，前作收获后，深耕犁30～35厘米，晒5～7天。然后细耙，再晒10～15天进行翻犁细耙1次，使土壤平整疏松。甘蔗采用宽窄行开沟，宽行140厘米，窄行70厘米，沟底宽30厘米，沟深40厘米，在宽行墙面上穴播马铃薯，穴株行距25厘米×25厘米、穴深20厘米。

3. 适时播种 马铃薯于11月中旬下种，每穴放1个/块种薯，切口向上，下种后施足底肥，每亩用腐熟农家肥1000千克、复合肥40千克(N∶P∶K=10∶10∶10)、生物肥4千克、硼肥2千克，配施地虫灵1千克，施肥后覆盖5厘米细土。甘蔗于马铃薯播种后20天下种，采用双行接顶方式，每亩下种量800芽，下种后用细土覆种5厘米左右，然后喷除草剂，覆盖地膜(参见彩图4-3)。

图4-3 马铃薯甘蔗间作栽培模式(陈际才提供照片)

4. 中耕管理

马铃薯幼苗期:为保证马铃薯出苗齐和幼苗期的正常生长,马铃薯播种后 20 天左右,根据田间土壤干湿情况灌浅水 1 次,齐苗后株高约 6~10 厘米时,保证每穴留 2~3 个壮芽,长至 20 厘米左右时,结合中耕除草,每亩用尿素 2 千克追肥,追肥后进行培土管理。

马铃薯花期:马铃薯花期是形成产量的关键时期,这一时期正是部分种植地区如芒市一年中少雨干旱时期,田间管理仍以保水为重点。因此在 1 月下旬再灌 1 次水,保持适宜的土壤水分,促进薯块的发育生长,提高产量。

马铃薯病虫害防治:在马铃薯整个生育期,病虫害发生较严重。病害主要有晚疫病、青枯病、花叶病等,虫害主要有地老虎和金针虫等,应结合病虫害发生情况进行综合防治。

5. 马铃薯收获

芒市马铃薯间作甘蔗,马铃薯于次年 3 月中旬收获,在收薯前,先揭去甘蔗地膜,除去蔗沟中的杂草。应选择干燥的晴天收获,一般早上采挖马铃薯较好,将挖出的薯块在地面上晒至下午 5 点后,剔除病、烂、畸形薯,按照大、中、小薯分级包装。

6. 甘蔗追肥管理

马铃薯收获后,甘蔗每亩施尿素 20 千克、复合肥 40 千克,再配施地虫灵 5 千克防治蔗田地下害虫,结合追肥要培土,追肥培土后灌 1 次水,促进甘蔗分蘖生长。

(四)烤烟后间种马铃薯栽培模式

烤烟间种秋马铃薯栽培模式充分利用烤烟余肥、垄墒,减少生产投入。烤烟间种秋马铃薯可以提早马铃薯播种节令,延长生育期,充分利用光热资源,有利于马铃薯产量形成。具体栽培技术措施如下。

1. 选用良种

选用'会-2'、'合作 88'等品种,这些品种产量高、休眠期短,而且易于打破休眠,抗晚疫病。

2. 种薯处理

最好以小整薯作种薯,播后不易腐烂。大种薯需要催芽、切块后播种。

切块方法:从薯块禁止横切,顶芽纵切,每块保证 2~4 个芽眼、重 30~50 克;切块后切口向上平放在阳光下晒至切口干燥或置于阴凉处风干,禁止堆放;刀具必须用乙醇、农用链霉素等严格消毒,以免感染病菌造成烂种缺苗。播种时,如果土壤干燥切口可向下;如果土壤湿润,则切口必须朝上。

3. 适时播种

烤烟间种秋马铃薯,马铃薯播种过早,昼夜气温高,马铃薯出苗后,受烤烟影响,光照不足幼苗徒长细弱;播种过晚,因霜冻影响生育期缩短,产量降低。因此,7 月中下旬,烤烟采摘至中上部叶片后,开始播种。这个时期播种既有利于保苗,又可使结薯期避开高温季节。

4. 合理密植

秋季日照较短,影响马铃薯植株生长,表现在植株矮小、地下匍匐茎短、结薯集中,因而应合理增加密度。根据烤烟垄墒(墒距 1.2 米),种植两行按小行距 30 厘米、株距 25~30 厘米种植,种植深度 10~15 厘米,密度为每亩 3700~4400 株(参见彩图 4-4)。

图 4-4　烟后马铃薯栽培模式(陈建林提供照片)

5. 中耕管理

及时清除烟秆、地膜：烤烟采摘结束后，及时铲除烟秆避免了马铃薯幼苗因长期遮阴，导致徒长，揭除地膜则可确保雨水能够透墒。

及时培土：烟秆、地膜清除后，要及时铲除田间杂草，减少病虫害感染源，同时要培土。培土有利于降低土温、排水、防旱，促进生长前期匍匐茎的发生，有利于后期块茎膨大和防止块茎受冻，培土要多，尽量使墒面饱满。

追肥：结合培土，马铃薯亩施三元复合肥 50～80 千克，促进植株生长，提早进入结薯期。马铃薯块茎膨大期对肥水要求较高，也可采用 0.5%的尿素与 0.3%的磷酸二氢钾混合液进行叶面喷施，来弥补根系对养分吸收不足，提高马铃薯产量。

及时排灌：8～9 月雨水较多，为防止积水造成烂种或沤根，必须疏通沟渠，及时排水。土壤干旱时，要及时灌水(采用半沟灌，禁止大水漫灌)，保持整个生育期土壤湿润，以利植株生长。

病虫害防治：秋马铃薯的主要病虫害有晚疫病、病毒病、蚜虫、蛴螬、马铃薯瓢虫等，应根据情况进行综合防治。

6. 延期收获

在不受冻害的前提下，适当延迟收获，可延长秋薯生长期，提高产量。直至地上植株全部枯萎后，选择晴朗天气收获马铃薯。

第二节　栽培新技术

一、水肥高效利用栽培新技术

云南省由于地理、气候和生态的多样性，造成了云南省在不同的海拔区域，能找到适合马铃薯种植的区域，不同种植区因地制宜使用不同的栽培技术。

（一）采用抗旱品种

云南种植马铃薯品种主要是‘会-2’、‘合作 88’、‘宣薯 2 号’、‘靖薯 2 号’、‘靖薯 1 号’、‘丽薯 6 号’、‘丽薯 7 号’、‘中甸红’、‘云薯 801’、‘青薯 9 号’、‘威芋 3 号’等品种，以‘会-2’抗旱性好，其余次之。

（二）精细整地

整地的目的是改良土壤结构，春作区整地要结合抗旱的要求进行。一般 12 月份至次年 1 月份整地，整地过早，由于冬春干旱，土壤在翻挖及翻犁过程中，造成水分损失过重，不利于播种出苗。近年来，一些山区的丘陵地带，由于森林覆盖率较高，达 60%左右，采取现深翻现种，控制水分的损失，实现早出苗。深翻要达到 20 厘米以上，做到随翻耙平压实，做到地平、土细、上实下虚。许多地方深翻靠畜力，往往达不到要求的深度。因此，最好是机翻，这样深度有保证，耙压质量好。

（三）采取不同形式的水肥高效利用栽培模式

1. 地膜保墒集雨

春作区马铃薯播种期，由于土壤含水量的差异性较大，绝大部分土壤含水量 9.2%～12.5%。高于 30%的土壤在播种时，由于整地、播种，造成一定水分损失外，播下去的马铃薯由于冬春干旱，使得马铃薯出苗困难，即使出苗后茎叶也表现萎缩。如采用地膜覆盖小墒种植，则可以利用地膜保墒作用，提高水分的利用率，具体做法是 2 米开墒，种五行马铃薯，覆盖薄膜做到边高墒低，薄膜上留孔，有利于集雨集水。土壤含水量低30%的地区，实行平播后起垄高垄双行种植或地膜窝塘覆盖平播后起垄高垄双行种植。具体做法实行(80+40)厘米/2×25～30 厘米，划线穴播种植，实行平播后起垄，天降第一次透雨后起垄；推广地膜窝塘覆盖平播后起垄双行种植，进行窝塘集雨，有利于出苗，在天降第一次透雨后起垄，转为正常管理，两项技术核心是平播，平播比起垄减少 30%左右的太阳辐射土地面积，从而降低水分的蒸发量(参见彩图 4-5)。

图 4-5　马铃薯地膜抗旱保墒集雨栽培技术(陈建林提供照片)

冬早马铃薯生产区，虽然绝大部分在水田种植，水利设施条件好，但有的地方蓄水不足，也可能出现干旱，利用地膜覆盖保墒，可减少水分蒸发量及灌水次数，可减少灌水次数 50%。

秋马铃薯在营养生长期土壤墒情好，在薯块膨大期，土壤含水量不足，烤烟及玉米地间种秋马铃薯，可用烤烟及玉米残膜护墒，防止水分过度蒸发，提高秋马铃薯抗旱能力。

2. 高效节水灌溉

云南的淡水资源虽然丰富，但可用淡水资源在农业上排在全国倒数第 4 位，淡水资源也是制约农业发展的一个瓶颈。目前马铃薯生产用水灌溉主要是沟灌、喷灌、滴灌或膜下滴灌等几种形式，能有效地发挥水资源的利用率，并且在滴灌运用中，节水节肥显著。大春马铃薯在播种 20 天后浇一次出苗水，冬早马铃薯在出苗 40%后才进行灌溉，秋马铃薯在薯块膨大期遇土壤干旱时进行灌溉(参见彩图 4-6)。

图 4-6　马铃薯膜下滴灌高效节水(陈建林提供照片)

(1) 沟灌　沟灌马铃薯种植，一般采取(70+50)厘米/2×20～30 厘米的高垄双行种植，田间如需灌溉，做到大水猛进，沟内水深到墒高 60%，立即关水，水慢慢渗透到土壤里面，一般 3～5 天灌溉一次。

(2) 喷灌　喷灌马铃薯种植不分墒面大小，即使分墒面大小也与喷灌头所浇地在面积来确定，喷灌水分要达到结薯层，才会有效果。喷灌时间与出水量及土壤所需水需求来确定，做到下潮上湿即可，一般 3～5 天喷灌一次。

(3) 滴灌　滴灌马铃薯种植，一般采取(70+50)厘米/2×20～30 厘米的高垄双行种植，滴灌带铺设在 50 厘米的空行内。为了更好节约用水，可以把滴灌带铺设在覆盖马铃薯地膜下面进行。掌握灌水量、灌水时期(周期)与土壤墒情、马铃薯生育期之间的关系，提高了节水效果。播种期以 20 厘米土层内保持相对含水量 55%～65%为宜，一般情况该时期不需灌水；出苗期以 20 厘米土层内保持相对含水量 60%～70%为宜；现蕾期以 30 厘米土层内保持相对含水量 70%～80%为宜，该时期经常保持根系层湿润；开花期以 30 厘米土层内保持相对含水量 70%～80%为宜，该时期应经常保持根系层湿润；成熟收获期以 30 厘米土层内保持相对含水量 60%～75%为宜，该时期一般不灌水，收获前 15 天禁止灌溉，以确保收获的块茎周皮充分老化，便于贮藏。根据墒情监测及分析，马铃薯生长期间共灌水 8～10 次，即苗期灌水 1～2 次、团棵期灌水 2～3 次、开花期灌水 4～5 次。马铃薯膜下滴灌经济最佳施肥量：N_2 1.78 千克/亩，P_2O_5 7.05 千克/亩，K_2O 12.96 千克/亩，膜下滴灌改善田间操作管理办法，推进统防统治、专人管水灌水及专人管护工作，提高了组织化程度，提高了劳动率，减轻了劳动强度，每亩可节约用工 5～6 个。

二、马铃薯全程机械化作业

（一）地块选择

　　土地平整或坡地坡度角小于 20 度，地块大，选择大中型机械，地块小，选择小型机械；土壤含水量 40%以上，或能浇水的地块。前茬收获后及时翻耕，耕作深度 20～30厘米，精细整地，使土壤颗粒大小合适、地面平整。

（二）播种时间

秋冬雨水较多，墒情较好，大春马铃薯适当早播，于 2 月 15 日～3 月 5 日播种；秋冬雨水较少，墒情较差，可适当晚播，3 月 5 日～3 月 30 日播种，播种时，开沟应较正常年份加深，覆土层厚度在 15～20 厘米为宜。冬早马铃薯按当地节令播种，秋作纯种地块按当地节令播种。

（三）种植规格

采用宽窄行种植，大行 80 厘米，小行 40 厘米，株距 25 厘米，每亩播种 4300 株。播种前，结合耕地每亩撒施腐熟厩肥 2000～3000 千克，10：10：10 的三元复合(混)肥50 千克作底肥。

（四）品种选择及种薯大小

选择结薯集中、适合当地种植的品种。种薯选择 30～50 克生理状态良好的小整薯，较大的种薯应当切块。

（五）中耕管理及收获

播种 7 天时喷施精喹禾灵进行芽前灭草，马铃薯结薯始期或团棵期，用机械化追肥及中耕培土，及喷施农药防病。用机械化马铃薯茎叶枯黄灭秧。灭秧 20 天，用机械化进行收获，分级包装(彩图 4-7)。

图 4-7　马铃薯全程机械化作业(陈建林提供照片)

三、防冻栽培技术

云南各种植区因气候变化，在春作区马铃薯营养生长初期、冬作区马铃薯薯块膨大期、秋马铃薯薯块膨大期、小春马铃薯苗期及营养生长期会遭遇低温霜冻危害。

（一）云南霜冻天气形成过程及危害温度

据云南省气象研究所研究极端霜冻表明，云南极端霜冻天气是高空冷平流与底层冷高压控制下夜间晴空辐射冷却降温。霜冻发生时夜间晴朗，辐射散热强烈，气温再度下降，发生时空气湿度较发生前小，空气相对干燥。霜冻属于低温冷害事件中的一种，在秋、冬、春三季都会出现，霜冻是指空气温度突然下降，地表温度骤降到 0℃以下，使农作物受到损害，甚至死亡。云南地处低纬高原地区，冬季较少受冷空气影响，一般不易出现严重的霜冻，但在有利的大气环流形势下，可出现严重的霜冻灾害。

（二）马铃薯防冻栽培技术

1. 选择适宜生态区种植　在三个不同区域种植春作马铃薯、小春马铃薯、秋马铃薯受冷空气由南向北移动，受冻次数较多，据曲靖市农科院统计，占95%，由极端霜冻而引起的霜冻，只占5%左右。春作马铃薯，海拔 2400 米以上，由极端霜冻而引起霜冻概率为 15%。极端霜冻无法控制，冷空气由南向北移动，由于地形形成逗留，形成冻害。据云南曲靖多年观察，冷空气流动方向总是由北向南，冷空气产生的冻害背风处低于向风处，流走处低于逗留处，北高南低低于南高北低地形，高地低于低凹，冻害发生至少低于75%概率，受冻程度低于35%左右。选择地形由北高南低，南面开阔，不逗留冷空气，是种植马铃薯的首选。

2. 选用耐寒性品种　目前耐寒性较好的品种主要是'会-2'、'合作88'、'宣薯2号'、'靖薯1号'、'靖薯2号'、'丽薯6号'、'靖薯4号'等品种。

3. 筛选好种薯　选好种薯是马铃薯种植首要环节。种植马铃薯的种薯做好筛选工作，凡发现受冻，不出芽的种薯，严禁做种。

4. 地膜覆盖提高小春马铃薯种薯种苗抗冻能力　小春马铃薯生产，由于在12月20日才开始种植，至1月15日左右结束，20天后出苗生长，这个时期，是一年气温最低时期，据云南省气象科学研究所研究表明，从 1961 年 1 月 1 日～1979 年 12 月 31 日出现霜天气现象，并且最低气温低于–5℃的站点数占全省总站数比例为 15%，1980 年至1990 年的站点数占全省总站数的比例不足 10%，进入 21 世纪后霜冻发生站点比例不足6%。从而表明，霜冻出现，不是普遍发生，随气温上升，霜冻发生面越来越少。云南极端霜冻气候事件平均日最低气温在–3.3～–2℃。在出现霜冻气候的年份，对小春马铃薯播种种薯、出苗及营养生长期带来影响。采取地膜覆盖，可提高地温 3～4℃，解决马铃薯种薯不受冻害。

5. 马铃薯受灾采取技术措施

(1) 看天气防止霜冻　霜降季节开始，到 3 月 30 日，下霜天气随时都可能发生。如果白天天气晴朗，傍晚过热，夜间晴空辐射寒冷，夜间下霜，如果出现这样的天气，及早在田间堆积秸秆物，夜间 1～2 时，开始放火熏蒸，防止霜冻十分有效。

(2) 马铃薯受霜冻处理措施　马铃薯受霜冻，造成马铃薯损失严重，苗期受冻，轻则造成黄叶，重则造成死苗，死苗可造成减产达 30%，现蕾初花期，受冻造成枝叶死亡，减产可达 70%。马铃薯受冻处理措施是排灌提温、调节营养、药剂护理、刺激生长等措施。

排灌提温。马铃薯不管在哪个时期受冻，气温较低，土壤中水分温度较低，易造成马铃薯冻害，此时应抓紧开沟排水，排出田间静态的冷水，以便提高田间的温度，同时，进行田间放入河水及水库水，利用水交换热量原理，提高地温，可挽回损失 25%。

调节营养、药剂护理。马铃薯遭受霜冻后，轻的叶片淡黄，心叶萎缩，表现缺锌、缺硼现象突出，应抓紧补充锌肥和硼肥，每亩施锌肥 1 千克，硼肥(硼砂)不低于 0.5 千克。同时叶片受冻后，抵抗病菌的能力较弱，在低温冻害后，马铃薯田间易发生黄萎病(主要是已出苗部分)及立枯病(主要是播种、已萌芽但未出苗部分)这两种土传性病害。因此，除对晚疫病、青枯病等进行常规的防治外，应采取积极措施，预防这两种病害。防治方法：用50%多菌灵可湿性粉剂 600～800 倍液+3%叶枯灵 600～800 倍液灌根预防黄萎病、立枯病；用 3%中生菌素可湿性粉剂，每亩 1 千克水 60～80 毫克或农用链霉素(200 万单位)2000 倍液喷雾，预防青枯病等细菌性病害的发生；用甲霜灵锰锌或银发利间隔 15 天防治晚疫病 2 次，可增产 7%左右。

刺激生长。马铃薯遭受严重霜冻后，植株茎叶枯死，仅茎基部主茎侧芽还有生命力，如出现此情况，用补充营养剪刀剪去主茎及枝叶，用赤霉素 15～20 毫克/升的溶液对植株喷施，促进早生快发，侧芽萌发后，及时补充作物营养，施肥应在冻害解除、植株恢复缓慢生长以后进行，切忌在冻害后立即施肥。方法：对轻度受冻的田块，可喷施叶面肥，如 0.2%～0.5%的磷酸二氢钾 60～80 千克/亩，增强植株抗性，促进生长恢复。对出苗后中度或严重受冻及尚未出苗的田块，追施沼液、粪水等速效性全肥，或每亩追施尿素 10 千克/亩，促进植株恢复块茎萌发。可实现处理比不处理亩增产 25%左右。

四、马铃薯设施栽培技术

马铃薯设施栽培是指通过人为地采用现代农业工程技术，利用各种设施为马铃薯生产创造提供适宜温度、湿度、光照等条件，在一定程度上改变自然环境对马铃薯生产的限制，使马铃薯在不同的生长季节能够正常生长，以实现进一步提高产量、改善品质、提高效益从而达到周年生产的栽培形式。

设施栽培马铃薯是近年来在我国兴起的一种栽培模式，具有高投入、高产量、高效益的特点，是现代农业的一个重要领域。

常见的栽培设施类型主要有：风障，地膜覆盖，滴灌和膜下滴灌，塑料大棚，日光温室，机械化种植等。由于云南地处高原，立体气候明显，干湿季节分明，农业生产地域形式多样，形成了马铃薯种植耕作制的多样性，全省马铃薯种植有春作、秋作、冬作和小春作等形式，分布在不同的种植区域，不同种植区域需要解决的问题不同，对设施种植的要求也不同。小春作和春作种植区多数在山区高原，主要解决的问题是前期低温和缺水干旱，冬作马铃薯主要种植在南部、西部低纬度河谷坝区，主要解决的问题是马铃薯生产中期的低温、气候干燥、水气蒸发以及收获时集中上市问题。云南马铃薯多在山区旱地种植，田块较小且不规范平整，常用的设施栽培主要还是以地膜覆盖、滴灌或喷灌、小型农机具的应用为主。

（一）地膜覆盖栽培

马铃薯地膜覆盖栽培是运用较多的一种设施栽培,据试验表明,覆盖地膜具有增温、保湿、防除杂草的作用，对云南早春和大春马铃薯种植能达到早熟、高产、优质、高效的要求，并可以提早上市满足市场需要。由于地域不同，我省马铃薯地膜覆盖种植的方式主要有以下几种。

1. 播种后覆膜　即在马铃薯播种后，运用机械或人工对种植垄进行地膜覆盖的种植方式，主要在小春和大春马铃薯种植上采用，具有操作简单，保水、保温效果好的特点。

2. 苗后覆膜　即在马铃薯出苗后，追肥、培土、浇水等第一次田间作业完成后，在马铃薯种植垄上打孔覆膜的方式。主要运用于冬作马铃薯种植区，针对冬作区马铃薯生长后期气温高蒸发量大的气候条件，具有很好的保墒作用。

（二）滴灌、微喷和膜下滴灌栽培

滴灌技术是运用一定的管道、加压设备、滴灌毛管等设施系统，对农田作物进行精准灌溉的一个栽培方式。膜下滴灌是在地膜覆盖种植中加入滴灌系统进行灌溉的一种栽培方式。由于滴灌栽培相对于沟灌、喷灌供水具有省水、省工、增产、增效、不挑地等诸多优点，更重要的是通过滴灌能够做到按照马铃薯需水需肥规律进行灌水、施肥，发挥马铃薯的产量潜力，达到高产、高效目的。滴灌技术最早是以色列在沙漠农业上应用发明的，近年来，水资源的短缺日渐引起人们的重视，特别是云南马铃薯种植多为山区旱地，近年来连续的严重春旱，给马铃薯生产种植带来了极大的影响。推广应用滴灌技术，在云南小春和大春马铃薯产区有良好推广应用前景，对促进云南马铃薯产业进一步上规模上档次具有重要意义。

膜下滴灌技术是将地膜覆盖栽培技术与滴灌技术有效结合、有利于充分发挥地膜覆盖和滴灌供水的优势，是现代农业技术应用的集成，地膜覆盖进一步增加了地温、促进作物早发并减少了作物株间水分的蒸发，达到更好地增产效果。

膜下滴灌技术在我国 90 年代开始逐渐推广使用，2004 年以后在内蒙古等马铃薯主产区大力推广应用，目前在我国膜下滴灌技术已经辐射推广到 20 多个省、市、自治区，应用在棉花、马铃薯外，还应用在粮食、蔬菜等 30 余种作物上，国内应用面积已经达到 66.67 万公顷，成为世界上大田滴灌技术应用面积最大的国家。据试验膜下滴灌技术应用效果主要在以下几方面。

一是节水。地膜覆盖大大减少了地表蒸发，滴灌系统又是管道输水，局部灌溉，无深层渗漏，比沟灌节水达 50%以上，提高了作物供水保证率。二是省工。比人工浇水节工 2 个。三是扩大了马铃薯适宜种植区域，提高了种植规模和效益，实现增产 30%以上。四是有利于防止病害的发生，有地膜覆盖，地上植株空间湿度不大，控制了后期因温度高湿度大马铃薯晚疫病的发生。五是提高肥料的利用率。通过水肥一体化的施用，使氮肥利用率从 30%~40%提高到 47%~54%，磷肥利用率从 12%~20%提高到 18.73%~26.33%，在目标产量下，肥料投放减少 30%以上。六是提高土地利用率。由于膜下滴灌系统采用管道输水，减少了田间沟渠，提高了土地利用率，最大可提高 7%。七是减少中耕管理次数和机耕作业，降低机耕成本。覆盖地膜减少田间杂草，因此减少中耕、开沟、人工或机械施肥等作业，节省机械和人力费用达 20%左右。八是提高产量和品质，马铃薯增产达 50%以上。试验表明，采用膜下滴灌技术，土壤疏松，并为马铃薯生长创造了良好的水、肥、气、热环境条件，使种植的马铃薯生长发育快，平均株高、茎叶鲜重、叶面积指数峰值、收获时淀粉含量，均显著高于覆膜不滴灌，并且商品薯率提高，产量高。试验还发现，膜下滴灌和覆膜不滴灌比较，块茎形成早晚有差异，滴灌可促进块茎形成和成熟。膜下滴灌增加的投入主要是滴灌毛管、主管、分管、旁通开关等。滴头间距 30 厘米的贴片式毛管价格在 0.35 元/米，每亩用 600 米，投入为 210 元；旁通开关 20 个，投入为 30 元；共用的主管、分管及其他配件投入 80~100 元，因此每亩地的投入 320~350 元，设备使用期可达 3 年。

云南省在大春和小春马铃薯上应用膜下滴灌技术同时具有以上优点，更增加了适宜种植区域，对进一步扩大种植规模创造了条件，为促进云南冬、小春马铃薯产业的发展提供了保障。目前生产上通过滴灌按照马铃薯需水需肥规律进行水肥一体化技术推广，更显示出了良好的增产效果，实现马铃薯种植的高产、高效。

微喷技术主要还是依靠滴灌供水系统，是将滴灌毛管改为微喷管，使出水量加大形成微环境喷灌。微喷供水在水资源较丰富的滇南滇西主要冬作区较为实用，具有省时、省工和省资金的作用效果，受到冬作产区的欢迎。

（三）机械化应用栽培

马铃薯机械化生产栽培就是以机械化种植和机械化收获为主要形式，配套机械深耕细耙整地和中耕培土、机械化病虫防治技术、节水灌溉、机械喷施等技术，从而促进马铃薯产业的快速发展。目前传统的马铃薯种植技术已经不能适应商品生产发展的要求，机械化栽培技术的应用，通过对各单项技术进行有机组装配套，形成适合当地经济发展的机械化栽培马铃薯综合技术，以达到马铃薯生产全程机械化和半机械化种植。马铃薯全程机械化顾名思义就是以机械全方位进行土壤整地，施肥，机械种植，机械收获为主应用作业，以及中耕培土、喷药防治病虫害、节水灌溉等农机化技术生产方式。半机械化是指在种植开沟、收获或中耕培土中应用机械作业，其他农艺措施仍采用人工的生产方式。据资料显示，机械化种植提高工效 3~5 倍，节省用工费用 180 元/亩，并且可以实现种植规范整齐、播种深度一致，有利于机械化中耕、培土和收获作业。实现马铃薯全程机械化生产的关键是机械化播种和收获。

在云南省马铃薯生产中，随着科技的进步和农业机械化的发展，农村土地流转和马铃薯主粮化及商品薯市场前景的利好形势、马铃薯生产效益的提高，全省马铃薯种植面积不断扩大，以及农村生产用工的短缺和费用的提高，应用机械化栽培马铃薯是产业发展的必然趋势。应用机械化种植马铃薯具有省工、省时、省费用的优势，在马铃薯生产中将成为农业开发公司、农场及广大种植专业户的必然选择。由于云南多山，马铃薯种植多为山区旱地，田地块较小，除较大的公司和种植农场外，多数地区不适宜应用大型农用机械，应用最普遍的还是马铃薯小型田间管理机。基本能够做到机械整地、开沟、覆土起垄、中耕除草、收获、田间运输等作业。目前应用于马铃薯生产种植管理收获的机械有：中机美诺的马铃薯单垄双行、双垄单行种植和收获机，青岛洪珠单垄双行小型马铃薯播种机和收获机，山东莱州奥伦牌、华弘牌和山东费县华源喜登牌多功能田园管理机，其他整地及田间管理作业的机械有欧豹、天拖等504-904犁耙旋耕拖拉机以及应用小型抽水机带动的移动式喷灌机等田间作业机械。

参 考 文 献

陈际才. 德宏州无公害冬马铃薯生产技术规程//德宏州地方农业规范，DG5331/T9-2014，德宏州质量技术监督局 2014-05-01 发布

陈丽华，蔡丽君.冬季马铃薯高产栽培技术[J].粮食作物，2011，(11)：8-9

陈向东，潘晓春，姚艳红.马铃薯节水栽培模式试验研究[J].中国马铃薯，2012，26(2):80-83

陈伊里，屈冬玉.马铃薯产业与冬作农业[M].哈尔滨:哈尔滨工程大学出版社，2006

程李，程柱，孙洁.贵州马铃薯低温冻害及减灾措施[J].现代化农业，2014(8)，67

范敏，金黎平，刘庆昌，等.马铃薯抗旱机理及其相关研究进展[J].中国马铃薯，2006，20(2):101-107

胡新喜，庞万福，金黎平，等.2012 年国外马铃薯栽培领域研究概况[J].中国马铃薯，2013，27(3)：186-190

黄团，邓仁菊，韦维，等.不同覆膜栽培对冬作马铃薯的影响[J].农技服务，2013，30(11)：1192-1194

颉炜清，关兴华，肖继坪等.半干旱地区马铃薯品种比较试验[J].中国马铃薯，2012，26(2):70-75

李翠英，徐鹏春.春马铃薯高产高效栽培技术[J].粮食作物，2011，(3)：15

李飞，金黎平.马铃薯霜冻害及防御措施[J].贵州农业科学，2007，35(3):121

李俊峰.秋冬马铃薯发展思路及高产栽培[J].种植园地，2010，(11)：29-30

李俊林，水建兵.马铃薯抗旱栽培模式试验初报[J].粮经栽培，2009，7:7

李世峰，杨琼芬.云南冬季马铃薯优质高效栽培技术规程[J].云南农业科技，2007，(1)：34-35

李志虹，喵喵，李淑荣，等.马铃薯抗旱抗逆试验[J].现代农业，2014，10:18-19

刘翠英.马铃薯地膜覆盖高产栽培技术研究[J].中国马铃薯，2011，25(1):5-9

刘海河，王丽萍.马铃薯安全优质高效栽培技术[M].北京：化学工业出版社，2012

刘全武，崔圣贵，鲁迪球，等.春马铃薯高产栽培技术研究[J].湖南农业科学，2007，(2):54-56，58

龙蔚，金璟，张德亮，等.云南省马铃薯生产与市场行情分析[J].云南农业大学学报：社会科学版，2013，(2)：15-17，27

马海艳.秋马铃薯栽培技术[J].农业知识：瓜果菜，2014，(7)：14-15

门福义.马铃薯栽培生理[M].北京：中国农业出版社，1995

聂战声，谢延林，王耀，等.寒旱区不同覆膜栽培模式对马铃薯产量的影响[J].中国马铃薯，2011，25(3):213-217

潘里娜，王恒康."99·12"云南低温重霜冻分析[J].云南气象，2002，1:33-35

秦剑，解明恩，刘瑜，等.云南气象灾害总论[M].北京:气象出版社，2000

秦军红. 马铃薯膜下滴灌增产效应的研究[J].中国农学通报，2011，27(18):204-208

桑月秋，杨琼芬，刘彦和，等.云南省马铃薯种植区域分布和周年生产[J].西南农业学报，2014，27(3)：1003-1008

谭应中，高锡帅，黄文龙，等.西双版纳州低温寒害基本特征及减灾对策[J].中国农业气象，2002，23(2):44-48

唐子永，郭艳梅.马铃薯高产栽培技术[M].北京：中国农业科学技术出版社，2014

王俊林.起垄覆膜方式对旱地土壤水分及马铃薯产业的影响[J].甘肃农业科技，2014，1:34-36

王伟忠.马铃薯栽培技术要点分析[J].吉林农业，2014，(3)：81

解明恩，程建刚，鲁亚斌，等.云南严重低温霜冻灾害天气个例分析[J].气象科技，2005，33(3):250-255

姚春馨，丁玉梅，周晓罡，等.水分胁迫下马铃薯抗旱相关表型性状的分析[J].西南农业学报，2013，26(4):1416-1419

张贵国，刘振本，赵存花，等.早春马铃薯高产高效栽培技术[J].山东农业科学，2004(2)：33-34

赵德胜.马铃薯栽培管理技术[J].西北园艺：蔬菜，2014，(6)：8-9

第五章　马铃薯主要病虫害及防控技术

植物因受到不良条件或有害生物的影响和袭击，超过了植物的忍受限度，而不能保持平衡，植物的局部或整体的生理活动和生长发育出现异常，称为植物病害。植物病害发生受植物自身遗传因子异常、不良环境条件、病原生物和人为因素的影响，常将植物病害划分为传染性(侵染性)病害和非传染性(非侵染性)病害。由生物病原物引起的病害称为传染性病害，传染性病害(侵染性病害)按病原生物种类不同，还可以进一步分为：由真菌侵染引起的真菌病害，如马铃薯早疫病；由原核生物侵染引起的细菌病害，如马铃薯青枯病；由病毒侵染引起的病毒病害，如马铃薯花叶病；由寄生性种子植物侵染引起的寄生植物病害，如菟丝子；由线虫侵染引起的线虫病害，如马铃薯根结线虫病；由原生动物侵染引起的原生动物病害，如椰子心腐病等。由不适宜的环境因素引起的植物病害称为非传染性病害。按病因不同，还可分为：①植物自身遗传因子或先天性缺陷引起的遗传性病害或生理性病害；②物理因素恶化所致病害，如大气温度的过高或过低引起的灼伤与冻害；大气物理现象造成的伤害，如风、雨、雷电、雹害等；大气与土壤水分和温度的过多与过少，如旱、涝、渍害等。③化学因素恶化所致病害，肥料元素供应的过多或不足，如缺素症；大气或土壤中有毒物质的污染与毒害；农药及化学制品使用不当造成的药害等。

马铃薯是重要的栽培植物，其生长过程中常常遭到有害生物的危害导致病害发生，对马铃薯生产影响较大的病原菌主要有卵菌及真菌、病毒、细菌和线虫；全世界报道的马铃薯病害有近 100 种，在我国危害较重，造成损失较大的有 15 种，主要有马铃薯晚疫病、马铃薯早疫病、马铃薯粉痂病、马铃薯枯萎病、马铃薯黑痣病、马铃薯 X 病毒病、马铃薯 Y 病毒病、马铃薯卷叶病毒病、马铃薯 S 病毒病、马铃薯纺锤块茎类病毒病、马铃薯青枯病、马铃薯环腐病、马铃薯黑胫病、马铃薯根结线虫病等。

第一节　真菌及卵菌病害

由植物病原真菌(含卵菌)引起的病害。约占植物病害的 70%～80%。一种作物上可发生几种甚至几十种真菌病害。由真菌引起的马铃薯病害主要有晚疫病、早疫病、黄萎病、枯萎病、干腐病、黑痣病、炭疽病、灰霉病、叶斑病、粉痂病等 10 余种。本文主要介绍以下几种。

一、马铃薯晚疫病

马铃薯晚疫病由卵菌纲致病疫霉 [*Phytophthora infestans*(Mont.)de Bary] 引起。1845 年 Montogne 首次在世界上描述了马铃薯晚疫病。1876 年 De Bary 将马铃薯晚疫病的病原物定名为 [*Phytophthora infestans*(Mont.)de Bary] 。晚疫病是马铃薯的毁灭性病害，一般年份可减产 10%～20%，发病重的年份可减产 50%～70%，甚至绝收。19 世纪中叶，马铃薯晚疫病的大流行造成"爱尔兰大饥荒"，因饥饿死亡的爱尔兰人有一百多万，还有一百多万人移民他国。1950 年马铃薯晚疫病在我国的大爆发使得"晋、察、绥"主要产区薯块损失达 50%，随后几年在黑龙江、内蒙古、甘肃等地流行。20 世纪 90 年代后，晚疫病在我国马铃薯主产区普遍发生，危害呈上升趋势。1997 年仅重庆万州移民开发区马铃薯晚疫病发病面积就达 6.87 万公顷，直接经济损失达 1.5 亿人民币。据全球晚疫病协作网(Global Initiative on Late Blight，GILB)2004 年统计，仅在发展中国家晚疫病所造成的马铃薯的经济损失高达 32.5 亿美元，并且种植过程中使用的杀菌剂的花费亦高达 7.5 亿美元。

（一）症状

马铃薯晚疫病主要为害叶、叶柄、茎及块茎。叶片染病先在叶尖或叶缘生水浸状绿褐色斑点，病斑周围偶有浅绿色晕圈，湿度大时病斑迅速扩大，呈褐色，在叶背形成白霉(孢囊梗和孢子囊)，干燥时病斑变褐干枯，质脆易裂，不见白霉，且扩展速度减慢。茎部或叶柄染病现黑色或褐色条斑。茎上病斑很脆弱，茎秆经常从病斑处折断。发病严重的叶片萎垂、卷缩，终致全株黑腐，全田一片枯焦，散发出腐败气味。块茎染病初生褐色或紫褐色大块病斑，稍凹陷，病部皮下薯肉亦呈褐色，慢慢向四周扩大或腐烂(参见彩图 5-1)。

图 5-1　马铃薯晚疫病发生症状(杨艳丽摄)

（二）病原

1. 病原菌分类地位　采用 Cavalier-Smith(1988～1989 年)的生物八界系统，基本按照《菌物词典》第八版(1995)和第九版(2001)的方法，将菌物划分到原生动物界、假菌界和真菌界。致病疫霉 [*Phytophthora infestans*(Mont.) de Bary]，属假菌界，卵菌门，卵菌纲，霜霉目，腐霉科，疫霉属，致病疫霉。

2. 病原菌生殖特性　该菌菌丝无色，无隔膜，菌丝体在寄主细胞的间隙中扩展，从寄主细胞内吸取营养。具有有性和无性世代，无性繁殖产生孢囊梗和孢子囊。孢囊梗形成于菌丝体上，2～3 根成丛，从寄主的茎、叶的气孔或块茎的皮孔伸出，形状细长，合轴分枝，分枝顶端膨大产生孢子囊。孢子囊卵形、椭圆形或柠檬形，顶部有乳状突起，基部有明显的脚胞。孢子囊成熟后被推向一侧，孢囊梗则继续伸长，在顶端形成新的孢子囊，孢囊梗与孢子囊接触点膨大，孢囊梗成为节状，各节基部膨大而顶端较细，出现"溢缩现象"。孢子囊形成的温度为：7～25℃，游动孢子形成的适温为 10～13℃，孢子囊直接萌发的温度为 4～30℃，15℃以上较适宜，菌丝在 13～30℃均能生长(参见彩图 5-2)。有性繁殖过程是产生藏卵器的菌丝穿过雄器，在雄器上形成藏卵器，雄器包在藏卵器的柄上，交配后于藏卵器中形成一个卵孢子，卵孢子圆形(参见彩图 5-3)。

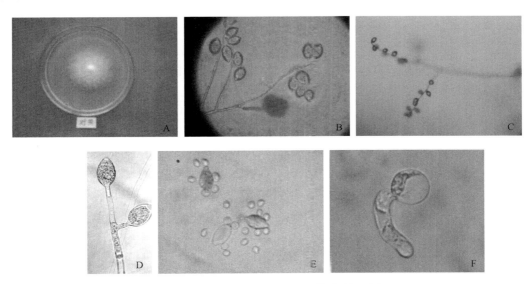

图 5-2　马铃薯晚疫病菌无性世代(杨艳丽摄)

A. 晚疫病菌菌落；B. 孢子囊梗"溢缩现象"；C～E. 孢子囊和游动孢子；F. 游动孢子萌发

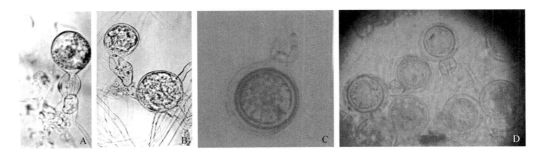

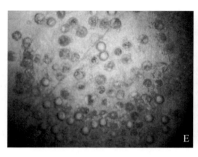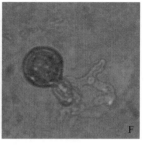

图 5-3　马铃薯晚疫病菌有性世代(杨艳丽摄)
A~B. 藏卵器穿雄生殖；C~E. 卵孢子；F. 卵孢子萌发

3. 病原菌生理小种　同种、变种、专化型内的病原物的不同群体在形态上无差别，在生理特性、培养性状、生化特性、致病性等方面存在差异的群体称为生理小种。采用 Black1953 年"致病疫霉生理小种的国际命名方案"，用 11 个抗病类型品种作鉴别寄主测定生理小种。马铃薯晚疫病菌生理小种组成复杂多变。杨艳丽等在 2001 年报道了云南省的马铃薯晚疫病菌生理小种的组成及分布情况，来自 12 个县市的马铃薯晚疫病菌株共 41 个，采用离体叶片测定法鉴定出 4 个生理小种，其中 3 号小种分布在丽江等 8 个县市，占被测菌株的 39.02%；0 号小种分布在昭通等 8 个市县，占被测菌株的 31.70%；3、4 号生理小种占 21.95%，分布在昆明等 3 个县市；4 号小种占 9.75%，分布在昆明地区。当时云南省马铃薯晚疫病菌生理小种主要以 3 号小种和 0 号小种为主。2003~2005 年，李灿辉等测定了来自云南省冬作区德宏州的晚疫病菌 66 株，结果显示:德宏州存在所有已知可鉴定的毒性基因，而且生理小种组成非常复杂；所测定的 66 个菌株可区分出 36 个生理小种，其中，出现频率最高的小种为 1.2.3.4.5.6.7.8.9.10.11，占被测菌株的 18.18%，在主产区潞西县和盈江县均有分布。2007 年杨艳丽等用 11 个分别含有单抗性基因 R1、R2…R11 及其不同组合的复合基因鉴别寄主，对 2003~2005 年采自云南省春作区 9 个县市 26 个采集点的 117 个马铃薯晚疫病菌株和 5 个番茄晚疫病菌株进行了生理小种鉴定。结果共鉴定出 27 个生理小种，其中优势小种为 3.4.6.8.10.11，占所测菌株的 28.69%，主要分布在寻甸、丽江、昆明；其次是小种 3.4.10，发生频率为 13.11%，主要分布在镇雄；最后是小种 3、10，其发生频率为 10.66%，2010 年王自然等对来自全省春作区的 186 个菌株进行生理小种测定，186 个菌株中有 100 个生理小种类型，优势小种为 1.2.3.4.5.6.7.8.9.10.11，发生频率是 22.1%。因此，云南的马铃薯晚疫病菌的生理小种发生了改变，且致病基因型在增加。

4. 病原菌 A_2 交配型　晚疫病菌属活体营养，是异宗配合卵菌，有 A_1 和 A_2 两种交配型，当只有一种交配型存在时，晚疫病菌进行无性繁殖，产生孢子囊，通过游动孢子侵染寄主植物。Niederhauser、Gallegly、Galindo 和 Smoot 等先后报道，在墨西哥中部地区发现致病疫霉菌有两种交配型，只有这两种交配型同时存在并接触才能发生有性繁殖，后来他们用 A_1 和 A_2 表示这两种不同遗传性状的株系，A_1 表示无性繁殖的群体，A_2 表示与 A_1 亲和进行有性繁殖的株系。当 A_1 和 A_2 两种交配型同时存在时，产生卵孢子。A_1+A_2 进行有性生殖产生卵孢子，卵孢子的抗逆性更强，可以在土壤中越冬；卵孢子发育形成的后代与 A_1 的无性繁殖后代有不同的基因型，称为"新群体"，在自然界如果有

A_2 的存在，就会发生新旧群体演替的现象，新群体逐渐替代旧群体。新群体的线粒体单倍型为 II A 或 II B(旧群体为 I A 或 I B)，Gpi90/100．Pep96/100(旧群体为：Gpi86/100，Pep92/100)(CIP，1997)；适应性较强，易形成新的生理小种，侵染不同的品种；抗药性较强(对本酰胺类杀菌剂如甲霜灵等易形成抗药性菌株)，对马铃薯和番茄的危害性更强。1984 年 Hohl 等在瑞士发现 A_2 交配型，之后欧洲、美洲、亚洲、非洲的许多国家都先后报道发现 A_2 交配型。我国于 1996 年首次由张志铭等报道在山西、内蒙古等地发现了晚疫病菌 A_2 交配型。

如今 A_2 交配型已经在我国云南、四川、河北、重庆、山西、内蒙古等地区普遍存在。1999 年赵志坚等报道在云南省发现 A_2 交配型，在 47 个被测菌株中发现 10 个 A_2 交配型菌株，出现频率为 21.3%；云南农业大学从 1998 年开始监测 A2 交配型菌株，直至 2000 年 11 月才测到 3 个 A_2 交配型菌株，其中 2 株采自陌良县的眉毛山，1 株采自该县的薛官堡。2007 年从采自云南省马铃薯产区 9 个种植地的 228 个菌株中，检测出 A_2 交配型菌株 2 株。因此，A_2 交配型菌株在云南已经定植。

5. 病原菌初侵染来源　主要的初侵染来源是带菌的种薯，病残体、土壤中的卵孢子和发病的番茄是次要的病原菌来源。

（三）发病条件

马铃薯晚疫病菌主要通过风、雨水、土壤和种薯传播。致病疫霉菌通过伤口、皮孔芽眼外面的鳞片或表皮侵入到马铃薯体内，靠近地面的块茎被土中残留或随雨水迁移的孢子囊和游动孢子侵染。在块茎内晚疫病菌以菌丝形态越冬，次年随幼芽生长，侵入茎叶，能通过土壤水分的扩散作用而移动，也会随起茎、耕作等田间农事活动移至地表，遇雨水溅到植株下部叶片上，侵入叶片形成中心病株。之后，中心病株上形成的孢子囊通过空气传播或落到地面随雨水灌溉进行扩散，病害逐渐传开(参见图 5-4)。晚疫病的发生分三个阶段。①中心病株出现阶段:从现蕾期前就有可能出现；②普遍蔓延阶段:叶斑面积不超过叶片总面积的 1%，从明显的发病中心到普遍蔓延大约 10 天；③严重发病阶段：马铃薯从发病到全面枯死的时间因环境条件而异，一般为 18～42 天。

1. 气候条件　马铃薯晚疫病是典型的流行性病害。气候条件与该病的发生及流行密切相关，其中温度和湿度最为重要。温度对病原菌侵入寄主的影响很大，主要影响孢子的萌发速度。在低温高湿条件下孢子囊分裂形成 4～6 个游动孢子，游动孢子通过表皮或气孔侵入寄主，菌丝则在寄主细胞间蔓延。当温度在 11～13℃，孢子囊萌发产生游动孢子，3～5 小时即可侵入，当温度高于 15℃时产生芽管，5～10 小时才能侵入，在 20～23℃时蔓延最快。孢子囊借风雨传播，可再次侵染寄主。在生产季节中病原菌可重复侵染多代，每次再侵染的潜伏期一般是 3～4 天。晚疫病的发生流行与马铃薯的生长期也有较大关系。晚疫病发生流行多在 5～7 月份，此时马铃薯正处于现蕾期至盛花期，马铃薯由营养生长进入生殖生长阶段，地下块茎迅速膨大，基部叶片开始衰老，又恰逢阴雨连绵期，适于晚疫病菌的侵染和传播。

2. 品种抗性减弱　山区薯农换种意识不强，抗病品种更新慢。只要某个品种产量高，就一直种植该品种，且种植时不重视良种提纯复壮，种植多年后抗病性减弱，造成晚疫

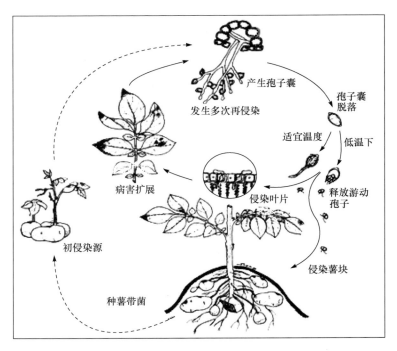

图 5-4 马铃薯晚疫病大田病害发生循环(参照 GEORGEN.AGRIOS：PLANT PATHOLOGY，2004)

病逐年加重，加上贮藏、选种不严格使病原菌传播加快，导致晚疫病暴发流行。如'米拉'原为抗马铃薯晚疫病品种，但长年种植后种性退化，抗病力降低，随生理小种变化变成了感病品种。

3. 栽培管理不当　马铃薯种植在地势低洼、排水不良、土壤板结、偏施氮肥的田块中易受病原菌的侵染。研究表明，栽培措施不当会加重晚疫病的发生，没有及时发现并消灭中心病株、低洼地块未及时排水、耕作不合理等均会引起马铃薯晚疫病的发生。种植结构不合理，如缺少有效的隔离，感病品种与抗病品种、种薯与商品薯、早熟品种与晚熟品种临近种植都会增大晚疫病的发生概率。

（四）防治措施

马铃薯晚疫病是世界性的植物病害，其危害严重，防治困难，因此，马铃薯晚疫病的防治措施遵循"预防为主，综合防控，统防统治"的原则。

1. 抗病育种　马铃薯对晚疫病的抗病性有两种类型：一种为小种专化抗性，或称垂直抗性，另一种为非小种专化抗性，又称为田间抗性或水平抗性，垂直抗性是由主效 R 基因控制的，田间抗性则由多基因控制。晚疫病菌极易发生变异，特别是 A₂ 交配型出现以后，垂直抗性品种容易"丧失"抗性。具有田间抗性的品种，抗病性比较稳定。在生产上，应根据晚疫病的流行程度，选用抗病品种。

2. 建立无病留种地，消灭初侵染来源，生产和使用健康种薯　由于病薯是主要的初侵染来源，建立无病留种地，可以减少初期菌源。

3. 化学防治　由于没有高抗或免疫的品种，在晚疫病流行期，化学防治是目前控制马铃薯晚疫病流行的主要措施，只要使用得当，可以收到很好的防病增产效果，应加强病情监测，指导药剂防治。甲霜灵类(Metalaxyl)、烯酰吗啉(Dimethomorph)、霜霉威氟吡菌胺(Propamocarb-HCl+Fluopicolide)等可以有效控制病害的流行。

4. 合理施肥，加强栽培管理　生长期培土，减少病菌侵染薯块的机会；扩大行距，缩小株距，或在花蕾期喷施 9×10^{-5} mg/L 的多效唑(种薯田禁用)控制地上部植株生长，降低田间小气候湿度，均可减轻病情；深挖沟高起垄，高培土可阻止病菌随雨水侵入块茎，减轻病害发生，避免积水；轮作套作，合理布局，避免重茬连作；病株早拔除，药物早防治；合理密植，防徒长；错期播种，避开发病气候。

5. 收获前防治　在流行年份，为了减少收获期晚疫病菌侵染块茎，可以在成熟期或接近成熟期前 10～15 天清除地上茎叶，或用化学药剂杀死地上茎叶，可以用 0.1%～0.2%的硫酸铜液，或除草剂，干燥剂杀死地上茎叶。

二、马铃薯早疫病

马铃薯早疫病于 1892 年在美国的佛蒙特州首次发现，目前在世界各地均有发生。已报道的引起马铃薯早疫病的病原菌有 *Alternaria solani*、*Alternaria alternata*、*Alternaria interrupta*、*Alternaria grandis*、*Alternaria tenuissima*、*Alternaria dumosa*、*Alternaria arborescens* 和 *Alternaria infectoria* 等 8 种,其中 *A.solani* 为优势病原菌。1984 年，以色列的 Droby 首次报道 *A.alternata* 可引起马铃薯早疫病。2009 年，伊朗首次发现 *A.interrupta* 是马铃薯早疫病的一种新病原。2010 年，巴西首次报道 *A.grandis* 也可引起马铃薯早疫病。2010 年，伊朗首次报道 *A.tenuissima*、*A.dumosa*、*A.arborescens* 和 *A.infectoria* 也可侵染马铃薯。由于 *A.alternata* 经常从受 *A.solani* 侵染后的马铃薯叶片中分离得到，Weir 等认为，其是马铃薯早疫病的伴生致病菌，一般不直接引起病害，而 Kapsa 认为，*A.alternata* 和茄链格孢都是马铃薯早疫病的致病菌。研究表明，*A.solani* 和 *A.alternata* 均可单独导致衰老的马铃薯叶片发生早疫病，从而认为二者都是马铃薯早疫病的病原菌。国内马铃薯早疫病的研究较少，2010 年台莲梅等对马铃薯早疫病病原菌的生物学特性进行研究，然后用离体叶片接种法对黑龙江省不同马铃薯产区的早疫病菌致病力分化进行研究，并对不同致病力菌株的培养性状进行研究比较。何凯等于 2012 年采用组织分离法对重庆市巫溪县马铃薯早疫病病原菌进行分离鉴定，并对该菌的生物学特性进行研究。目前，云南省还没有关于马铃薯早疫病的相关报道。

马铃薯早疫病一般年份可造成马铃薯减产 5%～10%，病害严重年份减产可达 50%以上。Haware 研究证明马铃薯产量损失随马铃薯早疫病的病情严重度的加剧而加剧，当发病率为 25%，产量损失 6%，当发病率 100%时，产量损失 40%。Nnodu 等调查发现马铃薯早疫病不但在田间可造成产量损失，而且在块茎采后贮藏过程中也会造成其品质降低。在一些地区，贮藏过程中损失高达 30%。

（一）症状

马铃薯早疫病主要为害叶片，也可为害叶柄、茎和薯块。一般先侵染下部叶片，产生褐色、凹陷、与健部分界明显的小斑点，后扩大成大小为 3～4 毫米、具有清晰同心轮纹的椭圆形病斑。湿度大时,病斑上常产生黑色霉层(病原菌的分生孢子梗和分生孢子)。严重时，整个病斑相互连接，愈合成不规则形的大斑，甚至穿孔脱落。茎、叶柄常于分节处受害，病斑稍凹陷、线条形、颜色为褐色，扩大后呈灰褐色，长椭圆形，具同心轮纹。块茎受害可产生暗褐色、边缘明显稍凹陷的圆形或近圆形病斑，其皮下呈浅褐色海绵状干腐(参见彩图5-5)。

图5-5 马铃薯早疫病症状(杨艳丽摄)

（二）病原

茄链格孢菌 [*Alternaria solani*(Ell.et Mart.)Joneset Grout] ，属半知菌亚门，丝孢纲，丛梗孢目，暗色孢科，链格孢属真菌。

该菌菌丝有隔膜和分枝，较老的颜色较深。分生孢子自分生孢子梗顶端产生，通常单生，其形状差异很大，倒棍棒形至长椭圆形，颜色为淡金黄色至褐色，具长喙，表面光滑，9～11个横膈膜，0到数个纵隔膜，大小为(150～300)微米×(15～19)微米，喙长等于或长于孢身，有时有分枝，喙宽2.5～5微米。分生孢子梗从病斑坏死组织的气孔中抽出，直立或稍弯曲，色深而短，单生或丛生，有1～7个隔膜，大小为(50～90)微米×(6～9)微米(参见彩图5-6)。

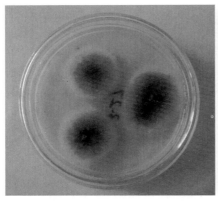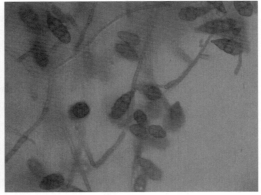

图5-6 马铃薯早疫病菌菌落及分生孢子形态(杨艳丽摄)

（三）发生及流行规律

茄链格孢菌主要以菌丝和分生孢子附着在病株、土壤、被侵染的块茎上以及其他茄科植物的寄主上，并可在土壤中越冬。翌年当温度适宜时，早疫病菌产生大量新的孢子。病斑上的分生孢子主要靠风、雨等传播，通过气孔或伤口侵入。一年中，分生孢子多次经由植株的气孔、表皮或伤口多次循环侵染。在生长季节早期，初侵染发生在较老的叶片上，活跃的幼嫩组织和重施氮肥的植株，通常不表现症状。

气候因素和植株长势对马铃薯早疫病的发生和流行有显著影响，高温高湿的环境有利于发病。26～28℃为马铃薯早疫病菌菌丝生长最适温度，28～30℃为分生孢子萌发最适温度，通常温度达到15℃以上，相对湿度大于80%，早疫病菌就可发生侵染。温度超过25℃时，只需短期阴雨或重露天气，早疫病就能迅速蔓延。7～8月温度适宜，雨水充足、雾多或露水重、暴风雨次数多，发病严重。沙质土壤脱肥、元素不均衡、缺锰，易导致病害加重；长势衰弱的植株，发病严重；有病毒病、黄矮病、线虫病及虫害严重的植株，发病严重；过早、过晚栽种，氮磷肥施量过多，发病严重，多施钾肥可提高植株抗病性。

（四）防治措施

1. 选用抗病品种 培育和种植抗早疫病品种是防治马铃薯早疫病最直接而有效的措施。在温室试验证实成株期比幼苗期更容易获得抗性，且温室和田间结果较一致，并且证明抗性是可遗传的，建议幼苗期个体抗性选择作为抗性育种有效的手段，是亲代杂交获得抗性的首选方法。

2. 农业防治 农业防治可以改变寄主和茄链格孢菌的生活环境，从而影响马铃薯早疫病病害的发生。其影响包括两个方面：一是影响茄链格孢菌的存活、繁衍、传播和侵染；二是影响寄主植物的生活力，如提高或降低寄主对茄链格孢菌的抵抗力。

3. 化学防治 目前，我国防治早疫病的化学方法主要有种薯处理和生长期喷药。每种方法都有其优缺点，种薯处理可有效地控制种薯携带病菌，但不能控制早疫病的后期侵染。现在生产上常用的方法为生育期喷药防病。

4. 生物防治 用于生物防治的微生物主要包括酵母菌、细菌、真菌、放线菌和病毒等，而常用于植物病害生物防治的微生物有酵母菌、细菌、放线菌和霉菌。利用生物防治或微生物活菌剂防治植物病害，资源丰富，选择性强，对人、畜及植物安全，不污染环境，但见效慢。

三、马铃薯黑痣病

又称立枯丝核菌病、茎基腐病、丝核菌溃疡病和黑色粗皮病。在我国，黑痣病最早是1922年和1932年分别于台湾省和广东省发现，该病已经在我国各马铃薯产区有不同程度的发生，尤其是在北方地区的黑龙江、吉林、辽宁、甘肃、青海以及内蒙古西部等地区，病害发生严重，重症田块植株发病率达到70%～80%。近年来马铃薯产业发展迅速，种植面积逐年上升，导致重茬问题严重，黑痣病发生变得普遍，一般年份即可造成马铃薯减产15%左右，个别年份可达到毁灭全田，严重影响马铃薯的产量和品质，阻碍了马铃薯产业的发展。研究表明：中国马铃薯黑痣病菌的融合群以AG3为主。云南马铃薯主产区均有黑痣病的发生，部分地区发病较为严重，最为严重的昆明地区发病率达到36%；曲靖、昭通、丽江、迪庆、大理五个州市的发病率分别为29.75%、29.01%、27.28%、20.91%和12.36%，全省马铃薯黑痣病最轻发生地区为宣威市，发病率亦达到12%。

（一）症状

丝核菌可危害马铃薯的幼芽、茎基部及块茎。芽块播种到田里出芽后，幼芽顶部出现褐色病斑，使生长点坏死，不再继续生长。因输导组织受阻，其叶片则逐渐枯黄卷曲，植株易倒死亡，此时常在土表部位再生气根，产出黄豆大的气生块茎。地下块茎发病多以芽眼为中心，生成褐色病斑，影响出苗率，造成苗不全、不齐、细弱等现象。在苗期主要感染地下茎，出现指印形状或环剥的褐色病斑，地上植株矮小和顶部丛生；严重时可造成植株立枯、顶端萎蔫。茎秆上发病先在近地面处产生红褐色长形病斑，后渐扩大，茎基全周变黑表皮腐烂。茎表面呈粉状，容易被擦掉，粉状下面的茎组织正常。匍匐茎感病，为淡红褐色病斑，匍匐茎顶端不再膨大，不能形成薯块；感病轻者可长成薯块，但非常小。也可引起匍匐茎徒长，影响结薯，或结薯畸形。受侵染的植株，根量减少，形成稀少的根条。成熟的块茎感病时，表面形成大小不一、数量不等、形状各异、坚硬的、颗粒状的黑褐色或暗褐色的斑块，也就是病原菌的菌核，牢固地附在表面上，不易冲洗掉，而菌核下边的组织完好，也有的块茎因受侵染而造成破裂、锈斑、薯块龟裂、变绿、畸形、末端坏死等现象(参见彩图 5-7)。

图 5-7　马铃薯黑痣病(茎溃疡病)症状(杨艳丽摄)

（二）病原物

病原菌为立枯丝核菌(*Rhizoctonia solani* Kühn)，病原菌的无性态归属于菌物界、无孢纲、无孢目、丝核菌属、立枯丝核菌，为兼性寄生菌，而它的有性世代，属于担子菌亚门、层菌纲、胶膜菌目、亡革菌属、瓜亡革菌 [*Thanatephorus cucumeris*(Frank)Donk]。是一类在自然界中广泛存在的真菌。初生菌丝无色，粗细较均匀，分隔距离较长。分枝呈直角或近直角，分枝处大多有缢缩，并在附近生有一隔膜。新分枝菌丝逐渐变为褐色，变粗短后纠结成菌核。菌核初为白色，后变为淡褐或深褐色。病菌和菌丝生长温度范围是 5～39℃，最适温度 25～30℃，菌核形成温度 11～37℃，最适 23℃，属高温型菌(参见彩图 5-8)。立枯丝核菌寄主范围极广，至少能侵染 43 科 263 种植物。包括马铃薯以及绝大多数栽培物和众多的野生植物，如水稻、大麦、棉花、黄麻、洋麻、甜菜、大豆、烟草、柑橘、洋葱、黄瓜、莴苣、丝瓜、十字花科蔬菜、茄子、番茄、菜豆、豌豆、海松、白皮松、油松等。

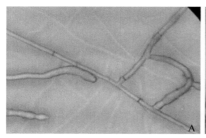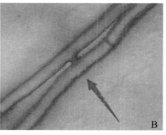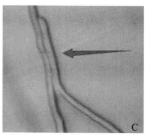

图 5-8　马铃薯黑痣病(茎溃疡病)菌融合形态(杨艳丽摄)

A. 菌丝结构；B. 为点融合；C. 为面融合

（三）流行规律

1. 传播途径　马铃薯黑痣病是由立枯丝核菌引起的真菌性土传病害，以菌核在病薯块上或残落于土壤中越冬，在土壤中存活 2～3 年，可经风雨、灌水、昆虫和农事操作等传播为害。种薯是翌年的主要初侵染源，又是远距离传播的主要途径，一般经伤口或直接侵染幼芽，导致发病，造成芽腐或形成病苗，一年有 2 次发病高峰期，第 1 次发病高峰为苗期至现蕾期，第 2 次发病高峰为开花期至结薯期。

2. 发病条件　菌核在 8～30℃皆可萌发，病菌发育适宜温度 23℃，田间发病程度与春寒及潮湿条件密切相关，播种早或播后土温较低的情况下发病较重，低洼积水地不易提高地温，易于诱发病害。后期菌核萌发需 23～28℃的较高温度，连续阴雨或湿度连续高于 70%，此病发生严重甚至流行。前茬为番茄或茄子地，发病率高，连作年限越长发病越重。

（四）防控措施

对于马铃薯黑痣病的防治，目前研究表明单一方法是不可能彻底有效的，不仅需要采取多种方法、多方面防治措施综合运用，还要对病原菌本身加以充分了解，掌握其病害生物学原理和发生规律，以便于对症下药，达到有效的预防和控制目的。

1. 无病种苗的选育　建立无病留种地，选用无病种薯或块茎进行种植，这是控制马铃薯黑痣病发生的关键所在。

2. 农艺措施防病　轮作倒茬。与无共同病原的作物倒茬，来降低土壤中的病菌数量，实行 3 年以上轮作制，避免重茬。单一种植马铃薯或与豆类、麦类这些与马铃薯具有共同病原菌的植株轮作均会造成病原的累积、病害的加重。

未成熟收获。可在马铃薯自然成熟前 14～28 天人工拔除茎叶后收获。未成熟收获比茎叶拔除和除草剂除茎叶更有利于降低黑痣病发生的程度。

田间水肥管理。选择易排涝、高地块种植，避免冷凉气候播种。适时晚播，促进早出苗，缩短幼苗在土壤中的时间，减少病菌侵染。土壤中氮、磷含量过高，钾、钠、钙含量过低均易于黑痣病的发生。

合理密植。保护地每亩栽培 4000 株左右，露地每亩栽培 4600 株左右，注意通风透光，低洼地应实行高畦栽培，雨后及时排水，做到雨过田干，同时，收获后及时清洁田园，病株、病薯带出田块进行深埋。

3. 药剂防控　种薯消毒。播前用 50%多菌灵可湿性粉剂 500 倍液，或 15%恶霉灵水剂 500 倍液，或 50%福美双可湿性粉剂 1000 倍液浸泡种薯 10 分钟处理。

茎叶喷雾。在发病初期开始喷洒 3.2%恶·甲(克枯星)水剂 300 倍液或 36%甲基硫菌灵悬浮剂 600 倍液。

土壤处理。每平方米用 25%戊菌隆可湿性粉剂 0.5～1.5 克浸渍土壤或干混土壤，对防治立枯丝核菌效果很好,农药使用要严格按照配比浓度使用,而且要确保安全间隔期,一般在采收前 7～10 天停止用药。

药剂选择：室内毒理测定表明，抑菌效果较好的药剂有纹弗(50mg/kg)、咯菌腈(50mg/kg)和甲基硫菌灵(150mg/kg)，室内抑菌效果可达 100%。以上 3 种农药适于在云南马铃薯产区使用。

四、马铃薯粉痂病

马铃薯粉痂病于 1841 年在德国首次报道。目前，马铃薯粉痂病在世界各大洲均有分布，其中在欧洲的分布最广泛、发病最严重，丹麦、德国、荷兰、爱尔兰、西班牙、瑞士、英国、意大利、马耳他和法国等均有马铃薯粉痂病发生的报道。南美洲的厄瓜多尔、哥伦比亚、秘鲁、智利、玻利维亚、巴西、墨西哥、阿根廷，北美地区的加拿大，美国的多个州如北达科他州，大洋洲的新西兰、澳大利亚、巴布亚新几内亚，中东地区的以色列和土耳其，亚洲的印度、巴基斯坦、韩国、日本、哥斯达黎加和斯里兰卡均发生粉痂病。继 1957 年中国福州发生马铃薯粉痂病之后，在福建、内蒙古、广东、甘肃、江西、浙江、湖南、湖北、贵州、四川、云南等地均有马铃薯粉痂病的发生。甘肃省农业科学院植物保护研究所 2011 年在渭源县会川试验田收获期马铃薯块茎调查中发现，一般田块马铃薯粉痂病病薯率在 5%～20%，重病田病薯率在 90%以上。云南农业大学调查了云南省昭通市、会泽县、宣威市、寻甸县、丽江市和香格里拉县 6 个地区马铃薯粉痂病的发生情况，粉痂病在云南省马铃薯主产区分布广泛。2014 年云南农业大学对全省马铃薯种植区域和种业基地进行了粉痂病的全面普查，结果表明：粉痂病依然是影响云南马铃薯生产的主要因子之一，大田发病率在 5%～10%，一级种基地种薯带菌率在 3%左右，土壤带菌是病害发生的关键因子。通过光学显微镜和电镜观察，在云南省昭通市、会泽县、寻甸县、丽江市和香格里拉等地的马铃薯不同品种的薯块上均观察到了马铃薯粉痂菌的存在，种薯带菌普遍。

（一）症状

马铃薯粉痂病主要危害块茎及根部，有时茎也可染病。块茎染病，最初在表皮上出现针头大小的褐色小斑，外围有半透明的晕环，后小斑逐渐隆起、膨大，成为直径 3～5 毫米不等的"疱斑"其表皮尚未破裂，为粉痂的"封闭疱"阶段。后随病情的发展，"疱斑"表皮破裂，反卷，皮下组织现橘红色，散出大量深褐色粉状物(孢子囊球)，"疱斑"下陷呈火山口状，外围有木栓质晕环，为粉痂的"开放疱"阶段。如果侵染较严重，"疱斑"连接成片，形成大片不规则的伤口，甚至造成薯块畸形，严重影响薯块的市场价值。根部染病，于根的一侧长出豆粒大小单生或聚生的白色瘤状物，成熟时变成棕色，这是被侵染细胞的扩大和增生物;严重的根部侵染，会引起弱小植物的枯萎和死亡(参见彩图 5-9)。

图 5-9　马铃薯粉痂病症状(杨艳丽、刘霞摄)

（二）病原

马铃薯粉痂病是由马铃薯粉痂菌(*Spongospora subterranea* f.sp.*subterranea*)引起，该病原菌属真菌界，鞭毛菌亚门，根肿菌纲，粉痂菌属。粉痂病"疱斑"破裂散出的褐色粉状物为病菌的休眠孢子囊(休眠孢子团)，由许多近球形的黄色至黄绿色的休眠孢子囊集结而成，外观如海绵状球体，直径 19～33 微米，具中腔空穴。休眠孢子囊球形至多角形，直径 3.5～4.5 微米，壁不太厚，平滑。萌发时产生游动孢子(参见彩图 5-10)。游动孢子近球形，无胞壁，顶生不等长的双鞭毛，在水中能游动，静止后成为变形体，从根毛或皮孔侵入寄主内致病。游动孢子及其静止后所形成的变形体，成为本病初侵染源。

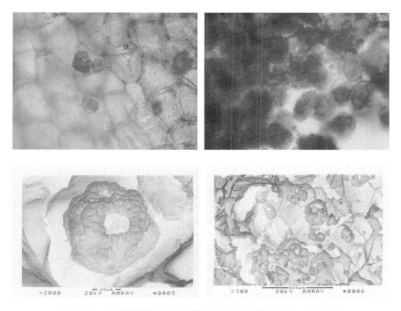

图 5-10　马铃薯粉痂病菌休眠孢子囊(杨艳丽、刘霞摄)

（三）侵染循环

病菌以休眠孢子囊在种薯内或随病残物遗落在土壤中越冬，病薯和病土成为翌年本病的初侵染源。当条件适宜时，休眠孢子囊萌发产生游动孢子，游动孢子静止后成为变形体，从根毛、皮孔或伤口侵入寄主；变形体在寄主细胞内发育，分裂为多核的原生质团；到生长后期，原生质团又分化为单核的休眠孢子囊，并集结为海绵状的休眠孢子囊，充满寄主细胞内。从马铃薯的匍匐茎、细根和新生薯的表皮、皮孔或伤口侵入细胞内，营寄生生活。被感染的寄主细胞受到刺激后增大 5～10 倍，形成大细胞。这时在块茎表皮上出现小如针头、大似豌豆，初期呈淡褐色近圆形或不规则形稍隆起的水泡状斑点，后斑点扩大而成肿瘤。随着寄主组织的死亡，大细胞又割裂成许多小细胞，每个小细胞形成含有单核的孢子，许多孢子聚合在一起，成为典型的休眠孢子囊。在适宜的条件下，休眠孢子囊又产生变形体，随着寄主细胞的分裂而蔓延到新的细胞中进行再侵染。休眠孢子囊若散入在土壤中，可存活 4～5 年之久。病菌休眠孢子囊散出后，剩下圆形光滑凹陷的木栓窟，形成深入薯肉的木栓层，块茎淀粉减少，在土壤潮湿条件下，还可发生不规则的薯肉溃疡。病菌的休眠孢子囊在病薯、病根和土壤中越冬、越夏。病害的远距离传播靠种薯的调运；田间近距离传播则靠病土、病肥、灌溉水等。病组织崩解后，休眠孢子囊又落入土中越冬或越夏。

病薯是来年初次侵染的主要来源。病土和土中残留物如病根和烂在土中的病薯等，也是来年初次侵染的重要来源。

（四）发病条件

云南农业大学研究发现马铃薯粉痂发病率与土壤中磷、钾、pH、氮、有机质有关。一般雨量多、夏季较凉爽的年份易发病，山雨多雾重而凉爽，土壤具有冷、湿、酸、疏松和腐殖质较多的特点，有机物分解缓慢，有效养分含量减少，而硫化氢、低铁等还原性有毒物质常大量积累，土壤湿度为90%左右，土温 18～20℃，土壤 pH 为 4.7～5.4 时对马铃薯生长极为不利，常使其生理活动衰弱，抗病力显著降低，极易造成粉痂病的严重发生。

该病发生的轻重主要取决于初侵染及初侵染病原菌的数量，田间再侵染即使发生也不重要。

（五）防治措施

马铃薯粉痂病是一种土传病害，休眠孢子囊在土中可存活 4～5 年，最长可在土中存活 10 年，甚至 20 年。马铃薯粉痂菌是活体专性寄生菌，病原菌很难离体培养及在土壤中存留难于被杀死，给粉痂病的防治带来了很多困难。防治马铃薯粉痂病应贯彻执行"预防为主，综合防治"的方针，严格实施检疫制度，封锁疫区，杜绝病菌传播蔓延。目前马铃薯粉痂病的防治主要采用土壤处理、种薯处理、改变土壤 pH、化学防治、生物防治、种植抗病品种等方法。

1. 严格执行检疫制度，对病区种薯严加封锁，禁止外调 以法规的形式限制带菌种薯的外调，起到控制粉痂病传播的目的，保护非病区受到病害的传播。

2. 抗病品种和种质资源的利用　控制粉痂病最经济有效且具有环保价值的方法是培育对粉痂病有抗性的马铃薯品种。可以从一些野生的或栽培的种质资源中广泛收集抗原，进行鉴定，从中筛选出有用的抗原进行抗病育种。

3. 种薯消毒处理　通常采用福尔马林、硫酸铜和硫磺处理薯块来降低种薯带菌，从而减轻新生薯块受粉痂菌侵染的程度。

4. 土壤处理　杀死土壤中的病原菌与和植不带菌的种薯结合起来是最有效的控制粉痂病的方法。有两个办法可以降低土壤中的病原菌，一是土壤灭菌，二是施用杀菌剂。

5. 农业措施　在病害发生地区，实行马铃薯与豆类或谷类作物 4～5 年的轮作控制粉痂病。种植马铃薯之前，种植诱导植物诱捕土壤中的病原菌能快速降低土壤中的菌量。

6. 化学防治　杀菌剂能够令人满意地控制许多植物病害，但是对于由土传病原菌引起的病害的防治效果是有限的，目前，还没有一种杀菌剂能完全控制粉痂病。

第二节　病　毒　病　害

马铃薯是极易感染病毒的作物，已报道侵染马铃薯的病毒多达 40 种以上，马铃薯以营养体为繁殖材料，病毒容易传播扩散到子代种薯。引起马铃薯纺锤块茎的类病毒病害通常归入病毒病害。病毒和类病毒侵染马铃薯直接引起产量损失、质量下降，同时通过种苗种薯传播引起种质退化、病害发生严重。

在云南，由病毒引起的马铃薯病害已经成为制约马铃薯产业发展的重要因素之一，病害的严重度与使用脱毒种薯有密切关系，与种植区域也有关系，高海拔冷凉地区，病毒病多出现隐症情况，发生较轻，但如果作为种薯，隐症的种薯调入低海拔温暖地区时，病毒病会发生严重。到 2015 年为止，在云南已经检测到 10 余种侵染为害马铃薯的病毒，一些新型病毒病害上升为重要病害。马铃薯病毒病及类病毒病害的防控主要通过应用脱病毒种苗和种薯，因此对种苗和种薯检测、各级种薯生产基地的病害识别与诊断是源头防控的重要基础。

一、症状类型

云南田间调查和检测发现，马铃薯病毒病复合侵染较普遍，一些地块 2 种及以上病毒复合侵染率达 60% 以上。在田间，马铃薯病毒病症状表现主要有花叶、卷叶、坏死斑及萎蔫、纺锤状块茎等病害类型。

花叶病：植株叶部表现为深绿或浅绿相间，也有的表现为叶片褪绿、黄化等。通常称为马铃薯轻花叶病或重花叶病、印花花叶病等，由侵染马铃薯的多种病毒引起。

卷叶病：叶片卷曲，植株矮化明显。马铃薯卷叶病毒引起最为典型的卷叶病，其他病毒如 PVY 在一些品种上也表现卷叶。

坏死斑及萎蔫病：植株叶片或茎表皮表现为坏死斑点或坏死环斑，植株萎蔫，由番茄斑萎病毒属病毒(tospoviruses)引起。块茎表现为坏死环斑，由马铃薯 Y 病毒-坏死株系(PVY-NTN)引起。块茎表现为坏死裂纹，由烟草脆裂病毒引起(参见彩图 5-11)。

纺锤状块茎：块茎明显小于正常薯块，细长，有明显的二次生长现象，由马铃薯纺锤块茎类病毒引起。

图 5-11　马铃薯病毒病症状类型(张仲凯、董家红摄)
A. PLRV 引起的卷叶；B. PVY 引起的植株矮化；C. PVY 引起的花叶；
D. PVA 引起的花叶；E. TZSV 引起的马铃薯茎坏死及环斑；F. TSWV 引起的顶枯及萎蔫

二、主要病毒及类病毒种类

近年来在中国对马铃薯产业影响比较严重的主要有 PVS、PLRV、PVX、PVY、PVA、PVM。在云南，通过对全省种苗种薯及大田取样检测，发现 PVS、PLRV、PVX、PVY、PVA 也是云南马铃薯上的主要病毒，而 PVM、PVH、番茄斑萎病毒及番茄环纹斑点病毒等是近年云南马铃薯上的新病害。PSTVd 由类病毒引起。

1. 马铃薯卷叶病毒病　PLRV 属于黄症病毒科(Luteoviridae)马铃薯卷叶病毒属(*Polerovirus*)。病毒粒体为等二十面体,直径约 26 纳米,病毒基因组为正义单链(+ss)RNA,病毒基因组全长 5.9kb。传播介体主要是桃蚜(*Myzus persicae*)，蚜虫一旦获毒，将终生带毒传毒，以持久性方式传毒，也能通过嫁接传播，但不能通过汁液传播。初次侵染的植株，典型症状表现为幼嫩叶片卷曲和褪绿，顶叶黄化和萎缩(参见图 5-11)。PLRV 在马铃薯体内含量低，主要在寄主维管束中聚集。各品种检出率均较高。PLRV 广泛分布于世界各马铃薯产区。在云南 PLRV 近年检出率达 15%以上，是第二大的马铃薯病毒病，广泛分布与云南马铃薯产区，即使使用脱毒种薯的地块也经常检出。

2. 马铃薯 Y 病毒病　PVY 是马铃薯 Y 病毒科(Potyviridae)马铃薯 Y 病毒属(*Potyvirus*)的代表种，能引起种薯严重退化。病毒粒体呈弯曲线状，长约 730 纳米，直径 11～13 纳米，基因组为+ssRNA，约为 10kb。PVY 主要有三个主要株系：①PVY^O 株系，即 PVY 普通株系；②PVY^N 株系，即烟草脉坏死株系；③PVY^C 株系，即条痕花叶株系。我国马铃薯上的 PVY 主要是 PVY^O 及 PVY^N 株系，引起的寄主症状及病毒基因序列均存在差异。马铃薯被 PVY 侵染后，植株表现重花叶及条斑坏死等症状。不同株系引起的症状也有差别：PVY^O 引起叶片枯斑、皱缩和花叶症状；PVY^C 引起茎条斑及坏死症状；PVY^N 引起花叶及一定程度的皱缩及脉缩、卷叶(参见彩图 5-11、5-12)。40 多种蚜虫可以传播 PVY，传播方式非持久性。带毒种薯是马铃薯上 PVY 的主要初侵染来源。PVY 能感染当前云南主栽品种，高代种薯带毒率较高，在云南马铃薯产区普遍分布。

图 5-12　PVY 侵'合作 88'引起的花叶及其病毒粒体(张仲凯提供照片)
A. 病株症状；B. 病毒粒体

3. 马铃薯 A 病毒病　PVA 属于马铃薯 Y 病毒科(Potyviridae)马铃薯 Y 病毒属(*Potyvirus*)。基因组为+ssRNA 病毒，基因组长约 9.7kb，病毒粒子为弯曲线状，长 650～750 纳米，直径 11～13 纳米。根据 PVA 致病力的不同将其分为四个株系，即较温和型、温和型、中度严重型及严重型。马铃薯感染 PVA 后所表现的症状与气候条件关系密切，一般表现无症或花叶(参见彩图 5-11)。PVA 可由至少 7 种蚜虫以非持久性传播，同时还可经汁液摩擦接种传毒。

4. 马铃薯 X 病毒病　PVX 属于 α 线状病毒科(Alpha flexiviridae)马铃薯 X 病毒属(*Potexvirus*)。PVX 病毒粒子为弯曲的线状，长约 470～580 纳米，直径 13 纳米。病毒基因组为+ssRNA，基因组长约 6.4kb。对马铃薯造成的产量损失因病毒株系及马铃薯品种不同而异，引起轻花叶症状(参见彩图 5-13)。PVX 在田间常与其他病毒形成复合侵染从而加重其危害。PVX 引起的普遍症状为轻度花叶或潜伏性感染，自然条件下病毒主要依靠机械接触进行传播，或昆虫咀嚼传播。在云南，'中甸红'较易感染，'合作 88'、'会-2'等

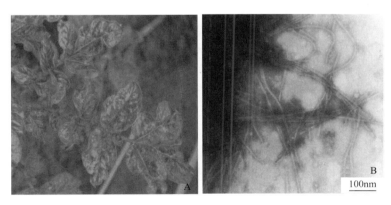

图 5-13　PVX 侵染中甸红引起的花叶及其病毒粒体(张仲凯提供照片)
A. 病株症状；B. 病毒粒体图片

品种也能检测到 PVX 的感染。

5. 马铃薯 S 病毒病 PVS 是香石竹潜隐病毒属(*Carla virus*)成员。病毒粒体为线状,较刚直,略弯曲,长约 650 纳米,直径 12 纳米。PVS 基因组为 ssRNA,长度约为 7.5kb。有两个株系:普通株系 PVS^O(Ordinarystrain)和安第斯株系 PVS^A(Andeanstrain)。普通株系 PVS^O 在昆诺藜和苋色藜上引起局部坏死斑,安第斯株系 PVS^O 则引起昆诺藜和苋色藜系统斑驳症状。普通株系 PVS^O 在德国、波兰及中欧等地流行比较广,我国河北、福建及浙江也有相关的报道。PVS^A 比 PVS^O 危害严重,二者在蚜传效率上也有所不同,PVS^A 为严格的检疫对象。通过机械接种及蚜虫以非持久性方式传播。PVS 免疫性通常比较强,适合用血清学方法检测。两个株系在云南各主栽品种上都能检测到。PVS 是当前云南省检出率(平均大于 20%)较高的马铃薯病毒,在脱毒种薯、商品薯上都能检测到,在云南广泛分布。

6. 马铃薯 M 病毒病 PVM 属于香石竹潜隐病毒属(*Carlavirus*)。PVM 病毒粒子为弯曲线状,长约 640 纳米,直径 10 纳米。基因组为+ssRNA,长为 8.5kb。PVM 在前苏联及东欧分布比较普遍。病毒通过蚜虫以非持久性方式及汁液摩擦传播。寄主感病症状随 PVM 不同株系和品种不同而不同,PVM 在马铃薯上主要表现比较轻微的斑驳、皱缩和花叶症状,有时还表现为枝条发育不良。检出率较低,仅在部分样品中检测到。

7. 马铃薯 H 病毒病 PVH 与 PVS、PVM 同属于香石竹潜隐病毒属(*Carlavirus*),长约 570 纳米,直径 12 纳米,基因组为+ssRNA,长为 8.4kb。在我国内蒙古、辽宁、河北、云南等地均有分布为害。在马铃薯上隐症或引起轻花叶。传播方式没有相关报道。带毒种薯是一种主要传播方式。在许多品种上都有发生。

8. 番茄斑萎病毒病和番茄环纹斑点病毒病 番茄斑萎病毒(TSWV)和番茄环纹斑点病毒(TZSV)属于布尼亚病毒科(Bunyaviridae)番茄斑萎病毒属(*Tospovirus*)。病毒粒体为球形,直径约 80～100 纳米,具有双层脂膜组成的包膜,表面有镶嵌在包膜内的糖蛋白突起。TSWV 是目前已知寄主范围最广的植物病毒,已知能侵染从单子叶到双子叶的 70 个科 925 种以上的植物。在云南,TSWV 和 TZSV 主要侵染番茄、烟草、辣椒、马铃薯等重要经济作物和园艺作物,危害严重。病毒基因组为三分体,根据分子量的大小分别命名为 LRNA,MRNA 和 SRNA。传毒蓟马有西花蓟马 [*Frankliniella occidentalis*(Pergande)]、棕榈蓟马 [*Thrips palmi*(Karny)]、烟蓟马 [*Thrips tabaci*(Lindeman)]、花蓟马 [*Frankliniella intonsa* (Morgan)]、番茄角蓟马 [*Cerato thripoides claratris*(Shumsher)]。该类病害是近年在云南马铃薯上的新型病害,感病后,植株易坏死。在昆明、昭通的马铃薯原原种和原种上检测到 TSWV,随着种薯的调运,有扩散趋势。在昆明田间商品薯样品中检测到 TZSV。

9. 马铃薯纺锤块茎类病 PSTVd 属于马铃薯纺锤块茎类病毒属(*Pospiviriod*),类病毒为环状或线状,大小是 356～360 纳米,寄主范围广,主要通过接触和农事活动传播。植株同时感染 PLRV 时蚜虫也可以传播 PSTVd。能种传。PSTVd 强毒株感染的马铃薯叶色浓绿、曲卷,马铃薯的块茎呈现纺锤状,芽眼变浅,芽眼数量增多,造成大量的减产。

三、马铃薯病毒病的流行特点

1. 种薯传播　种薯传播是马铃薯病毒的主要传播方式。一些种薯生产单位，受病毒检测条件限制，对生产的种薯缺乏检测或抽检数量有限，使一些带毒种薯进入生产环节。

2. 介体昆虫传播　在云南马铃薯上发生的主要病毒主要由蚜虫传播，番茄斑萎病毒属病毒由蓟马传播。在秋冬季播种的马铃薯，由于季节干旱、温暖，自然界中蚜虫、蓟马种群大，容易传播扩散。

3. 中间寄主　云南生态类型多样，种植的作物种类也多样化，许多作物是病毒和介体昆虫的共同寄主。在云南马铃薯与烟草经常混作在同一区域，PVY-N 株系能感染马铃薯和烟草。往年种植收获遗落下的、自然生长的马铃薯，带毒率较高，成为下季马铃薯病毒病主要毒源。

4. 品种抗性　目前，云南种植的马铃薯主要品种中，没有对马铃薯病毒有抗性的品种。

四、防控措施

马铃薯病毒病防控关键在于预防。

1. 使用脱毒种薯　目前生产最有效的措施是使用脱毒种薯。

2. 做好昆虫介体预测预报，合理使用杀虫剂及抗病毒剂　传播马铃薯主要病毒的介体为蚜虫，近年新出现侵染马铃薯的番茄斑萎病毒属病毒的介体为蓟马，做好预测预报，在媒介昆虫发生初期施用相应的杀虫剂。施用一些抗病毒剂或植物诱抗剂对防控马铃薯病毒病有具有一定的效果。

3. 抓好农业措施　良好的栽培管理，施足基肥、合理灌水、汰除病株减少毒源。

4. 选育抗病品种　选用抗病品种是防控马铃薯病毒成本最低、最有效的措施，就当前检测结果分析，云南目前种植的马铃薯品种对马铃薯病毒没有明显的抗性，即生产上缺乏适合相应的抗病品种，应加强抗病毒品种的选育工作。

因此，在缺乏抗性品种以及缺少有效的病毒病防治药剂的情况下，目前最有效的防控马铃薯病毒病害的措施就是使用脱毒马铃薯。所以，在马铃薯生产中，使用优质的脱毒种薯是提高马铃薯产量和质量的重要保障。

第三节　细菌病害及其他病害

细菌性病害是由病原细菌侵染植物所致的病害，如软腐病、溃疡病、青枯病等。危害植物的细菌基本是杆状菌，大多数具有一至数根鞭毛，可通过自然孔口(气孔、皮孔、水孔等)和伤口侵入，借流水、雨水、昆虫等传播，在病残体、种子、土壤中过冬，在高温、高湿条件下容易发病。细菌性病害症状表现为萎蔫、腐烂、穿孔等。马铃薯细菌性病害有马铃薯青枯病、环腐病、黑胫病、疮痂病等。

植原体(*Phytoplasma*)，原称类菌原体(Mycoplasma-Like Organism，MLO)，是一类无细胞壁仅由膜包被的单细胞原核生物，专性寄生于植物的韧皮部，隶属于硬壁菌门，柔膜菌纲(又称软球菌纲)，非固醇菌原体目，非固醇菌原体科，能够引起植物侵染性病害。

由于病原具有可过滤性的特点，且具流行病特质、传播方式等特点与病毒病害相似而曾经被认为是由病毒引起的病害。目前无法分离培养，对四环素族类抗生素敏感。引起的马铃薯病害有马铃薯紫顶萎蔫病。

马铃薯线虫为害带来的经济损失究竟多大，系统研究报道极少见。但可以肯定的是，胞囊线虫、茎线虫、根结线虫、根腐线虫等都能够给马铃薯生产带来严重的影响，造成经济损失。马铃薯胞囊线虫主要指马铃薯金线虫(*Globodera rostochiensis*)和马铃薯白线虫(*Globodera pallida*)，是重要的检疫线虫，是马铃薯上最重要最危险的线虫之一，线虫胞囊很容易传播，并能在土壤中存活多年，在种植马铃薯的情况下，繁殖能力很高。因此一旦传入，将很快成为马铃薯生产的重要限制因子，世界各马铃薯生产国都严格检疫控制马铃薯胞囊线虫的传播。马铃薯胞囊线虫发生，若缺乏有效的防治措施将会造成严重的产量损失，据估计在英格兰东部，种植前每克土壤有虫卵 20 粒，每公顷会减产 2.5 吨，同时对土壤进行处理，进行种子消毒等也将耗费大量的人力和经费，这些损失难以估计。为害马铃薯的茎线虫主要是马铃薯腐烂茎线虫(*Ditylenchus destructor*)，但在德国和荷兰主要是鳞球茎茎线虫(*Ditylenchus dipsaci*)。马铃薯腐烂茎线虫是重要的检疫线虫，是一种重要的马铃薯有害线虫，在亚美尼亚有 10%～20%的马铃薯作物受害，乌克兰、荷兰、爱尔兰和加拿大都有较严重影响的报道。根结线虫(*Meloidogyne* spp.)、根腐线虫(*Pratylenchus* spp.)等都能够对马铃薯造成危害。根结线虫的为害是明显而又严重的，一般认为，根结线虫对马铃薯为害的损失为 25%。美国南卡罗来纳州的马铃薯因受到南方根结线虫的危害，每公顷损失达到 2500 美元，在南非通过土壤处理可使每公顷马铃薯的利润增加 124 英镑。在荷兰，马铃薯的损失三分之一以上与根部的穿刺短体(根腐)线虫的密度相关。马铃薯胞囊线虫在我国未见报道。有关线虫对马铃薯生产的经济影响的报道在我国极少见。本书主要介绍马铃薯根结线虫。

一、马铃薯青枯病

马铃薯青枯病是世界热带、亚热带和温带地区作物的最重要而且分布广泛的细菌性病害之一,甚至已经在冷凉地区被发现。青枯病菌在 1896 年由 E. F. Smith 定名为 *Bacillus solanacearum*。1914 年 E. F. Smith 将青枯菌划分到假单胞菌属(*Psendomonas*)中。Yabuuchi 等通过深入研究,依据表型特征、细胞脂类、脂肪酸组成、rRNA-DNA 同源性和 16S rRNA 序列分析结果,1995 年成立 *Ralstonia* 属,将青枯菌正式收入该属中,正式命名为 *Ralstonia solanacearum*。有的青枯菌菌系已适应了较凉爽温和的气候条件,可由潜伏侵染的薯块传播,例如 20 世纪 70 年代,3 号小种就已分布到较冷凉的、纬度较高的地区(南纬 45°和北纬 59°)。青枯病菌传播较快,仅仅在二十年间,就从巴西南部传播到乌拉圭、阿根廷、智利和玻利维亚等地。在热带和亚热带的低地,青枯病菌 3 号小种生化变种 II-A 菌系由土壤传播、寄主范围很广。在安第斯山脉东部,有生化变种 I,但尚未确定小种,寄主范围很广但致病性弱,在非洲也有发现。在我国,20 世纪 60 年代前,仅有零星的关于该病害的报道,70 年代以来,危害明显加重,病区不断扩大,在南至广东、北至辽宁的地区均发现该病害,包括长江流域的四川、湖南、湖北,西南地区的贵州、云南,华南的广东、福建和台湾,以及上海、安徽、河南、山东、江苏、辽宁南部、河北、浙江、江西、北京、天津等。何云昆等通过对云南省马铃薯产区青枯菌生物型的研究,报道云南省马铃薯上存在的青枯菌系主要由 3 个生物型，即生物型 3、生物型 5 和一个新生物型，其中生物型 3 和新生物型为主要菌系，并首次发现云南马铃薯青枯菌存在复合侵染的现象，即：不同生物型的青枯菌菌株侵染同一株马铃薯。该新生物型与郑继法等报道的山东省马铃薯青枯菌新生物型一致，主要分布于宣威、曲靖、昆明等地；生物型 3 的青枯菌菌株分布广泛，曲靖、宣威、江川、峨山、昆明等地均有存在；而生物型 5 则主要分布于宣威和开远。由此可见，云南省各地青枯菌系组成复杂，同一产区相同栽培品种可被两个不同的生物型侵染。黄琼等采用三糖三醇生理生化测定及 *Ralstonia Solancearum* 的亚组特异性引物(Rs-1-F、Rs-1-R、Rs-3-R)PCR 扩增进行验证，分析了云南省不同地区、不同种植模式下马铃薯青枯菌生物型的分布特点，并利用 NC-ELISA 方法对云南省马铃薯主要产区的主栽品种进行种薯带菌的快速检测，结果表明云南省马铃薯青枯菌存在四种生物型，供试的大部分菌株属于新生物型(122/186)和生物型 3(52/186)，少数菌株属于生物型 2(7/186)和生物型 5(5/186)，这与国外主要以小种 3 生物型 2 为主不同。用传统方法鉴定出的新生物型在特异性扩增中属于亚组 1，首次将新生物型归到亚组 1，它与生物型 3、4、5 的亲缘关系比与生物型 1、2、N2 更近。NC-ELISA 检测结果为寻甸的 24 个样品中 11 个带菌，宣威的 17 个样品中 10 个带菌，来自昭通的所有样品都不带菌。其中马铃薯主要产区的主栽品种的青枯病的潜在感染量较大，所以加大品种带菌的检测对于青枯病的防治具有重要意义。

青枯病造成的损失随着气候温度的增高而加重。在冷凉气候条件下由土壤传播造成的损失为 10%左右，在温暖或炎热气候时为 25%左右，而由薯块传播的可达 30%～100%。土壤温度冷凉时，可由于种植被侵染的薯块造成潜伏侵染，在布隆迪，温暖的温度一般导致 30%～50%的产量损失，但在冷凉地区繁种时，损失可达 87%。

（一）症状

青枯病菌主要侵染马铃薯茎及块茎。感病初期，只有植株的一部分(叶片的一边或者一个分支)发生萎蔫，而其他部位正常，随着感病时间延长，萎蔫部位扩大；发病初期萎蔫部位早晚能恢复正常，持续一段时间后，整个植株茎叶完全萎蔫死亡，但是植株仍为绿色，叶片不凋落，叶脉变褐，茎出现褐色的条纹。马铃薯块茎染病后，薯块芽眼呈灰褐色水浸状，切开的薯块可观察到维管束部位流出乳白色菌脓，但薯皮不从维管束处分离；发病严重时薯块髓部溃烂如泥，当土壤湿度大时，可看到灰白色液体渗透到芽眼或块茎顶部末端(参见彩图 5-14)。

图 5-14　马铃薯青枯病症状(杨艳丽摄)

（二）病原

病原物为茄科雷尔氏菌(*Ralstonia solanacearum*)，假单胞菌。菌体杆状，两端钝圆，大小为(0.9～2)微米×(0.5～0.8)微米，有一至多根单极生鞭毛，能在水中游动，细菌好气性，革兰氏染色阴性。该菌生长的温度范围为 18～37℃，最适温度 30～35℃，致死温度为 52℃10 分钟，生长的 pH 为 4～8，最适为 6.6。在培养基上，菌落为圆形，稍隆起，在反射光下呈白色。在氯化三苯四氮唑(Triphenyl Tetrazolium Chloride，TTC)培养基上，菌落中央呈粉红色，周围白色流动性较强(参见彩图 5-15)。

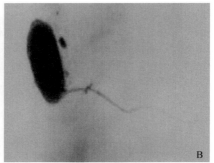

图 5-15　马铃薯青枯病菌培养性状(黄琼提供照片)
A. 青枯菌在 TTC 培养基的菌落特征；B. 青枯菌菌体形态

（三）发生及流行规律

病菌在 10～40℃均可发育，适温 25～37℃，pH6.0～8.0，最适 pH 为 6.6。田间调查表明：种薯带菌、土壤连作带菌是青枯病发生的重要条件，高温高湿，尤其初夏大雨后骤晴，排水不利，钾肥不足，利于病害流行。

病菌随寄主病残体遗留在土壤中越冬。若无寄主也可在土壤中存活 14 个月，最长可达 6 年之久。病菌通过雨水、灌溉水、地下害虫、操作工具等传播。多从寄主根部或茎基部皮孔和伤口侵入。前期属于潜伏状态，条件适宜时，即可在维管束内迅速繁殖。并沿导管向上扩展，致使导管堵塞，进一步侵入邻近的薄壁细胞组织，使整个输导管被破坏而失去功能。茎、叶因得不到水分的供应而萎蔫。

土壤温度为 20℃时病菌开始活动，土温达 25℃时病菌活动旺盛，土壤含水量达 25%以上时有利于病菌侵入。雨后初晴，气温升高快，空气湿度大，热量蒸腾加剧，易促成此病流行。土壤酸性或钾肥缺乏有利此病发生。

（四）防治措施

1. 选用无病种薯　选用健康小整薯播种能避免病害的发生。带病种薯是青枯菌远距离传播的途径，病薯播种后随着温湿度适宜而发病。块茎上的青枯菌可随雨水、灌溉水进入土壤中并长期存活，导致下季马铃薯受侵染，因此要杜绝播种带病种薯。

2. 轮作　与非茄科作物轮作 3～4 年，特别与禾本科作物水稻轮作效果最好。

3. 加强管理　选土层深厚、透气性好的沙壤土或壤土，施入腐熟有机肥和钾肥，控制土壤含水量。种薯播种前杀菌消毒和催芽，大薯切块后用杀菌剂和草木灰拌种杀菌；播种前对种薯进行催芽以淘汰出芽缓慢细弱的病薯以减少发病。田间中耕不要伤根，发现病株及时将整株和穴土全部取出带走，远离薯田，对病穴进行消毒，防止病害传染。

4. 药剂防治　发病初期选用 72%农用链霉素 2500～5000 倍液或用 1∶1∶240 倍波尔多液喷雾，也可用消菌灵 1200 倍液、铜制剂灌根，每隔 7～10 天施药 1 次，对延缓病害的发生有良好的效果。

二、马铃薯环腐病

马铃薯环腐病是由密执安棒形杆菌环腐亚种 [*Clavibacter michiganensis* subsp. *sepedonicum*(Spieckermann & Kotthoff)Davi] 引起的一种危害输导组织的细菌性病害。1906 年首先发现于德国，目前在欧洲、北美、南美及亚洲的部分国家均有发生。在我国，该病于 20 世纪 50 年代在黑龙江最先发现，60 年代在青海、北京等地发生，目前遍及全国各地的马铃薯产区，其中以 70 年代前期为害最为猖獗。

马铃薯环腐病的发病率一般为 2%～5%，严重的可达 40%～50%，产量损失率为 3%～68%。马铃薯被环腐菌为害后，常造成马铃薯烂种、死苗、死株，一般减产 10%～20%，重者达 30%，个别可减产 60%以上。储藏期间病情发展造成烂窖，会造成相当大的产量损失和经济损失，同时也会降低块茎质量。

（一）症状

环腐病菌可引起马铃薯地上部分茎叶萎蔫，地下块茎发生环状腐烂。一般情况下在开花期表现出症状，先从下部叶片开始，逐渐向上发展到全株。冬作区发病较早，苗期即可显症。发病初期叶脉间褪绿，逐渐变黄，叶片边缘由黄变枯，向上卷曲，常出现部分枝叶萎蔫。发病较晚时，株高和长势无明显变化，仅收获前萎蔫。从薯皮外观不易区分病、健薯，病薯仅在脐部皱缩凹陷变褐色，在薯块横切面上可看到维管束变黄褐色，有时轻度腐烂，用手挤压，有黄色菌脓溢出，无气味。发病轻的病薯只部分维管束变色，切面呈半环状或仅在脐部稍有病变；感染严重的薯块，因受到其他腐生菌的感染，可使维管束变色而腐烂，用手挤压时，皮层和髓即可分离(参见彩图 5-16)。

马铃薯青枯病和黑胫病都是细菌性病害，与本病有相似之处。青枯病多发在南方，病叶无黄色斑驳，不上卷，迅速萎蔫死亡，病部维管束变褐明显，病薯的皮层和髓部不分离。黑胫病虽然在北方也有发生，但病薯无明显的维管束环状变褐，也无空环状空洞。此外，这两种菌都是革兰氏阴性菌。

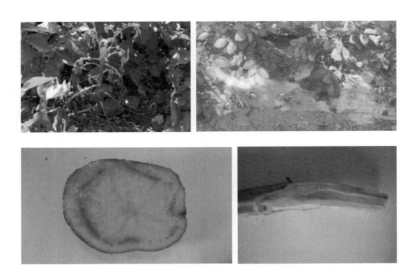

图 5-16　马铃薯环腐病症状(杨艳丽摄)

（二）病原

病原为密执安棒形杆菌环腐亚种［*Clavibacter michiganensis* subsp. *sepedonicum*

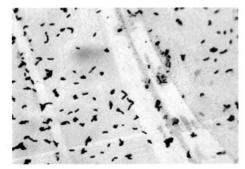

图 5-17　马铃薯环腐病菌革兰氏染色阳性菌形态(源自黑龙江农科院)

(Spieckermann & Kotthoff)Davis］，属原核生物界厚壁菌门属细菌(*Clavibacter*)，菌体杆状，有的近圆形，有的棒状，平均长度为 0.8～1.2 微米，直径为 0.4～0.6 微米。若以新鲜培养物制片，在显微镜下可观察到相连的呈 V 形、L 形和 Y 形的菌体，不产生芽胞，无荚膜，无鞭毛，革兰氏染色为阳性(参见图 5-17)。其基因组全序列已经测出，整个基因组由一个大的环形染色体(3 258 645bp)和一个线性质粒 pSCL1(94 603bp)、一个环形质粒 pSC1(50 350bp)组成，而环腐病菌的致病性与质粒有关。云南省对马铃薯环腐病的研究较少，只有姬广海等对云南省陆良县的环腐病菌进行了鉴定。

（三）发生及流行规律

病菌主要在种薯内越冬或越夏，种薯带菌和切刀传染是发病的主要侵染源，阴雨连绵、排水不良及地下害虫为害重的地块发病重。该病菌在土壤中存活时间很短，土壤带菌传病可能性不大。该病菌主要从伤口侵入，贮藏期的碰伤和播种前切块时的伤口是主要传播途径。病薯播种后，在薯块萌发、幼苗出土的同时，环腐病菌从薯块维管束蔓延到芽的维管束组织中，随着茎叶的形成，病菌在植株体内系统侵染，由病茎至茎秆、叶柄，然后造成地上部萎蔫。同时地下部的病菌也顺着维管束侵入匍匐茎，再扩展到新形成的薯块的维管束组织中，导致环腐病发生。

马铃薯环腐病流行的主要环境因素是土壤温度,病害发生最适土壤温度为 19～23℃,当土壤温度在 16℃以下病害症状出现较少,当土壤温度超过 31℃时,病害发生受到抑制。贮藏期的温度对病害也有一定影响,在高温(20℃以上)条件下贮藏比低温(1～3℃)条件下贮藏发病率要高得多。播种期、收获期与发病也有明显关系,播种早发病重,收获早发病轻。收获时病薯和健薯接触也可传染。夏播因播种晚,收获期早,一般发病都轻。一般来说,温暖干燥的天气有利于病害发展。

(四)防治措施

1. 从无病区调种,加强检疫 马铃薯调种时必须进行产地调查,种薯检验,确实无病,才可调运。同时加大脱毒马铃薯推广力度,从根本上解决种薯带菌的问题。

2. 选用抗病品种,主要是建立无病留种田 在留种田中采用单株优选,整薯播种。挖除病株,单收单藏,防止混杂。

3. 切刀消毒,切脐部检查,淘汰病薯 将薯块从脐部切开,淘汰有病状或可疑病状的薯块,切刀立即用 75% 酒精或 40%甲醛擦刀消毒后再切,没有药品也可用开水煮刀或用火烧刀消毒。

4. 芽栽 马铃薯播种前 10～15 天,选择背风向阳墒情好的地块,翻耕磨细,施足底肥,把选好的整薯按株距 3～6 厘米,行距 15～25 厘米,顶芽朝上,倾斜摆入沟中,上面覆土厚 6～10 厘米,芽长到 10 厘米左右,带根掰芽,栽植于大田中。

5. 整薯播种 在马铃薯收获时,选 50～75 克的无病小整薯作种薯,保存留种。

6. 土沟薄膜催芽晒种,淘汰病薯 在播种前 25 天左右,挖深 45 厘米、宽 1.0～1.3 米的土沟,沟底铺草厚 10～12 厘米,上堆种薯 3～4 层,盖上塑料薄膜,保持在 17～25℃下催芽 7 天左右。当幼芽长至火柴头大时,白天揭开薄膜晒种,夜间盖草帘防冻,待幼芽紫绿时,可切脐部检查,淘汰病薯,然后再切薯播种。

7. 挖除病株 为了彻底切断环腐病的传播途径,在生长期和成株期 2 次挖除病株,以成株期为最重要。挖出的病株、病薯要进行集中处理销毁。

8. 药剂浸种 可用 0.2%升汞浸种 5 分钟,0.2%敌克松浸种 5～10 分钟,200～250 毫克/千克土霉素液浸种 20～30 分钟。

三、马铃薯黑胫病

马铃薯黑胫病是种薯传播的细菌性病害之一,严重影响马铃薯产量和种薯质量。其典型的症状为茎基部变黑,因此又被称为黑脚病。近年来,马铃薯黑胫病在各个马铃薯产区都有不同程度的发生,田间损失率轻则 2%～5%,严重时可达 30%～50%,且东北、西北主栽培区常有发生。在田间可以造成缺苗断垄及块茎腐烂的症状,植株出苗后一星期即可见到症状,直至马铃薯植株成熟枯死前都会陆续出现病株,其中以开花后的半个月出现较多。早发病植株,不能结薯,发病晚的病株结薯较小。该病害是种薯带菌、发病快、死亡率高、得病后治疗困难,导致马铃薯减产,并造成马铃薯的品质和商品率大幅下降,经济损失较为严重。

（一）症状

植株和块茎均可感染。病株生长缓慢，矮小直立，茎叶逐渐变黄，顶部叶片向中脉卷曲，有时萎蔫。靠地面的茎基部变黑腐烂，皮层髓部均发黑，表皮组织破裂，根系极不发达，发生水渍状腐烂。有黏液和臭味，植株很容易从土壤中拔出(参见彩图5-18)。

图 5-18　马铃薯黑胫病症状(杨艳丽摄)

最典型的症状是腐烂，块茎的软腐可以扩展到块茎的一部分或者整薯。感病薯块起初表皮脐部变黑色，或有很小的黑斑点，随着病菌在维管束的扩展蔓延，病变由脐部向块茎内部扩展，形成放射性黑色腐烂。严重时薯块烂成空腔，轻者只是脐部变色，甚至看不出症状，薯块也不全有病。纵剖块茎，可看到病薯的病部和健部分界明显，病组织柔软，常形成黑色孔洞。感病重的薯块，在田间就已经腐烂，发出难闻的气味。病轻的，只脐部呈很小的黑斑。有时能看到薯块切面维管束呈黑色小点状或断线状。而感病最轻的，病薯内部无明显症状，这种病薯往往是病害发生的初侵染源。

（二）病原物

马铃薯黑胫病菌是由果胶杆菌马铃薯黑胫病菌(*Erwinia Carotovoravar atroseptics*),胡萝卜软腐欧文氏菌马铃薯黑胫病菌亚种,属变形菌门(Proteobacteria),γ-变形菌纲(Gamma proteobacteria)，肠杆菌目(Enterobacteriales)，肠杆菌科(Enterobacteriaceae)，果胶杆菌属(*Pectobacterium*)。马铃薯黑胫病菌是一种革兰氏染色阴性致病菌，菌体短杆状，单细胞，极少双连，周生鞭毛，具荚膜，大小(1.3～1.9)微米×(0.53～0.6)微米，能发酵葡萄糖产出气体，菌落微凸乳白色，边缘齐整圆形，半透明反光，质黏稠。在牛肉膏蛋白胨培养基上形成乳白色至灰白色菌落，圆形、光滑、边缘整齐、稍凸起、质地黏稠。适宜生长温度范围是 10～38℃，最适为 25～27℃，高于 45℃会失去活力。寄主范围极广，除为害马铃薯外，还能侵染茄科、葫芦科、豆科和藜科等100多种植物。

（三）流行规律

1. 传播途径 黑胫病的初侵染源是带菌种薯，土壤一般不带菌。带菌种薯播种后，在适宜条件下，细菌沿维管束侵染块茎幼芽，随着植株生长，侵入根、茎、匍匐茎和新结块茎。并从维管束向四周扩展，侵入附近薄壁组织的细胞间隙，分泌果胶酶溶解细胞的中胶层，使细胞离析，组织解体，呈腐烂状。田间病菌还可通过灌溉水、雨水或昆虫传播，经伤口侵入致病，后期病株上的病菌又从地上茎通过匍匐茎传到新长出的块茎上。贮藏期病菌通过病健薯接触经伤口或皮孔侵入使健薯染病。

2. 发生条件 病害发生程度与温湿度有密切关系。在北方，气温较高时发病重，窖藏期间，窖内通风不良，高温高湿。有利于细菌繁殖和为害，往往造成大量烂薯。黏重而排水不良的土壤对发病有利，因黏重土壤往往土温低，植株生长缓慢，不利于寄主组织木栓化的形成，降低了抗侵入的能力，同时黏重土壤往往含水量大，有利于细菌繁殖、传播和侵入，所以发病严重。播种前，种薯切块堆放在一起，不利于切面伤口迅速形成木栓层，使发病率增高。

（四）防控措施

1. 选用抗病品种，建立无病留种田，采用单株先优，芽栽或整薯播种 做到催芽晒种，淘汰病薯，并在播种前用新高脂膜拌种，能驱避地下病虫，隔离病毒感染，不影响萌发吸胀功能，加强呼吸强度，提高种薯发芽率。

2. 适时早播，注意排水，降低土壤湿度，提高地温，促进早出苗 同时喷施新高脂膜保温保墒，提高出苗率；并在马铃薯生长阶段及时松土，适时浇水、合理施肥，提高植株抗病能力。

3. 加强栽培管理合理安排播种期，使幼苗生长期避开高温高湿天气 马铃薯田要开深沟、高畦，雨后及时清沟排水，降低田间湿度。科学施肥，施足基肥，控制氮肥用量，增施磷钾肥，增强植株抗病能力。及时培土，要进行1~2次高培土，防止薯块外露。

4. 药剂防治 喷施消毒药剂加新高脂膜对田间进行消毒处理，发病初期可用100毫克/千克农用链霉素喷雾，0.1%硫酸铜溶液或氢氧化铜能显著减轻危害。

5. 拔除病株 幼苗出土后，要逐垄逐行进行检查，发现病株应及时拔除，拔完病株的空窝要用石灰消毒，挖掉的病株要带出田外深埋，以免再传染。

6. 贮藏管理 种薯入窖前要严格挑选，入窖后加强管理，窖温控制在4℃左右，防止窖温过高，湿度过大。

7. 实行轮作 重茬会加重病害，实行3~4年的轮作制就可以避免病菌感染。

四、马铃薯疮痂病

马铃薯疮痂病是人类较早发现的薯类病害之一，Thaxter在1891年首次报道了该病。该病主要危害马铃薯块茎，在世界马铃薯种植区均有发生，如韩国、德国、希腊、法国、印度、澳大利亚、阿拉伯、匈牙利、波兰、朝鲜、荷兰、爱尔兰、挪威、美国和中国等多个国家。疮痂病严重影响马铃薯外观和品质，降低商品性，减少经济收入。马铃薯疮痂病在我国发生危害普遍，而研究较少，黑龙江八一农垦大学的金光辉、石河子大学的杜鹃、甘肃农业大学的康蓉以及河北农业大学的赵伟全等人分别对黑龙江、新疆、甘肃和全国马铃薯疮痂病的病原进行了初步鉴定。

目前，云南农业大学马铃薯病害研究团队对云南马铃薯疮痂病开展初步研究。经过对全省的调查及研究发现，疮痂病已广泛分布于马铃薯主产区，包括昆明、大理、丽江、临沧、曲靖、宣威和昭通等，其中大田发病率在 5%～20%，管理不当的原原种生产基地发病率高达 80%以上。通过对不同地点、不同品种种薯的症状观察后发现，云南马铃薯疮痂病主要有 3 种症状类型：折皱疮痂(马铃薯块茎表皮呈现出大面积的浅层表皮组织病变)、普通疮痂(块茎表皮凸起，质地粗糙)和块茎表皮形成很深的凹陷(类似于粉疱状)。对采集回来的病薯、土样进行分离培养后，得到 35 个菌株，经过分离性状培养及 16S rDNA 分析后，初步鉴定的链霉菌种类有：*Streptomyces anulatus*、*Streptomyces mediolani*、*Streptomyces scabiei*、*Streptomyces pluricolorscens*、*Streptomyces lividans* 和 *Streptomyces albulus*。

（一）症状

马铃薯疮痂病主要危害块茎，病原菌从皮孔侵入，初期在块茎表皮产生褐色斑点，以后逐渐扩大，侵染点周围的组织坏死，块茎表面变粗糙，组织木栓化使病部表皮粗糙，开裂后病斑边缘隆起，中央凹陷，呈疮痂状，病斑仅限于皮部，不深入薯内。依据病斑在块茎表面的凹陷程度病斑又可分为凹状病斑，平状病斑，凸状病斑。病斑从褐色到黑色，颜色多变，形态不一，可以在皮孔周围形成小的软木塞状的突起，也可以形成深的凹陷，深度可达 7 毫米。发病的严重程度因品种、地块、年份的不同而不同，病斑的大小和深度也因致病菌种、品种的感病程度、环境条件的不同而不同，严重时病斑连片，严重降低块茎的外观品质，影响销售(参见彩图 5-19)。

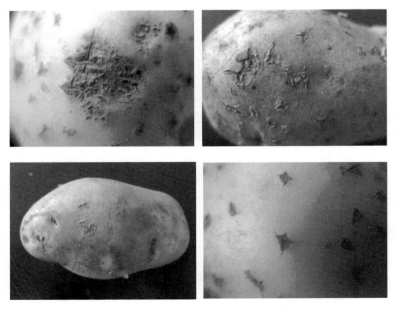

图 5-19　马铃薯疮痂病症状(杨艳丽摄)

疮痂病菌除侵染马铃薯薯块外，还会危害甘薯、萝卜、胡萝卜、甜菜、芸薹等作物的块根，有的能侵染马铃薯等植物的须根，造成病匠木栓化。

（二）病原

马铃薯疮痂病的病原是链霉菌(*Streptomyces* spp.)，属于放线菌门，放线菌纲，放线菌科，链霉菌属，是放线菌中唯一能引起植物病害的属。在水琼脂培养基上，菌落圆形，紧密，菌落呈放射状，多为灰白色，菌体丝状，纤细，一般无隔膜，菌丝直径约 0.4～1.0 微米，细胞结构与典型细菌相同，无细胞核，细胞壁由肽聚糖组成。菌丝体分为基内菌丝和气生菌丝(产孢丝)两种，在气生菌丝顶端产生链球状或螺旋状的分生孢子，孢子的形态色泽因种而异。菌丝可产生不同颜色的色素，是鉴定该菌种的一个重要依据。孢子丝的形状多样，有直线形、波浪形、螺旋形；孢子丝可以产生孢子，孢子有圆形、椭圆形、杆状等。

目前已知病原菌有 *S.scabies*、*S.acidiscabies*、*S.bobili*、*S.turgidiscabies*、*S.diastatochromogenes*、*S.setonii*、*S.enissocaesilis*、*S.griseus*、*S.europaeiscabiei*、*S.violaceus*、*S.aureofaciens*、*S.reticuliscabiei*、*S.corchorusii*、*S.diastatochromogenes*、*S.atroolivaceous*、*S.rocbei*、*S.lydicus*、*S.resistomycificus*、*S.Cinerochromogenes*、*S.caviscabies*、*S.albidoflavus*、*S.luridiscabiei*、*S.puniciscabiei*、*S.exofoliatus*、*S.niveiscabiei* 和 *S.flaveolus* 共 26 个种。

关于马铃薯疮痂病的致病机制的研究，美国报道致病性链霉菌能够产生一种新的酯酶，补充锌还可以诱导该酯酶的表达。Raymer 等从 *S.scabies* 上克隆出酯酶，该酯酶能都降解马铃薯表面的防护蜡而侵入到周皮。马铃薯疮痂链霉菌种群可以产生一种或多种植物毒素，人工接种植物毒素后，可以在寄主植物上表现相似的症状。目前从疮痂链霉菌中分离到的毒素有 Thaxtomin A 和 Thaxtomin B。Thaxtomin A 是从马铃薯块茎病斑上分离的 *S.acidiscabies* 和 *S.scabies* 中提取到。Fey 和 Loria 以及 Scheible 等人发现 Thaxtomin A 可以诱导并增殖马铃薯等植物组织的细胞，通过抑制纤维素的合成而合成。后来发现马铃薯疮痂链霉菌诱导植物毒素和气生菌丝的形成，但是没有证明与 Thaxtomin A 的产生有关。链霉菌毒素的产生与毒力基因 *nec1* 在 *S.ac.discabies*、*S.scabies* 和 *S.turgidiscabies* 之间有很大的关系，还证明 ORFtnp-*nec1* 的位置与疮痂病链霉菌的致病性完全相同。其实自 1926 年以来很多研究者就推断 *S.scabies* 引起的马铃薯疮痂病的病菌中含有致病毒素，直到 1989 年，该毒素才被分离和鉴定，并且在马铃薯的薯块上产生了疮痂病的症状；用正向和反向薄层层析相结合的方法，从致病性菌株的培养滤液中分离到两种活性物质，其中 A 组分含有 4-硝基色氨酸和 α-羟基酪氨酸，B 组分含有 4-硝基色氨酸和 α-羟基苯丙氨酸。King 等对这 23 个菌株和 5 个 ATCC 菌株的分析表明，链霉菌致病性的强弱与在薯片上产生毒素的能力呈正相关，证明了毒素在致病过程中的重要性。通过进一步的分析，发现大多数致病菌株都能产生该致病毒素。研究中报道已从接种 *S.scabies* 的马铃薯片和燕麦片液体培养基中分离纯化出 5 种毒素成分。研究表明在培养基上也可以诱导致病菌株产生毒素，更有利于毒素成分的纯化和毒素生物合成。赵伟全等人研究我国不同地区的马铃薯疮痂病菌产生的毒素时，发现致病菌株能够产生同一种毒素，而非致病性菌株不产生毒素，证明链霉菌的致病性与毒素的产生有密切的关系，毒素是疮痂病菌侵染过程中的主要致病因子。S.scabies 菌株可以使单子叶植物和双子叶植物的幼苗致病，但在生产中却未发现有 S.scabies 引起作物苗期病害。后来发现侵染幼苗的主要原因是 S.scabies 菌株产生了毒素，该毒素可以降低苗和根的长度，使叶绿体膨大，组织褪绿和坏死。毒素对植物具有生长调节作用，当毒素浓度较高时杀死幼苗，而浓度较低时促进植物细胞的分裂。在马铃薯薯块上引起的凸起病斑主要是由于细胞增生导致，到侵染后期，高浓度的毒素使细胞死亡，病斑木栓化，随后木栓化的组织脱落导致深坑。因此，典型症状的形成过程中致病毒素可能起主要作用；但毒素不能破坏表皮已木质化的马铃薯，随着马铃薯的成熟，其对毒素的抵抗力增强，到马铃薯生长后期病菌便不能再侵染(参见图 5-20)。对于链霉菌来说，毒素是菌株具有致病性的重要标志，因此了解致病毒素对马铃薯生产有重要意义，还可以利用毒素来做马铃薯抗性评价，方便筛选抗病品种。

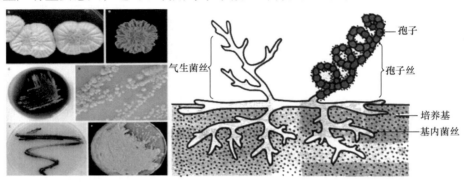

图 5-20　马铃薯疮痂病病原菌

（三）发病因子

种薯带菌。种植过程中病菌常伴随种薯调运进入田块，采用多代微型薯作种薯的田块疮痂病发生最为严重。

土壤和病残体带菌。病菌在土壤中腐生或在病薯上越冬，块茎生长的早期表皮木栓化之前，病菌从皮孔或伤口侵入后染病。

土壤酸碱度。中性或偏碱性土壤容易发病，偏酸性土壤发病较轻，pH5.2～8.6 有利于发病，pH5.2 以下很少发病。

气候条件。马铃薯疮痂病在 10～30℃均可发病，云南省以 25～30℃最有利于发病，长期干旱会明显加重病害发生。

栽培措施不当。种植密度过大或植株过高、施肥过量特别是氮肥过量，导致田间郁蔽，通风透光差，有利于放线菌生长。

（四）防治措施

马铃薯疮痂病采用综合防治措施，主要有选育和利用抗病品种、灌溉、调节土壤 pH、改变土壤中矿质元素比例、农业防治、化学防治、生物防治等。

1. 选育和栽培抗病品种　‘Marcy’是一个对马铃薯疮痂病高抗的品种，已经在美国多个州推广使用；我国育种者选育的‘川芋早’、‘川芋 4 号’、‘川芋 56’、‘9201-1’、‘中薯 3 号’等品种较抗疮痂病；‘陇薯 6 号’、‘陇薯 7 号’、‘陇薯 8 号’、‘庄薯 3 号’

和‘青海大白花’对疮痂链霉菌有一定的抗性。

2. 农业防治 ①实行轮作。马铃薯与十字花科作物轮作或与十字花科作物混作可有效抑制马铃薯疮痂病的发生，可以和苜蓿、大麦、大豆进行3~4年轮作，但是不能与块根类作物轮作。②增施酸性肥料。如施硫酸铵也可减轻病害发生。③保持土壤潮湿，尤其在块茎形成及膨大初期，块茎膨大期应始终保持土壤潮湿。

3. 化学防治 对于马铃薯疮痂病来说，药剂防治的最佳时期为块茎播前处理和结薯前期。进行种薯和土壤消毒。可以用20%辣根素水乳剂喷洒土壤，在用薄膜密闭覆盖一星期后再播种；或是用五氯硝基苯进行全面喷施；在结薯前期，用农用硫酸链霉素或代森锰锌进行叶面喷施。

4. 生防制剂 目前对疮痂病原菌有一定的抑制作用的生物制剂有三种，分别是 *S.diastatocbromogenesstrain PonSS* Ⅱ、*S.scabieistrain PonR* 和 *Streptomyces albidoflavus*。

五、马铃薯植原体病害

植原体(Phytoplasma)，原称类菌原体(Mycoplasma-like Organism，MLO)，是一类无细胞壁仅由膜包被的单细胞原核生物，专性寄生于植物的韧皮部，隶属于硬壁菌门，柔膜菌纲 (又称软球菌纲)，非固醇菌原体目，非固醇菌原本科，能够引起植物侵染性病害。由于病原具有可过滤性的特点，且流行病性质、传播方式等特点与病毒病害相似而曾经被认为是由病毒引起的病害。目前无法分离培养。对四环素族类抗生素敏感。

植原体适应性强，传播途径多样，寄主范围广泛，在世界范围内已使1000多种不同的植物发病。我国报道由植原体引起的病害多达100多种，其中一些给经济作物带来严重危害，如甘薯丛枝病植原体(Sweet potato witches'broom phytoplasma)、槟榔黄化病(Arecanut yellow leaf disease)、桑黄化型矮缩病(Mulberry yellow dwarf disease)、枣疯病(Jujube witches' broom)。国际上，加拿大、美国、墨西哥、哥伦比亚、俄罗斯、罗马尼亚、希腊等国家曾报道由植原体引起的马铃薯紫顶萎蔫病、丛枝病和翠菊黄化病，我国黑龙江、山东也报道有马铃薯丛枝病。2005年前，由于缺少研究，云南未见马铃薯上有关于植原体引起的病害报道。

（一）症状

通过叶蝉和木虱传播，也可通过菟丝子及嫁接传播，存在于植物韧皮部细胞和介体昆虫唾液腺及脂肪体内，能够引起寄主植物生长丛枝、巨芽、小叶、花变绿、花器变态、衰退、枯萎、黄化、矮化、簇顶等症状。

近年，在云南迪庆、德宏、丽江、昆明、曲靖、昭通等马铃薯产区不同品种上发现顶叶紫化卷叶、叶色较深、植株变僵硬、叶变小、叶腋及茎基部丛生细枝薯、部分植株叶腋处有气生薯、病株上生长许多小薯(参见图 5-21)。小薯无休眠期可直接发芽，丛生于母株周围。在迪庆，‘格咱红皮’较易感病，其余地区‘合作 88’、‘会-2’、‘丽薯 6号’、‘云薯 401’上都有发现。

图 5-21　马铃薯植原体病害症状

（二）引起马铃薯植原体病害的病原种类及介体

自 2007 年 Wei 等扩增到 1.2kb 片段，建立了植原体的分类体系以来，对已经公开的植原体 16S rRNA 基因 1.2kb 序列的模拟 RFLP 分析，将这些植原体分为 31 个组和 100 多个亚组。至少有八个组与马铃薯植原体病害相关：翠菊黄化组(Aster Yellows)16SrI、花生丛枝组(Peanut Witches's Broom)16SrII、X 病组(X-disease Group)16SrIII、三叶草增殖组(Clover Proliferation)16SrVI、苹果增殖组(Apple Proliferation)16SrX、顽固植原体组(Stolbur)16SrXII、墨西哥长春花变叶组(Mexican Periwinkle Virescence)16SrXIII 和马铃薯紫顶萎蔫组(Potato Purple Top Wilt)16SrXVIII。

在中国，植原体引起的病害研究较少。黑龙江及山东曾报道有马铃薯丛枝病，但没有对病原进行分子鉴定。2004 年以来，云南省农业科学院生物技术与种质资源研究所与阿拉斯加大学 Jenifer H McBeath 合作对云南、内蒙古、贵州的马铃薯植原体病害进行研究，用 PCR-RFLP 方法鉴定了病原种类，主要有翠菊黄化植原体组的亚组 16SrI-B、三叶草增殖植原体组的亚组 16SrVI-A、顽固植原体组的亚组 16SrXII-E(草莓植原体候选株)及新亚组 16SrXII-I。新亚组 16SrXII-I 检出率占采集样品的 46%。研究结果表明，侵染马铃薯的植原体复杂呈多样性。

对植原体的检测虽然有电子显微镜、光学显微镜以及血清学技术，但通过 PCR 扩增高度保守的 16S rRNA 基因序列是最为简单、有效，且被普遍接受的方法。该方法以感病植株的 DNA 为模板，通过 nested PCR 扩增 16S rRNA 的 1.2kb 片段，用引物 R16mF2：5′-CATGCAAGTCGAACGGA-3′和 R16mR1：5′-CTTAACCCCAATCATCGAC-3′先扩增，在以扩增产物为模板，用引物 R16F2：5′-ACGACTGCTGCTAAGACTGG-3′和 R16R2：5′-TGACGGGCGGTGTGTACAAACCCCG-3′扩增获得，克隆测序后，用计算机模拟 RFLP 分析(参见图 5-22)。tuf 基因序列、rp 基因序列以及 secY 基因序列的同源性用于

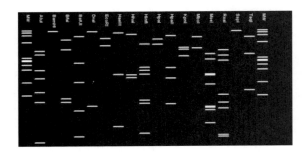

图 5-22　马铃薯植原体病害检测计算机模拟 RFLP 分析图

植原体候选属内的亚组的分类。

（三）发病因子

2005 年来对云南马铃薯植原体病害跟踪调查发现，马铃薯植原体病害在田间的发生特点更符合种薯带病情况，即普遍情况零星发生，但一些地块整片发生，周围地块无发生或零星发生，来年在附近地块跟踪调查也发现，使用脱毒种薯的情况下，无发生或零星发生。使用高代种薯的地块发病率高于脱毒种薯。

国内外已报道传播马铃薯植原体的叶蝉有长柄叶蝉(*Alebroides dravidanus*)，网室叶蝉(*Orosius albicinctus*)、二点叶蝉(*Macrosteles fascifrons*)、*Seriana equata*、*Macrosteles quadrilineatus*、*Elymana virescence*、*Ophiola flavopieta*、*Hyalesthes obsoletus*、*Aphrodes bicinctus*、*Euscelis plebejus*，以持久增殖性传播，一旦获毒终身带毒。

植原体寄主广，能感染数百种植物，云南已在番茄、花生、苦楝、刀豆、花椰菜、豇豆、芒果、苜蓿、竹子、泡桐等检测鉴定到植原体病害。

（四）植原体病害的防控

对于植原体，除选用抗病品种及无病种薯外，无有效防治手段。

1. 使用无病种薯　生产中尽量使用无病种薯是防控植原体最有效的措施。

2. 做好介体昆虫预测预报，及时施用杀虫药剂　在繁种基地，掌握传播介体叶蝉的种群动态、严控种群数量，阻断其传播途径也是一种很好的防控手段。

3. 抓好农业措施　植原体寄主范围广，在田间淘汰清除病株、铲除杂草，通过减少病源也是重要的预防措施。

4. 化学防控　也可利用植原体对四环素类抗生素敏感的特点，使用该类抗生素来防治，能取得一定的减轻或延迟症状的效果，但这种方法并没有在实际生产中得到广泛应用。

六、马铃薯根结线虫病

（一）发生与分布

马铃薯根结线虫病对马铃薯产量和质量影响很大，是马铃薯的一种重要病害。在美洲、欧洲、非洲和亚洲的多个国家有发生，发生严重的如美国、加拿大、荷兰、俄罗斯和日本等国。其病原根结线虫种类多达 11 种：高粱根结线虫(*M. acronea*)、埃塞俄比亚根结线虫(*M. ethiopica*)、纳西根结线虫(*M. naasi*)和根结线虫(*M. africana*)主要分布于非洲；花生根结线虫(*M. arenaria*)是最常见种，分布马铃薯种植区；奇氏根结线虫(*M. chitwoodi*)主要分布于欧洲和北美；伪哥伦比亚根结线虫(*M. allax*)主要分布于欧洲；北方根结线虫(*M. hapla*)是常见种，分布于欧洲，北美，非洲，亚洲；南方根结线虫(*M. incognita*)是常见种，分布于欧洲，北美，南美，非洲，亚洲；爪哇根结线虫(*M. javanica*)分布于非洲、亚洲和南美；泰晤士根结线虫(*M. thamesi*)分布于非洲和美洲。其中以常见 4 种根结线虫中的北方根结线虫、南方根结线虫和爪哇根结线虫为优势种。

（二）中国的发生状况

1981年，张云美在山东省济南发现北方根结线虫为害马铃薯，鉴定命名为中华根结线虫(*M. sinensis*)；1985年，陈品三等在山西省繁峙县发现根结线虫为害马铃薯，并于1990年将该病原命名为繁峙根结线虫(*M. fanshiensis*)；1990年，喻盛甫等报道在云南保山潞江坝的马铃薯上发现根结线虫，被鉴定为花生根结线虫。近5年来，在云南的部分马铃薯种植区零星发生根结线虫为害马铃薯的点增多，有扩展迅速的趋势。国内其他省区市的研究报道极少。中国已经报道的病原及分布：中华根结线虫分布山东；繁峙根结线虫分布山西；花生根结线虫分布云南；北方根结线虫分布山东；南方根结线虫和爪哇根结线虫分布云南。

（三）为害症状

根结线虫为害马铃薯，其地上部的症状不是十分明显，用于判断是否发生了根结线虫病没有价值。是否发生了根结线虫的为害，在马铃薯生长早期可以通过调查线虫密度来判断，之后因为害的加重被侵染的植株会表现不同程度的矮化，在缺水的情况下可能发生萎蔫，至此时在马铃薯根部会发现大小和形状不同的根结或虫瘿。当线虫密度高并且环境条件有利时，块茎被侵染，在其表面出现瘤状突起(虫瘿)。每个根结的大小，取决于线虫密度和种类、根的大小、温度和其他的环境因素。虫瘿内有白色、梨形的雌虫(参见彩图5-23)。

图5-23　马铃薯根结线虫病症状(胡先奇、杨艳丽摄)

（四）发生条件

沙壤土或沙土适于根结线虫生长和发育，温度是影响根结线虫发育最为重要的一个因素，在适宜条件下(20~30℃)，完成生活史的时间为24~30天，35℃以上高温和5℃以下低温可抑制卵孵化和2龄幼虫存活，雌虫也不能完全发育。潮湿环境有利于线虫移动，当田间含水量为 50%～80%时有助于雌虫产卵，而淹水或过度干燥对根结线虫的生存与活动极为不利。根结线虫的成虫、幼虫对环境的适应能力较差，不耐高温、低温、淹水、干旱等，而未孵化的卵、卵囊中的卵能适应恶劣的环境，在土壤中以休眠状态存活。

（五）防治措施

马铃薯根结线虫病的防治原则：预防为主，综合防治。

1. 选用抗逆性较强的优良品种　目前，尚未发现能抗根结线虫病的品种，在实际生产中，宜选用抗逆性强、适应性广、品质优良的品种推广种植。

2. 轮作　在根结线虫病发生区，采取与禾本科作物、大葱、大蒜、韭菜等轮作，可以减轻根结线虫的为害。有条件的种植区，可以采取水旱轮作。

3. 浅耕翻晒土壤　根结线虫主要分布在 5～20 厘米耕作层土壤中，根据这一特点通过浅耕翻晒，导致土壤温度上升、水分减少，可以明显减少根结线虫的密度。

4. 改善土壤结构和生物防治　增加土壤有机质，应用商品化的生物杀线虫剂，对根结线虫的为害能达到一定的控制效果。

5. 化学防治　发生严重的种植区，建议选用低毒、高效的化学杀线虫剂。

第四节　马铃薯主要虫害

马铃薯虫害主要有马铃薯块茎蛾、地老虎、蛴螬、蚜虫等。

一、马铃薯块茎蛾

马铃薯块茎蛾隶属鳞翅目(Lepidoptera)双孔亚目(Ditrysia)麦蛾总科(Gelechioidea)麦蛾科(Gelechiidae)块茎蛾属(*Phthorimaea*)，学名为 *Phthorimaea operculella* (Zeller)，英文名称为 Potato Tuber Moth(PTM)，别名马铃薯麦蛾、烟潜叶虫、马铃薯蛀虫，俗称串皮虫，漂皮虫等。其寄主主要是马铃薯、茄子、番茄、烟草等茄科植物。据记载，该虫原产南美西部山区，即野生马铃薯和烟草的原产地。该虫远距离传播主要通过马铃薯调运，因此许多马铃薯进口国将它列为检疫对象，目前仍是一种国际性的检疫性害虫。由于马铃薯块茎蛾能为害烤烟和马铃薯，无论是国外还是国内，历来存在两种叫法，即马铃薯块茎蛾、烟草潜叶蛾。

（一）马铃薯块茎蛾的起源与分布

1. 我国马铃薯块茎蛾的起源与分布　国外对马铃薯块茎蛾的最早记载见于 1855 年，记录的是 1854 年该虫在澳大利亚塔斯马尼亚州严重危害马铃薯的情况，Berthon 推断该虫与以前在新西南报道的一种害虫可能是同一种害虫，且称之为"马铃薯蛆(Potato grub)"。1873 年，Zeller 依据来自美国德克萨斯州的标本对马铃薯块茎蛾的形态及发生进行了描述。1917 年，Graf JE 出版了《马铃薯块茎蛾》，报道了他们在 1912～1916 年对加利福尼亚南部马铃薯块茎蛾发生危害情况的调查结果。

马铃薯块茎蛾传入我国的历史尚未见到可考究文献,但我国最早于 1937 年在广西柳州发现该虫危害烟草,徐荫昌于 1941 年在贵州发现该虫。1954 年 8 月上旬在呈贡县(现在的晋宁县)马金堡乡烤烟上发现该虫危害烤烟,1957 年已几乎遍布于云南有烟草种植的地区。1956 年,马铃薯块茎蛾已被列为我国十四大检疫性害虫名录之首,到 1963 年,该虫已在 11 个省、区约 460 个县(市)发生,形成了大体上以云南、贵州为中心,除沿海省份从河北到广东基本无虫分布外,以东北偏北方向为中轴的扇形的分布格局,对河南、山东、安徽等省烟草产区和陕西、山西、河北、甘肃、宁夏等马铃薯产区形成严重威胁。1964 年 8 月 27 日,我国农业部印发了《马铃薯块茎蛾(烟草潜叶蛾)检疫规定(草案)》。

由于马铃薯块茎蛾能危害烤烟和马铃薯,无论是国外还是国内,历来存在两种叫法,即马铃薯块茎蛾、烟草潜叶蛾,但根据文献资料来看,国外更多的文献中是以马铃薯块茎蛾为名进行报道,而国内则表现为以马铃薯为材料的研究就以马铃薯块茎蛾为名进行报道,在以烟草为材料的研究则以烟草潜叶蛾为名进行研究报道。

2. 云南省马铃薯块茎蛾的发生及传播　马铃薯块茎蛾在马铃薯上的危害最早于 1957 年在云南祥云、龙陵、陆良等地发现,其中在祥云为害生长期的植株,陆良等地则为害贮藏期的薯块,1958 年在陆良烤烟上发生流行,烟草被害率达 100%。之后,对于马铃薯块茎蛾名称逐渐被应用,对该虫的研究日渐展开。西南地区于 1955 年由西南农业科学研究所蕙淑主持,对西南农业科学研究所附近的槽上乡马铃薯块茎蛾的生物学特性、传播途径及防治方法进行了研究。

3. 马铃薯块茎蛾的发生危害　在我国,马铃薯块茎蛾年发生代数因纬度和海拔不同而不同,据报道,该虫在四川一年发生 6~9 代,湖南 6~7 代,贵州、云南、河南、山西等省一年发生 4~5 代,并有世代重叠的现象。在云南昆明地区,越冬代成虫于 1 月中旬至 5 月中旬出现,各代成虫的出现依次为 5 月中旬至 6 月下旬,8 月上旬至 8 月下旬,9 月中旬至 11 月中旬。若第四代幼虫化蛹较早,11、12 月间温度又在 12℃以上,则仍可羽化为第四代成虫,产卵于烟草植株上,第 5 代幼虫即在新嫩叶上取食并越冬(参见彩图 5-24)。

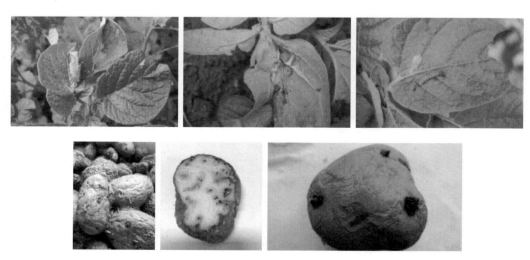

图 5-24　马铃薯块茎蛾危害状(陈斌摄)

（二）马铃薯块茎蛾的主要生物学特性

1. 形态特征　成虫，马铃薯块茎蛾为小型蛾类，体长 5～6 毫米，翅展 13～15 毫米，通常为灰褐色，根据食料不同其体色也发生变化，也会呈现粉红色和浅绿色；前翅狭长，鳞毛黄褐色，杂有黑色鳞片，在雌蛾的前翅臀区，黑色鳞毛密集形成一个较显著的大黑斑；在雄虫的臀区，由黑色鳞毛组成 4 个黑斑点，缘毛也是灰褐色。后翅菜刀状，灰褐色，前缘微向上拱，顶角突出。缘毛也是灰褐色。雄虫在后翅前缘的基部具有 1 束长毛，翅缰 1 根；雌蛾翅缰 3 根。雄蛾腹部可见 8 节，第 7 节前缘两侧背方各生 1 丛白色长毛，毛丛尖端向内弯曲。雌蛾腹部可见 7 节。雄虫在后翅前缘的基部具有 1 束长毛，翅缰 1 根；雌蛾翅缰 3 根。雄蛾腹部可见 8 节，第 7 节前缘两侧背方各生 1 丛白色长毛，毛丛尖端向内弯曲。雌蛾腹部可见 7 节(参见彩图 5-25)。

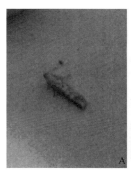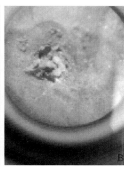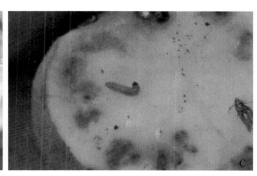
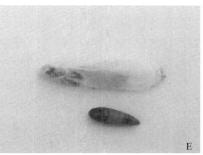

图 5-25　马铃薯块茎蛾生物学特性(陈斌摄)
A. 成虫；B. 卵；C. 幼虫；D. 蛹；E. 茧

卵，卵椭圆形到粒球形，长约 0.5 毫米，宽 0.4 毫米，初产时乳白色，发育中期淡黄色，孵化前变黑褐色，并带紫蓝色光泽。

幼虫，末龄幼虫体长 11～15 毫米，灰白色，至老熟阶段，体背淡红色或暗绿色。白色或淡黄色，头部棕褐色。前胸背板及胸足黑褐色。臀板淡红褐色。体表毛片及气门线缘片黄褐色，腹足趾钩双序环状，趾钩数约 26 个；臀足趾钩双序微弧形，趾钩数约 16 个。

蛹，长约为 7～8 毫米。初蛹淡绿色，后渐变棕褐色。触角长达翅芽末端，在腹面中央相接，到末端有分开，微向外突。腹部臀脊短小而尖，向上弯曲，周围有刚毛 8 根。蛹茧灰白色，长约 10 毫米，外面粘有泥土或排泄物。通过蛹上接口与腹部末端的距离可区分雄蛾与雌蛾，并能根据蛹眼的颜色来推测蛹龄。

2. 寄主范围　马铃薯块茎蛾的寄主植物主要是马铃薯、烟草、茄子、番茄、辣椒等茄科植物，还危害酸浆、牵牛花、曼陀罗、刺菜等。

3. 主要生活习性　马铃薯块茎蛾成虫羽化后当天即可进行交配，其中羽化后 2～4 天进入交配活动高峰。雌雄羽化日龄影响交配效果，其中以 4 日龄雌虫和 3 日龄雄成虫的组合效果最佳。雌蛾有二次求偶现象，雄蛾有多次交配习性，雄蛾平均交配 3.2 次。补充营养也是影响铃薯块茎蛾雌蛾起始求偶时间的重要因素。

(1) 产卵习性　马铃薯块茎蛾雌虫在 22～26℃时产卵量最高，当温度超过 36℃时，雌蛾将停止产卵。马铃薯块茎蛾对产卵部位具有一定的选择性，喜欢在芽眼周围产卵或在粗糙表面上产卵。交配后次日即产卵，可以连续产卵 6～8 天。每只雌虫在正常情况下，最多产 186 粒，最少产 60 粒。

马铃薯块茎蛾成虫对产卵寄主具有一定的选择性，在马铃薯叶片上的产卵量明显比大白菜、番茄或辣椒叶片多，而在马铃薯和茄子叶片之间无明显区别，但在马铃薯块茎上的产卵量明显比在茄子果实和甘薯块根上多，而在马铃薯块茎和番茄果实或辣椒果实上的产卵量没有明显差别，对表皮为浅黄色、红色和紫色的块茎没有明显的产卵偏好，在马铃薯、烟草、番茄、茄子和辣椒 5 种植物中，马铃薯块茎蛾显著趋向于马铃薯及烟草的叶片上产卵。坡柳皂苷对马铃薯块茎蛾产卵有驱避作用，萎蒿滇杨枝把的挥发物和幼虫粪便对雌蛾的产卵有极显著的抑制作用。

寄主植物不同挥发物对马铃薯块茎蛾成虫产卵具有不同的影响，据马艳粉等研究发现，α-蒎烯、α-石竹烯、β-石竹烯、柠檬烯、月桂烯、烟碱、β-蒎烯、α-松油烯、β-聚伞花素和壬醛在一定浓度范围内对马铃薯块茎蛾产卵表现出不同的引诱或驱避作用。康敏等探讨了马铃薯薯块挥发物对马铃薯块茎蛾的引诱效果，发现不论是新鲜的还是放置不同时间的完整马铃薯块茎释放出的气味对马铃薯块茎蛾雌、雄虫均无显著引诱效果。

(2) 取食危害习性　成虫产卵于马铃薯芽眼上，幼虫取食的时候时自叶背近主脉处蛀入，取食表皮间的叶肉。叶片被害初期，出现线型隧道，以后叶肉被成片吃光，仅留上下表皮，呈亮泡状，排出的粪便多堆在亮泡的一端；表皮破裂后，幼虫即转移为害叶片的其他部位或其他叶片。该虫也可自叶片边缘蛀入，使叶缘皱缩干枯，或为害顶芽，使顶芽枯萎。受害叶片茎秆经风吹雨打易折断，破裂或萎蒿干枯。蛀入薯块造成隧道，贮藏期在薯块内为害并进行繁殖，受害薯块内，可形成许多弯曲隧道，外形多皱缩，内部腐烂，整个薯块可被蛀空，失去食用和种用价值。马铃薯收获后留存于田间的马铃薯枝叶茎秆与残薯、田间裸露于地表的薯块也是马铃薯块茎蛾重要的生活场所。

马铃薯块茎蛾对寄主有较明显的选择性，王浩元等研究发现，在 1～48 小时内马铃薯块茎蛾初孵幼虫和 3 龄幼虫对几种植物的总体选择顺序为马铃薯>烟草>番茄>酸浆>辣椒>龙葵>茄子>蓖麻>曼陀罗，初孵幼虫和 3 龄幼虫对受其危害后的马铃薯、烟草、番茄、辣椒、茄子、曼陀罗、龙葵、蓖麻、酸浆的选择取食顺序为马铃薯>番茄>烟草>酸浆>龙葵>辣椒>茄子>蓖麻>曼陀罗。郭志祥等研究发现单寄主和多寄主不同选择压力下，马铃薯块茎蛾对马铃薯、烟草、番茄、茄子、辣椒、曼陀罗、龙葵 7 种茄科寄主植物的嗜食性，其中在单寄主或多寄主选择压力下受害最严重的是烟草和马铃薯，其次是茄子、曼陀罗、番茄和辣椒，但对龙葵不危害。

（3）马铃薯块茎蛾的室内人工饲养　桂富荣，李正跃研究报道了在室内人工饲养马铃薯块茎蛾的方法。在人工养虫室内用10%的蜂蜜水喂养成虫，用滤纸收集卵块，幼虫在薯块上饲养，化蛹于牛皮纸卷成的纸筒中，能保证马铃薯块茎蛾种群的建立。

（三）马铃薯块茎蛾的生态学特性研究

东南亚薯类作物科研与培训中心、云南农业大学植物保护学院对马铃薯块茎蛾室内种群生命表、田间空间分布规律进了研究，初步明确了马铃薯块茎蛾发生规律。

1. 马铃薯块茎蛾室内种群生命表研究　金秀萍等观察了5种不同温度对马铃薯块茎蛾发育、存活和繁殖力的影响，组建了相应温度下的实验种群生命表。马铃薯块茎蛾全代的发育起点温度和有效积温分别为 9.04℃±0.66℃ 和 497.83 日度±18.40 日度；29℃时全代发育历期最短，22℃时马铃薯块茎蛾产卵量最大。29℃下种群趋势指数、净增殖率和内禀增长率最大。

2. 马铃薯块茎蛾时空分布格局　张丽芳等对马铃薯块茎蛾幼虫的田间分布规律进行了系统调查研究，发现马铃薯块茎蛾幼虫在田间呈聚集分布，负二项分布的公共 K 值为 0.3965。马艳粉等试验证明了幼虫密度显著影响马铃薯块茎蛾的生长发育及繁殖。这些研究为马铃薯块茎蛾的调查、抽样及生物学、生态学特性等研究提供了科学依据。

（四）马铃薯块茎蛾天敌资源及多样性

1. 寄生性天敌昆虫　早在1964年，据曹诚一先生报道，云南马铃薯块茎蛾幼虫及蛹均有被寄生蜂寄生，其中1955年9～10月稠查，被寄生幼虫达30%以上，寄生蜂有小茧蜂科的 *Chelonus* sp.、*Apanteles* sp.，还有一种姬蜂科的 *Hedylus* sp.等。另据王浩元和陈斌等在寻甸、宣威和陆良马铃薯田间调查及采集虫叶片室内饲养观察发现，发现了马铃薯块茎蛾的寄生蜂有5种，包括1种姬蜂、1种姬小蜂、2种绒茧蜂和1种腿小蜂。在玉米马铃薯不同间作种植模式下田间寄生蜂种群密度及寄生率也不相同，但在适宜行比的玉米马铃薯间作田中寄生蜂种群密度及寄生率明显高于马铃薯净作田，显示出间作对马铃薯块茎蛾种群的控制作用及对马铃薯块茎蛾的控制潜力。

2. 虫生真菌资源及高毒力生防菌株的筛选　云南农业大学植物保护学院、东南亚薯类作物培训中心经过调查发现，在云南省宣威、寻甸、陆良马铃薯种植区发现田间自然感染马铃薯块茎蛾的虫生真菌为球孢白僵菌 [*Beauveria bassiana*(Bals.)Vuill]，并从罹病马铃薯块茎蛾上分离获得了球孢白僵菌菌种7个。

生物测定了球孢白僵菌、绿僵菌对马铃薯块茎蛾的毒力，发现球孢白僵菌对马铃薯块茎蛾具有较强的毒力，且毒力随菌株的不同而存在一定差异。孙跃先等在室内测定球孢白僵菌的分离菌株对马铃薯块茎蛾幼虫的致病力，10^8 个/毫升孢子浓度下，校正死亡率高达 89.4%。李正跃和张青文室内测定了从云南分离的7株球孢白僵菌对马铃薯块茎蛾幼虫的毒力，结果表明，在接菌孢子浓度为 10^5 个/毫升和 10^7 个/毫升下，接种后7天时马铃薯块茎蛾幼虫累积死亡率分别为 23.3%～70.0% 和 33.3%～86.7%，筛选出马铃薯块茎蛾毒力较高的3个球孢白僵菌菌株。

此外，郑亚强等还测定了金龟子绿僵菌(*Metarhizium anisopliae*)KMa0107 菌株对马铃薯块茎蛾幼虫的毒力，发现绿僵菌 KMa0107 菌株对马铃薯块茎蛾幼虫具有良好的侵染致病作用，接种处理后第 7 天时，马铃薯块茎蛾 2、3 龄幼虫的累计死亡率达 90%以上，其 4 龄幼虫的累积死亡率达 80%以上，马铃薯块茎蛾对金龟子绿僵菌感病顺序表现为 2 龄>3 龄>4 龄。

（五）马铃薯块茎蛾综合防治研究

1. 种薯检验检疫与处理 根据近年来对云南省马铃薯主要种植区小春马铃薯、冬马铃薯及秋马铃薯种植区储存用作种薯进行储藏的马铃薯带虫情况来看，储藏期间适宜的条件促进了马铃薯块茎蛾的繁殖和种群的扩大。因此，加强对马铃薯种薯的检验检疫，对发现幼虫、蛹、卵的马铃薯薯块进行熏蒸杀虫处理或停止调运，或通过汰除带虫薯块减少马铃薯块茎蛾的传播。同时，有条件时，采取熏蒸处理，杀灭种薯携带的马铃薯块茎蛾。同时，还可消灭种薯携带的其他有害生物。

2. 筛选和选用抗虫品种 至目前，具有抗虫基因的马铃薯品种十分有限，因此制约了抗马铃薯块茎蛾品种的选择。根据初步研究，品种'合作 88'具有一定的抗虫性，因此，选用'合作 88'能在一定程度上减轻马铃薯块茎蛾的危害。

3. 加强田间带虫残薯残枝的清理 调查发现，马铃薯收获后，马铃薯地上茎秆及田间露出地表的马铃薯残薯中带有马铃薯块茎蛾幼虫和蛹，成为下一季重要虫源。因此，秋末初冬，马铃薯或烟草收获后，及时清理田间露出地表的残薯、马铃薯地上部分枝叶茎秆、烟草残株落叶及茄科植物残体，以减少越冬虫源，从而减轻次年虫害的发生。马铃薯播种时或烟草移栽时，发现幼虫应立即防治，并结合田间管理，及时清除被为害叶片，集中处理。

4. 化学防治 杜连涛等对敌杀死 (2.5%乳油)、敌敌畏(80%乳油)、甲胺磷 (50%乳油)、甲基 1605(50%乳油)、灭多威 (万灵 90%可溶性粉剂)对马铃薯块茎蛾幼虫的毒力进行了试验，发现万灵对马铃薯块茎蛾的毒力最大。因此，对该虫的防治，应选择高效、低毒、无残毒的农药，在进行化学防治时，还应抓住防治关键时期，即在幼虫钻蛀前期、老熟幼虫爬出化蛹期及成虫羽化后，采用氨基甲酸酯或拟除虫菊酯类药剂，并结合其他生物农药以提高防治效果。

5. 利用昆虫病原体进行生物防治 球孢白僵菌、绿僵菌是马铃薯块茎蛾幼虫的致病真菌，云南球孢白僵菌和绿僵菌资源丰富，在马铃薯块茎蛾幼虫发生前一周左右，田间应用球孢白僵菌、绿僵菌制剂，以感染马铃薯块茎蛾幼虫，压低田间虫口基数。此外，昆虫病原线虫对马铃薯块茎蛾具有较强的侵染作用，因此，亦可利用昆虫病原线虫进行防治。

此外，云南农业大学马铃薯块茎蛾研究课题组还测定了金龟子绿僵菌 KMa0107 菌株对马铃薯块茎蛾 2 龄、3 龄、4 龄幼虫的毒力，发现绿僵菌 KMa0107 菌株对马铃薯块茎蛾幼虫具有良好的侵染作用，接种处理后第 7 天时，马铃薯块茎蛾 2 龄、3 龄和 4 龄幼虫的累计死亡率分别为 96.67%、90.00%和83.33%，感病顺序表现为 2 龄>3 龄>4 龄。

6. 马铃薯与其他作物配置种植对马铃薯块茎蛾种群的控制作用 云南农业大学植物保护学院于近年来在宣威、寻甸、昭通开展玉米间作马铃薯种植模式中，马铃薯块茎蛾种群密度、种群动态及其天敌种群组成及动态的调查研究，发现玉米马铃薯间作对马铃薯块茎蛾发生与危害具有明显的影响，玉米马铃薯间作种植对马铃薯块茎蛾具有明显的控制作用，且不同模式下天敌的差异是马铃薯块茎蛾的主要限制因子。

此外，根据马铃薯块茎蛾成虫对不同植物产卵选择性、幼虫对马铃薯、烟草、番茄、酸浆、辣椒、龙葵、茄子、蓖麻、曼陀罗等不同植物的取食趋向性，及幼虫对不同植株次生代谢产物生理反应等特点，开发新型植物源农药或利用引诱-驱避策略来防治，也将是马铃薯块茎蛾生态防治的重要途径。

二、马铃薯蚜虫

马铃薯蚜虫属同翅目(Homoptera)蚜科(Aphididae)。

（一）分布与危害

共分为 3 大类：甘蓝蚜(Cabbage aphid)，原产欧洲，分布于温带和亚热带各地，在我国属北方害虫，是新疆的优势种；萝卜蚜(Turnip aphid)，国外分布于美洲、欧洲和亚洲。国内除西藏、新疆、青海外都有分布；桃蚜(Green peach aphid)，世界性分布。

直接为害以成、若蚜吸食植物体内的汁液，使叶片卷缩、变黄，使茎、花梗扭曲、畸形，植株短小甚至死亡。间接为害，传播多种病毒病。如烟草花叶病毒病由桃蚜传播，每株油菜只要有 2 头带毒蚜虫吸食 5 分钟，可使健株得病。为害特点：三种蚜虫常混合发生，在广东地区以萝卜蚜和桃蚜为主。

（二）发生与环境条件的关系

1. 温度 最适温度范围如下。甘蓝蚜：20～25℃；萝卜蚜：15～26℃；桃蚜：15～28℃。发育起点温度和有效积温甘蓝蚜：发育起点 4.3℃，有效积温 112.6 日度。桃蚜：发育起点 4.3℃，有效积温 137 日度。

2. 湿度 湿度过大时，容易发生蚜霉病，发生轻。降雨对蚜虫有冲刷作用。干旱季节和干旱地区发生重。

3. 天敌 寄生性天敌：蚜小蜂，蚜茧蜂；病原微生物：蚜霉菌、虫霉；捕食性天敌：瓢虫，草蛉,食蚜蝇、蜘蛛等。

4. 防治策略 蚜虫的防治要从全局出发，有利于提高总体的防治效果，提高经济效益，促进生态平衡。在农业技术措施上，选用抗性品种，力求在抗蚜、避蚜、控蚜等方面抑制蚜害；在生物防治上，保护和利用天敌，充分利用自然天敌的控蚜作用；在化学防治上，使用生物农药或高效低毒的对口农药。

(1) 加强植物检疫 对检疫对象，如苹果绵蚜、葡萄根瘤蚜，首先加强本地区的疫情调查，明确分布危害区，并划定疫区和保护区。从疫区调运苗木、插条、砧木、接穗等未经熏蒸消毒处理者禁止由疫区外运。防止扩张蔓延。

(2) 农业防治 培育抗虫品种。结合田间管理，清除并烧毁田间杂草，以减少越冬虫口基数。在发生数量不大的情况下，早期摘除被害卷叶，剪除虫害枝条，集中处理，防止扩散为害。冬季刮树皮消灭越冬卵，或在越冬卵接近孵化期，在卵粒密集的枝干上涂抹浓度较高的石硫合剂，能较好地控制卵孵化，此法可防治以卵在枝干皮缝或表面越冬的蚜虫，如板栗大蚜、梨黄粉蚜等。

(3) 生物防治　保护利用天敌，瓢虫、草蛉、蚜霉菌等天敌大量人工饲养和培养后适时释放和喷施。利用寄生蜂，如青岛在自然条件下，7、8月间日光蜂对苹果绵蚜的寄生率可高达80%左右，对苹果绵蚜能起到很好的抑制作用。

(4) 物理机械防治　利用铝箔或银色反光塑料薄膜避蚜，在畦间张设铝箔条或覆盖银灰色塑料薄膜，拒蚜效果显著。

(5) 药剂防治　早春寄主发芽前喷5%柴油乳剂或黏土柴油乳剂，可杀卵。越冬卵孵化后及为害期，每公顷喷施30%桃小灵乳油360毫升、50%抗蚜威(劈蚜雾)超微可湿性粉剂450克、30%氧乐氰乳油450克、50%灭蚜松(灭蚜灵)乳油600～900毫升、10%氯氰菊酯乳油300毫升、20%氯马乳油450毫升、40%氧化乐果、50%甲基对硫磷乳油300～450毫升，40%速扑杀乳油600毫升，10%吡虫啉可湿性粉剂900克，50%马拉硫磷乳油600～900毫升，2.5%功夫菊酯乳油180毫升，以上每种药剂均加水900千克。或选用20%氰戊菊酯乳油750毫升，加水750千克，再加上消抗液750毫升，搅匀后喷施。用50%氧化乐果乳油750毫升，加水900千克，再加入消抗液750毫升效果显著。

三、马铃薯地下害虫

马铃薯从播种到收获，在整个生育期间。无论是地上植株或马铃薯地下块茎，受许多害虫的危害。因为马铃薯的块茎生长在地下，而且块茎内营养丰富，成为许多害虫喜欢的食物，大多把它咬成孔洞，直接影响了马铃薯的产量和品质，还为病菌的侵入创造了条件，加重病害发生的程度。危害马铃薯的地下害虫主要有蛴螬、小地老虎等。

（一）蛴螬

蛴螬也叫地蚕，是金龟子的幼虫。主要以幼虫阶段进行危害，可为害豆科、禾本科、薯类、蔬菜和野生植物，达31科，78种之多。在马铃薯田中，它主要危害地下嫩根、地下茎和块茎，进行咬食和钻蛀，断口整齐，使地上茎营养水分供应不上而枯死。块茎被钻蛀后，导致品质变劣或引起腐烂。成虫还会飞到植株上。咬食叶片。幼虫及成虫都能在土中越冬，一般是成虫在地下40厘米处，幼虫在90厘米以下越冬。当春季10厘米深土层温度上升到14～15℃时开始活动，又回到10厘米左右的耕作层中。它喜欢有机质。喜欢在骡马粪中生活。成虫夜间活动，白天潜藏于土中或作物的根际。成虫具假死性和趋光性。幼虫有3对胸足，体肥胖，乳白色，常蜷缩成马蹄形，并有假死性。幼虫有3个龄期，全在土壤中度过。随土壤温度变化而上下迁移，其中以3龄幼虫历期最长，危害最重。

（二）小地老虎

地老虎是多食性害虫，各地均以第一代幼虫为害春播作物的幼苗，严重造成缺苗断垄，甚至毁种重播。在不同地区，秋播后还为害秋苗，一般蔬菜产地，春秋两季均有为害。但以春季发生多，为害重。

小地老虎也叫土蚕、切根虫。主要危害马铃薯的幼苗，在贴近地面的地方把幼苗咬断，使整棵苗子死掉，并常把咬断的苗子拖进虫洞。幼虫低龄时，也咬食嫩叶，使叶片出现缺刻和孔洞。它也会在地下咬食块茎。小地老虎适宜生长温度是 13～25℃。适宜的相对湿度为 50%～90%，高温不利于生长繁殖，但也不耐低温。小地老虎在地势低洼，雨量充足的地方发生多。

其成虫是一种夜蛾：体长 16～23 毫米，翅展 42～54 毫米，体暗褐色，触角，雌蛾丝状；雄蛾双节齿状前翅暗褐色，前翅前缘颜色较深，亚基线。内横线与外横线均为暗色双线夹一白线所成的波状线，前端部白线特别明显；楔状纹黑色，肾状纹与环状纹暗褐色，有黑色轮廓线，肾状纹外侧凹陷外有 1 尖三角形剑状纹；亚缘线白色；锯齿状，其内侧有 2 黑色剑状纹与前 1 剑状纹尖端相对，是其最显著特征，后翅背面灰白色，前缘附近黄褐色。

防治方法：

上述两种地下害虫虽各不相同，但也有许多相同之处。它们都在地下活动，所以防治方法大体一致。

① 秋季深翻地。通过深翻地来破坏它们的越冬环境，冻死准备越冬的幼虫、蛹和成虫，减少越冬数量，减轻下年危害，是消灭地下害虫的有效措施。

② 清洁田园。要经常清除田间、田埂、地边和水沟边等地的杂草和杂物，并远离深埋，以减少成幼虫生存繁殖场所，破坏它们的生存条件，以减少幼虫和虫卵的数量。

③ 诱杀成虫。利用糖蜜诱杀器和黑光灯、鲜马粪堆、草把等，分别对有趋光性、趋糖蜜性、趋马粪性的成虫进行诱杀，可以减少成虫产卵，降低幼虫数量。

④ 药剂防治。每亩用 1%的敌百虫粉剂 3～4 千克。加细土 10 千克拌匀，做成毒土，顺垄撒于沟内。毒杀苗期为害的地下害虫，或在中耕时撒于根部。用 40%的辛硫磷，掺在炒熟的麦麸、玉米或糠中，做成毒饵，在晚上撒于田间。

参 考 文 献

巴合提古丽.马铃薯黑胫病的发生及防治[J].Ruralence&Technology，2010，(5)：40

曹诚一. 云南烤菸上的两种 *Cnorimoschema* 属害虫[J]. 植物保护学报，1964，3 (4)：353-359

曹骥，黄可训. 我国的十四种检疫害虫[J]. 昆虫知识，1955，2 (4)：163-171

陈金璧.广西菸草蛾之观察及其他防治[J]. 趣味昆虫，1937，2 (10)：13-16

陈万利.马铃薯黑痣病的研究进展[J].中国马铃薯，2012，(1)：49-51

陈雯廷.马铃薯黑痣病综合防控技术的研究与集成[D].呼和浩特:内蒙古农业大学硕士学位论文，2014

戴启洲.马铃薯黑痣病发病规律及综合防治[J].中国蔬菜，2012，(15)：31-32

丁海滨，卢杨，邓禄军.马铃薯晚疫病发病机理及防治措施[J].贵州农业科学，2006，34 (5)：76-81

董金皋.农业植物病理学.2 版.北京：中国农业出版社，2010

董学志，胡林双，魏琪，等.马铃薯黑胫病菌分离纯化体系的建立[J].黑龙江农业科学，2013，(7)：45-48

杜娟，任娟，赵思峰，等.新疆马铃薯疮痂病病原的鉴定[J] 石河子大学学报（自然科学版），2010，28(4)：414-417

杜连涛，李正跃，周丽梅，等. 3 类 5 种农药对马铃薯块茎蛾幼虫防治效果的对比试验[J].中国马铃薯，2006，20 (2)：92-93

范彩霞.马铃薯疮痂病防治技术[Z].农村科技，2012，12：41

傅胜发，曹赤阳.马铃薯块茎蛾在四川的分布为害及块茎消毒方法[J].华东农业科学通报，1956，4：422-423

桂富荣，李正跃. 用马铃薯人工饲养马铃薯块茎蛾的方法[J].昆虫知识，2003，40 (2)：187-189

郭成瑾, 张丽荣, 沈瑞清. 土壤消毒对马铃薯连作田土壤微生物数量的影响[J]. 江苏农业科学, 2014,
　42(10): 367-369

郭志祥, 何成兴, 许胡兰, 等. 马铃薯块茎蛾对几种茄科植物的嗜食性研究[J].西南农业学报, 2014,
　27(6): 2381-2384

何恒果, 李正跃, 陈斌, 等.侵染马铃薯块茎蛾幼虫的球孢白僵菌对桃蚜的毒力测定[J]. 农药, 2004,
　43 (1): 22-24

何凯,杨水英,黄振霖,等.马铃薯早疫病菌的分离鉴定和生物学特性研究[J].中国蔬菜,2012,(12): 72-77

何新民,谭冠宁,唐洲萍,等.冬作区马铃薯黑胫病防控药剂筛选研究[J].农业科技通讯,2014,(2): 63-65

洪健, 李德葆, 周雪平. 植物病毒分类图谱[M]. 北京:科学出版社, 2001

胡坚. 烟草潜叶蛾的发生及防治措施 [J]. 植物医生, 2008, 21 (5): 46

霍燃华.马铃薯黑胫病综合防治技术[J].农业开发与装备, 2015, (11): 117-118

金秀萍, 李正跃, 陈斌, 等.不同温度下马铃薯块茎蛾实验种群生命表研究[J]. 西南农业学报, 2005,
　18 (6): 773-776

金秀萍, 马铃薯块茎蛾生物学特性及行为习性研究[D].昆明: 云南农业大学硕士学位论文, 2005

康敏, 谭仲夏, 任静涛,等. 印楝素与桉叶油醇对马铃薯块茎蛾产卵选择性的影响[J]. 安徽农学通报,
　2007, 13 (3): 134-135

康敏, 任静涛, 苏鹏娟, 等. 3 种植物提取物对马铃薯块茎蛾产卵的抑制作用[J]. 安徽农业科学, 2007,
　35 (10): 2858-2859

康蓉, 王生荣.甘肃马铃薯疮痂病病原初步鉴定[J].植物保护, 2013, 39 (3): 78-82

李莉,曹静,杨靖芸,等.马铃薯黑痣病发生规律与综合防治措施[J].西北园艺: 蔬菜专刊, 2013, (5): 51-52

李秀江, 龙立新, 张永妹, 等.迪庆州高寒坝区马铃薯粉痂病防治试验.[J].云南农业科技, 2014, (1): 6-8

李正跃, 张青文. 球孢白僵菌对马铃薯块茎蛾的毒力及其与常用农药的生物相容性测定 [J]. 植物保护,
　2005, 31 (3): 57-61

梁伟伶.马铃薯对早疫病抗性机制及化学防治研究[D].大庆: 黑龙江八一农垦大学硕士学位论文, 2009

梁远发.马铃薯疮痂病的防治[J].四川农业科技, 1999, (5): 25

廖金铃, 周慧娟, 冯志新, 等. 杀线剂田间药效试验中的问题及对策[J]. 农药科学与管理(增刊), 2001, S:
　33-34.

林传光,黄河,王高才,等.马铃薯晚疫病的田间动态观察与防治试验[J].植物病理学报,1995,1 (1): 31-44

刘宝玉,胡俊,蒙美莲,等.马铃薯黑痣病病原菌分子鉴定及其生物学特性[J].植物保护学报,2011, 38(4):
　379-380

刘大群, Anderosn N A, Kinkel L L.拮抗链霉菌防治马铃薯疮痂病的大田试验研究（英文)[J].植物病理
　学报, 2000, 30 (3): 237-244

刘大群, 赵伟全, 杨文香, 等.中国马铃薯疮痂病菌的鉴定[J].中国农业科学, 2006, 93 (2): 313-318

刘佳妮,黄鹤平,华金珠,等.烟碱对马铃薯块茎蛾幼虫保护酶和解毒酶的影响[J]. 贵州农业科学, 2015a,
　43 (3): 78-81

刘佳妮,黄鹤平,郑盱,等.植物次生代谢物烟碱对马铃薯块茎蛾生长发育的影响[J].西南农业学报,2015b,
　28 (3): 1105-1109

刘霞, 冯蕊, 杨艳丽, 等.云南省田间防治马铃薯疮痂病初探[A].马铃薯产业与小康社会建设[C].中国作
　物学会马铃薯专业委员会, 2014

刘霞, 胡先奇, 杨艳丽.马铃薯粉痂菌诱饵植物筛选及环境对病害发生的影响[J].中国马铃薯, 2014,
　28(1): 40-47

刘霞, 杨艳丽, 罗文富.云南马铃薯粉痂病病原研究[J].植物保护, 2007, 33 (1): 110-113

刘霞, 杨艳丽, 罗文富.云南马铃薯粉痂病发生情况初步研究[C].中国菌物学会, 2005: 147-148

刘秀丽.马铃薯晚疫病、环腐病和青枯病同步分子检测技术的研究[D].兰州: 甘肃农业大学硕士学位论
　文, 2014

罗香文.青枯病菌的 PCR 检测及辣椒对青枯病菌的抗性研究[D].长沙:湖南农业大学硕士学位论文,2007

马艳粉, 张晓梅, 李正跃, 等. 滇杨叶片提取物对马铃薯块茎蛾产卵选择性的影响 [J]. 农药, 2011,

50 (7) : 522-523，538

马艳粉，李正跃，任明佳，等. 马铃薯块茎蛾对不同寄主植物的产卵选择性比较[J]. 农药，2010，49 (5) ：
380-382，389

马艳粉，李正跃，肖春，等. 马铃薯块茎蛾的交配行为[J]. 应用昆虫学报，2011，48 (2) : 355-358

马艳粉，胥勇，肖春. 10 种寄主植物挥发物对马铃薯块茎蛾产卵的引诱作用[J]. 中国生物防治学报，2012，
28 (3) : 448-452

马艳粉，张晓梅，肖春. 菱蒿滇杨枝把挥发物对马铃薯块茎蛾产卵选择性的影响[J]. 江西农业学报，2014，
26 (10) : 61-63

毛彦芝. 马铃薯黑胫病的症状识别与防治方法[J]. 中国农村小康科技，2009，(7) : 64-65

明德南. 热带螨虫-马铃薯害虫的研究[J]. 世界热带农业信息，2012，(4): 26-27

念曾. 农业部植保局召开马铃薯块茎蛾、柑桔大实蝇、瘤壁虱检疫工作汇报会[J]. 植物保护，1963，(3) : 110

裴强，冉红，袁明兹. 渝东部山区马铃薯晚疫病发生危害状况及防治对策[J]. 植物医生，1999，(5) : 9-11

彭学文. 河北省马铃薯病害调查及主要真菌病害研究[D]. 保定 河北农业大学硕士学位论文，2003

钱念曾，周长初，郑文钻，等. 溴甲烷熏蒸马铃薯种薯防治块茎蛾的研究[J]. 植物保护学报，1965，4 (3) :
1965：236-247

邱广伟. 马铃薯黑痣病的发生与防治[J]. 农业科技通讯，2009，(6) : 133-134

任广伟，秦焕菊，徐建华. 山东烟区首次发现烟草潜叶蛾危害烟草[J]. 中国烟草科学，1999，(4) : 51

任静涛，胡纯华，王旭，等. 幼虫粪便提取物对马铃薯块茎蛾雌虫产卵的抑制作用[J]. 江西农业学报，
2007，19 (2) : 77-78.

史超，孙希卓. 马铃薯黑胫病的识别与防治[J]. 吉林蔬菜，2012，(5) : 43-43

孙红艳，Talekar N S，李正跃. 马铃薯块茎蛾的产卵特性[J]. 云南农业大学学报，2009，24 (3) : 344-360

孙跃先，李正跃，桂富荣，等. 白僵菌对马铃薯块茎蛾致病力的测定 [J]. 西南农业学报，2004，17 (5) :
627-629

田琴. 马铃薯早疫病危害损失评价与化学防治技术的研究[D] 保定：河北农业大学硕士学位论文，2012

田晓燕. 马铃薯黑痣病菌菌丝融合群鉴定及其致病力的测定[D]. 呼和浩特：内蒙古农业大学硕士学位论
文，2011

王春笛，杨素祥，郝大海，等. 马铃薯晚疫病菌交配型研究概述[J]. 安徽农学通报，2010，16 (13) : 56-60

王定和. 植物病原卵菌 RXLR 效应蛋白 Avrlb 的毒性功能研究[D]. 杨凌：西北农林科技大学硕士学位论
文，2012

王东岳，刘霞，杨艳丽，等. 云南省马铃薯黑痣病大田发生情况及防控试验[J]. 中国马铃薯，2014 (4) :
225-229

王福祥. 荷兰用抗病品种防治马铃薯孢囊线虫病[J]. 植物检疫，1999，13(2): 122-123

王浩元，张立敏，陈斌，等. 马铃薯块茎蛾幼虫对不同寄主植物的取食选择性[J]. 中国马铃薯，2013，
27 (4) : 226-231

王浩元. 玉米马铃薯间作对马铃薯主要害虫发生危害的影响[D]. 昆明：云南农业大学硕士学位论文，2014

王丽珍，孙茂林，Chujoy E. 云南马铃薯储藏害虫及其特征苗述[J]. 云南大学学报(自然科学版)，2002，
24(5):398-400

王利亚，杨艳丽，刘霞，等. 不同马铃薯品种对粉痂病的抗性研究[J]. 河南农业科学，2012，41 (1) :
109-111，115

王文重，闵凡祥，高云飞，等. 黑龙江省马铃薯种薯田植物寄生线虫种类的调查[J]. 中国马铃薯，2014，
28(1):49-52

吴凤丽. 马铃薯环腐病与晚疫病的发生症状及防治措施[J]. 现代农业科技，2012，23 : 56-60

吴金钟. 土壤中烟草青枯病菌分子检测方法研究[D]. 重庆：重庆大学硕士学位论文，2008

武祖荣. 烟潜叶蛾 Gnorimoschema operculella（Zeller)的初步研究. 昆虫学报，1957，7 (1) : 67-88

西南农业科学研究所. 西南农业科学研究所虫害研究工作近况[J]. 昆虫知识，1957，3 (2) : 83-84

奚启新，杜凤英，土凤山，等. 调节土壤 pH 值和药剂防治马铃薯疮痂病[J]. 马铃薯杂志，2000，14 (1) : 57-58

小泉宪治，大岛俊市. 马铃薯块茎蛾[J]. 植物检疫，1954，54 (11) : 463-469

谢联辉.普通植物病理学[M].北京：科学出版社，2006

徐荫昌. 贵州的马铃薯蛀虫[J].中国昆虫学会通讯，1954，5：27-29

薛冬，陈丹，范秀娟.烟草潜叶蛾的过冷却点测定[J]. 环境昆虫学报，2014，36 (5)：860-864

严乃胜，李正跃，陈斌，等.玉米马铃薯多样性种植控制马铃薯块茎蛾及亚洲玉米螟的方法. ZL201210380864.1

严乃胜. 玉米与马铃薯、金豆及甘蔗套种控制主要害虫及增产效应研究[D].昆明：云南农业大学硕士学位论文，2009

杨春，杜珍，齐海英.马铃薯黑痣病防控研究[J].现代农业科技，2014，(13)：119-121

杨根华，周道芬.云南省丝核菌种群分类及其分布[J].昆明：云南农业大学学报，2001，16 (3)：170-172

杨素祥.云南马铃薯晚疫病菌群体的遗传多样性研究[D].云南师范大学硕士学位论文，2006

杨艳丽，罗文富，国立耕.云南马铃薯晚疫病菌生理小种的研究[J].植物保护，2001，27 (4)：3-5

杨艳丽，王利亚，罗文富，等.马铃薯粉痂病综合防治技术初探.植物保护，2007，33 (3)：118-121

张国宝，朱杰华，彭学文.河北省部分地区马铃薯晚疫病菌生理小种鉴定[J].河北农业大学学报，2004，27 (1)：77-78

张海颖，郭凤柳，许华民，等.河北省张北地区马铃薯疮痂病的病菌鉴定[J].江苏农业科学，2014，42 (10)：131-134

张海颖.我国北方马铃薯疮痂病菌组成分析与致病菌株分子检测[D].保定：河北农业大学硕士学位论文，2014

张丽芳，李正跃，王继华. 马铃薯块茎蛾交配行为研究[J]. 江西农业学报，2008，20 (9)：77-78. 285

张丽芳. 马铃薯块茎蛾行为学及种群时空动态研究[D].昆明：云南农业大学硕士学位论文，2003

张丽珍，董家红，郑宽瑜，等.云南省马铃薯脱毒试管苗和微型薯病毒检测与分析[J].中国马铃薯，2015，(29)：42-45

张学敏. 马铃薯块茎蛾[J]. 农学科学通报，1955，(9)：536-537

张余杰，秦小萍，刘燕，等. 坡柳皂苷对马铃薯块茎蛾产卵选择性的影响研究[J]. 化学与生物工程，2013，30 (12)：35-38

张志铭，李玉琴，田世明，等.中国发生马铃薯晚疫病菌（*Phytophthora infestans*)A2 交配型[J].河北农业大学学报，1996，19 (4)：64-65

张仲凯，李毅.云南植物病毒[M].北京：科学出版社，2001

赵伟全，刘大群，杨文香，等.马铃薯疮痂病菌毒素及其致病性的研究.植物病理学报，2005，35 (4)：317-321

赵志坚，王淑芬，李成云，等.云南省马铃薯晚疫病菌交配型分布及发生频率[J].西南农业学报，2001，14 (4)：58-60

郑朝政.龙山县烟田烟草潜叶蛾的发生为害和综防措施[J]. 中国植保导刊，2008，28 (7)：30-31

郑寰宇.马铃薯早疫病菌生物学特性及致病力分化的研究[D].大庆：黑龙江八一农垦大学硕士学位论文，2010

郑慧慧，王泰云，赵娟，等.马铃薯早疫病研究进展及其综合防治[J].中国植保导刊，2013，33(1)：18-22

郑亚强，宋盛杰，陈斌，等. 金龟子绿僵菌 KMa0107 对马铃薯块茎蛾的侵染致病效应[J].云南农业大学学报，2016

仲伟章.云南马铃薯产业的现状与发展对策[J].云南农业科技，2002，(2)：15-17

周岱超.马铃薯早疫病季节流行动态及病原菌侵染关键天气条件[D].保定：河北农业大学硕士学位论文，2014

周园.马铃薯黑胫病菌全基因组测序及致病基因的分析[D].保定：河北农业大学硕士学位论文，2014

朱弘复.菸草叶蛾[J].昆虫学报，1953，3 (2)：259-263

朱华杰，杨志辉，邵铁梅，等.中国部分地区马铃薯晚疫病菌生理小种的组成及分布[J].中国农业科学，2003，36 (2)：169-172

朱杰华，张志铭，李玉琴.马铃薯晚疫病菌（*Phytophthora infestans*)A2 交配型的分布[J].植物病理学报，2000，34 (4)：56-60

Babcock M J, Eckwall E C, Schottel J L. Production and regulation of patato scab-inducing phytotoxins by Streptomyces scabies[J]. Journal of General Microbiology, 1993, 139：1579-1586

Chauhan U, Verma L R. Adult eclosion and mating behaviour of potato tubermoth, Phthorimaea operculella Zeller [J]. Journal of the Indian Potato Association, 1985, 12 (3-4) : 148-157.

Chauhan U, Verma L R. Biology of potato tuber moth Phthorimaea operculella Zeller with special reference to pupal eye pigmentation and adult sexual dimorphism [J]. Journal of Economic Entomology, 1991, 16: 63-67

Dong J H,Cheng X F,Yin Y Y,et al.Characterization of Tomato Zonate Spot Virus,A New Tospo virus Species In China[J].ArchVirol,2008,(153) : 855-864

Eckwall E C, Babcock M J, Schottel J L. Production of the common scab phytotoxin, thaxtomin A, by Streptomyces scabies[J]. Phytoapthology, 1992, 82 : 1153

El-Sinary N H, Rizk S A. Oviposition deterrence and other biological influences of aqueous leaves extracts of neem, colocasia and their mixtures alone or combined with ga mm a radiation to reduce the risk of the potato tuber moth, *Phthorimaea operculella* (Zeller) [J] Pakistan Journal of Biological Sciences, 2002, 5(9) : 911-914

Emilsson B, Gustafsson N. Scab resistance in potato cultivars[J]. Acta Agricultura Scandinavica, 1953,3 : 33-52

Fauquet C M, Mayo M A, Maniloff J,et al.VirusTaxonomy,Ninth Report of the ICTV[M]. SanDiego: Elsevier, 2011

Flint M. Integrated pest management for potatoes in the Western United States [M].1986, UCANR Publications, University of California, 1-146

Hamidullah Jan, Hidalgo OA, Muhammad A, Khan S.Effect of seed or soil treatments with fungicides on the control of powdery scab of potato[J].Asian Journal of Plant Sciences, 2002, 1 (4) : 454-455

Hooker W J. Parasitic action of *S. scabies* on roots of seedling [J]. Phytopathology, 1949, 39: 442-462

Karasev A V,Gray S M.Continuous and emerging challenges of Potato virus Y in potato[J].Annu.Rev.Phyto pathol,2013,(51) : 571-586

King R , Lawrence C H, Clark M C. Correlation of phytotoxin production with pathogenicity of *Streptmyces scabies* isolates from scab infected potato tubers[J]. American Potato Journal, 1991, 68 : 675-680

King R, Lawrence C H, Calhoun L A. Chemistry of phytotoxin associated with *Streptomyces scabies*, the causal organism of potato common scab[J]. Journal of Agricultural and Food Chemistry, 1992, 40: 384-387

Kroschel J, Koch W. Studies on the population dynamics of the potato tuber moth *Phthorimaea operculella* Zeller (Lepidoptera: Gelechiidae) in the Republic of Yemen [J]. Journal of Applied Entomology, 1994, 118 (1-5): 327-341

Liu D, anderson N A, Kinkel L L. Biological control of potato scab in the field with antagonistic *Streptomyces scabies* spp. [J]. Phytopathology, 1995, 85 : 827-831

Li Y Y,Zhang R N,Xiang H Y,et al.Discovery and Characterization of a Novel Carla virus Infecting Potatoes in China[J].PLoSONE,2013,(8) : e69255.doi : 10.1371/journal.pone.0069255

Loebenstein G,Berger P H,Brunt A,et al.Virus and virus-like diseases of potatoes and production of seed-po tatoes[M].Dordrecht:Kluwer Academic Publishers,2001

Ma Y F, Xiao C. Push-pull effects of three plant secondary metabolites on oviposition of the potato tuber moth, Phthorimaea operculella[J]. Journal of Insect Science, 2013, 13 (128) : 1-7

McCreary C W R. The effect of sulphur application to the soil in the the control of some tuber diseases[J]. Proceedings of the 4 British Insecticide and Fungicide Conference Brighton, 1967, 1 : 303-308

Neeno Eckwall E C , Kinkel L L, Schottelj L. Competition and antibiosis in the biological control of potato scab[J]. Canadian Journal of Microbiology, 2001. 47 : 332-340

Noling J W. Nematode Management in Potatoes (Irish or White)[OL]. The Department of Entomology and Nematology, Florida Cooperative Extension Service, Institute of Food and Agricultural Sciences, University of Florida. 2012. http://edis.ifas.ufl.edu/ng029

Falloon R E. Control of powdery scab of potato: towards integrateddiseasemanagement[J]. American Journal of Potato Research, 2008, 85 : 253-260.

Rondon S I, Xue L. Practical techniques and accuracy for sexing the potato tuberworm, *Phthorimaea operculella* (Lepidoptera: Gelechiidae) [J]. Florida Entomologist, 2010, 93 (1) : 113-115

Silvia I R. The potato tuberworm: a literature review of its biology, ecology, and control [J]. American Journal of Potato Research, 2010, 87 (2) : 149-166

Traynier R M M. Field and laboratory experiments on the site of oviposition by the potato moth *Phthorimaea operculella*(Zell.) (Lepidoptera, Gelechiidae) [J]. Bulletin of Entomological Research, 1975, 65 (3) : 391-398

Trivedi T P, Rajagopal D. Distribution, biology, ecology and management of potato tuber moth, *Phthorimaea operculella* (Zeller) (Lepidoptera: Gelechiidae): a review [J]. Tropical Pest Management, 1992, 38 (3) : 279-285

Merz U, Flloon R E. Review: powdery scab of potato-increased knowledge of pathogenbiology and disease epidemiology for effective disease management[J]. Potato Research，2008，52 : 17-37

Wang B,Ma Y,Zhang Z,et al.Potato virus in China[J].Crop Protection,2011,(30) : 1117-1123

Webster J M. 经济线虫学[M]. 胡起宇译. 北京: 中国农业出版社, 1988: 11-30

Zeleke T, Mulatu B, Negeri M. Potato Tuber Moth, *Phthorimaea operculella* (Zeller) Management using Entomopathogenic Fungi on Seed Potato Tuber in West Showa, Ethiopia [J]. Journal of Plant Sciences, 2015；3 (4) : 207-211

Zeller P C.Beitrage zur Kenntniss der nordamericanischen Nachtfaler,besondersder Microlepidopteren.Abt. 2.P.63.Also in verhandl. K.K. Zool.Bot.Gesell. Wilen.1873.Bd.23,P.201-334

第六章　云南省马铃薯供求分析

　　供求分为供给和需求两个方面，主要是阐述商品价格与生产者供给市场数量和消费者对商品需求数量的一般变化关系。供求规律告诉我们：对于一般商品而言，其他条件不变时随着价格上升，供给量增加，需求量减少。但是对于不同的商品而言，由于其供给弹性和需求弹性不同，价格变化对供给量与需求量的影响幅度是有很大差别的。中国目前的农产品市场供应者主要是小规模生产者，其生产决策主要依据是价格，由于农产品的生物特性，从生产到提供给市场具有时间滞后性，因此，价格对产品供给的指导具有时滞性，即上期价格指导本期生产决策，可能导致供求关系失衡，在经济学理论中，可采用蛛网理论对其进行分析和阐述。马铃薯的供求规律与价格波动也符合蛛网理论，因此，本章从供给、需求、供求规律、蛛网理论入手，分析云南省马铃薯的生产、供给与需求。对于生产者生产决策而言，马铃薯价格直接影响到下一生产周期的种植规模。价格高，农户愿意增加马铃薯种植面积，价格低，则缩减马铃薯种植面积，因此，供给弹性较大。但是马铃薯对于消费者尤其是云南本地消费者而言，属于大众化食品，需求量受到价格的影响与供给量相比较小，因此，马铃薯的供给量、需求量与价格之间的相互影响形成了发散性蛛网。在马铃薯主粮战略背景下，如何稳定马铃薯生产成为发展马铃薯产业最重要的因素，而价格是直接影响马铃薯生产规模与产量的关键。根据对云南省马铃薯需求用途的分析，掌握云南省马铃薯销售途径，分析价格波动原因，有助于探索云南马铃薯产业持续健康发展的模式。

第一节　供求基本概念与理论

一、供求规律

　　（一）供给规律

　　1. 概念　供给规律也称供给定理，其基本内容是：在其他条件不变的情况下，一种商品的供给量与价格之间成同方向变动，即供给量随着商品本身价格的上升而增加，随商品本身价格的下降而减少。供给规律是说明商品本身价格与其供给量之间关系的理论。

　　2. 影响供给量的主要因素

　　(1) 该商品的价格　一般来说，一种商品的价格越高，生产者提供的产量就越大。相反，一种商品的价格越低，生产者提供的产量就越小。

　　(2) 生产的成本　在商品自身价格不变的条件下，生产成本上升会减少利润，从而使得商品的供给量减少。相反，生产成本下降会增加利润，从而使得商品的供给量增加。

　　(3) 生产的技术水平　在一般情况下，生产技术水平的提高可以降低生产成本，增加生产者的利润，生产者会提供更多的产品。

(4) 相关商品的价格 在一种商品的价格不变，而其他相关商品的价格发生变化时，该商品的供给量会发生变化。

(5) 生产者对未来的预期 如果生产者对未来预期看好，如预期商品的价格会上涨，生产者往往会扩大生产，增加产品供给量。如果生产者对未来预期是悲观的，如预期商品的价格会下降，生产者往往会缩减生产，减少产品供给量。

3. 供给量的变动与供给的变动 供给量的变动是指其他条件不变的情况下，商品本身价格变动所引起的供给量的变动。供给量的变动表现为同一条供给曲线上的移动。

供给的变动是指商品本身价格不变的情况下，其他因素变动所引起的供给的变动。供给的变动表现为供给曲线的平行移动。

（二）需求规律

1. 概念 需求规律也称需求定理，其基本内容是：在其他条件不变的情况下，消费者(家庭)在某一特定时期内，在每一价格水平时愿意而且能够购买的某种商品量。一种商品的需求量与价格之间成反方向变动，即需求量随着商品本身价格的上升而减少，随商品本身价格的下降而增加。

2. 影响需求量的主要因素 需求是购买欲望与购买能力的统一。影响需求量的因素有许多，其中影响较大的主要因素有以下几点。

(1) 该商品的价格 一般情况下，一种商品的价格越高，该商品的需求量就会越小。相反，价格越低，需求量就会越大。

(2) 消费者的收入水平 对于不同的商品而言，收入对需求量的影响也不同：对于高档品，随着收入增加，需求量增加；对于低档品，随着收入增加，需求量减少；对于生活必需品，收入增减对商品的需求量影响不大，但是随着收入增加，对商品品质的要求提高了。

(3) 相关商品的价格 商品之间的关系有两种，一种为互补关系，另一种为替代关系。前者是指两种商品共同满足一种欲望；后者是指两种商品可以相互代替来满足同一种欲望。两种互补商品之间价格与需求呈反向变动，如汽油价格上涨将导致人们使用汽车的费用增加，从而引起人们对汽车的需求量减少。而两种替代商品之间价格与需求呈同向变动，如小麦价格上涨，人们将减少对面粉的需求量而增加对其替代商品大米的需求量。

(4) 消费者的偏好 当消费者对某种商品的偏好程度增加时，该商品的需求量就会增加。相反，偏好程度减弱，需求量就会减少。

(5) 消费者对商品价格的预期 当消费者预期某种商品的价格在未来下一期会上升时，就会增加对商品的现期需求量。当消费者预期某种商品的价格在将来下一期会下降时，就会减少对商品的现期需求量。

3. 需求量的变动与需求的变动 商品本身价格变动所引起的需求量变化，称为需求量的变动。表现为在一条既定的需求曲线上点的位置的移动。

当商品本身价格不变时，由于其他因素变动引起的需求量的变化，称为需求的变动。表现为需求曲线位置的移动。

（三）供求曲线图

1. 供给曲线图 供给曲线是用曲线表达的是供给量与价格的关系，即供给量随着价格的变化而正向变化(图6-1)。其中纵轴表示价格(自变量)，横轴表示产品供给量(因变量)。

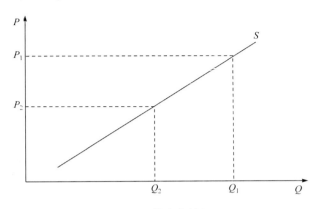

图 6-1 供求曲线图

P. 价格；*Q.*产量；*S.*供给曲线

2. 需求曲线图 需求曲线是用曲线方式表示需求关系、需求函数。纵轴表示价格(自变量)，横轴表示产品需求量(因变量)。需求曲线是指其他条件相同时，在每一价格水平上买主愿意而且能够购买的商品量的表或曲线，需求曲线可以以任何形状出现，符合需求定理的需求曲线只可以是向右下倾斜的(图6-2)。

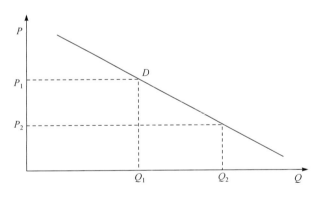

图 6-2 需求曲线图

P. 价格；*Q.* 产量；*D.* 需求曲线

3. 供求曲线图 把供给曲线和需求曲线放在同一个以纵轴为价格，横轴为数量(供给量和需求量)的坐标图里，形成了一个供求曲线图(图 6-3)。图中 *S* 表示供给曲线，*D* 表示需求曲线，两条曲线相交点说明在这个价格条件下，市场供给量等于需求量，在西方经济学中也称为市场出清。但在现实中，这个点是一个动态点，不同的消费者愿意(能够)接受的价格水平和购买量是不同的，此处是为了研究的方便，画出了一个固定点。

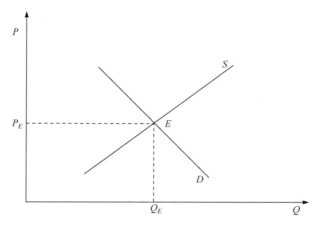

图 6-3 供求曲线图

P. 价格；*Q.*产量；*S.*供给曲线；*D.*需求曲线

二、弹性理论

弹性理论是经济学中研究因变量经济变量的相对变化对自变量经济变量的相对变化的反应程度或灵敏程度的理论。弹性概念和定义由马歇尔在《经济学原理》中提出，由后来的经济学家不断补充和完善，并在经济学中广泛运用。弹性即表示因变量经济变量的相对变化对自变量相对变化的反应程度或灵敏程度。弹性理论是解释价格变动与需求量变动之间量的关系的理论。

弹性理论分为需求弹性和供给弹性，需求弹性又分为需求价格弹性、需求收入弹性与需求交叉弹性三种类型。

（一）供给弹性

供给弹性也叫供给价格弹性，是指供给量相对价格变化作出的反应程度，即某种商品价格上升或下降百分之一时，对该商品供给量增加或减少的百分比。供给量变化率对商品自身价格变化率反应程度的一种度量，等于供给变化率除以价格变化率。

（二)需求弹性

1. 需求价格弹性　需求价格弹性是指需求量相对价格变化作出的反应程度，即某商品价格下降或上升百分之一时所引起的对该商品需求量增加或减少的百分比。

2. 需求收入弹性　衡量某一商品的需求量对消费者收入变化的反应程度的指标，用需求量变动百分比除以收入变动百分比。

3. 需求交叉弹性　交叉价格弹性又称交错价格弹性，是需求的变动率与替代品或互补品价格变动率的比率，表明某商品价格变动对另一商品需求量的影响程度。

三、蛛网理论

蛛网理论是运用弹性原理解释某些生产周期较长的商品，在失去均衡时发生的不同波动情况的一种动态分析理论。1930 年由美国的舒尔茨、荷兰的 J·丁伯根和意大利的里奇各自独立提出。在现实生产中，需求会对价格变动作出立刻反应，但供给的调整却有个时间差，尤其是农产品的生产调整更是如此，当把价格与产量的连续变动用图形表示时呈蛛网状，故1934年英国经济学家N·卡尔多将其定名为蛛网理论。蛛网理论的基本内容是：商品的本期产量决定于前一期的价格，商品本期的需求量决定于本期的价格。

（一）基本假设条件

1. 产品生产有一定周期　即使市场出现短缺，产品不可能马上生产出来；
2. 本期产量决定本期价格　如果本期的供给量大，那么本期的价格就下跌；
3. 本期价格决定下期产量　生产者对下一个生产周期的决策依据是本期的价格。

（二)类型

蛛网理论研究的主要是农产品的供需变动规律。由于农产品需求和供给的弹性不同，随着价格的变动，出现了三种蛛网类型。

1. 收敛型蛛网　当农产品供给弹性小于需求弹性时，价格和产量的波动越来越弱，并逐步收敛，最后趋于均衡(图6-4)。

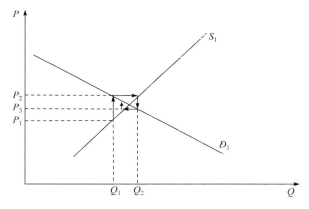

图 6-4　收敛型蛛网
P. 价格；Q. 产量；D. 需求曲线；S. 供给曲线

说明：上期价格P_1决定了当期生产量Q_1，供给<需求，价格上涨到P_2，下一期的供给量将增加到Q_2，供给>需求，价格下跌到P_3，以此类推，价格和产量的波动越来越弱，逐步趋于均衡。

2. 发散型蛛网　当供给弹性大于需求弹性时，价格与产量的波动越来越大，价格和产量离均衡点越来越远，不能趋于均衡(图6-5)。

说明：上期价格P_1决定了当期生产量Q_1，供给<需求，价格上涨到P_2，下一期的供给量将增加到Q_2，供给>需求，价格下跌到P_3，以此类推，价格和产量的波动越来越大，逐步远离均衡点。

3. 封闭型蛛网　当供给弹性等于需求弹性时，价格与产量的波动始终按同一幅度进行，波动幅度既不是越来越小，也不是越来越大。价格与产量既不能回到均衡点，也不

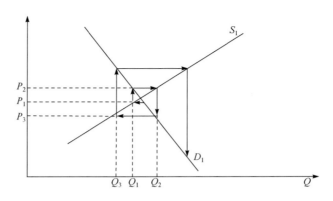

图 6-5 发散型 "蛛网"
P. 价格; *Q.* 产量; *D.* 需求曲线; *S.* 供给曲线

会离均衡点越来越远(图 6-6)。

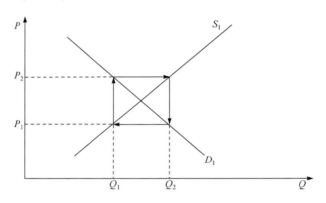

图 6-6 封闭型 "蛛网"
P. 价格; *Q.* 产量; *D.* 需求曲线; *S.* 供给曲线

说明: 上期价格 P_1 决定了当期生产量 Q_1, 供给<需求, 价格上涨到 P_2, 下一期的供给量将增加到 Q_2, 供给>需求, 价格下跌, 由于供给弹性与需求弹性相等, 价格下跌到 P_1, 如此反复, 价格与产量既不能回到均衡点, 也不会离均衡点越来越远。

在现实中, 绝对地出现收敛型、发散型或者是封闭型的模式, 都是不可能的。现实的模式应该是三者交替出现的综合型, 价格永远趋向于均衡点而不断波动。

（三）蛛网理论对农产品供求的启发

针对农产品而言, 多数农产品的需求价格弹性较小, 而价格对生产者决策的影响较大, 也可以理解为供给弹性较大。因此, 价格对需求量的影响一般小于对供给量的影响, 更多表现为发散型蛛网。

从上述分析中, 我们看到: 如果不进行人为干预, 依靠价格来指导农业生产, 那么农产品市场的供求差距会越来越大, 很难达到平衡。供求差距越大, 会导致价格波动更大, 农民生产可获得的利益就存在很大的不确定性。马铃薯生产周期一般为 3~4 个月, 周期长, 符合蛛网模型所考察商品的必备条件。生产者主要是农户, 规模小, 无法收集准确的信息, 他们进行生产决策的依据往往是上期的市场价格, 这就形成农产品价格波动的蛛网模型现象。一旦遇到产量大幅度减少或者增加，如果没有外在的人为调控措施，减产时产量短缺，虽然可以获得较高价格，但是数量较少，获利有限，但是遇到增产时过剩，则可能低价倾销甚至无法卖出，这样的状况对于云南省马铃薯产业的发展极为不利。

第二节 马铃薯供给分析

云南省是一个山区面积占95%左右的省份，马铃薯主产区又都集中在土壤贫瘠、缺乏灌溉的丘陵和高寒冷凉贫困、自然条件恶劣的山区和半山区。在不适宜水稻种植和玉米生长的地方种植马铃薯亦可获得较高产量，这对解决云南广大山区人民的温饱和增收致富意义重大。

一、种植现状

（一）种植面积

1. 种植面积稳步增长 云南省是中国的马铃薯主产区之一，种植面积居全国前四。云南省海拔高度差异较大和生态垂直变化的立体农业特点，马铃薯可以多季栽培，周年生产。因此，马铃薯在云南的种植面积仅次于玉米、水稻，成为第三大作物，涉及1300万农户，约占全省人口的37%。由表6-1可以看出，1991年以来，马铃薯播种面积除个别年份外，一直处于上升的趋势，由1991年占农作物总播种面积的4.11%升到2014年的9.44%。马铃薯播种面积由1991年的18.93万公顷增加到2014年的67.47万公顷，增加了48.54万公顷，增长幅度达256%。

表 6-1 1991～2014 年云南省马铃薯与粮食播种面积比较

年份	农作物播种面积/万亩	粮食播种面积/万亩	马铃薯播种面积/万亩	马铃薯播种面积占粮食播种面积/%	马铃薯播种面积占农作物播种面积/%
1991	6 900.5	5 428.4	283.95	5.23	4.11
1992	7 062.2	5 373	302.1	5.62	4.28
1993	7 155	5 290.5	316.5	5.98	4.42
1994	7 272.8	5 503.4	343.65	6.24	4.73
1995	7 438.3	5 464.5	342.15	6.26	4.60
1996	7 657.5	5 547.3	339.6	6.12	4.43
1997	7 838	5 578.5	344.85	6.18	4.40
1998	7 838.9	5 829.45	378.9	6.50	4.83
1999	8 226.3	6 063.2	419.25	6.91	5.10
2000	8 680.65	6 358.05	475.35	7.48	5.48
2001	8 894.09	6 508.34	568.05	8.73	6.39
2002	8 719.65	6 240.9	522.15	8.37	5.99
2003	8 634	6 102.6	629.7	10.32	7.29
2004	8 835	6 237.75	566.75	10.69	7.55
2005	9 080.4	6 380.85	748.05	11.72	8.24

年份	农作物播种面积/万亩	粮食播种面积/万亩	马铃薯播种面积/万亩	马铃薯播种面积占粮食播种面积/%	马铃薯播种面积占农作物播种面积/%
2006	8 664.3	6 033.15	622.05	10.31	7.18
2007	8 702.85	5 991.75	665.1	11.10	7.64
2008	9 084.3	6 143.85	699.3	11.38	7.70
2009	9 515.79	6 300.2	741.18	11.76	7.79
2010	9 655.95	6 411.6	739.65	11.54	7.66
2011	10 001.2	6 490.35	744.57	11.47	7.44
2012	10 380.2	6 599.36	775.1	11.75	7.47
2013	10 722.3	6 749.1	795.15	11.78	7.41
2014	10 712.25	6 665.25	1 012.05	15.18	9.44

资料来源：云南统计年鉴查阅汇总。

2. 种植区域不断扩大 云南山多地少，适宜种植马铃薯的区域大，值得一提的是滇南冬播种一季种植区。近年来，云南省委、省政府高度重视马铃薯产业的发展，2013～2014 年度，云南省冬马铃薯产业发展成效显著，种植面积快速增长，产量持续增加，逐渐在德宏、版纳、临沧，以及低热河谷区的弥渡、南涧、建水、江川、巧家等地形成了冬马铃薯优势产业带。目前全省冬马铃薯面积达到 20 多万公顷，鲜薯产量 600 多万吨，部分地区的冬马铃薯鲜薯产量高的达到 4 吨/亩以上，亩产值 1 万多元。我省冬马铃薯面积和产量均居全国前列，远远超过其他省区。

（二）产量规模

自 2002 年以来，云南省马铃薯产量呈逐渐增长的趋势，如表 6-2 所示。随着马铃薯播种面积的增加，马铃薯产量也在不断增加，从 2002 年的 607 万吨增加到 2014 年的 1362 万吨，产量增幅达两倍之多，除了收获面积的增加，单产的增加也是云南省马铃薯产量增加的一个重要原因。

云南省是全国马铃薯主要产区之一，2014 年马铃薯播种面积和产量均排全国前列，由于面积一直处于增长，总产量也稳步上升。单产也处于上升趋势，但是由于马铃薯生产受到气候等诸多不可抗力因素影响，每年的单产会有小幅震荡(表 6-2)。自 2009 年云南省实施现代农业马铃薯产业技术体系项目以来，亩产一直稳步增加。

表 6-2 2001～2012 年云南省马铃薯生产情况

年份	面积/万亩	产量/万吨	亩产/吨
2001	568.05	593	1.043 9
2002	522.15	607	1.162 5
2003	629.7	697	1.106 9
2004	666.75	774	1.160 85
2005	748.05	789.5	1.055 4
2006	622.05	661.5	1.063 4
2007	665.1	685	1.029 9

年份	面积/万亩	产量/万吨	亩产/吨
2008	699.3	722	1.032 45
2009	741.18	758.8	1.023 75
2010	739.65	764.5	1.033 6
2011	744.57	797.35	1.070 9
2012	775.1	875	1.128
2013	795.15	972.5	1.223
2014	846	861	1.017 7

数据来源：中国种植业信息网。

（三）平均单产

由于云南省种植马铃薯品种多，规模小，不同品种的平均亩产量也存在差距。根据项目小组实地调研资料，农户种植马铃薯户均鲜薯亩产为 1557 千克/亩，最高为 3000 千克/亩，亩产最低仅为 400 千克/亩(参见表 6-3)。

表 6-3　各品种马铃薯亩产情况表

品种	平均亩产/(千克/亩)	品种	平均亩产/(千克/亩)
'合作 88'	1598.31	'滇薯 6 号'	1677.78
'会-2'	1618.13	'中甸红'	1330.19
'宣薯 2 号'	1494.38	'3810'	1300.88
'地方品种'	1462.41	'其他'	1354.43

数据来源：调研收集整理。

另外，不同区域的马铃薯种植的平均产量也有差距(表 6-4)，根据调查资料，冬早马铃薯产区的平均亩产量高于大春马铃薯的亩产量。2013 年，在中国工程院院士朱有勇教授的带领下，云南农业大学冬季马铃薯研究团队推广的冬马铃薯在建水县甸尾乡示范田创下了亩产 5.5 吨的最高产量，据了解，这不仅是迄今为止我省冬马铃薯最高产量，在全国也颇为少见。

表 6-4　各县户均马铃薯亩产情况表

县市	户均亩产/(千克/亩)
寻甸	1 451.21
大关	1 907.19
丘北	1 356.58
师宗	1 544.00
宣威	1 382.53
景东	1 996.04

县市	户均亩产/(千克/亩)
盈江	1 921.40
香格里拉	1 374.50
玉龙	1 432.08
马龙	1 240.10

资料来源：调研收集整理。

二、马铃薯市场供给分析

在供给方面，云南省马铃薯种植面积近年来稳步上涨，单产不断提高，产业结构不断调整，未来马铃薯产量仍会保持一定的增长，同时品种也会越来越多样化。市场供给具备以下特征。

（一）生产分散

云南省地处高原，山区面积占 95%，耕地地块破碎、分散；农业生产基本上是单家独户的小规模分散式耕作方式。马铃薯传统主产区多数在贫困山区，农民居住和种植都比较分散，农业生产设施差，靠天吃饭，马铃薯产量低，加上交通不便，马铃薯销售困难，从而造成许多地区马铃薯统计上有面积，有产量，但没有商品量，基本处于本地自给自足消费状况。

（二）脱毒马铃薯种薯覆盖率低

云南由于各地都适宜种植马铃薯，老百姓有种植马铃薯的传统习惯，因此，换种、自留种以及种植方法均采用他们一代一代传下来的方法。由于过去长期没有马铃薯种薯生产权威部门的组织和协调，优质马铃薯种薯的供应能力严重不足。在一些马铃薯主要种植区，本来就是贫困地区，马铃薯主要用于自家消费(粮菜饲)，很多人甚至连自家种的是什么品种也不清楚，只是听说或者看到别人家种了产量高就去换种。虽然近年来脱毒马铃薯种薯品质好，产量高，但是与农家自行留种和换种相比，脱毒马铃薯的价格较高，对高寒山区大面积种植马铃薯用于自产自销的农户而言，选择优质种薯，既无选择余地也没有积极性。因此，优质马铃薯种植的面积在这些区域更是难以大面积展开。

（三）鲜销为主

云南马铃薯种植以农户为主，加之气候条件特别，马铃薯成熟即开挖销售，即使储存也只是采用地中储藏的方式，这种储藏方式一旦遇低温霜冻或旱涝灾害，马铃薯品质就会急剧降低甚至腐烂。储藏条件的不足，使得进入马铃薯上市高峰期，马铃薯大量涌入市场，加剧了价格下滑。另一方面，云南加工企业马铃薯贮藏设施建设相对滞后，贮藏需求和贮藏能力之间的矛盾非常突出，导致产品集中上市，加之企业自身流动资金短缺，没有建成较大的贮藏设施，收购加工原料受到影响，从而影响马铃薯的就地加工转化增值和企业效益的提升。

（四）加工专用型品种发展相对缓慢

由于缺乏种源，农民种植的马铃薯，种薯主要靠互相串换商品薯解决，致使品种多、乱、杂的现象相当严重，造成马铃薯产量低、品质差、病虫害严重。马铃薯主要是以鲜食为主，缺乏优良的加工品种，尤其是适合生产马铃薯全粉及炸薯片、炸薯条的品种短缺。马铃薯普遍存在干物质含量低、薯形不规则、芽眼较深、表皮不够光滑等缺陷，难以适应加工企业需要。

（五）价格波动大

由于云南特殊的地理环境，马铃薯周年均有上市，多数地方的马铃薯都采取鲜销的方式，多数农户在马铃薯成熟季节就挖出卖掉，单家独户规模小，加之省内缺少马铃薯深加工企业。特别是滇东北，该区域是云南马铃薯种植最大的区域，该区域马铃薯上市的时间与我国北方马铃薯种植大省内蒙古、甘肃以及邻省贵州的马铃薯上市时间一致，因此，马铃薯价格受到全国市场影响较大。马铃薯属于需求价格弹性小、供给价格弹性大的农产品，遇到各省扩大种植面积和风调雨顺，马铃薯的全国供给量都大幅度增加，价格就会下跌严重，当遭遇自然灾害或者马铃薯疫病时，全国马铃薯供给量大幅度减少，则价格飞涨，根据国家发展与改革委员会对 2007 年 7 月到 2010 年 7 月全国马铃薯主产区价格监测的结果，可以看出云南省马铃薯价格的波动与全国基本一致(图 6-7)。云南省宣威市马铃薯交易市场是西南最大的马铃薯交易市场，根据项目小组对该市场近三年的市场收购价格的对比，发现每年马铃薯的市场价格都在 50% 以上的波动。

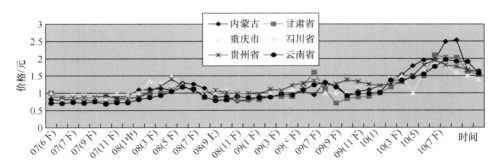

图 6-7　全国马铃薯主产区 2007～2010 年马铃薯批发价格走势

资料来源：云南省统计年鉴

三、云南马铃薯需求用途分类

由于受自然灾害和消费市场影响，马铃薯价格波动较大，严重影响了农民种植马铃薯的积极性，也影响了马铃薯产业发展的信心。项目小组通过问卷调查、实地走访、电话采访等方式，以云南马铃薯的主产区昭通、曲靖和昆明为重点，同时兼顾其他一些非主产区产地，例如丽江、盈江、石屏等地，最后汇总资料、数据，并通过合理推算，形成了以下的云南省马铃薯的用途构成情况分类。

（一）鲜食

马铃薯鲜食消费范围包括家庭购买用于烹调，也包括在外餐厅就餐所食或在小摊购买的油炸薯条等。在马铃薯主产区，鲜食消费量在农村地区和城镇地区有较大差别。云南马铃薯种植时间较长，农村有以马铃薯作为主食的饮食传统。农村马铃薯消费量较大，而且各个地区的消费状况不尽相同。如在昭通市，高寒山区平均每人每年的马铃薯消费量在150千克以上，坝区平均每人每年为60~70千克，江边河谷地带为20~30千克；在曲靖和昆明市，农村人口消费马铃薯每人每年约为60~70千克；在城镇地区，尽管马铃薯是当地人喜欢的食品，但马铃薯被作为蔬菜使用，人均消费每年应在30~40千克。

除昭通、曲靖主产区外，云南各地皆有种植马铃薯的习惯，虽种植规模不及主产区，但这些地区的居民绝大部分也有鲜食马铃薯的偏好。在非主产区农村，对于自种马铃薯的农户，每年人均马铃薯鲜食消费约为45~55千克；对于非马铃薯种植的农户，每年人均马铃薯鲜食消费约为20~25千克；在非主产区城市，居民的每年人均马铃薯鲜食消费应约为30~35千克。

（二）饲料

在主产区，马铃薯作为饲料的消费量与马铃薯市场价格成反比，马铃薯作为饲料消费相对具有弹性，玉米和其他一些粮食都是马铃薯饲料的替代产品，当马铃薯价格相对玉米和其他一些粮食饲料较低时，马铃薯将被大量的用于饲料，反之则相反。以2011年马铃薯1~1.5元/千克的价格为例，主产区大约有25%的马铃薯作为饲料。

在非主产区用于饲料的比例相对主产区的量偏低。一方面由于非主产区的种植结构相对灵活，马铃薯种植农户可根据市场价格适时调整种植品种，这些地区马铃薯作为饲料的比例大概仅为10%。另一方面，由于在部分马铃薯集中种植县域，其马铃薯商品化程度较高，例如寻甸、盈江、丽江、石屏等是属于商品化程度较高的县。寻甸县交通便利，且马铃薯薯型和口感较好，马铃薯的良好品种不仅打出了品牌而且形成了固定的销售渠道，其商品化程度较高，马铃薯作为饲料的比例就很少。盈江和石屏马铃薯是冬季马铃薯，其销售季节正好是其他地区无马铃薯上市，因此市场供不应求，其商品化程度也较高。因此，在这些地区马铃薯用于饲料的比例仅为2%~5%。

（三）种薯

云南的马铃薯以自留种薯为主。脱毒种薯产量虽然高，但成本也相对较高，很多马铃薯的种植农户为了节约种植成本不愿意购买，而种薯经销商因为购买脱毒种薯的农户较少，经营利润薄，育繁种薯的积极性也不高。云南主产区多以缺水山地为主，其播种以整薯播种为主，平均每亩需要种薯200~250千克，有的农户甚至需要300~400千克。在非主产区，也有部分地区土壤水分保持较好，可以使用分芽切块技术，平均每亩仅需要100千克。

（四）加工

马铃薯加工业的鲜薯消费数量有限。由于马铃薯原料价格上涨，且淀粉价格大幅下跌，绝大部分的马铃薯淀粉企业处于停工状况。在生产的加工企业主要加工休闲食品——薯片。薯片加工的鲜薯用量不大，昭通理事集团、昆明子弟食品有限公司、昆明天使食品有限公司等加工企业每年消耗量大约 30 万吨左右。

马铃薯主产区的农户有简单加工薯片的习俗。由于常年大量生产马铃薯，当地农户将马铃薯切片晾晒成马铃薯干，用于煎炸是大众较为喜欢的香脆可口的食品。这种简单加工的马铃薯干片部分提供自食，部分也作为商品出售。这种加工产品可占主产区的 4%～5%。非主产区的马铃薯片的初级加工量相对较少。

在主产区和非主产区，还星罗棋布的分布着一些较小型的粉条或其他加工食品企业，会有一定的马铃薯消耗。

（五）外销

马铃薯主产区的外销占比较大，昭通、曲靖、昆明三大主产区马铃薯 50% 以上是外销，其中大约 25% 销往省内其他非马铃薯主产区，25% 销往省外及东南亚国家。云南省外主要销往四川、贵州、广西、海南和广东等地，东南亚主要是越南、缅甸、老挝和泰国等国家。

由于冬季气候寒冷，我国可以种植马铃薯的省份不多，冬季马铃薯供不应求，省外需求量大增。云南冬马铃薯外销比例在 80%～90%。石屏县 82% 的马铃薯用于外销，盈江县 90% 的马铃薯用于外销。

四、云南省马铃薯消费分析

（一）消费构成

1. 鲜食消费占比 19% 马铃薯鲜食消费亦菜亦粮。根据国家统计局 2015 年统计年鉴显示，云南总人口数为 4713.9 万人。按照昭通全市人口 560 万人，10% 的人口居住在高寒山区，70% 的人口居住在坝区，20% 的人口居住在江边河谷地带。按照高寒山区人均 150 千克/年、坝区人均 70 千克/年、江边河谷地带人均 30 千克/年计算，昭通市鲜薯食用量人均为 69 千克/年，年均食用鲜薯共约为 39 万吨。曲靖全市 610 万，其中城镇人口 76 万；昆明市全市人口 730 万，其中城镇人口 482 万。按照农村人口人均每年消费马铃薯 65 千克、城镇人口人均每年消费 35 千克计算，两地鲜食消费马铃薯约为 74 万吨。由于云南马铃薯鲜食口感较好，其他非马铃薯主产区人口也比较喜欢食用马铃薯，如果云南其他地区按人均 35 千克计算，其他地区人口约为 2700 万，马铃薯消费约为 95 万吨。云南鲜食马铃薯共约 208 万吨，占云南省马铃薯总产出的 19%，人均消费 45 千克/年。

2. 饲料消费占比为 15% 马铃薯作为饲料的消费量与市场价格息息相关，也与马铃薯的商品化程度有关。按照市场平均 1.5 元/千克的价格，在昭通、曲靖等部分商品化程度略低的区域，其马铃薯饲料消费量占比为 20%～25%；而在寻甸、盈江、丽江、石屏等商品化程度较高的县域，马铃薯饲料消费量占比仅为 2%～5%，其他地区马铃薯饲料消费占比为 10%。综合考虑云南马铃薯商品率较仁地区的产量大概在云南总产量的 50%，即 563 万吨马铃薯有 23% 的用于饲料，云南马铃薯商品化较高的地区产量估计占云南总产量的 20% 左右，即有 225 万吨马铃薯中有 3% 作为饲料，其余地区 338 万吨大约有 10%

作为饲料，总共应有 170 万吨作为饲料，约占总产量的 15%。

3. 种薯占比约为 18%　云南马铃薯种植区大部分属于干旱地区，其播种以整薯或大块薯播种为主，按照农民自留种薯平均每亩 200 千克计算，全省需要种薯 200 万吨，约占云南马铃薯产量的 18%。

4. 加工占比约为 3%　淀粉加工企业由于原料成本原因，我省现有的淀粉加工企业基本处于停产状况。我省的休闲食品加工的马铃薯消费主要是以昆明子弟和天使，昭通噜咪啦土豆片为主，附加一些小型的粉条或其他加工食品企业的马铃薯消费，估计总的消费量占总产出的 1%；另外还有农户自己初级加工晾晒的马铃薯片的马铃薯消费量约为 1%；除此之外，马铃薯种植较多地区的部分农民还进行家庭作坊式的淀粉加工的马铃薯消费量约为 1%，三者合计加工马铃薯需求量约占总产出的 3% 左右。

5. 外销占比约为 37%　云南省除了鲜食、饲料、种薯、加工和储藏运输损耗之外的马铃薯都用于外销，即有 37% 的产量，约 416 万吨用于销往省外或国外。

6. 运输储藏损耗占比 8%　马铃薯的特点是皮薄、肉嫩、含水量高，易碰撞损伤，多病害，易腐烂。而且对环境非常敏感，冷了容易冻伤，冻伤后不能保存，食味变差，严重冻伤的不能食用；热了容易生芽，生芽的马铃薯产生毒素，影响人体健康。空气干燥时，水分蒸发快，薯块皱缩；空气潮湿又容易发汗，造成大量腐烂。因此，每年马铃薯在运输和储藏过程中的损耗占总产出的 8% 左右。

综合以上分析，云南省马铃薯的消耗构成大致为：鲜食 19%，饲料 15%，种薯 18%，加工 3%，国外省外销售 37%，储藏运输损耗 8%(图 6-8)。

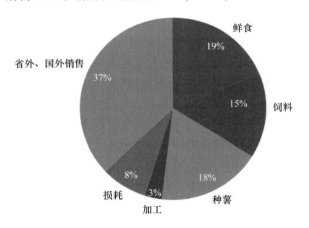

图 6-8　云南马铃薯消费构成图

（二）影响云南马铃薯消费需求因素

1. 其他相关产品的价格　在消费者偏好一定的情况下，其他有关产品的价格的变化会影响马铃薯的需求，如果相关产品与马铃薯是替代品，当相关产品价格上升时，将导致马铃薯需求提高，相关产品价格下降时，将使马铃薯需求降低，如玉米、小麦等粮食饲料价格下降时，马铃薯作为饲料的需求将会减少。如果相关产品是互补品，当相关产品价格上升时，马铃薯需求减少，相关产品价格下降时，马铃薯需求增加。

云南省马铃薯生产种植用种薯多为自留整薯,需求量较大。尽管脱毒种薯的产量高、效益好,但脱毒种薯相比自留种薯在价格上较高,农户又多考虑到生产成本问题,故脱毒种薯的消费量相对较少。当脱毒种薯全面推广,健全种薯质量监控体系,提高种薯质量,脱毒种薯价格降低时,云南省整个马铃薯种薯消费量会相对减少。

2. 人口增长 在人均马铃薯消费数量一定的情况下,人口越多,马铃薯的需求量也会越大。云南省鲜食马铃薯人均消费量很大,高于全国平均水平,且城乡居民消费量差异大,人口总量的增长是影响云南省马铃薯需求最为重要的因素。人口总量的增长和区域分布变化,对未来云南省马铃薯需求和生产布局会产生重要的影响。

云南省人口从1991年的3782.1万人增加到2014年4713.9万人(表6-5),净增加931.8万人,年均增长率为1%;乡村人口数量明显高于城镇人口。这对云南省社会和经济产生巨大的压力。在云南省现代化进程中,必须协调人口与资源、环境、社会和经济的可持续发展,进一步控制人口数量,提高人口质量,改善人口结构。

表 6-5　1991～2014 年云南省年末人口数

年份	总人口/万人	城镇人口/万人	乡村人口/万人
1991	3 782.1	1 555.2	2 226.9
1992	3 831.6	1 608.1	2 223.5
1993	3 885.2	1 664.0	2 221.2
1994	3 939.2	1 732.1	2 157.1
1995	3 989.6	1 821.3	2 168.3
1996	4 041.5	1 857.4	2 184.1
1997	4 094.0	1 937.3	2 156.7
1998	4 143.8	1 951.7	2 192.1
1999	4 192.4	1 991.3	2 201.1
2000	4 240.8	990.6	3 250.2
2001	4 287.4	1 066.0	3 221.4
2002	4 333.1	1 127.0	3 206.1
2003	4 375.6	1 163.9	3 211.7
2004	4 415.2	1 240.7	3 174.5
2005	4 450.4	1 312.9	3 137.5
2006	4 483.0	1 367.3	3 115.7
2007	4 514.0	1 426.4	3 087.6
2008	4 543.0	1 499.2	3 043.8
2009	4 571.0	1 554.1	3 016.9
2010	4 601.6	1 601.8	2 999.8
2011	4 631.0	1 704.2	2 926.8
2012	4 659.0	1 831.5	2 827.5
2013	4 686.6	1 897.1	2 789.5
2014	4 713.9	1 967.1	2 746.8

数据来源:云南省统计年鉴。

3. 收入水平 2002 年，我国城镇居民人均可支配收入为 7240.60 元，农村居民家庭人均纯收入为 1608.6 元，而到 2012 年，城乡居民人均收入增加到 21 074.5 元和 5416.5 元，实际城镇居民年均增长 1380.69 元，年均增速 19%，农村居民年均增长 380.79 元，年均增速 23.6%。在城乡居民总消费支出中，城镇居民家庭人均食品消费支出远远高于农村居民家庭人均食品消费支出(表 6-6)。

表 6-6　2002～2012 年云南省城镇居民与农村居民人均收入及食品消费支出情况

年份	城镇居民人均可支配收入/元	农村居民家庭人均纯收入/元	城镇居民家庭人均食品消费支出/元	农村居民家庭平均每人食品消费支出/元
2002	7 240.60	1 608.60	2 423.40	772.6
2003	7 643.60	1 697.10	2 506.60	744.6
2004	8 870.90	1 864.20	2 895.60	848.3
2005	9 265.90	2 041.80	2 997.10	975.7
2006	10 069.90	2 250.50	3 102.50	1 071.10
2007	11 496.10	2 634.10	3 562.30	1 226.70
2008	13 250.20	3 102.60	4 272.30	1 483.20
2009	14 423.90	3 369.30	4 460.60	1 410.00
2010	16 064.50	3 952.00	4 593.50	1 604.50
2011	18 575.60	4 722.00	4 802.30	1 884.00
2012	21 074.50	5 416.50	5 468.20	2 080.60

数据来源：云南省统计年鉴。

消费者的消费行为是在收入预算约束的前提下来实现效用最大化的。收入水平增加，意味着收入水平约束条件放松，消费者购买能力增加，选择消费空间大。随着经济的持续发展，城乡居民收入水平的不断提高，云南省对粮食的需求也会不断增长。根据马铃薯的消费特点，作为粮食用的马铃薯是缺乏收入弹性的，未来收入增长对马铃薯的需求影响表现为对种薯、饲料、加工用的马铃薯需求的增加。

云南马铃薯作为粮食消费的收入弹性较低，收入增长对粮用马铃薯消费影响不大。作为蔬菜、饲料、加工和种薯用的马铃薯消费量，随着城乡居民收入的增加，其消费量也会增加。

五、加工情况

马铃薯不仅可作为蔬菜和粮食来食用，还可以作为原料加工成休闲食品或成为工业领域所需淀粉原料，附加值高。我国加工利用的马铃薯不到 10%，发达国家加工比例为 40%～60%，而云南马铃薯加工率仅占总产量的 3% 左右。云南省马铃薯用于加工的鲜薯消费量有限，深加工比例低。云南马铃薯消费构成中，加工用马铃薯仅占马铃薯总消费的 3%，相比欧美发达国家还相差甚远。在食品领域，马铃薯变性淀粉由于其独特的功能，被大量地应用于速冻食品、膨化食品、乳制品和速溶汤料等，成为方便食品发展的新趋势。

（一）马铃薯开发利用价值

1. 马铃薯的营养价值　马铃薯块茎水分占 63%～87%，其余大部分为淀粉和蛋白质。马铃薯淀粉占 13.2%～20.5%，由直链淀粉和支链淀粉组成，支链淀粉占 80%左右。马铃薯淀粉中含有较多的磷，黏度较大。由于淀粉含量高、颗粒大、黏度强，马铃薯可加工成淀粉及粉丝、粉条和粉皮等产品，也可用作方便食品、休闲食品的原料。除了淀粉外，马铃薯还含有葡萄糖、果糖、蔗糖等碳水化合物，使其具有甜味，经过贮藏后糖分会增加。马铃薯蛋白质含量 1.6%～2.1%。含有人体必需的 8 种氨基酸，尤其是谷类作物中缺乏的赖氨酸和色氨酸含量丰富，是植物性蛋白质良好的补充。马铃薯脂肪含量低于 0.1%。

2. 马铃薯的药用保健价值及其合理利用　马铃薯富含淀粉和蛋白质，脂肪含量低，含有的维生素和矿物质有很好的防治心血管疾病的功效。如马铃薯含有丰富的钾，对于高血压和中风有很好的防治作用，含有的维生素 B_6 可防止动脉粥样硬化。马铃薯块茎中含有多酚类化合物，如芥子酸、香豆酸、花青素、黄酮等，具有抗氧化、抗肿瘤和降血糖、降血脂等保健作用。

（二）开发利用途径

马铃薯可加工成淀粉、全粉、变性淀粉和各种马铃薯食品等多种产品，具有极高的经济价值，它广泛用于食品、饲料、造纸、纺织、建筑、冶金、石油化工、制药等多种工业领域。

1. 马铃薯淀粉　马铃薯淀粉颜色洁白，并伴有晶体状光泽，气味温和。马铃薯淀粉是常见商业淀粉中颗粒最大的一种，广泛应用在某些方便食品中。

2. 马铃薯全粉(颗粒全粉及雪花粉)　马铃薯全粉和淀粉是两种截然不同的制品，其根本区别在于：前者在加工中没有破坏植物细胞，基本上保持了细胞的完整性；虽经干燥脱水，但一经用适当比例的水复水，即可重新获得新鲜的马铃薯泥，制品仍然保持了马铃薯天然的风味及固有的营养价值。

马铃薯全粉加工中，鲜薯与全粉的产出比约 6：1。就地生产可从根本上解决储藏和运输造成的损失。因此，马铃薯全粉生产是综合开发利用我国巨大马铃薯资源的有效途径。马铃薯全粉既可作为最终产品，也可作为中间原料制成多种后续产品，多层次提高马铃薯产品的附加值，并可满足人们对食品质量高、品味好、价格便宜、食用方便的要求。

3. 变性淀粉　马铃薯变性淀粉就是在马铃薯原淀粉基础上经过化学、物理或生物等方法变性的淀粉，它不仅具备马铃薯原淀粉的优点，还可弥补其缺点。如马铃薯氧化淀粉利用马铃薯原淀粉透明度高的优点，通过氧化提高淀粉的成膜性，这样的淀粉成膜性好、透明度高，用作食品被膜剂很有优势；再比如马铃薯交联淀粉利用马铃薯原淀粉吸水性强、增稠效果好的特点，通过交联提高淀粉的耐剪切能力，从而增强稳定性，可用于酱类食品而且还可采用复合变性的方法提高淀粉的性能。因此可以相信，马铃薯变性淀粉将有很大的发展空间。

4. 马铃薯食品

(1) 冷冻食品　冷冻是保存马铃薯营养成分和风味的最好方法，由于冷冻食品贮存期较长而深受欢迎。国外每年冷冻的马铃薯数量占其用于食品加工总数的40%，方法有直接冷冻和油炸后冷冻两种。

(2) 油炸制品　油炸马铃薯制品已成为配菜、早点、小吃等大众食品，味美方便，营养丰富。

(3) 脱水制品　脱水制品的种类很多，有马铃薯泥、粉、片、丁等，在常温下可放几个月而不变质。此外，用马铃薯粉代替面粉应用于食品上，可供加工各种糕点、面包及其他食品。

(4) 其他制品　用马铃薯作原料还可加工成强化制品，膨化制品、配菜、果酱饴糖、饮料、酱油、醋、罐头等多种食品。

（三）云南马铃薯加工业发展现状

云南马铃薯多限于鲜贮、鲜运、鲜销、鲜食。在传统的膳食结构中，除部分地区作为主食直接食用，95%以上的马铃薯是作为蔬菜鲜食，并且近年来直接消费量不断下降。马铃薯加工业多限于加工成粗制淀粉，制作粉丝、粉皮、粉条、酒精等。最近几年随着马铃薯全粉的需求增加，云南生产马铃薯全粉的加工企业逐步出现。

1. 龙头企业不断发展　经过多年的发展，云南省兴起了一批马铃薯产业化经营的龙头企业以及经营大户，带动了一批农户逐步走向市场。云南马铃薯加工产业起步较晚，但发展水平走在了全国前列。以20世纪80年代中期昆明联谊食品厂(现名：昆明天使食品总厂)建成小型薯片加工厂为标志，云南有了现代意义的马铃薯加工企业。一直到20世纪90年代后期，昆明子弟食品公司等一批规模化生产企业(也包括昆明联谊食品厂的改扩建)的相继建成投产，云南马铃薯加工产业才大体形成。随着科学技术不断发展和产业链延伸，食品结构不断调整，马铃薯制品出现了多样化。集马铃薯全粉、变性淀粉、薯条、薯片、膨化食品等，通过深加工使马铃薯增值3～5倍，经济效益大大提高。昆明子弟食品公司，昆明天使食品总厂在全国都占有重要地位。

2. 马铃薯加工品牌效应凸现　在我国马铃薯切片型薯片加工行业，昆明子弟食品公司和昆明天使食品总厂的产能分别排在第三、四位，仅次于百事和上好佳公司，成为国内自主品牌的冠亚军。子弟和天使两个厂家的产能占到全国切片型马铃薯片生产总量的20%左右，在市场上具有举足轻重的地位。"子弟"、"天使"、"噜咪啦"牌薯片在我国西南地区的市场占有率极高，产品长期处于供不应求的状态。

3. 独特加工优势　"时间差、季节差"优势。云南马铃薯一年三季，地下储存一季，使得云南具备全年供给鲜薯的能力。云南冬季马铃薯的播种面积居全国第一，比较全国其他马铃薯主产区，云南四季供应鲜薯的特征，使加工企业工厂开机时间达到每年8个月以上(北方大多数生产厂家仅为2～3个月)，开工率达60%～70%，在对外商业和供给粗加工原料方面具有难以替代的优势。

4. 加工企业地域分布明显　云南加工企业大多数分布在滇中的昆明和滇东北的曲靖和昭通，这些区域属于马铃薯主产区，区域内马铃薯种植面积广，集约化程度高，马铃薯质量好，符合加工要求，境内交通便利，基础条件好，有工业基础。方便马铃薯加工的规模化、集约化。

5. 加工工艺逐步提高 在最近几年，随着政府对马铃薯加工业的扶持开发力度增加，马铃薯加工龙头企业也在不断更新、引进如专用薯仓储保鲜工艺和设备，具有国际先进水平的马铃薯深加工生产线及全自动高速包装线等先进的设备，使产品质量更上一个台阶。

6. 加工型马铃薯向规模化生产发展 马铃薯产业化链条中关键在于马铃薯原料的质量。为了转变一家一户独立生产经营的模式，解决生产资金投入分散，没有形成真正的利益共同体的弊端，使产业链条形成整体的原料薯供应规模，提高产业效益，加工型原料薯等各类马铃薯商品薯基地正在在全省紧密建设，省内一些马铃薯主产区对加工型马铃薯科研、生产的投入也在逐年增加，龙头企业和专业大户也在不断发展种植基地，加工型马铃薯的生产正在向着健康、规模化的方向发展。

第三节　马铃薯价格分析

一、价格

（一）价格的含义和作用

经济学角度来说，价格泛指买卖双方就买卖商品订立的兑换比率。现代社会以货币作为中介进行交换，因此商品的价格便可以以货币作为单位进行计量。

在市场经济中，价格的作用主要有：①价格是商品供求关系变化的指示器。借助于价格，可以调整生产经营决策，调节资源的配置方向，促进社会总供给和社会总需求的平衡。与此同时，价格的水平又决定着价值的实现程度，是市场上商品销售状况的重要标志。②价格水平与市场需求量的变化密切相关。价格水平的变动会影响消费者的需求量、需求方向以及需求结构。③价格是实现国家宏观调控的一个重要手段。价格所显示的供求关系变化的信号系统，为国家宏观调控提供了信息。一般来说，当某种商品的价格变动幅度预示着这种商品有缺口时，国家就可以利用利率、工资、税收等经济杠杆，鼓励和诱导这种商品生产规模的增加或缩减，从而调节商品的供求平衡。

（二）农产品价格的含义

农产品价格，是指农产品与货币交换比例指数，是农产品价值的货币表现。货币的价值、市场供求关系、市场竞争、国家政治与经济政策、人们的消费偏好等是农产品价格形成与运动的重要条件。同时，农产品价格实际上还受供求关系的影响。农产品价格是否合理，不仅影响农业生产的发展，农产品的流通、消费和农民的收入水平，而且影响工业品的成本和价格，影响国家同农民之间、城乡人民之间以及农民内部的物质利益关系，对整个社会经济生活的安定也关系重大。

二、马铃薯价格行情分析

马铃薯作为农产品，其价格包含的内容与其他农产品一样，都包括生产中消耗的生产资料的价值、劳动者的必要劳动所创造的价值和劳动者的剩余劳动所创造的价值 3 个部分构成。在实际表现中,马铃薯价格更多地受到市场供求关系的影响。

(一)全国马铃薯价格行情

由于马铃薯生产的季节性影响,每年都会有季节性价格的波动,除了季节性价格波动外,马铃薯价格近年同一季节的价格波动也很大(图 6-9)。

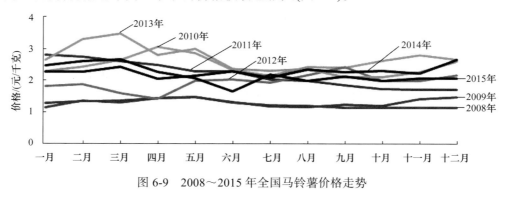

图 6-9 2008~2015 年全国马铃薯价格走势

(二)云南省马铃薯价格

马铃薯产业作为云南省的支柱农业产业,它的健康稳定发展与云南省农业经济发展有着密切的联系,而马铃薯的价格波动则直接关系到市场的稳定性与农民收入等一系列问题,同时,更加影响着马铃薯加工企业的生产成本及收益情况,所以,针对云南省马铃薯价格波动状况的分析研究,显得十分重要。近年来,云南省马铃薯市场价格频繁波动,2010 年马铃薯批发市场价格与 2009 年相比涨幅接近一倍,进入 2011 年马铃薯批发价格相比 2010 年有明显下降,直至 2013 年马铃薯价格又开始上涨,循环往复(图 6-10)。

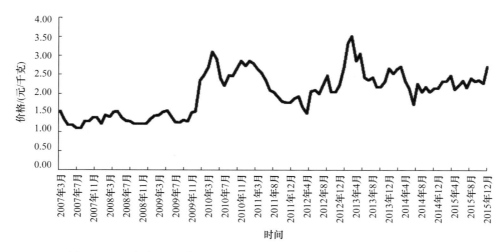

图 6-10 云南省 2007 年 3 月~2015 年 12 月马铃薯月批发价格走势图

通过对 2007 年 3 月开始收集到的云南省马铃薯价格走势看,云南省的马铃薯价格周期变化特点如下。

(1) 马铃薯价格每隔 2~3 年就有一个价格的小高峰 无论是云南还是全国马铃薯价

格,每隔 2～3 年就会有一个价格的上涨下跌过程,大部分原因是因为马铃薯供需引起的,当马铃薯价格过高时,农户会扩大生产,导致马铃薯产量增加,供过于求,马铃薯价格就会下降。

(2) 云南马铃薯价格一直在波动中上涨　虽然马铃薯价格时有起伏,但马铃薯价格其实一直在上涨。主要原因之一是通货膨胀,另一个原因是随着消费者健康意识的提高和对马铃薯价值的不断了解,对马铃薯的需求也在上升。

三、云南省马铃薯价格波动分析

（一）马铃薯价格波动的总体分析

如图 6-11 可知,云南马铃薯价格显现着强烈的波动态势。2004 年 1 月至 2010 年 12 月,马铃薯月度价格环比增减幅度 20%以上的次数有 16 次,其中 2010 年 2 月环比增幅为 44.27%,2006 年 6 月和 2012 年 4 月环比增幅在 30%以上,2012 年 9 月环比降幅为 −40.86%;马铃薯价格环比增减幅度在 10%～20%以内的次数有 22 次,其中 2006 年 12 月马铃薯价格环比大幅度上涨到 18.94%,2011 年 4 月马铃薯月度环比大幅下降 17.33%。总的来看,马铃薯价格波动幅度较大,平均价格出现大幅度波动(环比增减幅度在 10%以上)的月份占样本总数的 31.67%。

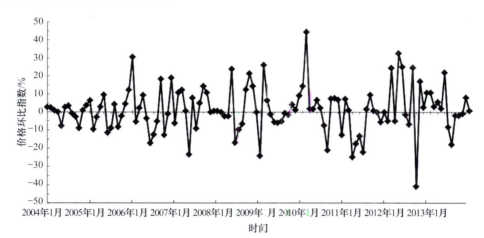

图 6-11　2004 年 1 月～2013 年 12 月云南马铃薯价格环比波动情况

2004～2007 年马铃薯月度价格波动幅度比较稳定,2008 年以后,出现大幅度波动(环比增减幅度在 10%以上)。其中,2004～2007 年,云南省马铃薯月度价格环比增减幅度集中在10%以内,而2008～2013 年月度价格 14 次环比增减幅度超过20%,3 次超过30%。2008 年以后月度大幅度波动的次数有 26 次,平均每年约 4.33 次月度出现大幅度波动;2004～2007 年,马铃薯月度价格大幅度波动的次数 13 次,平均每年约 3.25 次。

马铃薯的月度价格存在明显的周期性。每年的 6～7 月马铃薯月度价格显下降趋势,每年 11 月至翌年 4 月马铃薯月度价格整体上显上升趋势。对每年 6～7 月马铃薯月度价格环比指数进行统计,在 20 个样本数据中有 16 个月份的月度价格环比指数为负,占样本总数的 80%,其中 9 年间 7 月份价格环比指数均为负,说明每年的 6～7 月云南马铃薯价格都是在不断下降的;对每年 11 月至翌年 4 月马铃薯月度价格环比指数进行统计发现,在 60 个样本数据中 45 个月的价格环比指数都为正,占总样本的 75%,说明在每年 11 月至翌年 4 月马铃薯月度价格整体上显上升趋势。

（二）云南省马铃薯价格长期变动趋势分析

利用 Eviews6.0 软件,用最小二乘法对 2004 年 1 月至 2013 年 12 月云南省马铃薯价格月度价格进行拟合,回归方程为:

$$P_t=0.866293+0.012061t$$

$$t=(10.73149)(10.4157)$$

$$Prob=(0.00)(0.00)$$

$$R^2=0.478998 \quad F=108.4868 \quad DW=0.271889$$

从拟合结果来看,斜率项和截距项的 t 值分别为 10.4157 和 10.73149,整个方程的 F 值为 108.4868,拟合情况较好。

从图 6-12 中可以看出,云南马铃薯价格从 2004 年 1 月至 2013 年 12 月变化的情况来看,价格虽然不断波动,但是总体价格显上升趋势。2004 年云南马铃薯月度价格最高为 4 月的 1.19 元/千克,最低为 10 月的 1.03 元/千克;与 2004 年相比,2013 年最高为 5 月的 3.05 元/千克,增幅达到 156%,最低为 10 月的 2.2 元/千克,增幅为 114%。2010 年和 2011 年马铃薯价格出现了大幅度的波动,由于 2010 年云南遭遇了 60 年一遇的旱灾,受灾面积 295.72 万公顷,成灾面积 205.09 万公顷,绝收面积 88.17 万公顷。作为云南主要粮食作物的马铃薯,受旱灾的影响严重,马铃薯产量的下降导致了马铃薯价格大幅度的上涨。2010 年 5 月和 6 月马铃薯价格分别达到 3.06 元/千克、3.13 元/千克,年平均价格为 2.68 元/千克。2011 年全国马铃薯价格大幅下跌、部分地区出现滞销,引发了"薯贱伤农",薯农小户怯场大户退场,"土豆种植热"降温。

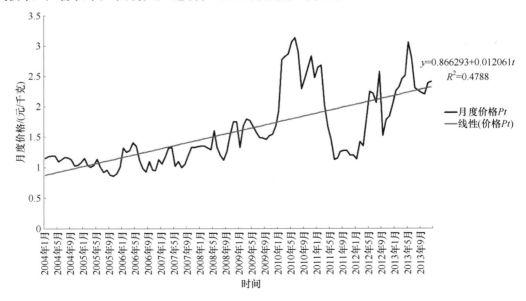

图 6-12 2004 年 1 月～2013 年 12 月云南马铃薯价格月度价格及其趋势

（三）云南省马铃薯价格季节因素分析

马铃薯价格存在季节性波动规律，每年的马铃薯价格都具有明显的波峰波谷，根据2007～2015年数据发现，每年1～5月马铃薯批发市场价格呈上涨态势，5～10月价格开始下滑，从11月开始到第二年年初价格开始回升。

云南省马铃薯价格波动也显示出很强的季节性，用季节系数反映出季节变动的规律，其数值高说明是旺季，反之则为"淡季"。计算季节系数的方法有两种：第一种方法是月(季)平均法，及不考虑长期趋势的影响，直接用原始时间序列来计算季节系数；第二种方法是趋势消除法，即将原序列中的长期趋势剔去后再计算季节系数。下面以月(季)平均法来计算2004年1月至2013年12月云南马铃薯的月度价格季节系数。第一步，计算10年内同月的平均数。第二步，计算10年总的月(季)平均数。第三步，计算各月(各季)的季节系数，计算公式为：

$$月(季)的季节比率 = \frac{月(季)平均数}{总的月(季)平均数} \times 100\%$$

计算结果如图6-13所示，可见云南马铃薯价格变化具有季节性波动的规律。受季节性的影响，云南马铃薯价格季节性涨幅在每年5月达到最大，9月达到最小。马铃薯价格的季节性波动与马铃薯市场的供给变化存在密切的关系。虽然云南省气候四季如春，但全国其他地区受天气因素的影响，也会对云南马铃薯价格产生影响。2～5月由于北方气候较冷，露地蔬菜种植量较少，马铃薯种植也相对较少，马铃薯上市量也很少，导致马铃薯的整个市场供应量减少，而全国的对马铃薯市场的需求增大，从而也拉动了云南马铃薯价格。进入7月、8月，北方露地蔬菜和全国部分地方马铃薯已上市，马铃薯市场的供应量增加，从而云南马铃薯价格随之大幅度下滑。除此之外，农户心理预期、气候变化等都会影响到马铃薯产量，继而影响马铃薯价格。

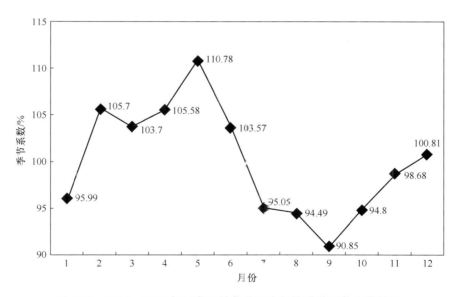

图6-13　2004～2013年云南马铃薯的月度价格季节系数变化情况

参 考 文 献

崔奇峰，夏波蒂.大西洋马铃薯产业化经营浅析——以内蒙古太仆寺旗为例[J].内蒙古农业科技，2006，
  2:23-26

李崇光，包玉泽.我国蔬菜价格波动特征与原因分析[J].中国蔬菜，2012，(9)：1-7

鲁晓旭，张劼.基于蛛网模型理论的柑橘生产和价格波动分析[J].农村经济，2010，(8)：60-62

邵作昌.农产品价格波动的经济学解释——以大蒜价格波动为例研究稳定对策[J].农业经济，2011，
  (1)：23-25

姚升.中国农产品价格波动的影响分析——基于考虑时滞的投入产出价格影响模型[J]. 经济经纬，2013，
  (3)：135-140

叶明珠.价格波动视域下乌兰察布市马铃薯产业发展研究[D].呼和浩特：内蒙古师范大学硕士学位论文，
  2014

喻闻.从大米市场整合程度看我国粮食市场改革[J].经济研究，1998，(3)：52-59

岳会.我国棉花价格波动及影响因素分析[J].价格理论与实践，2013，(11)：53-54

云南统计局.云南统计年鉴(2011，2012，2013，2014，2015).北京:中国统计出版社

张超.农产品价格上涨在多大程度上影响我国一般价格水平 [J].农业技术经济，2011，(8)：11-17

第七章　云南马铃薯投入产出分析

云南马铃薯产业作为一项富农产业，涉及农业人口 1 200 万，占全省农业人口总数的近三分之一，约 100 多万贫困人口依靠其维持生计。研究马铃薯的投入产出，对全面认识云南马铃薯经济效益，改进云南马铃薯投入，最大化农民收益有重要意义；对增加农民收入，特别是对贫困山区人民脱贫致富将具有一定的促进作用。

第一节　投入产出理论阐述

关于投入产出方面的分析根据所研究问题的具体特点可以有多种不同分析方法，其中比较著名的由 W·里昂惕夫提出的投入产出分析原理，常用的分析方法还有相对简单实用的投入产出比法，以及研究投入产出效率问题的一些方法等，以下就将使用的一些方法进行说明和对比。

一、投入产出比分析方法

（一）定义

投入产出比是指项目全部投资与运行寿命期内产出的工业增加值总和之比。

（二）计算方法

投入的计算期是指项目的建设期(或改造期)，这一点没有疑义。而产出的计算期也有两种观点。一种观点认为，"产出"计为项目投产后达到正常产量时的一年收益或净收益；另一种观点认为，"产出"应计为项目全部运行寿命期内收益或净收益的总和。显然，后一种观念是符合"投入产出比"内涵的。因为不同项目的运行寿命有长有短，只用一年的收益或净收益是不能表明其收益水平的。

"投入产出比"中的"投入"是指项目全部静态投资额；"产出"是指项目全部运行寿命期内各年增加值的总和。用公式表示就是：$R=K/\text{IN}=1/N$。

（三）投入产出比的用途

上式中，K 为投资总额，IN 为项目寿命期内各年增加值的总和，$N=\text{IN}/K$，N 值越大，项目经济性越好。

在使用"投入产出比"时，把很多投资决策机构和决策者将其含义理解为"项目投入资金与产出资金之比，即项目投入 1 个单位资金能产出多少单位资金"。其数量常用"$1:N$"的形式表达，N 值越大，经济效果越好。

（四）投入产出率

投入产出率是反映投入资金与其所创造价值之间的关系，是反映投资效果的一项指标。

投入产出率=所获得的产出总收入/所投入的总成本×100%

投入产出率可以是单个项目的投入产出比率，也可是全部募集资金项目的总的投入产出比率，反映募集资金的使用效果。

二、投入产出效率

（一）效率理论

最经典的理论——帕累托效率是新古典经济学中的论述，即在收入保持不变的条件下，消费者能够实现效用最大化；在成本约束下，生产者能够实现利润最大化，在完全竞争市场两者同时满足时即帕累托有效。

全要素生产率(Total Factor Productivity，TFP)则是进行效率测定的经典方法。Hiram Davis 1954 年在《生产率核算》中最先阐述了 TFP 的内涵和应用的范围。Kendrick 1961 年在《美国生产率趋势》中阐述了局部生产率是指产量与单一投入要素数量的比例，并不能反映生产效率的全部内容，只有把产出量与所有投入要素的数量及组合结构有机结合起来，才能准确反映生产效率的变化。Farrell 最早开始系统地研究生产效率理论及应用，他将企业的效率分为技术效率和配置效率，技术效率反映了在既定的技术和投入要素的前提下，企业或部门获得的最大产出能力；配置效率是指产出保持不变的条件下投入要素的组合是否能够按照成本最小的方式进行，技术效率和配置效率的总和能够全面地反映企业的生产效率。

（二）效率评价研究方法

生产效率最早以理论研究为主，定量的数量研究始于 20 世纪 80 年代。

线性回归是较早的效率评价方法。线性回归只是简单地把产出与各种要素投入进行线性回归从而得出各要素对产出的影响程度，容易受计量单位的影响而出现误差，存在较大的缺陷。

C-D 函数也是较早的效率评价方法。C-D 函数根据产出和投入建立函数关系进行回归得出各投入要素的生产弹性及对产出的边际贡献，在要素价格既定的前提下判断要素是否达到最优配置，但是不足之处在于无法给出要素配置不合理时的优化调整方向，一定程度上影响了研究结论的现实意义。

20 世纪 90 年代以后，数据包络分析(Data Envelopment Analysis，DEA)方法和随机前沿分析(Stochastic Frontier Analysis，SFA)模型逐渐引入中国并迅速成为学者们进行效率研究的主要方法。

DEA 方法不需要预先设定具体的函数形式，也叫做非参数方法，在解决多投入、多产出方面的问题具有优势，不仅可以对决策单元的效率进行测算，还可以根据测算的结果给出基于投入和产出两个角度的效率优化调整方案，同时由于不需要在运行前对数据进行无量纲化处理，可以简化操作程序和减少误差，因此 DEA 方法在效率评价方面的应用比较广泛，但是 DEA 没有包含那些无法量化的因素引起的随机误差，在检验测算结果的显著性方面存在不足。SFA 就是随机生产前沿函数，需要在确定一种具体的函数形式的基础上估计效率分布状况，能够充分地考虑相关的影响因素，在研究效率损失影响因素方面应用更加广泛，但是 SFA 需要事先构建生产函数的具体形式，与现实的一致性难以保证，存在一定的缺陷。由于参数和非参数两种方法各有其优缺点，在实际的方法选择中应该视具体情况而定。

三、根据研究理论进行方法选择

投入产出分析理论主要是针对部门间或产品间的投入产出进行平衡分析，比较适用于宏观经济的数量分析，也可用于分析企业各部分的投入产出情况。

投入产出比的方法即可用于对整个生产期间的总投入产出进行分析，也可用于某一投入都产出的比例，使用灵活方便。

生产效率分析是评价生产者将投入转化为产出的绩效。评价可以从投入、产出、价格等角度利用技术效率、配置效率、规模效率等指标进行地区间的生产率分析比较。

马铃薯投入产出属于多种投入单一产出的问题，投入产出分析原理并不太适合这类问题的分析，在此将主要从投入产出率和生产效率等方面进行分析。

第二节　投入产出抽样调查说明

一、调查方法和调查范围

（一）调查方法

云南省作为马铃薯种植大省，各地州县几乎都有马铃薯栽种，由于受到气候、种植习惯和经济发展程度的影响，各地马铃薯种植规模也有较大差异。考虑到投入产出分析的代表性，在此，用重点调查的方式先确定马铃薯种植面积和产量比较大的重点地区的重点县，在县域范围内对马铃薯种植的用户采用随机抽样的方法完成问卷调查。

（二）调查范围

云南省马铃薯主产区集中于滇东北地区的昭通、曲靖，滇中地区的昆明、玉溪、楚雄，滇西北地区的大理、丽江、怒江、迪庆，滇南、滇西南地区德宏、保山、西双版纳、红河、文山。马铃薯种植面积居前三位的分别为曲靖、昭通和昆明，种植面积占到全省的 74.9%，产量占到全省的 76.8%。根据马铃薯种植面积和产量，调查范围确定了 10 个县，分别是滇东北地区曲靖市马龙县、师宗县、宣威市；昭通市大关县、鲁甸县；滇中地区昆明市寻甸县；滇西北地区的丽江市；迪庆州香格里拉县，滇南、滇西南地区德宏州盈江县；普洱市景东县；文山州丘北县。

二、调查表及指标设计

（一）调查表设计

马铃薯的种植不仅取决于投入产出水平，也会受到其他因素的影响，例如，马铃薯生产者素质、及竞争性农作物的投入产出效率等。因此，在调查中设计了三类调查表格：

(1) 马铃薯种植基本情况样本县调查表

(2) 马铃薯生产投入产出农户调查表

(3) 马铃薯竞争作物投入产出农户调查表

第 1 类调查表了解近五年各 10 个调查县马铃薯种植的基本情况，第 2 类调查表主要面向具体农户，调查种植农户的基本情况及马铃薯在实际过程中的投入和产出情况，第 3 类调查表调查各地与马铃薯有土地竞争关系的农作物的投入产出情况。

（二）调查表相关指标

1. 马铃薯种植基本情况样本县调查表

此表指标主要调查各县不同季节马铃薯种植面积和产量、灾害情况、政府扶持投入情况等指标。

2. 马铃薯生产投入产出农户调查表

马铃薯生产投入产出农户调查表的相关指标分三类设置：

第一类涉及被调查农户的基本情况，主要包括农户家庭所属的村镇、被调查者年龄、学历、家庭人口数、劳动力人数、外出务工人数、耕地总面积(其中旱地、水田的面积)等指标；

第二类涉及农户马铃薯种植的基本情况，主要包括种植面积、种植品种、单产等指标；

第三类涉及马铃薯的投入产出情况，主要包括物资成本(种薯、化肥、农药、地膜、灌溉及其他)、作业成本(机耕和机收)、管理成本(培训成本、专业化服务成本)、资金成本、劳动力成本(自用工成本、雇工成本)、土地租金成本以及收入(自用、出售)等指标，这些指标又分为实物用量、单价、价值的调查。

3. 马铃薯竞争作物投入产出农户调查表

此表主要包括与马铃薯有竞争性农作物的种植面积、产量及投入产出情况等指标，具体指标与第 2 类调查表相同，投入产出指标只涉及价值量指标。

三、调查结果统计描述

（一）问卷发放和回收

在确定的 10 个样本县内每个县平均发放 100 份问卷，每个县随机调查三个以上的村组，每个村组随机选择马铃薯种植农户进行调查，每个村组的调查户数根据实际情况确定，接受调查的马铃薯种植农户同时完成马铃薯生产投入产出农户调查表和竞争作物投入产出农户调查表两个调查表。

发放 1000 份调查问卷后，共回收 990 份。其中寻甸 99 份，马龙 89 份，景东和马龙 101 份，其余样本县均为 100 份。

（二）农户基本情况

通过基本情况调查可知，受访者以男性为主，占 93.8%；学历以初中小学居多，占 93.5%，仅有 5.9%的接受过高中或同等学历教育；72%的家庭没有外出打工收入；平均每个家庭劳动力需养活 1.85 个人口；大多数马铃薯种植户耕地以旱地为主，占家庭拥有耕地面积的 82.5%；人均拥有耕地面积较少，为 0.174 公顷/人。统计情况(表 7-1)。

表 7-1　调查情况统计表

发放问卷数	1000	问卷回收份数	990
调查农户基本特征	问卷有效回答	分项	分项值
年龄	752	平均年龄(岁)	43
性别	950	男(人)	891
		女(人)	59
学历	983	高中或同等学历(人)	58
		初中(人)	516
		小学以下(人)	409
家庭人口数	986	平均家庭人口数(人/户)	4.66
劳动力人数	985	平均劳动力人数(人/户)	2.52
外出务工数	986	平均外出务工人数(人/户)	0.33
家庭耕地面积			12.14
其中：水田面积	985	平均拥有水田面积	0.13
旱地面积			0.67

（三）调查农户马铃薯种植基本情况

1. 马铃薯种植情况　家庭种植面积差异较大。户均马铃薯种植面积为 0.40 公顷，种植面积最少为 0.02 公顷，最多为 7.13 公顷。

单产水平存在较大差异。鲜薯户均单产为 23 355 千克/公顷，最高为 45 000 千克/公顷，最低仅为 6 000 千克/公顷。

2. 主要品种种植情况　云南马铃薯品种以'合作 88'的种植户最多，为 459 户，其次是'会-2'为 165 户，再次为'宣薯 2 号'和'中甸红'，分别为 85 户和 53 户，其余品种种植不足 40 户；平均单产情况(表 7-2)。

表 7-2　各品种马铃薯种植户数和单产表

品种	种植户数	平均单产/(kg/hm²)	品种	种植户数	平均单产/(kg/hm²)
'合作 88'	459	23 974.65	'中甸红'	53	19 952.85
'会-2'	168	24 271.95	'3310'	34	19 513.20
'宣薯 2 号'	85	22 415.7	'丽薯'	24	23 964.90
地方品种	37	21 936.15	其他	70	20 316.45
'滇薯 6 号'	36	25 166.70			

3. 各样本县马铃薯种植情况 各地马铃薯种植情况有一定差异。调查的 10 个县中，在土地平坦的德宏盈江县马铃薯户均种植面积最多，为 0.76 公顷，而以山地为主的曲靖市师宗县马铃薯户均种植面积最少，不到 0.11 公顷；户均单产以普洱市景东县最高，为 29 940 千克/公顷，曲靖市马龙县最低，仅为 18 600 千克/公顷(表 7-3)。

表 7-3 各县户均马铃薯种植情况表

调查县市	面积均值/hm²	平均单产/(kg/hm²)
寻甸	0.63	21 768.15
大关	0.40	28 607.85
丘北	0.19	20 348.70
师宗	0.11	23 160.00
宣威	0.35	20 737.95
景东	0.46	29 940.60
盈江	0.76	28 821.00
香格里拉	0.42	20 617.50
丽江	0.49	21 481.20
马龙	0.21	18 601.50

第三节 投入产出分析

马铃薯投入产出量可以从两个方面衡量，一方面是生产投入和产出的实物量的衡量，另一方面是生产投入和产出的价值量的衡量。在此将从投入和产出的实物量和价值量两个方面进行分析。

一、马铃薯投入分析

在云南马铃薯投入分析中，尽可能的针对马铃薯的各种投入要素进行调查，包括种薯、化肥、劳动力、地膜、农药和机械化设备各类生产投入品。

（一）投入要素实物量分析

投入要素的实物分析主要是通过调查马铃薯生产过程中各种投入要素的使用量，了解云南省马铃薯各种投入要素的一般消耗水平，同时了解不同地区的投入消耗水平以及不同品种的投入消耗水平。

1. 马铃薯投入实物量分析

马铃薯种植投入要素实物量的调查仅涉及寻甸、大关、丘北、师宗、宣威、景东和盈江 7 个调查县，共 658 户。

不同农户种植马铃薯时要素的使用量差异较大。种薯最小用量仅 1500 千克/公顷，最大用量大 4500 千克/公顷；化肥最小使用量为 300 千克/公顷，最大使用量为 4200 千克/公顷；农药最小使用量为 1.2 千克/公顷，最大使用量为 120 千克/公顷；劳动力天数最小使用为 15 天/公顷，最大使用量为 330 天/公顷。

种薯、化肥和劳动力是马铃薯种植中的主要投入要素。统计表明，马铃薯种植平均种薯投入为 2730 千克/公顷，化肥投入为 1530 千克/公顷，劳动力投入为 125.7 工日/公顷。在 658 户中仅有 9 户使用地膜，平均 66.75 卷/公顷；163 户使用农药，平均 37.95 千克/公顷；143 户使用机耕，平均为 1.7 次/公顷(表 7-4)。

表 7-4　马铃薯种植主要投入要素表

投入要素	调查户数	最小值	最大值	均值	标准差
种薯数量/kg	658	100.00	300.00	181.95	33.63
化肥数量/(kg/hm^2)	658	20.00	280.00	101.69	53.74
劳动力天数/(工日/hm^2)	658	1.00	22.00	8.38	4.87
地膜/(卷/hm^2)	39	3.50	6.00	4.540	0.73
农药/(kg/hm^2)	163	0.08	8.00	2.53	1.90
机耕/(次/hm^2)	143	1.00	2.00	1.70	0.46

2. 投入要素的地区差异分析

马铃薯种植主要投入要素在实物量方面存在地区差异[①]。种薯投入最多的是寻甸 3375 千克/公顷，最少的盈江近 2250 千克/公顷；化肥投入最多的寻甸近 2475 千克/公顷，最少的师宗仅 915 千克/公顷；劳动力投入最多的景东 225 工日/公顷，最少的丘北仅为 45 工日/公顷。

非主要投入要素因地区特点有较大差别。马铃薯的地膜栽培仅在寻甸、师宗两地使用。德宏盈江是冬马铃薯的主要产区，属于亚热带气候，多虫害，因此，农药主要是在盈江普遍使用，在师宗、寻甸和大关农业仅有少量使用。德宏盈江县地势平坦，适于机械化作用，实现了机耕和机收，在大关、师宗地区部分农户使用了机耕(表 7-5)。

表 7-5　马铃薯种植样本县投入要素比较表

调查县市	种薯/(kg/hm^2)	化肥/(kg/hm^2)	劳动力/(工日/hm^2)	地膜/(卷/hm^2)	农药/(kg/hm^2)	机耕/(kg/hm^2)
寻甸	3 369.00	2 472.75	17.15	53.07	4.71	0.00
大关	2 534.55	2 250.00	192.00	0.00	1.20	15.00
丘北	2 531.10	1 028.70	47.85	0.00	0.00	0.00
师宗	2 979.45	918.30	55.05	75.57	8.87	15.00
宣威	2 812.80	986.40	93.15	0.00	0.00	0.00
景东	2 562.75	2 066.40	230.85	0.00	0.00	0.00
盈江	2 241.75	1 275.75	117.75	0.00	58.79	30.00

3. 不同品种的投入要素实物量差异分析

马铃薯不同品种的投入要素实物量存在明显差异。种薯投入最多的是'滇薯 6 号' 4365 千克/公顷，最少的'合作 88'为 2655 千克/公顷；化肥投入最多的'滇薯 6 号' 2925 千克/公顷，最少的'宣薯 2 号'810 千克/公顷；劳动力投入最多的'滇薯 6 号'

[①] 检验用 SPSS 软件完成，以下的显著性差异经过 SPSS 的 avona 异方差检验，将不再附表。

180 工日/公顷，最少的地方品种 45 工日/公顷；使用地膜的品种有'合作 88'、'会-2'和'滇薯 6 号'；农药使用最多的'合作 88'为 45 千克/公顷(表 7-6)。

表 7-6　不同品种的投入要素比较表

调查县市	种薯/(kg/ hm²)	化肥/(kg/hm²)	劳动力/(工日/ hm²)	地膜/(卷/ hm²)	农药/(kg/ hm²)	机耕/(kg/ hm²)
'合作 88'	2 652.90	1 649.25	137.85	68.25	45.00	28.20
'会-2'	2 715.30	1 788.00	141.90	78.00	3.00	15.00
'宣薯 2 号'	2 853.75	802.50	85.65	0.00	15.00	0.00
'地方品种'	2 712.75	1 184.85	47.55	0.00	15.00	0.00
'滇薯 6 号'	4 363.65	2 536.35	174.60	54.45	0.00	0.00
其他	2 820.00	1 297.05	119.70	0.00	4.05	0.00

（二）投入要素价值量分析

投入要素价值量的分析主要是将投入要素的实物量按照当年的市场价格转化为价值量，价值量的测定有利于计算马铃薯的投入总成本及各种成本在总成本中的比例，从而有利于进一步分析云南马铃薯的生产效益。

1. 投入要素价值量分析

物资和劳动力投入是云南马铃薯生产的主要成本。调查结果显示，马铃薯生产的平均总成本为 16 335 元/公顷，物质和劳动力投入占总成本的近 94%。劳动力投入[①]平均为 6510 元/公顷，占总成本近 40%。物资平均成本为 8865 元/公顷，占总成本近 54%。在物资成本中，种薯的平均成本为 5760 元/公顷，化肥为 24 302 元/公顷，两项共占物资成本近 92%，占总成本近 50%(表 7-7)。

表 7-7　马铃薯种植样本地区平均成本比较表　　　　单位：元/hm²

调查县市	总成本	物资成本	机械化成本	培训成本	劳动力成本	地租	其他
寻甸	17 621.70	8 700.00	0.00	356.10	8 565.60	0.00	0.00
大关	16 749.60	6 170.55	465.75	49.95	10 036.95	26.25	0.00
丘北	10 617.45	8 203.95	0.00	0.00	2 413.50	0.00	0.00
师宗	13 335.00	9 705.00	283.50	0.00	3 316.50	30.00	0.00
宣威	13 580.70	7 481.70	359.25	0.00	5 739.75	0.00	0.00
景东	28 197.90	15 583.95	1 429.65	0.00	10 247.10	846.60	90.60
盈江	17 606.55	9 847.80	1 856.25	0.00	5 902.50	0.00	0.00
香格里拉	13 101.30	5 280.30	1 212.00	150.00	6 459.00	0.00	0.00
丽江	17 615.55	9 243.00	273.00	144.00	7 955.55	0.00	0.00
马龙	15 018.60	7 279.50	245.10	1 479.15	6 014.85	0.00	0.00

2. 地区差异分析

各地投入平均成本差距较大。成本最高为景东 28 185 元/公顷，最低为丘北 10 605

---

① 自用劳动力投入按照当地市场价格计算。

元/公顷；物资成本中，最高为景东，近 15 500 元/公顷，最低为香格里拉，仅 5280 元/公顷；劳动力成本最高为景东 10 245 元/公顷，最低为丘北，仅为 2400 元/公顷。马铃薯种植以自用土地为主。根据调查结果显示，受访农户的马铃薯种植基本以自有耕地为主，仅有少数地区的部分人租用土地种植马铃薯。

3. 品差异分析

马铃薯种植各品种的成本也存在显著差异。平均种植成本最高为'合作 88'达 28 200 元/公顷；最低为地方品种 11 055 元/公顷；其次是丽薯系列平均种植成本相对较高，近 16 500 元/公顷；'宣薯 2 号'和'中甸红'相对较低，平均成本近 13 200 元/公顷(参见表 7-8)。[1]

表 7-8　不同品种平均成本比较表　　　　　　　单位：元/hm²

调查品种	总成本	物资成本	机械化成本	培训成本	劳动力成本	地租	其他
'合作 88'	18 348.75	10 440.30	825.00	18.30	6 747.45	0.00	6 885.00
'会-2'	15 168.60	7 311.00	280.95	9.90	7 155.60	26.25	2 490.00
'宣薯 2 号'	13 207.05	7 902.60	202.95	35.25	5 066.10	0.00	1 275.00
'地方品种'	11 059.35	8 191.35	40.05	0.00	2 827.95	0.00	450.00
'滇薯 6 号'	15 385.80	7 194.15	850.05	0.00	7 237.50	846.60	540.00
'中甸红'	12 993.45	5 281.20	1 205.70	0.00	6 356.55	0.00	795.00
'3810'	15 366.15	7 367.70	335.25	0.00	6 185.25	0.00	510.00
丽薯系列	17 173.20	10 023.15	175.05	0.00	6 649.95	0.00	360.00
其他	16 447.50	7 628.40	663.30	0.00	7 729.05	0.00	675.00

二、马铃薯产出价值量分析

由于马铃薯产出的实物量已经在基本情况中进行了分析，因此，产出分析主要考虑产出的价值量分析。了解云南马铃薯种植农户的收入，以及各个地区的收入差异及各品种的收入差异。

（一）产出分析

农户马铃薯生产的收入差异较大。根据调查显示，马铃薯种植农户的平均毛收入为 38 835 元/公顷，最多的可达 69 300 元/公顷，最少的仅为 7995 元/公顷。

云南的马铃薯商品率相对较高。在调查的马铃薯生产农户中，913 户都将马铃薯作为商品出售，占调查农户的 95%，仅有 45 户将马铃薯完全作为自用(表 7-9)。

（二）产出的地区差异分析

调查显示各地区马铃薯的产出、平均收入、销售单价和单产存在明显差异。平均收入以冬季马铃薯产地盈江为最高，54 795 元/公顷；以大春马铃薯产地宣威为最低，27 675

---

① 脱毒品种因为缺少种薯成本及收入数据在分析时被剔除。

元/公顷。销售价格最高为寻甸，1.92 元/千克；最低为大关，1.49 元/千克。单产最高为景东，29 940 千克/公顷；最低为丘北，20 335 千克/公顷(参见表 7-10)。

表 7-9 马铃薯收入情况表 单位：元/hm²

	户数	最小值	最大值	均值	标准差
自用收入	636	375	57 000	13 848.75	10 503.15
销售收入	913	2 100	65 910	31 104	13 965.75
总收入	958	7 995	69 300	38 836.95	10 872.15

表 7-10 马铃薯种植样本地区平均销售单价、单产和每公顷收入表

调查地区	调查户数/户	每公顷收入/(元/hm²)	调查户数/户	单价/(元/kg)	调查户数/户	单产/(kg/hm²)
寻甸	99	41 345.40	92	1.92	99	21 768.15
大关	57	41 019.60	56	1.46	57	28 168.35
丘北	100	33 628.20	99	1.69	100	20 348.70
师宗	100	44 862.15	82	1.97	100	23 160.00
宣威	99	27 682.20	98	1.69	100	20 533.35
景东	101	37 800.45	29	1.57	101	29 940.60
盈江	100	54 801.90	100	1.91	100	28 821.00
香格里拉	100	32 904.00	100	1.60	100	20 617.50
丽江	100	39 872.70	90	1.88	100	21 481.20
马龙	101	35 460.00	101	1.91	101	18 601.50

（三）品种差异分析

马铃薯各种品种的平均收入、销售价格和每公顷产量存在显著差异。平均收入最高为丽薯系列 44 760 元/公顷，最低为'中甸红' 31 785 元/公顷；售价最高为地方品种 2.24 元/千克，最低为'中甸红' 1.6 元/千克；单产最高为'滇薯 6 号' 25 170 千克/公顷，仅为 19 515 千克/公顷(表 7-11)。

表 7-11 马铃薯调查各品种平均收入、单价和单产表

调查品种	调查户数/户	每亩收入/(元/hm²)	调查户数/户	单价/(元/kg)	调查户数/户	单产/(kg/hm²)
'合作 88'	459	40 884.90	373	1.85	459	23 974.65
'会-2'	166	40 061.85	161	1.70	166	24 189.30
'宣薯 2 号'	85	30 836.40	83	1.63	85	22 177.35
地方品种	30	41 287.35	22	2.24	30	20 329.50
'滇薯 6 号'	36	40 637.55	36	1.61	36	25 166.70
'中甸红'	53	31 788.75	53	1.60	53	19 952.85
'3810'	34	38 836.80	34	1.99	34	19 513.20
'丽薯'	24	44 761.20	20	1.95	24	23 964.90
其他	45	36 713.85	40	1.77	45	20 903.40

三、云南马铃薯投入产出分析

将马铃薯种植的投入产出进行对比，对农户马铃薯种植的效益进行分析，在此主要从马铃薯利润和投入产出方面进行分析。

（一）利润分析

马铃薯种植利润是马铃薯种植收入与成本之差。云南马铃薯种植农户作为独立的农业生产者，作为市场主体的一员，利润不仅衡量农户的净收入水平，也衡量了农户在马铃薯种植中的盈利能力和盈利水平。

1. 农户种植利润差异较大

农户马铃薯种植获得利润普遍较好但差异也较大。由于云南各地气候土地差异较大，每一年的马铃薯收成各地差异也较大。通过 10 个地区 958 户农户调查显示，马铃薯种植的平均利润为 22 500 元/公顷，最高利润为 47 550 元/公顷，最低利润出现亏损，为 22 800 元/公顷。马铃薯种植亏损的户数为 32 户，仅占被调查农户的 3.4%，这部分亏损农户主要是土地流转的承包大户，由于土地和人工成本大幅上升，导致亏损农户的平均成本达 29 520 元/公顷，高于平均成本 16 335 元/公顷，导致种植马铃薯收益不能冲抵成本，出现亏损(表 7-12)。

表 7-12 马铃薯调查农户利润表 单位：元/hm²

	调查用户数	最小值	最大值	均值	标准差
利润	14 370	−22 800	47 550	22 501.05	11 300.40

2. 利润存在地区差异

马铃薯种植利润各地区存在显著差异。其中盈江的平均利润最高为 37 200 元/公顷，其次为师宗 31 515 元/公顷。平均利润最低的景东仅有 9600 元/公顷，宣威的利润不足 15 000 元/公顷(表 7-13)。

表 7-13 马铃薯样本地区平均利润表 单位：元/hm²

地区	寻甸	大关	丘北	师宗	宣威	景东	盈江	香格里拉	丽江	马龙
平均利润	23 715	24 270	23 010	31 515	14 100	9600	37 200	19 800	22 245	20 430

3. 利润存在品种差异

马铃薯种植各品种利润也存在显著差异。其中利润最高的为地方品种，30 225 元/公顷，原因在于地方品种种薯一般为自留，成本相对较低，且其品质较好，价格相对较高。利润最低为'宣薯 2 号'，17 625 元/公顷。高于平均利润的品种还有丽薯系列、'滇薯 6 号'、'3810'、'会-2'与'合作 88'，其余品种都低于平均利润(表 7-14)。

表 7-14 马铃薯各品种平均利润表 单位：元/hm²

马铃薯品种	'合作 88'	'会-2'	'宣薯 2 号'	地方品种	'滇薯 6 号'	其他	'中甸红'	'3810'	'丽薯'
平均利润	22 530	24 885	17 625	30 225	25 245	20 265	18 795	23 475	27 585

（二）投入产出率分析

马铃薯投入产出率是通过研究马铃薯的马铃薯产值与生产过程中的全部投入比，衡量农户马铃薯种植的经济效果，投入产出率大于 1，说明产值大于投入，农户种植马铃薯有较好收益，投入产出率越大，说明农户的经济效果越好。

1. 马铃薯投入产出率

云南马铃薯种植农户普遍能够获得较好经济效益。马铃薯种植样本的投入产出率均值为2.554，说明农户在种植马铃薯时，平均1份投入可获得的2.554倍产出；在调查农户中，投入产出率最大值为7.13，意味马铃薯最好时1份投入可获得7.13倍产出；最小值为0.32，这主要因为种植管理方面存在不足，或自然条件不好，所以出现亏损(表7-15)。

表 7-15　马铃薯调查农户投入产出率表

	调查用户数	最小值	最大值	均值	标准差
投入产出率	958	0.32	7.13	2.55	0.91

2. 地区差异分析

马铃薯调查各地区的投入产出率存在显著差异。平均投入产出率最高的师宗 3.23，意味1倍投入能获得3倍产出；最低的景东1.19，意味1倍投入仅有1.2倍的产出。除盈江、丘北投入产出率在2.8以上、宣威投入产出率不到2以外，其他地区的投入产出率都在2.2~2.5之间(表7-16)。

表 7-16　马铃薯样本地区投入产出率表

调查地区	寻甸	大关	丘北	师宗	宣威	景东	盈江	香格里拉	丽江	马龙
投入产出率	2.27	2.33	2.86	3.23	1.89	1.19	3.13	2.50	2.22	2.27

3. 品种差异分析

马铃薯调查各品种的投入产出率存在显著差异。投入产出率最高的地方品种 3.57；最低的'合作88'为2.0。除'滇薯6号'的投入产出率为2.63外，其余品种的投入产出率基本在2~2.5之间(表7-17)。

表 7-17　马铃薯调查不同品种的投入产出率表

马铃薯品种	'合作88'	'会-2'	'宣薯2号'	地方品种	'滇薯6号'	其他	'中甸红'	'3810'	'丽薯'
投入产出率	2.00	2.50	2.13	3.57	2.63	2.22	2.44	2.44	2.44

四、投入产出分析结果

通过以上分析，得出以下结果。

第一，马铃薯种植的经济效益较好。首先，云南省各地农户马铃薯种植的利润普遍较高，平均利润为 22 500 元/公顷。其次是投入产出率较高，马铃薯的投入产出率在 2 以上。由于马铃薯可种植区域较广，特别在增产增收较为困难的山地，大力发展和推广马铃薯种植，有利于促进农民增收。

第二，马铃薯投入产出的地区差异显著。各地由于耕作方式、土壤质量、耕作技术、气候、使用品种等因素不同，在投入成本、产量、收入和利润等方面存在较大差距。

第三，马铃薯投入产出的品种差异显著。在推广中应注意，产量最高品种却不一定是经济效益最好，因此各地在推广马铃薯种植的时候，需要在考虑产量的同时，注重投入较低、价格较高的品种。

第四，降低种植成本是提高马铃薯经济效益的根本。在种植成本中，劳动力成本和种薯成本占比较大，降低成本主要是降低劳动力和种薯成本。

第四节　云南马铃薯投入产出比较分析

种植马铃薯的收益不仅受到马铃薯的投入成本的影响，还会受到马铃薯的市场价格的影响，受到国内其他主要种植区域种植成本的影响，通过横向比较，有利于分析云南马铃薯的市场竞争力。

马铃薯种植选择不仅取决于马铃薯自身效益，还取决于马铃薯的相对效益，当种植其他农作物能够取得更好收益时，用其他农作物替代马铃薯种植无疑是符合农户利益和市场规律的，因此，通过马铃薯与竞争性作物的比较，有利于分析马铃薯产业的持续发展性。

一、马铃薯投入产出区域性比较

马铃薯的生产效益不仅取决于农户的生产投入成本，还取决于市场价格，而市场价格是市场供给与需求的均衡结果，马铃薯市场供给量是农户根据各自生产成本比较市场价格决定的产量总和，意味着生产成本较高的生产者因为投入产出率较低，在供大于求导致价格较低时，农户容易产生亏损而退出生产。对于投入产出率较高的农户即使价格下降，仍有一定的利润空间，农户才能够保持持续生产的动力，才能有利于马铃薯产业的整体长期发展。通过对比云南与其他马铃薯主产区的投入产出，分析云南马铃薯种植农户在市场价格波动中的相对承受力及市场竞争力。

（一）投入比较

1. 比较地区的数据来源及调整

我国其他地区的马铃薯种植投入产出数据来源于"2010年全国农产品成本收益汇编"（以下简称"汇编"）。由于本研究的调查表项目与"汇编"存在差别，为了具有可比性，作如下调整：云南地区马铃薯种植成本中未调查农家肥、畜力肥和水用量，需在全国其他地区物资成本中将其扣除；并将其他地区的自用劳动力成本折算成雇佣劳动力成本，同时将不能归入具体项目的成本归为其他；土地租赁费用不包括自用土地费用。全国其他地区的马铃薯种植的成本在"汇编"2009年数据基础上，根据2010年公布的农产品生产价格指数进行了适当调整形成。

2. 与其他地区的投入比较

云南马铃薯平均种植成本处于中等水平。与全国主要种植区域相比，云南马铃薯种植成本略低于其他主要种植地区的平均成本，但物资成本明显高于其他主要种植地区平均成本；特别是种薯成本为全国平均的 3 倍，明显高于其他地区。云南省的劳动力成本相对全国其他地区属中等水平，高于我国西北省份的地区，但明显低于中东部省份的地区。云南马铃薯种植的机械化成本略高于全国其他地区平均水平。云南马铃薯种植主要以自有耕地为主，因此地租成本相对较低(表 7-18)。

表 7-18　云南与全国其他地区平均成本比较表

调查地区	总成本	物资成本			机械化成本	培训成本	劳动力成本	地租	其他
		共计	其中		—	—	—	—	—
			种薯	化肥	—	—	—	—	—
云南样本平均	1 090	583	384	162	41	15	444	6	1
以下地区平均	1 514	367	102	107	36	—	687	27	76
太原	944	169	77	86	0	—	595	—	18
呼和浩特	646	83	42	43	50	—	411	18	0
长春	1 992	244	133	58	0	—	1 266	38	255
济南	2 232	893	345	423	42	—	466	—	63
青岛	1 432	355	168	149	73	—	500	—	187
武汉	2 687	728	252	406	36	—	1 159	2	105
重庆	2 225	238	137	92	71	—	1 558	75	53
兰州	888	249	125	102	0	—	391	—	22
西宁	1 315	449	309	137	21	—	330	18	52
乌鲁木齐	784	262	128	113	69	—	193	14	4

（二）产出比较

云南省马铃薯单产和产值在西部地区有一定优势。云南省马铃薯亩均产值高于全国平均水平，高于其他西部地区(重庆除外)，低于中东部地区。从单产产量来看，云南省单产产量略低于全国其他比较地区平均水平，主要是我国中东部地区，土地肥沃，水利资源充足，马铃薯单产产量相对云南省高出较多，但与我国西部的马铃薯主产区相比，云南省马铃薯产量高于重庆、兰州和呼和浩特。从销售价格来看，云南省马铃薯售价仅低于重庆、武汉、济南和青岛，高于其他地区，也略高于全国平均售价(表 7-19)。

表 7-19　云南与其他地区马铃薯种植产出比较表[①]

项目	云南样本平均	比较地区平均	太原	呼和浩特	长春	济南
产量/(kg/ hm²)	23 355.00	23 891.10	30 625.05	12 053.40	42 666.45	32 958.15
价格/(元/kg)	1.66	1.49	1.39	1.41	1.59	2.29
产值/(元/ hm²)	38 769.30	35 597.70	42 568.80	16 995.30	67 839.60	75 474.15

项目	青岛	武汉	重庆	兰州	西宁	乌鲁木齐
产量/(kg/hm²)	37 500.00	30 158.10	22 230.30	18 090.00	38 700.00	24 881.40
价格/(元/kg)	1.87	2.35	2.72	1.04	0.93	1.14
产值/(元/hm²)	70 125.00	70 871.55	60 466.35	18 813.60	35 991.00	28 364.85

①全国各大地区马铃薯种植产值是在 2009 年的基础上，考虑物价上涨因素，上调50%。

（三）投入产出比较

云南省马铃薯种植利润在西部地区有一定优势。根据样本地区调查数据显示，云南省马铃薯种植利润高于其他西部地区，低于中东部地区(包括重庆)，略低于全国比较地区平均水平。

投入产出率高于全国比较地区平均水平。云南省的投入可以获得比全国平均水平高的回报。云南的投入产出效率仅低于青岛、太原、济南、乌鲁木齐和长春，高于其他地区(表 7-20)。

表 7-20　云南与全国其他地区马铃薯种植单产投入产出比较表

项目	云南样本平均	全国比较地区平均	太原	呼和浩特	长春	济南
净利润/元	22 490.55	22 623.30	30 313.05	7 507.05	39 897.45	52 883.25
投入产出率	2.38	2.00	3.57	2.00	2.50	3.45
项目	青岛	武汉	重庆	兰州	西宁	乌鲁木齐
净利润/元	51 864.15	38 914.35	23 340.40	8 661.15	22 085.25	19 355.55
投入产出率	4.17	2.33	2.04	1.89	2.78	3.45

（四）结果分析

通过以上分析，得出以下结果：

第一，云南马铃薯种植具有一定的比较优势。云南的产出、利润及生产效率高于与之毗邻的绝大部分西部地区(重庆除外)，因此，云南马铃薯对外销售应具有一定的竞争性。

第二，云南马铃薯种植物资成本明显过高。物资成本中占主要部分的种薯和化肥成本明显高于其他地区。因此，首先，云南发展马铃薯产业应该着力发展种薯培育产业，降低种薯成本；其次，应尽量减少化肥的流通成本，使农户能买到优质低价的肥料。

第三，培育适于云南种植的高产马铃薯品系。云南马铃薯单产与全国高产地区相比，仍有较大的提升空间。通过培育适于云南种植的高产马铃薯品系，云南马铃薯有望跻身于全国高产之列。

二、马铃薯与竞争性作物投入产出比较分析

农户种植马铃薯与否将取决于马铃薯与其他农作物的比较收益，比较马铃薯与其他竞争性作物的投入产出，有利于分析马铃薯种植的竞争优势。

为了进一步比较马铃薯与其他竞争性作物的投入产出情况，我们同时也在样本地区对玉米、水稻、青稞、油菜、豌豆等竞争性作物进行了调查。调查结果表明，玉米和水稻是样本地区主要的竞争性作物，其次是青稞、油菜、豌豆等作物。

（一）投入比较分析

马铃薯种植成本明显高于所调查的其他竞争性作物。调查结果显示，马铃薯的物资成本高于其他所有竞争性作物；劳动力成本仅略低于玉米，而高于其他竞争性作物；马铃薯种薯的机械化使用程度低于水稻、油菜和玉米(表7-21)。

表7-21　云南马铃薯与其他竞争性作物成本比较表　　　　　　单位：元/hm²

品种	总成本	物资成本	机械化成本	劳动力成本	地租	培训	其他
马铃薯	16 344.45	8 49.65	612.45	6 665.10	90.30	217.95	9.00
玉米	10 281.45	3 736.20	704.25	5 742.00	99.00	0.00	0.00
水稻	13 067.40	4 800.00	1 320.90	6 834.00	0.00	112.50	0.00
青稞	5 641.50	427.50	302.25	4 918.50	0.00	0.00	0.00
油菜	6 132.00	1 215.00	874.50	4 765.50	0.00	0.00	0.00
豌豆	8 775.00	2 475.00	0.00	6 300.00	0.00	0.00	0.00

（二）产出比较分析

马铃薯种植的产量与产值明显优于其他竞争性作物。调查数据显示马铃薯产量是玉米产量的近3.6倍、水稻的2.8倍、青稞的7倍、油菜的9.6倍、豌豆的3.5倍。尽管马铃薯平均销售价格在各种竞争性作物中最低，但其产值仍具有明显的优势，其产值是玉米的3.1倍、水稻的2.3倍、青稞的3.6倍、油菜的2.8倍、豌豆的2.9倍(表7-22)。

表7-22　云南马铃薯与其他竞争性作物产出比较表

项目	马铃薯	玉米	水稻	青稞	油菜	豌豆
产量/(kg/hm²)	23 355.00	6 529.50	8 295.00	3 279.00	2 427.00	6 700.50
价格/(元/kg)	1.66	1.92	2.01	3.26	5.69	2.01
产值/(元/hm²)	38 769.30	12 536.70	16 672.95	10 689.60	13 809.60	13 468.05

（三）投入产出比较分析

马铃薯种植利润明显高于其他竞争性经济作物。马铃薯的种植利润是玉米利润的10倍、水稻的6.2倍、青稞的4.5倍、油菜的2.9倍、豌豆的4.8倍。就种植效率而言，马铃薯最高，投入产出率为2.55，其次为油菜，投入产出率为2.27。种植效率最低的为玉米和水稻，其投入产出率仅为1.22和1.28(表7-23)。

表 7-23   云南马铃薯与其他竞争性作物投入产出比较表

项目	马铃薯	玉米	水稻	青稞	油菜	豌豆
利润/元	22 490.55	2 228.55	3 617.10	5 050.50	7 674.00	4 725.00
投入产出率	2.55	1.22	1.28	1.89	2.27	1.54

（四）结果分析

通过以上分析，得出以下结果：

第一，马铃薯是比较效益较高的农作物之一。通过与其他竞争性作物的投入产出比较，马铃薯的利润和种植效率最高，是最具推广价值的农作物。

第二，成本是制约马铃薯发展的主要因素。农户在选择农作物种植时，投入成本将成为其考虑的重点。在竞争性作物的比较中，马铃薯的投入成本是最高的，因此会影响马铃薯产业的发展。

第三，利润和投入产出率受价格影响较大。对于如玉米、水稻和马铃薯等大宗农产品，利润和投入产出率受价格影响较大，由于玉米、水稻有政府最低保护价，其利润水平是可以稳定的。而马铃薯属于市场自由定价的商品，价格会受很多因素影响。因此，一方面需要对马铃薯的生产、价格进行长期统计，了解市场对马铃薯品种需求和季节需求做出系统性分析，根据各地实际情况，科学引导农户进行生产；另一方面，可以为本省产量较大的农产品开辟远期交易市场，以农产品合作社的方式进行交易，从而降低类似于马铃薯这类涉及农户较多、产量较大的产品生产者的市场风险。

第五节   投入产出效率分析

效率的测量始于 1957 年的法雷尔，定义了一个简单的可以衡量多个投入的公司效率，认为公司效率包含两个部分：一个是技术效率，它反映了公司由一个给定的投入集合中获得最大产出的能力，另一个是配置效率，它反映了公司合理划分投入成分，并合理安排对应价格和生产技术的能力。两种效率的结合可以实现对总体经济效率的测量。

本节将从技术效率和配置效率两个方面来测算马铃薯的总体经济效率。根据各地马铃薯种植农户的投入产出调查数据，使用随机前沿面生产函数模型测定技术效率以测算各地农户给定一组投入获取最大产出的能力；使用 DEA 方法测定配置效率以测算当给定投入价格和生产技术后，各地农户使投入达到最优比例的能力。

根据调查数据的完整性，选择了寻甸、大关、壬北、师宗、宣威、景东、盈江 7 个县市分析其技术效率和配置效率。

一、马铃薯种植技术效率分析

在此参考 Aigner、Lovell、Schmidt 于 1977 年提出了随机前沿面生产函数模型：

$$\ln q_i = \beta_0 + \sum_{j=1}^{k} \beta_j \ln x_{ij} - v_i + \mu_i$$

q_i：第 i 个调查农户产出；

x_{ij}：第 i 个调查农户第 j 种投入要素；

β_{0-k}：待估计参数；

v_i：随机误差项；

μ_i：与技术无效有关的非负随机变量；

假设 v_i 与 μ_i 都是为零均值、同方差且不相关，v_i 为正态分布，μ_i 为半正态分布。

技术效率：$TE_i = \exp(-\mu_i)$

依据以上模型，在马铃薯生产前沿估计中选择了在投入成本中比例较大的种薯、化肥和劳动力三种生产要素的每亩投入作为模型的自变量，选择单产作为模型的因变量，分别估计和比较其生产前沿函数和平均技术效率(表 7-24)。

表 7-24　云南调查地区马铃薯柯布-道格拉斯型生产前沿模型估计

调查县市	观测数	log 似然函数值	常数	种薯	化肥	劳动力	σ_v^2	gamma	平均技术效率
寻甸	99	36	2.05	0.49	0.45	0.105	0.03	0.005	0.99
			(14)	(4.7)	(2.5)	(0.68)	(1.6)	(0.005)	
大关	58	70	−8.7	5.1	−1.9	−0.2	0.01	0.78	0.93
			(−5.9)	(9.8)	(−9.0)	(−1.8)	(2.6)	(3.7)	
丘北	100	10	−3.86	1.8	0.4	0.18	0.05	0.0003	0.997
			(−3.3)	(8.3)	(9.5)	(2.2)	(9.2)	(0.006)	
师宗	100	10	8.6	−0.24	−0.0008	0.17	0.12	0.97	0.785
			(8.8)	(−1.24)	(−0.017)	(2.4)	(5.7)	(43)	
宣威	100	31	6.9	0.44	−0.32	−0.24	0.12	1	0.813
			(14.5)	(3.8)	(−6.8)	(−3.97)	(6.2)	(7.4E+5)	
景东	101	12	8.3	−0.8E-3	−0.009	−0.14	0.22	0.955	0.726
			(7.3)	(−0.0014)	(−0.134)	(−1.74)	(5.5)	(34.3)	
盈江	100	133λ	4.6	0.59	−0.01	0.024	0.004	1.40E-03	0.9998
			(3.4)	(2.3)	(−0.25)	(0.59)	(7.65)	(0.001)	

注：1.小括号内为估计 t 值；2.gamma 为 σ_μ^2 与 σ_v^2 的比值；3.技术效率取值范围在 0～1 区间。
该表的所有估计均应用 frontier 4.1 软件完成。

结果显示，盈江、丘北和寻甸的平均技术效率较高，均在 0.99 以上。盈江的种薯和化肥投入要素的系数估计不显著，即不能拒绝估计系数为零的假设，增加种薯和化肥投入，可能并不能增加产出。盈江的劳动力弹性仅为 0.0004，即增加 1%的劳动力，仅能增加产出 0.0004%。因此，盈江是在调查地区中最有效率的马铃薯种植地区。

丘北和寻甸的种薯、化肥弹性都不足 1，而劳动力弹性则更小，说明增加 1%的种薯、化肥和劳动力投入产出不足 1%，因此，其投入产出也是比较有效率的。

大关和宣威的技术效率分别为 0.93 和 0.813，两者在化肥和劳动力的系数估计均为负，说明其化肥和劳动力的投入是没有效率的。

景东、师宗的技术效率偏低，均不到 0.8。景东的技术效率最低，其三种主要的生产投入要素弹性均为负，说明其投入是没有效率的。

二、配置效率 DEA 分析

从经济学角度，理性经济人假设市场主体都以追求利润最大化为目标。然而，马铃薯种植生产过程是一个长期的农业生长过程，其收益受到收获季节的市场价格和产量影响，农户可控性较为有限。因此，分析农户的最小成本下的效率比分析利润最大下的效率更为现实，即分析马铃薯种植户规模收益不变(CRS)、短期成本最小化条件下的成本效率和配置效率。

在此利用投入导向规模收益不变(CRS)、短期成本最小化的 DEA 模型进行分析。DEA 模型如下：

$$\min_{\lambda, x_i} w_i' x_i^*$$
$$St. -q_i + Q\lambda \geqslant 0$$
$$x_i^* - X\lambda \geqslant 0$$
$$l1'\lambda = 1$$
$$\lambda \geqslant 0$$

式中，w_i：第 i 个农户投入要素价格 $N \times 1$ 向量；

x_i^*：第 i 个农户在给定投入价格 w_i 和产出水平 q_i 下投入量的成本最小向量；

q_i：第 i 个农户的马铃薯产出水平；

$l1$：表示元素为 1 的 $N \times 1$ 向量；

λ：表示一个 $N \times 1$ 向量。

总成本效率(Cost Effiency，CE)是最小成本与观测成本的比率。

$$CE = w_i' x_i^* / w_i x_i$$

配置效率用"余值法"计算：

$$AE = CE/TE$$

TE 为技术效率。AE、CE、TE 取值范围均在 0～1 区间。

利用上述模型，选择种薯、化肥和劳动力三种投入要素，利用 DEA 线性规划求解马铃薯种植的配置效率，结果参见表 7-25。

表 7-25　云南调查地区马铃薯成本效率和配置效率 DEA 评估

调查县市	观测数	平均技术效率	平均配置效率	平均成本效率
寻甸	99	0.752	0.894	0.672
大关	58	0.823	0.781	0.648
丘北	100	0.752	0.891	0.668
师宗	100	0.616	0.865	0.53

调查县市	观测数	平均技术效率	平均配置效率	平均成本效率
宣威	100	0.699	0.884	0.619
景东	101	0.652	0.837	0.547
盈江	100	0.748	0.912	0.682

注：该分析使用 deap2.1 分析软件完成。

表 7-25 显示了各地受访农户的平均效率。从平均配置效率来看，在农户要素价格和产出既定的前提下，大多数农户都有通过改善投入数量和投入配比提高配置效率、降低投入成本的可能。通过比较，马铃薯种植平均配置效率最高的分别为为盈江、寻甸和丘北，说明这些地区大部分种植户的投入配比都是比较合理的；大关的平均配置效率则相对较低，表明该地区的大部分农户有改善其投入配比的必要，提高其生产效率。

通过以上分析，得出以下结果。

第一，部分地区部分要素投入没有效率。通过道格拉斯生产前沿函数模型的技术效率测定，在仅考虑生产要素投入数量时，部分地区都存在不同程度的投入收益递减现象，即出现单位面积投入要素拥挤现象。因此，这些地区的马铃薯农户有必要科学的进行生产投入。

第二，大部分农户的投入配置效率有待改善。在考虑价格对收益的影响条件下，通过设定规模收益不变、最小成本的 DEA 模型测定，结果显示大部分的马铃薯种植农户都能够通过改进其投入配置，达到成本最小。

三、C-D 函数的效率分析

C-D 函数由数学家柯布和经济学家道格拉斯于 20 世纪 30 年代初一起提出来的。用来预测国家和地区的工业系统或大企业的生产和分析发展生产的途径的一种经济数学模型，简称生产函数。它的基本的形式为：

$$Y_t = AK_t^\alpha L_t^\beta + \mu_t$$

式中 Y 是工业总产值，A 是综合技术水平，L 是投入的劳动力数(单位是万人或人)，K 是投入的资本，一般指固定资产净值(单位是亿元或万元，但必须与劳动力数的单位相对应，如劳动力用万人作单位，固定资产净值就用亿元作单位)，α 是资本产出的弹性系数，β 是劳动产出的弹性系数，μ_t 表示随机干扰的影响，$\mu_t \leqslant 1$。从这个模型看出，决定工业系统发展水平的主要因素是投入的劳动力数、固定资产和综合技术水平(包括经营管理水平、劳动力素质、引进先进技术等)。根据 α 和 β 的组合情况，它有三种类型：①$\alpha+\beta>1$，称为递增报酬型，表明按现有技术用扩大生产规模来增加产出是有利的。②$\alpha+\beta<1$，称为递减报酬型，表明按现有技术用扩大生产规模来增加产出是得不偿失的。③$\alpha+\beta=1$，称为不变报酬型，表明生产效率并不会随着生产规模的扩大而提高，只有提高技术水平，才会提高经济效益。

现使用农户调查数据中的每亩的总收入作为马铃薯产出、物资成本加机械化成本作为资本投入，劳动力投入价值成本作为劳动力成本，有效数据 954 个。对式两边取对数进行变形得：

$$\lg Y_t = \lg A + \alpha \lg K_t + \beta \lg L_t$$

对上式进行简单线性回归，结果为：

$$\lg Y_t = 2.55 + 0.257 \lg K + 0.0539 \lg L$$

标准误：(0.077)(0.027)(0.017)；

$R^2 = 0.113$；$F = 60.77$；

从以上回归结果来看，虽然偏低，但各回归参数的 t 检验及整体的 F 检验在显著水平 0.01 条件下显著。资本弹性为 0.257，和劳动力弹性为 0.053 的回归结果表明，资本投入每增加 1%，产出增加 0.257%，劳动力投入每增加 1%，产出增加 0.053%。回归结果为 $\alpha + \beta < 1$，表明农户现阶段的马铃薯种植水平为递减报酬型，按现有的栽培种植技术用扩大生产规模来增加产出是得不偿失的。

通过以上分析，得出以下结果。

第一，部分地区部分要素投入没有效率。通过道格拉斯生产前沿函数模型的技术效率测定，在仅考虑生产要素投入数量时，部分地区都存在不同程度的投入收益递减现象，即出现单位面积投入要素拥挤现象。因此，这些地区的马铃薯农户有必要科学的进行生产投入。

第二，大部分农户的投入配置效率有待改善。在考虑价格对收益的影响条件下，通过设定规模收益不变、最小成本的 DEA 模型测定，结果显示大部分的马铃薯种植农户都能够通过改进其投入配置，达到成本最小。

第三，大部分的农户种植在资本和劳动力配置上是缺乏效率的，在现有的栽培种植技术下，扩大种植规模并不能有效地增加农民收入。因此，在考虑规模种植的时候，必须考虑改变现有的投入产出模式。

第六节　产出影响因素分析

前面的投入产出分析一直是基于农户的微观角度进行的分析，从宏观角度来看，云南省各样本县马铃薯的产出不仅受到农户各种投入的影响，还会受到自然灾害、政府补贴等因素的影响。因此，本节将从宏观角度分析影响云南省各样本县马铃薯的产量和种植面积的因素。

一、影响因素数据描述

为了分析马铃薯产出的外部影响因素，本研究收集了寻甸、大关、丘北、师宗、宣威、景东、丽江、马龙、鲁甸九个县市 2005~2010 年马铃薯大春和秋冬的种植面积、产量、品种、价格、受灾程度及政府补贴等数据。九个地区中景东仅种植秋冬马铃薯，昭通鲁甸仅种植大春马铃薯。

从表 7-26 可以看到，2005~2010 年宣威市在九个地区中马铃薯种植面积、产量和政府补助最多，丽江、丘北相对较少。种植品种最多的是宣威，马龙和鲁甸只种植一个品种。平均受灾程度最重的是鲁甸，其次是丽江，较轻的为丘北、师宗和宣威。

为了测定马铃薯产量和种植面积的影响因素及影响程度，在此就 9 个地区的 2005～2010 年大春、秋冬马铃薯数据建立面板数据模型[1]。

表 7-26　2005～2010 年云南调查地区马铃薯平均数据对比

调查县市	观测数	产量/万 t	面积/万 hm²	价格/(元/kg)	补助/万元	受灾程度	品种数
寻甸	12	1.57	0.06	0.91	15.45	0.27	1.75
大关	12	8.97	0.44	1.32	29.08	0.19	2.58
丘北	12	1.19	0.05	1.28	6.12	0.00	1.92
师宗	12	8.49	0.38	0.92	13.33	0.04	2.67
宣威	12	49.52	2.92	1.15	144.42	0.07	4.92
景东	6	3.00	0.16	0.89	27.83	0.09	2.00
丽江	9	1.09	0.05	0.74	0.00	0.51	3.00
马龙	12	5.31	0.25	1.04	16.67	0.09	1.00
鲁甸	6	17.41	0.84	0.97	44.17	0.54	1.00

二、产量影响因素模型

马铃薯产量会受到其种植面积、受灾程度、季节、品种数量的影响，在此设立了以种植面积、受灾程度、季节、品种数量为自变量的模型，通过模型模拟估计测定，季节和品种数量的影响不显著，马铃薯产量主要受种植面积和受灾程度的影响。以此建立模型：

$$Y_{it} = \beta_0 + \beta_1 X_{1it} + \beta_2 X_{2it} + e_i + \mu_{it}$$

式中，Y_{it}：i 地区 t 时间的马铃薯产量；

X_{1it}：i 地区 t 时间的马铃薯种植面积；

X_{2it}：i 地区 t 时间的马铃薯受灾程度；

β_i：特征参数(i=0，1，2)；

e_i：i 地区的固定影响；

μ_{it}：随机扰动项。

模型估计结果为：

$$Y_{it} = 0.931 + 1.234 X_{1it} - 5.072 X_{2it} + e_i$$
$$t : (2.09)(51.77)(-3.14)$$

模型估计综合拟合优度 R^2 为 0.978，参数检验和 F 检验通过在 5%的置信水平下检验。通过模型可以看到，在其他条件不变的情况下，马铃薯种植面积增加 0.07 万公顷，

---

[1] 以下模型用 Stata8.0 软件完成。

产量可以增加 1.234 万吨。在其他条件不变的情况下，当受灾程度增加 1%时，产量将减少 0.0507 万吨(表 7-27)。

表 7-27　模型固定影响因素 e_i

地区	寻甸	大关	丘北	师宗	宣威	景东	丽江	马龙	鲁甸
e_i	0.836	0.92	−0.65	0.81	−5.07	−0.36	1.86	0.14	3.734

三、种植面积影响因素模型

马铃薯种植面积可能会受到价格和政府补助的影响，以价格和政府补贴为自变量设定模型，研究其对种植面积的影响。通过模型模拟估计测定，马铃薯种植面积受到价格影响不显著，但政府补助的影响是显著的，以此建立模型：

$$A_{it} = \beta_0 + \beta_1 B_{it} + e_i + \mu_{it}$$

式中，A_{it}:i 地区 t 时间的马铃薯种植面积；

B_{it}:i 地区 t 时间的马铃薯种植政府补助；

e_i:i 地区的固定影响；

μ_{it}:随机扰动项。

模型估计结果为：

$$Y_{it} = 1.87 + 0.212 B_{it} + e_i$$
$$t : (1.96)(13.76)$$

模型估计综合拟合优度 R^2 为 0.815，参数检验和 F 检验在 5%的置信水平下通过检验。通过模型可以看到，在其他条件不变的情况下，马铃薯种植政府补助每增加 1 万元，面积可增加 0.01 万公顷(表 7-28)。

表 7-28　模型固定影响因素 e_i

地区	寻甸	大关	丘北	师宗	宣威	景东	丽江	马龙	鲁甸
e_i	−4.19	−1.49	−2.43	0.93	11.34	-5.42	−1.164	−1.58	1.34

四、结果分析

通过以上分析，得出以下结果。

第一，马铃薯产量主要受到马铃薯播种面积和受灾面积的影响。提高马铃薯产量仍应以增加播种面积为主。通过防灾减灾也能减少马铃薯种植的损失，增加马铃薯产量。马铃薯产量与种植品种是否单一以及种植季节(是否是大春还是秋冬季节)关系不大。

第二，马铃薯种植面积明显受到政府补贴力度的影响。模型显示政府补贴对于鼓励农户种植马铃薯具有显著的作用，增加政府补贴的数量有助于扩大马铃薯种植面积。

参 考 文 献

杜纲，张建国. 产业经济评价的 DEA/PCA 分析模型[J]. 天津大学学报:社会科学版，2000(4) : 311-314

高洁.基于 DEA/PCA 模型的中国省域旅游国际竞争力评价[J]. 边疆经济与文化，2014(2) : 28-30

国家发展和改革委员会价格司.全国农产品成本收益资料汇编 2010(B)[M].北京 : 中国统计出版社，2010

李志勤. 中国马铃薯生产的经济分析[D]. 武汉 : 华中农业大学博士学位论文，2008

王海峰.基于 DEA/PCA 模型的高新技术产业经济绩效评价[J]. 统计与决策，2012(7)：62-64

王淑新，王学定等.马铃薯生产的投入产出分析——以定西市为例[J]. 安徽农业科学， 2010，38（4）：2081-2083

杨丽，陈莹. 我国农村生产要素 C-D 函数分析[J]. 经济问题探索，2009（3）：31-37

张颖，赵宽辽，路燕.我国玉米生产要素贡献率和地区差异实证分析——基于 21 个玉米主产省(区、市)的面板数据[J].河南农业科学，2013(8)：182-185

Timothy J C.效率和生产率分析导论[M].2 版.刘大成译.北京：清华大学出版社，2009

第八章 云南省马铃薯产业竞争力分析

马铃薯作为菜粮兼用的粮食作物，为解决云南省及全国的粮食安全问题做出了重要贡献。云南省作为全国马铃薯的主产区，发展马铃薯产业是云南农业产业的重中之重，马铃薯产业的竞争力体现在马铃薯的种植、加工、市场和消费全领域，通过对马铃薯全产业的比较优势分析，有利于明确云南省未来发展马铃薯产业的思路。

第一节 产业竞争力分析的有关理论

一、产业竞争力的内涵

关于产业竞争力的内涵，波特指出产业国际竞争力是在国际间自由贸易条件下，一国特定产业以其相对于其他国更高的生产力向国际市场提供符合消费者(包括生产性消费者)或购买者需要的更多的产品，并持续获得盈利的能力。世界经济论坛(The World Economic Forum，WEF)和洛桑国际管理开发学院(International Institute for Management Development，IMD)在 1994 年发表的《1994 国际竞争力报告》中修改了国际竞争力的定义和评价标准。它们认为："国际竞争力是指一国或公司在世界市场上均衡地生产出比其竞争对手更多财富的能力"。在此基础上，WEF 和 IMD 总结出了国际竞争力理论，即国际竞争力是竞争力资产与竞争力过程的统一。中国社会科学院金碚研究员著的《竞争力经济学》中指出：产业竞争力是一国特定产业通过在国际市场上销售其产品而反映出来的竞争力。这一定义明确指出：产业竞争力的实质就是一国特定产业相对于国外竞争对手的比较生产力，相关国家特定产业的产品国际市场占有率和盈利率是产业竞争力最终的实现目标。张京福教授认为产业竞争力是指某一产业或整体产业通过对生产要素和资源的高效配置及转换，稳定持续地生产出比竞争对手更多财富的能力，体现的是在市场竞争中的比较关系，表现在市场上如产品价格、成本、质量、服务、品牌和差异化等方面比竞争对手所具有的差异化能力。这一定义明确指出了产业竞争力是一种相对竞争力，而且还强调了生产要素及其配置效率会影响产业竞争力，同时，这一定义也给出了产业竞争力的市场表现形式。中国社会科学院裴长洪博士指出产业竞争力是区域产业的比较优势和它是一般市场绝对竞争优势的总和。这一定义解释了产业竞争力的理论来源。

二、产业竞争力理论

（一）比较优势理论

古典经济学家亚当·斯密于 1776 年提出了经典的绝对优势理论，他认为：各国之间生产技术的绝对差别是国际贸易的基础，这种差别会造成劳动生产率和生产成本的绝对差别。也就是说贸易双方应集中生产并出口本国拥有绝对优势的产品，然后从他国交换本国不具有绝对优势的产品,这样会比自己什么都生产更加有利。1871 年大卫·李嘉图进一步完善了绝对优势理论,将其演化成了比较优势理论。他认为:国际贸易的基础并不限于生产技术的绝对差别,只要各国存在生产技术上的相对差别,就会出现生产成本和产品价格的相对差别,从而使各国在不同的产品上具有比较优势,使国际分工和国际贸易成为可能。

（二）要素禀赋理论

对比较优势理论发展和完善的学者是赫克歇尔和俄林,20 世纪他们发展了比较优势理论,进一步从生产要素的差别,而不是生产技术上的差别来解释生产成本,提出了要素禀赋理论。这一理论认为:不同的商品需要不同的生产要素比例,而不同国家拥有的生产要素比例是不同的。因此各国就应该生产那些能密集利用本国富裕生产要素的商品,换取那些需要比较密集利用稀缺生产要素生产的进口商品。

20 世纪 70 年代末,保罗·克鲁格曼用"规模经济"和"不完全竞争"来解释相似资源储备国家之间和同类工业产品之间的"双向贸易"或行业内贸易。这是一种新的贸易理论,它认为:贸易的好处是可以通过扩大市场增加生产从而降低成本获得利润。随后日本经济学家小岛清提出协议性区域分工理论,补充和完善了比较优势理论,它证明:即使在相对成本差距不存在或者说要素禀赋相同的条件下,分工仍然是一种必然趋势。另外由美国经济学家雷蒙德·弗农提出了产品周期理论,认为生产要素不仅包括资本和劳动,也包括自然资源、生产技术等,进一步扩充了比较优势和要素禀赋的范畴。

（三）比较优势和竞争优势理论

金碚认为:各国产业在世界经济体系中的地位是由多种因素所决定的,从国际分工的角度看,比较优势具有决定性作用;从产业竞争的角度看,竞争优势又起决定性作用。在现实中,比较优势和竞争优势实际上共同决定着各国各产业的国际地位及其变化趋势。

金碚进一步详细指出了比较优势和竞争优势是既有区别又有联系的,相互影响相互作用的。金碚在《中国工业国际竞争力》一书中这样来描述二者的区别:

比较优势是一个经济学概念,而竞争优势则属于管理学概念;比较优势涉及的主要是各国不同产业(或产品)之间的关系,而竞争优势涉及的是各国之间同一产业的关系。这两者的联系包括:比较优势和竞争优势的本质都是生产力的国际比较,只不过从不同的侧面来反映生产率。前者强调的是各国不同产业之间生产率的比较,而后者则强调各国同一产业之间生产率的比较;当本国发生对外贸易时,比较优势竞争优势同时发生作用,当没有对外贸易发生时,则竞争优势不发生作用。

（四）"钻石体系"理论

迈克尔·波特从 20 世纪 80 年代开始先后发表了《竞争战略》、《竞争优势》及《国际竞争优势》三部著作,被合成为"竞争三部曲",系统地提出了竞争优势理论,并成为了研究产业国际竞争力的重要理论基础。波特认为比较优势和竞争优势是有着重大区别的,波特说"比较优势理论是长期以来在国际竞争分析中处于主流和控制能力的一种理论,而我则力主竞争优势才应该是一国财富的源泉。比较优势论一般认为一国的竞争力主要来源于劳动力、自然资源、金融资本等物质禀赋的投入，而我认为这些投入要素在全球化快速发展的今天其作用日趋减少……取而代之的是，国家应该创造一个良好的经营环境和支持政策……"。

在《国家竞争优势》中，波特把他的国家竞争理论应用到国际竞争范畴内，提出了"钻石模型"，又成为"钻石体系"理论，是对"国家竞争力"的规范解释。一种理解国家或地区全球竞争地位的全新方法。现在已经成为现代商业思维中不可缺少的一部分，经过证实后，该理论得到了学者们的一致认可，同时也成为了产业国际竞争力的一个重要理论基础。在该理论中波特认为：一国在某一行业取得全国性成功的关键在于六个基本要素，即生产要素条件、需求情况、相关和支撑产业、企业的战略、结构与竞争、机遇、政府六个要素。其中前四项是关键因素，后两项是辅助因素，统称为外部环境(图 8-1)。

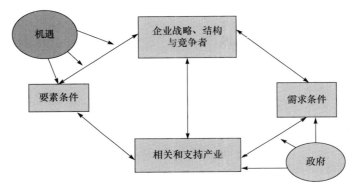

图 8-1　"钻石模型"示意图

1. 生产要素

"生产要素"是指人类生产过程所必须具备的一切物质条件，包含有劳动资源、资本资源、人力资源、知识资源等几大类。生产因素包括基本要素和高等要素两大类。基本要素也叫初级要素，主要包括自然资源、气候、地理位置、非熟练和半熟练劳工、债务资本等；高等要素主要是指现代化电信网络、高科技人才、尖端学科的研究机构等。基本要素中的气候、地理环境、自然资源是"遗传"或天赋的，是既定的先天条件，而高等要素是要通过前期投资和后天开发投资出来的。生产要素也可以分为通用要素和专门要素两类。其中通用要素包括可以为不同行业所共用的高速公路、资金和大学毕业生等要素；专门要素是指应用面很窄的专业人才、基础设施和专门知识。在保持企业竞争优势方面专门要素比通用要素更重要，而高等要素加专门要素则是一个国家和一个产业取得竞争胜利的有利条件。

2. 需求因素

"需求因素"是指本国市场对该项产业所提供产品或服务的需求情况。市场需求状况对提升产业经营主体——企业的竞争力至关重要，对任何一个产业竞争力的形成都有相当重要的影响。波特认为：这种影响不仅来自显而易见的规模经济，就对产业国际竞争力的形成而言，国内市场的素质比其规模更重要。首先，庞大的国内市场需求有利于该产业在国际上的竞争，较早发展的国内市场迫使该产业较早的建立起大量的生产能力并积累丰富的生产经验，无形中提升了本国的产业竞争力；其次，国内市场的过早饱和会推动该产业提早进行产品的创新和升级，把该行业由国内市场推向国际市场，让该产业的竞争优势在国际市场继续发展壮大；最后，在该产业不断发展壮大的同时，要警惕庞大的市场使企业丧失对外扩张的意志。

3. 相关和支撑产业

"相关和支撑产业"是指这些产业的上下游产业及其相关产业的国际竞争力，通常情况下的，有竞争力的本国产业，也会带动相关产业的竞争力。如果上游供应商有竞争力，则可以帮助下游企业掌握新方法、新机会和新技术的应用，与企业一起，致力于其加工和产品的发展，提高产品质量，增加下游的竞争优势；如果下游市场具有竞争力，则可以帮助上游企业降低市场风险；如果企业的上下游产业在竞争中处于下风，则会降低该企业的竞争力。但是无论如何，高度密切的与相关和支撑产业合作对一个企业维持和增加其竞争力是必需的。

4. 企业的战略、结构和同业竞争

"企业的战略、结构和同业竞争"是指企业在一个国度内的基础、组织和管理形态，以及国内市场竞争对手的表现。在各个国家和产业中，企业的战略、结构以及目标都是有很大差异的，掌握国家特色环境，使得各种竞争优势恰当地匹配在企业中，使企业的管理模式和组织形态都符合本民族大环境，让该产业获得竞争力。企业进步和创新的动力来源于激烈的国内竞争，国内大环境迫使企业利用改良管理制度，启用新技术等来降低成本，提高产品质量，研发新产品，从而进一步增强竞争优势。另外国际竞争是国内竞争的延伸，饱和的国内市场把企业推向国际市场，参与国际竞争，国内市场的种种压力迫使企业加重了出口产品寻求成长的愿望，让企业在国际竞争中占据更大的优势。

5. 机会和政府角色

"机会"是指一些突发性因素；"政府角色"是指政府对其他要素的干涉。在"钻石模型"中，政府和机会是两个不确定因素，属于辅助因素。机会一般是指基础性发明、技术、战争、政变、市场需求等系列方面发生重大改变和突发事件，机会对产业竞争力的作用是不容忽视的，它可以开发新市场、调整产业结构，为整个产业提供创新发展的机会，但是机会是企业、整个产业乃至政府都无法控制的，对以上"钻石模型"中四个重要的因素的影响都是单向的。政府可以通过制定政策对企业乃至整个产业的竞争环境产生重大影响，从而影响整个产业的竞争力。如可以对高级的专门要素的形成发生至关重要的作用；政府行为可以对整个经济体制发生影响；可以通过政策制定调整汇率、出台各种奖励鼓励政策促进国内产品出口；可以对企业的战略、目标产生直接的影响等，政府对"钻石模型"的其他四个要素的作用是相互的，同时政府行为的作用可以是积极的，也可能会是消极的。

波特在提出"竞争优势论"的同时，根据产业国际竞争力在经济发展过程中表现出来的不同形式和特点，把产业国际竞争的过程大致分为四个依次递进的阶段：第一个阶段，要素驱动阶段，处于这一阶段的国家总是在那些依赖基本生产要素的产业领域内取得竞争优势。如自然资源、气候、非熟练及半熟练的劳工等；第二个阶段，投资驱动阶段。在第一阶段发展的基础上，激烈的国际竞争迫使企业加大投资力度，促使自己的生产资料向高级方向发展，建立健全基础设施等建设，使企业在这一阶段继续保持竞争优势；第三个阶段：创新驱动阶段，这一阶段不再完全依赖基本的生产要素在产业竞争中

取得优势，国家在生产要素成本上的优势会越来越弱，从而促使他们加大创新力度，利用国际新技术，抓住发展新机会，进行技术、制度等各方面创新，出现产品和服务质量的进步，从而在国家内部出现了具有新的竞争优势产业群；第四个阶段，财富驱动阶段。该阶段是整个产业竞争阶段的最高阶段，在这一阶段，企业的最大特点就是求稳，但也是导致整个产业国际竞争力衰弱的阶段，对生产要素的投资减少，不再积极的采用新技术等是这个阶段最突出的特点。

三、产业竞争力分析方法

产业竞争力具有内在性和综合性的基本特点，对产业竞争力进行评价，就是要使其内在性尽可能显现出来，成为可感知的属性，同时要对其综合的属性进行分析和分解，并尽可能指标化，使其成为可计量的统计数值。

关于产业竞争力研究可用的定性定量方法不少，本书打算在简要回顾的基础上，把它们归纳为五大类，即指标综合评价法、竞争结果评价法、影响因素剖析法、全要素生产率法和标杆法。从分析竞争的结果出发，可以采取竞争结果评价法(显示性指标法)等；从分析决定和影响竞争力的原因着手，可以采取影响因素剖析法、全要素生产率法和标杆法；而如果要寻求一个对竞争力的整体判断的话，可以从竞争结果和影响竞争结果的因素两方面着手进行指标的综合分析，采用指标综合评价法。

国内外学者和研究者采用了多种多样的方法来研究各层次的竞争力问题。有一些方法既能用于国家层次竞争力的分析评价，也能用于产业层次和企业层次的竞争力研究，如指标综合评价法。但有些方法就不是都能适用，例如影响因素剖析方法要是用于国家竞争力的研究就过于繁琐，它更适合于产业和企业层次的竞争力研究。

指标综合评价法：主要指对竞争结果以及影响或决定竞争力的多种因素进行综合考虑、以建立系统科学的国际竞争力指标(包括硬指标和软指标)体系为基础的综合分析和评价方法，是综合研究一国产业总体的国际竞争力的一种评价方法。这种方法往往通过构建竞争力指数进行竞争力排名，以世界经济论坛和国际管理开发学院的评价方法为典型代表。

竞争结果评价法：主要是从竞争的结果表现角度来评价产业竞争力，主要分析指标都是竞争力的显性指标，如市场占有率、净进口等。最典型的是市场占有率法和进出口贸易数据量测法(包括贸易竞争力指数法、显示性比较优势指数法、显示性竞争优势指数法等)。从竞争结果出发进行评价，能够对产业的竞争力状况有一个全面的了解，但不足之处就是"只知其果不知其因"。

影响因素剖析法：主要是从影响产业竞争力的因素角度来分析，通过这种方法，可以对影响竞争力的因素有一个较深刻的了解，从而为如何提高竞争力提供决策依据。最有代表性的是波特教授关于影响产业国际竞争力的"钻石体系"。

全要素生产率模型法：主要是从技术进步对产出增长贡献的角度来分析生产率的变化，从而对产业竞争力进行评价。这种方法是随着知识经济时代到来，技术和知识对竞争力的影响越来越大而逐渐兴起的。

标杆法：主要通过对研究对象及其竞争对手之间的比较研究，确定出同类对象中的最优秀者，作为标杆，找出研究对象与标杆之间的差距。事实上，标杆法的实质是与竞争力的定义相一致的，竞争力只有在比较中才能显露出来。找到同类中的佼佼者作为一个标杆，至少把它作为当前要改进和努力的目标。标杆法中的主要数量方法包括数据包络分析法和经营竞争力比率法等都可以归为这一类。

本章将采用指标综合评价方法进行云南马铃薯种植竞争力的分析。

第二节　云南省马铃薯种植竞争力分析

一、云南省马铃薯生产的国内区域比较优势分析

（一）我国其他部分省市、地区马铃薯生产情况

我国马铃薯主要分布在甘肃、内蒙古、贵州、四川、云南等 20 多个省市自治区，除了部分省市的马铃薯播种面积较小，其他省市、地区的马铃薯种植面积都比较大。我国已成为了世界上最大的马铃薯生产基地。

作为适应性较广的作物，马铃薯在全国各地都可以种植。其从栽培区域角度出发可划分为北方一季作区，包括东北和西北；中原二季作区，包括华北平原、长江流域；西南混作区，包括云南、贵州和四川；南方冬作区，包括广东、广西、台湾、海南和福建。

马铃薯虽然在全国均有种植，但种植分布不均，北方一季作区和西南混作区种植面积较大，其中西南混作区种植面积占全国种植面积 38%左右。全国马铃薯种植面积最大的五个省份为甘肃、内蒙古、云南、贵州、四川；总产量最大的省份是甘肃，单产最高的是甘肃，云南省马铃薯种植面积、产量及单产在全国均属前列。

表 8-1　2012 年部分省市、自治区马铃薯种植面积、总产量及单产

省份	面积/khm²	产量/万 t	单产/(kg/hm²)
内蒙古	681.35	184.73	2711.24
甘肃	684.93	239.50	3496.71
贵州	676.27	179.74	2657.81
四川	746.67	275.00	3683.04
云南	516.73	175.00	3386.68
山西	168.93	26.16	1548.57
湖北	221.03	68.49	3098.67
吉林	76.41	63.89	8361.48
湖南	91.15	36.21	3972.57
福建	77.23	29.59	3832.11
辽宁	54.87	27.40	4993.17
浙江	55.52	22.57	4065.20
新疆	26.69	12.21	4574.75
安徽	15.70	7.48	4764.33
全国	5531.95	1855.25	3353.69

注：马铃薯产量、单位均按 5 千克折 1 千克粮食计算。

资料来源：中国国家统计局（http://www.stats.gov.cn/）。

从表 8-1 中我们可以看出，位于北方一作区的内蒙古、甘肃等省、自治区的种植面积在全国位列前茅，是我国马铃薯的主产区之一，其中内蒙古种植面积和总产量位居全国第三，甘肃种植面积和总产量在全国同时排在第二位，单位面积的产量却仅居全国中等位置；另外在该作区，吉林的单产水平最高，达到 8 361.48 千克/公顷；辽宁的单产水平在该区仅次于吉林，但由于种植面积小，总产量也很小；山西、陕西、宁夏的单产水平已经是全国最低水平，究其原因，这三个省位居西北干旱地区，自然条件不能满足马铃薯最适生长。

位于西南第二作区的贵州、四川、云南的种植面积很大，其中四川的种植面积最大，位居全国第一，产量也很大，是马铃薯的主产区之一。可是这三个省单产水平只是全国中等偏上水平，这是因为这三个省常年处于我国湿热地区，致使马铃薯病虫害严重，造成了单产水平不高。按往年的数据来看，全国单产最高的应当是属西藏，高于新疆，可见海拔越高，病虫害发生的就越少，马铃薯的单产会越高。

位于中原三作区的湖北、湖南、安徽，在这三个省中湖北的种植面积最大，单产最低；安徽的产量最高，但是种植面积却非常小，导致了总产量也很低。

位于南方冬作区的福建、广东，在这两个省中，福建的种植面积和总产量高于广东，可是单产水平却低于广东。

（二）区域比较优势分析方法

我们把云南省马铃薯的单产以及种植规模作为马铃薯区域比较优势测定的关键指标，建立三个马铃薯比较优势测定指数：生产效率优势指数(Efficiency Advantage Idex，EAI)、规模优势指数(Scale Advantage Index，SAI)、综合优势指数(Comprehensive Advantage Index，CAI)。

1. 生产效率优势指数

该效率指数主要是从马铃薯资源内涵生产力出发来反映马铃薯的比较优势，通过对云南省这个特定区域、马铃薯这个特定农作物的土地产出率(亩产量)与该地区所有农作物平均土地产出率的相对水平以及与全国该比率平均水平的对比关系，考察云南省马铃薯在生产上的相对效率优势。简言之，就是从马铃薯的亩产角度来反映云南省马铃薯在生产上的相对效率优势。计算公式为：

$$EAI_{ij} = \frac{AP_{ij} / AP_i}{AP_j / AP}$$

在该式中，其中 EAI_{ij} 为云南省马铃薯的生产效率优势指数，AP_{ij} 为云南省马铃薯单产，AP_i 为云南省所有农作物平均单产，AP_j 为全国马铃薯平均单产，AP 为全国所有农作物平均单产。

当 $EAI_{ij}<1$ 时，说明云南省马铃薯的生产效率处于劣势，EAI_{ij} 越大，则劣势越小；$EAI_{ij}>1$ 时，表明云南省马铃薯的生产效率与全国平均水平相比处于优势，EAI_{ij} 越大，则优势越明显；当 $EAI_{ij}=1$ 时，云南省马铃薯的生产效率为全国平均水平。

2. 规模优势指数

该指数主要是反映云南省马铃薯生产的规模化和专业化程度，它通过分析云南省马铃薯的种植面积占该地区所有农作物种植面积的比例与全国该比例平均水平的对比关系，来反映云南省马铃薯生产的相对规模优势。简言之，就是从马铃薯的种植规模角度云南省马铃薯生产的相对规模优势。计算公式为：

$$SAI_{ij} = \frac{GS_{ij} / GS_i}{GS_j / GS}$$

在该式中，SAI_{ij} 表示云南省马铃薯生产的规模优势指数；GS_{ij} 表示云南省马铃薯的种植面积；GS_i 表示云南省所有农作物种植面积之和；GS_j 表示全国马铃薯种植面积；GS 表示全国所有农作物种植面积之和。

当 $SAI_{ij}<1$ 时，说明云南省马铃薯在生产规模上与全国平均水平相比处于劣势，SAI_{ij} 越大，劣势越不明显；当 $SAI_{ij}>1$ 时，云南省马铃薯在生产规模上处于优势，SAI_{ij} 越大，优势越明显；当 $SAI_{ij}=1$ 时，云南省马铃薯的生产规模处于全国平均水平。

3.综合优势指数

综合优势指数是生产效率优势指数和生产规模优势指数的综合，从生产效率和生产规模综合衡量该地区马铃薯生产的综合比较优势，能较全面地反映云南省马铃薯生产的优势。计算公式为：

$$AAI_{ij} = \sqrt{EAI_{ij} \times SAI_{ij}}$$

在该式中，AAI_{ij} 表示云南省马铃薯生产的综合优势指数；EAI_{ij} 表示云南省马铃薯的生产效率优势指数；SAI_{ij} 为云南省马铃薯生产的规模优势指数。当 $AAI_{ij}<1$ 时，表示云南省马铃薯生产综合上与全国平均水平相比处于劣势，AAI_{ij} 越大，劣势越不明显；$AAI_{ij}>1$ 时，云南省马铃薯的生产处于优势，AAI_{ij} 越大，优势越明显；当 $AAI_{ij}=1$ 时，云南省马铃薯的生产等同于全国平均水平。

（三）数据来源

本章中所用 2005～2012 年全国及云南马铃薯生产的种植面积、产量和单产的数据，还有种植规模排在前三的内蒙古、贵州、甘肃三省的相关数据，均来自中国国家统计局 (http：//www.stats.gov.cn/)。

（四）云南省马铃薯生产的区域比较优势分析结果

1. 生产效率优势

云南省生产效率优势指数 $EAI_{ij}>1$，说明云南省的生产效率具有优势。在这四大主产区中，甘肃的效率优势指数最高，达到了 1.53。云南生产效率平均为 1.38，位居第二，明显高于内蒙古和贵州的平均水平，具有明显优势。从表 8-2 中我们可以看到，在这将近 20 年中，云南的生产效率优势是相对比较稳定的，2005 年贵州 $EAI_{ij}<1$，不仅总体平均优势小，而且波动较大。因此可知云南省马铃薯在长期生产中都具有效率优势，并且

优势比较均衡(表 8-2)。

表 8-2 2005～2012 年部分年份云南马铃薯生产与仝国马铃薯主产区效率优势指数(EAI)比较

年份	云南	内蒙古	甘肃	贵州
2005	1.41	1.14	1.75	0.84
2006	1.35	1.25	1.6	1
2007	1.36	1.11	1.65	1.05
2008	1.38	1.12	1.61	1.03
2009	1.39	1.10	1.24	1.05
2010	1.38	1.20	1.45	1.01
2011	1.40	1.11	1.58	1.05
2012	1.37	1.09	1.37	1.00
平均数	1.38	1.14	1.53	1.00

资料来源：根据中国国家统计局（http://www.stats.gov.cn/)相关数据计算得出。

2. 生产规模优势(表 8-3)

表 8-3 2005～2012 年部分年份云南马铃薯生产与全国马铃薯主产区规模优势指数(SAI)比较

年份	云南	内蒙古	甘肃	贵州
2005	2.49	2.69	4.37	5.21
2006	2.58	2.95	5.58	5.23
2007	2.64	2.85	5.83	5.10
2008	2.59	2.94	5.57	4.72
2009	2.50	2.60	5.00	4.53
2010	2.36	2.95	4.99	4.01
2011	2.23	3.00	4.95	3.97
2012	2.21	2.81	4.94	3.85
平均数	2.45	2.85	5.15	4.59

资料来源：根据中国国家统计局（http://www.stats.gov.cn/)相关数据计算得出。

从表 8-3 可以看出，云南、内蒙古、甘肃和贵州的规模优势指数 SAI_{ij} 均远大于 1；其中甘肃的规模优势(5.15)最为突出，位居全国第一，为云南规模优势指数的 2 倍多，贵州(4.59)与内蒙古(2.85)也远高于云南，云南的种植规模在主产区中处于劣势。

3. 生产综合优势(表 8-4)

表 8-4 1991～2009 年部分年份云南马铃薯生产与全国马铃薯主产区综合优势指数(AAI)比较

年份	云南	内蒙古	甘肃	贵州
2005	1.87	1.75	2.77	2.09
2006	1.87	1.92	2.99	2.29
2007	1.89	1.78	3.10	2.31
2008	1.89	1.81	2.99	2.20
2009	1.86	1.69	2.49	2.18

年份	云南	内蒙古	甘肃	贵州
2010	1.87	1.71	2.59	2.10
2011	1.85	1.85	2.76	2.15
2012	1.88	1.89	2.83	2.03
平均数	1.87	1.80	2.81	2.16

资料来源：中国国家统计局（http：//www.stats.gov.cn/)根据相关数据计算得出。

从表 8-4 中我们可以看得出，云南的综合优势指数 AAI_{ij}(1.87)>1，具有明显优势。从以上四大主产区综合优势指数比较来看，甘肃的优势(2.81)最大，其次为贵州(2.16)、云南(1.87)和内蒙古(1.80)，云南的综合优势在主产区中并不占据上风。

二、云南省四大主要农作物区域比较优势分析

马铃薯在云南省与玉米、小麦、稻谷并称为四大主要农作物，我们在本节利用比较优势分析方法对云南省的这四大农作物进行分析，了解马铃薯在云南省内的生产情况。

（一）生产效率优势

表 8-5　1991～2009 年部分年份云南马铃薯、玉米、稻谷和小麦效率优势指数(EAI)比较

年份	马铃薯	玉米	稻谷	小麦
2005	1.41	0.94	1.28	0.61
2006	1.35	0.94	1.24	0.60
2007	1.36	0.98	1.21	0.63
2008	1.38	0.96	1.19	0.55
2009	1.39	0.99	1.21	0.59
2010	1.58	0.91	1.24	0.55
2011	1.38	0.99	1.11	0.68
2012	1.48	0.96	1.19	0.70
平均数	1.42	0.95	1.21	0.61

资料来源：中国国家统计局（http：//www.stats.gov.cn/)相关数据计算得出。

从表 8-5 我们可以看出，云南省马铃薯的生产效率优势指数(1.42)明显高于玉米(0.95)、稻谷(1.21)和小麦(0.61)，在这四大农作物中生产效率优势最为明显，而玉米和小麦的生产效率甚至是低于全国平均水平的(表 8-6)。

表 8-6　1991～2009 年部分年份云南马铃薯、玉米、稻谷和小麦规模优势指数(SAI)比较

年份	马铃薯	玉米	稻谷	小麦
2005	2.49	1.11	0.88	0.57
2006	2.58	1.15	0.91	0.50
2007	2.64	1.15	0.92	0.49

年份	马铃薯	玉米	稻谷	小麦
2008	2.59	1.16	0.92	0.47
2009	2.50	1.11	0.92	0.47
2010	2.36	1.09	0.85	0.44
2011	2.23	0.99	0.84	0.42
2012	2.21	1.02	0.88	0.43
平均数	2.45	1.10	0.89	0.47

资料来源：根据中国国家统计局（http：//www.stats.gov.cn/)相关数据计算得出。

（二）生产规模优势

通过计算，从表 8-6 中可以看出，云南省马铃薯的生产规模明显具有优势，生产规模优势较其他四大农作物最为明显，马铃薯(2.45)和玉米(1.10)的生产规模高于全国平均水平，稻谷(0.89)和小麦(0.47)的生产规模较全国水平有些偏低。

（三）生产综合优势

从表 8-7 中可知，云南省马铃薯的综合优势(1.89)较玉米(1.06)、稻谷(1.05)、小麦(0.54)的综合优势较为明显，只有小麦的生产综合优势指数 $AAI_{ij}<1$，低于全国平均水平。

表 8-7　1991～2009 年部分年份云南马铃薯、玉米、稻谷和小麦综合优势指数(AAI)比较

年份	马铃薯	玉米	稻谷	小麦
2005	1.87	1.02	1.06	0.59
2006	1.87	1.04	1.06	0.55
2007	1.89	1.06	1.06	0.51
2008	1.89	1.06	1.05	0.51
2009	1.86	1.10	1.06	0.53
2010	1.87	1.06	1.01	0.52
2011	1.89	1.08	1.03	0.60
2012	1.94	1.03	1.05	0.54
平均数	1.89	1.06	1.05	0.54

资料来源：根据中国国家统计局(http：//www.stats.gov.cn/)相关数据计算得出。

（四）结论

由于云南省拥有特殊的气候条件和独特的地理位置，使云南省马铃薯生产有相对比较优势和广阔的发展空间。通过区域比较优势分析法，我们可以看出，我省马铃薯在生产规模、生产效率方面均具有明显优势，远高于全国平均水平，从而得出云南省马铃薯在生产方面具有综合比较优势，具有较强的竞争力。

第三节　云南省马铃薯加工业竞争力分析

一、云南省马铃薯加工业发展现状分析

（一）云南马铃薯加工业发展总体情况

云南马铃薯加工业尚处于起步阶段，包括初加工在内，加工利用率仅占鲜薯总产量的 10%左右。全省的马铃薯加工企业有昆明子弟食品厂、天使食品厂、云南理世等 10 余家。加工产品为薯片、全粉、精淀粉、变性淀粉、保鲜薯等。

近年来，随着云南省政府把马铃薯产业发展提高到一个全新高度，尤其十分注重马铃薯加工企业的发展，积极扶持马铃薯加工企业，并按照"企业+基地+农户+先进技术"的模式，努力培养马铃薯加工业的"龙头"企业。随着多年发展，目前已形成了包括马铃薯精淀粉生产及其淀粉衍生物的生产和薯片等快餐及方便食品两种类型的多家企业。以昆明子弟食品公司、昆明天使食品总厂等为代表的加工企业在全国处于领先地位。

（二）云南马铃薯加工业主要加工产品

马铃薯具有较高的开发利用价值。首先马铃薯具有很高的营养价值，素有 "地下苹果"、"第二面包"之称；其次马铃薯具有很高的药用价值，具有和胃调中，健脾益气等多种功效；最后，马铃薯可以通过深加工增值。目前马铃薯可加工成淀粉、全粉、变性淀粉及各种马铃薯食品等多种产品，为食品、医药、饲料、造纸、纺织、建筑、冶金、石油化工、制药等多种工业领域提供大量丰富的原材料。另外，由于马铃薯自身分子结构的特点和特殊性能，其应用是其他类淀粉制品所无法替代的。

目前云南省主要马铃薯加工产品有淀粉、复性淀粉、全粉、冷冻食品等。

二、云南马铃薯加工业优势分析

（一）马铃薯加工的自然优势

首先，云南马铃薯具有产量高、品质好的特点。云南地处低纬度高原，纬度与南美洲马铃薯原产地相似，气候温和，雨量充沛，日照相宜，十分适宜马铃薯生长。优越的自然环境，造就了云南马铃薯较高的品质。

其次，云南具备全年供给鲜薯的能力。云南马铃薯一年产三季，地下储存一季，这样形成云南可四时供给马铃薯的特点，保障了马铃薯加工企业的持续生产。云南马铃薯加工企业开机时间达到了每年 8 个月以上，开工率达 60%～70%，较北方大多数生产厂家的 2～3 个月开工时间，在对外商业和供给粗加工原料方面具有明显优势。

（二）马铃薯加工企业"品牌化"成形

云南马铃薯加工企业经过多年的发展,随着规模的不断扩大、生产能力的不断提升、知名度的日益提高，逐步实现了加工企业的"品牌化"。

切片型薯片加工方面，其中昆明子弟食品公司和昆明天使食品总厂的产能在全国排名第三、四位，在国内自主品牌排名第一、二位。产能占全国切片型马铃薯生产总量的

21%，在我国西南地区的市场占有率极高，产品长期处于供不应求的状态。

（三）生产工艺较为领先

近年来，随着云南省委、省政府对马铃薯产业的重视度不断提高、扶持力度进一步加大，云南马铃薯加工企业日益发展壮大，马铃薯生产工艺不断提高。

云南马铃薯加工企业拥有多台先进的生产设备，包括具有国际先进水平的马铃薯深加工生产线及全自动高速包装线等。如昆明子弟食品有限公司有 4 条全自动生产线，总生产能力为 1.2 吨/小时(干片)，其中最大一条生产线的产能达到 500 千克/小时，在同行业中属于产能领先设备。

（四）产业"集群化"日益凸显

产业集群，即某一特定产业(相同产业或关联性很强的产业)的企业根据纵向专业化分工以及横向竞争和合作的方式，大量集聚于某一特定区域而形成的具有集聚效应的产业组织。这种产业集群不仅能促进专业化分工合作，形成充分的市场竞争，还能够提升区域经济的外延性，使区域专业化水平不断提高。

首先，云南马铃薯生产企业专业化程度高。如云南鑫海食品有限公司以生产速冻薯条加工为主；云南天使食品有限公司、昆明子弟食品有限公司、昆明嘉华食品有限公司和昆明上好佳食品工业有限公司以生产土豆片为主。

其次，云南马铃薯生产区域分布明显。从全省来看，云南已形成滇东北、昆明、滇中南三大马铃薯产业区域，涵盖原料基地、种薯开发以及产品深加工三方面。从生产企业分布区域来看，马铃薯加工企业大多分布于昆明和滇东北的曲靖和昭通。该区域不仅具有信息、技术、资金、人才优势，同时该区域亦是云南马铃薯主产区，马铃薯种植面积广、集约化程度高，马铃薯品质好，适应马铃薯淀粉、全粉、炸土豆、做土豆泥等生产加工，另外该区域交通便利，基础条件高。

三、云南马铃薯加工业劣势分析

（一）加工型马铃薯缺乏

目前,由于马铃薯种植生产缺乏权威部分的组织和协调,农户多沿用传统种植方法,多种植换种和自留种马铃薯,加工型马铃薯种植数量、规模都较少,且品质较低。但是马铃薯加工多需特定品种,且品质要求较高,因此需要增加加工型专用马铃薯种植规模,推广高产栽培技术,加大管理、创新力度,才能确保马铃薯加工企业的健康发展。

（二）马铃薯价格波动较大

价格的不稳定，直接影响农户的利益和加工企业的利益。价格较低，农户生产积极性不高，企业收购困难，品质无法得到保障。价格高，企业成本增加，效益降低。近年来，云南马铃薯价格波动较大，每年波动幅度达 50%以上。尤其是 2009～2010 年期间，受马铃薯价格大幅上涨，低价进口马铃薯淀粉的冲击，致使企业生产成本等持续上涨，导致大部分淀粉企业被迫停产，薯片企业盈利大幅下降，约为 15%～20%左右。

（三）储存运输能力较滞后

储存运输是影响马铃薯加工业发展的重要因素之一。马铃薯具有高水分、富含淀粉的特点，因此在储存运输过程中较易腐坏。

目前，云南马铃薯储运能力皆较滞后。其中储存滞后主要表现在以下方面：首先是云南马铃薯销售大多是收获即销售，较少注重储存；其次农户储存方式多采用地中储存方式，易发生腐烂及品质降低；最后是加工企业储存设施建设较为滞后，储存能力较弱。这样使云南马铃薯销售主要集中在收获期，同时使销售直接进入高峰期，一方面农户易滞销，另外，企业易受流动资金影响，收购能力减弱，进而影响企业淡季持续生产。运输滞后主要表现在运输工具简陋、运输手段粗放、超载运输及运输过程中不包装等，易造成马铃薯腐烂，破损等。

（四）龙头企业作用未完全发挥，产业组织化程度较低

云南马铃薯产业经多年发展，已初具规模，但产业化程度尚低，尤其专业化、商品化程度较低。虽已初步形成"企业+协会+基地+农户"等产业模式，但生产、加工和销售之间的相互促进、共同发展的利益联动关系和运作模式尚未成熟，龙头企业作用未完全发挥，产业组织化程度较低。加工企业与农户之间的联系尚处于简单的工序阶段；加工与原料基地链脱节严重；农户提供的原材料品质、规格较低，不能满足企业加工需要；企业、协会、经营者、农户之间的连接，以及与市场的连接程度较低；协会发展层次较低，机制不完善，经营基本呈现"软、散、小"状态。

第四节　云南省马铃薯消费市场竞争力分析

一、云南马铃薯市场优势分析

（一）市场口碑较高

云南省拥有优越的自然环境条件，肥沃的土壤、适宜的温度等皆有利于种植出品质较高的马铃薯；同时，云南种植马铃薯历史悠久，农户种植经验丰富，亦有利于提高马铃薯的品质。而品质的高低是决定农作物市场占有率的主要因素之一。长期以来，云南马铃薯由于具有较高的品质，在省内外、国内外市场中拥有较高的口碑以及较大的市场。

（二）冬季马铃薯优势

冬季我国北方马铃薯匮乏，需求量较大。但我国北方冬季气候寒冷，无法生产出马铃薯，而同季节的云南，由于特殊的地理气候环境，仍可种植生产马铃薯，并且其生产成本远低于北方利用大棚来种植马铃薯；另外，马铃薯较其他蔬菜适宜长途运输。因此，云南冬季马铃薯具有巨大的市场潜力。

（三）"品牌"程度化较高

云南省马铃薯主产区积极打造具有地区优势的产品"品牌"，不断开拓国内外消费市

场。如宣威市建即设有西南地区最大的马铃薯交易市场，年交易量已超百万吨，宣威、昭通等地的马铃薯鲜薯已在广东等获得地域品牌认同，70%马铃薯销售至广东。云南的天使、子弟、鲁咪啦等薯片已成为全国知名品牌，云南昭阳威力淀粉公司是全国排名前列的马铃薯淀粉生产厂商，其产品远销东南亚和国内 20 多个省份。

（四）出口市场潜力巨大

云南地理位置特殊，紧邻东南亚多个国家，而有些东南亚国家不能生产种薯，种薯需要进口，随着云南与东盟自由贸易区的对接，加之云南交通设施的发达，云南出口种薯等往东南亚诸国皆较便利。低成本，高回报使得云南马铃薯在东南亚诸国备受青睐。

二、云南马铃薯市场劣势分析

（一）种植较分散，交通不便

云南马铃薯传统主产区主要聚集在贫困山区，马铃薯种植较分散，加之受交通不便因素影响，对马铃薯销售影响较大。首先，科技文化落后，新品种、新技术普及率低，致使马铃薯产量低，品质不高；其次，农业生产设施差，机械化生产程度低，不易形成规模化生产；最后，产品运出困难，不利于马铃薯外销，产品多处于本地自给自足消费状况。

（二）脱毒马铃薯种植面积、种薯基地较少

由于种植习惯、脱毒马铃薯成本高、马铃薯种植缺乏组织协调等原因，云南马铃薯种植户种植脱毒马铃薯积极性不高，脱毒马铃薯种植面积较少。另外，较多薯田质量不高，不能满足种薯生产要求，因此，相当一部分种薯则由超代脱毒种薯或商品薯代替，亩产不高，仅为脱毒种薯亩产的 1/3～1/2。

（三）产地品牌程度较低，缺乏市场竞争

云南外销鲜薯大部分没有品牌，缺乏市场竞争力。一个原因是种植马铃薯的主要区域地处山区，交通不便，收集和运输马铃薯的成本过高；第二个原因是马铃薯自产自销的比例较大，很多马铃薯在当地就消费掉；第三个原因是很多地方的马铃薯由于缺乏优质种薯，马铃薯进入市场价格低，销路少，对经销商缺乏吸引力。

第五节　云南省马铃薯外部环境分析

一、政府行为

首先，党和国家重视马铃薯产业的发展。2000 年 8 月温家宝总理对马铃薯产业首次批示"我国马铃薯种植面积占世界的四分之一，产量与世界的五分之一。加快引进和培育优良品种，努力提高马铃薯的加工转化程度，不断开拓消费市场，我们完全应该而且能够把马铃薯办成大产业"。2006 年中央出台了 9 号文件《农业部关于加快马铃薯产业发展的意见》，并成立了专家组。2007 年农业部首次主持召开了全国马铃薯生产大会，2008 年又把马铃薯纳入优势农产品区域布局规划，2009 年 4 月国务院常务会议通过了马铃薯原种繁育补贴意见，2010 年在中央 1 号文件中提出"扩大马铃薯补贴范围"。2013 年农业部提出在我国实施马铃薯主食产品及产业开发发展战略，农业部 2015 年斥 1 亿元主粮化马铃薯。一系列有关马铃薯的惠农补贴政策出台，为马铃薯产业的发展带来了前所未有的好机遇。

其次，云南省委、省政府大力扶持云南马铃薯产业的发展。1991 年省政府组织了 20 多个包括科研、教学和农技部门参加的对马铃薯脱毒快繁技术体系研究的联合攻关。1995 年，又把脱毒种薯快繁及综合配套技术推广列为云南省十二项重大农业科技措施在全省组织实施，并纳入省"'18'生物资源开发工程"的"薯类淀粉开发项目"给予扶持。1998 年，省政府在宣威召开了全省马铃薯产业开发专题会议，强调把马铃薯作为新兴产业、重要的食品工业来抓，提出了明确的目标、任务；同时启动了云南省脱毒马铃薯良种繁育推广体系建设项目，加大投资力度，扩大对外开放制定了一系列优惠政策，在科研、生产、加工和流通等各环节加大扶持力度。2007 年，《云南省农业发展第十一个五年规划》提出：积极引进国内外马铃薯加工、种薯企业，围绕市场和龙头企业大力发展商品原料薯、菜用薯和种薯生产基地，努力推进马铃薯的标准化和规模化生产，积极发展马铃薯食品和淀粉等精神加工业，形成产业链和环节的有机连接。建成全国最大的商品马铃薯出口生产基地，面向全国和东南亚的种薯供应基地，全国重要的马铃薯加工基地，做大做强马铃薯产业；同年，根据国家农业部、财政部关于印发《现代农业产业技术体系建设实施方案(试行)》的通知(农科教发〔2007〕12 号)及省政府领导批示精神，为科学规划和布局云南省现代农业产业技术体系建设，增强农业科技对发展现代农业和推进社会主义新农村建设的支撑与引领作用，结合云南省实际，启动云南省现代农业产业技术体系建设。围绕云南粮食安全和主要农产品有效供给的目标，2009 年启动第一批，包括水稻、玉米、马铃薯、生猪、奶牛、甘蔗、油菜、蚕桑等 8 个现代农业产业技术体系。

最后，云南省各市(州)县重视马铃薯产业，积极加快当地马铃薯产业建设与发展。多年来，云南省各地区把马铃薯产业开发，作为增加农民收入的一项重要措施来抓，各地均成立了促进马铃薯产业发展的相关领导工作组和技术组，负责马铃薯的种植规划、面积落实、种薯调运、规范栽培技术的实施及马铃薯销售订单合同的签订等工作，以及资金的筹集、使用和管理；技术小组主要负责马铃薯种植技术指导，高产栽培技术培训等工作。同时积极构筑农产品运销绿色通道，综合发挥龙头企业、农民专业合作经济组织、农产品购销大户和农民经纪人在流通中的作用，搞活网上交易，形成以市区为中心、小城镇为依托、综合市场和专业市场结合的县乡村三级营销网络等。

二、发展机遇

首先，国际马铃薯作为粮食的需求进一步加大。目前随着全球粮食危机的日益蔓延，全球性粮价不断高涨，马铃薯代替粮食将是全球趋势，同时联合国将 2008 年订为全球马铃薯年。随着中国加入 WTO 后国际贸易的不断加强，以及中国-东盟自由贸易区的进一步发展，云南由于特殊的地理位置以及东南亚等国外诸国广泛的市场需求，云南马铃薯外销市场将会进一步加大。

其次，国内区域性、季节性需求较大。一方面，由于种植面积较少，我国东南沿海诸如广州等省份对马铃薯作为蔬菜的需求较大；另外由于种植环境的因素，我国北方冬季马铃薯需求较大。由于云南省基础设施的不断完善，水、陆、空三体运输渠道的不断优化，加之保鲜等技术的进步以及冬季马铃薯在市场认可度的不断增强，将会使云南马铃薯销售辐射面积进一步加强，销售量进一步加大。

再者，城乡居民食用量增加。在欧美市场，马铃薯不仅多以主食形式消费，同时作为一种旅游、休闲食品在超市随处可见，颇受消费者青睐。随着人民生活水平的提高，健康意识的增强以及对马铃薯营养价值认识的不断提高，越来越多的消费者开始增加马铃薯消费；另外，随着城乡居民消费结构的变化，对马铃薯的消费呈现多样化趋势，马铃薯加工产品，诸如薯片、薯条等愈来愈受城乡居民青睐，需求市场巨大。进而随着云南马铃薯品质的不断提升、加工企业的进一步发展等良好因素的影响，云南马铃薯产业必将进一步增长。

最后，随着马铃薯加工业、快餐业的不断增长，对原材料马铃薯的需求将日益增加。我国马铃薯加工企业、快餐业基数较大，每年对原材料——马铃薯的需求较大。目前我国人均马铃薯方便食品消费量较世界人均马铃薯方便食品消费量低，据估计，随着社会的进一步发展，我国大、中型城市人口消费马铃薯方便食品量将进一步增长，必将刺激我国马铃薯产业、快餐业进一步发展。

参 考 文 献

洪彬.湖南稻米市场竞争力研究[D].长沙：湖南农业大学硕士学位论文，2007

靳松涛.豫湘两省主要农作物生产效应年际动态比较研究(1983-2003)[D].长沙：湖南农业大学硕士学位论文，2005

李启立.贵州省盘县马铃薯产业发展问题研究[D].北京：中国农业科学院硕士学位论文，2011

李云海、李灿辉、陈丽华，等.云南省马铃薯加工专用型品种的开发应用现状和发展前景[J].云南农业科技，2003 年增刊：106-111

吕涛.张家口市马铃薯产业发展对策研究[D].南昌：江西农业大学硕士学位论文，2012

马旺林.甘肃省马铃薯产业竞争力及其影响因素研究[D].雅安：四川农业大学硕士学位论文，2012

石先勇、苏利德、苏丽娜，等.对金融支持我区马铃薯产业化发展的探讨[J].北方经济，2011，13：48-50

王璠.对构建以定西市为中心的马铃薯产业集群的思考[C].第十三届中国科协年会第17分会场——城乡一体化与"三农"创新发展研讨会论文集，2011：1-5

王志学、范有军、唐成霞.我国马铃薯加工产业的发展现状及发展趋势[J].农业科技，2006(14)：164-165

杨剑.定西马铃薯产业竞争力评价及其提升研究[D].兰州：兰州大学硕士学位论文，2012

杨琼芬、白建明、杨万林，等.云南省彩色马铃薯产业的发展趋势和方向[J].中国马铃薯，2006(4)：254-255

张海清.中国棉花产区比较优势研究[D].北京：中国农业科学院硕士学位论文，2004

仲伟章.云南马铃薯产业的现状与发展对策[J].云南科技管理，2002，2：15-17

第九章　云南马铃薯产业前景展望

作为马铃薯种植大省，云南马铃薯产业未来仍将具有较大的发展潜力，尤其是农业部提出马铃薯主粮化战略将为马铃薯产业的种植、加工和消费带来前所未有的机遇。冬早马铃薯不管在种植和市场都仍有较大的扩展空间。大春马铃薯与冬早马铃薯相比，虽没有特别的竞争优势，但仍存在一定的发展可能。云南马铃薯的加工仍处于初级阶段，随着国家政策的支持及产品开发力度的加强，未来将可能获得良好发展的机遇。从云南马铃薯的产品品质和特点来看，马铃薯的市场和消费仍具有较大的开发潜力。

第一节　主粮化战略背景下的云南马铃薯发展前景

2015 年中国已正式启动马铃薯主粮化战略，就马铃薯主粮化战略的实施，国家将会出台和推出相关政策和措施，云南作为全国马铃薯种植面积较大省份之一，也将积极响应国家马铃薯主粮化战略，不断调整马铃薯产业链的各个环节，以配合国家的战略方针。马铃薯主粮化战略是云南的一大机遇，将会进一步提升云南马铃薯在全国的地位以及在粮食安全方面的作用和意义。首先，云南多样的地理、气候特点，全年皆在种植、收获马铃薯，满足了全国各地人们一年四季都能吃到新鲜马铃薯的消费需求，同时也真正做到了"藏粮于田"；其次，从粮食安全的角度看，云南马铃薯一个生产周期基本上为 3 个多月，周年生产，当粮食危机出现时，云南将是备粮备荒的重要生产基地。

一、对未来云南马铃薯生产的影响

培育适于加工的马铃薯品种。新鲜马铃薯不耐储藏，需要加工成马铃薯淀粉才能长期存放。云南种植的马铃薯长期以来以鲜食为主，鲜食马铃薯品种大部分含淀粉量不高，淀粉出粉率较低，不适于淀粉加工。一直以来云南马铃薯新品种的培育重点为高产且受市场青睐的鲜食马铃薯，对于适于全粉加工的马铃薯品种的培育和种植技术等仍处于空白。马铃薯主粮化战略的实施，也将会对云南育种方向产生一定影响，会有部分育种专家转向适于云南栽种的高淀粉马铃薯育种研究。

马铃薯种植面积将明显提高。尽管联合国世界粮食计划署(World Food Programme，WFP)早将马铃薯作为主要粮食作物，由于传统饮食习惯，我国一直未将马铃薯作为主粮，粮食补贴的名单中并未出现马铃薯。随着马铃薯主粮化战略的实施，为了鼓励农民种植高淀粉的马铃薯，国家会考虑适时推出马铃薯粮食补贴政策和适当降低折粮比。随着这些马铃薯补贴政策的出台，相对之前，种植马铃薯的市场风险将减少，农户种植马铃薯的积极性将会进一步提升。因此，云南马铃薯的种植面积将会明显提高。

二、对未来云南马铃薯加工的影响

马铃薯加工工艺和技术将不断创新。马铃薯在西方国家作为主粮消费已经有较长的传统，将马铃薯制作成全粉后，加工为土豆泥、复合薯片、糕点、汉堡、面包等食品，这些食品传入中国后，不少国人仅将其作为零食或日常饮食中的偶尔调剂食用，也并未真正进入国人餐桌的主食行列。因此，要将马铃薯主粮化，必将在加工工艺和手段上不断创新，加工出适于国人消费习惯的主粮产品，如加工马铃薯淀粉的馒头、面条和饼等食物。

马铃薯产业的加工产值将有大幅提升。云南马铃薯加工现阶段以薯片加工为主，马铃薯的使用量较少，加工产值也不高。曾经一度大力发展马铃薯淀粉加工产业，也因为低价进口的马铃薯淀粉冲击市场，而几乎全部陷入停产状态。云南马铃薯加工量和产值在整个产业中的比例较小，整个马铃薯产业限于出售初级农产品的低水平状态。随着马铃薯主粮化战略的实施，云南马铃薯加工业将会迎来新的发展，马铃薯加工量和产值将有大幅提升。

三、对未来云南马铃薯市场的影响

马铃薯丰产不丰收的状况将有所改变。在我国传统的饮食习惯中通常将马铃薯作为新鲜蔬菜食用，鲜食马铃薯储藏时间较短，在马铃薯丰产的年份，为了尽快出售马铃薯，农户竞相降价，导致价格偏低，马铃薯种植农户增产不增收。在实施马铃薯主粮化战略后，大量的马铃薯将被收购加工成马铃薯产品，市场需求增加。另外马铃薯主粮化后，也会制定相应的保护价格，丰产不增收的状况会有所改变。

订单农业将会成为马铃薯产业的又一特色。使用高淀粉含量的马铃薯才能降低马铃薯淀粉生产成本，但高淀粉含量的马铃薯由于菜用口感不好，除了淀粉加工厂收购，很难在菜用市场出售，因此，农户种植高淀粉马铃薯的积极性受到市场局限性的影响，如果马铃薯淀粉厂能和农户在种植前就和农户签订收购价格和收购量合同，农户则按照订单进行马铃薯种植。实行马铃薯订单农业将使马铃薯加工厂原料有保障，也使得马铃薯种植农户收益有保障。

四、对云南马铃薯消费的影响

改变马铃薯传统消费结构。大部分云南人都酷爱吃马铃薯，将马铃薯油炸做零食、切丝做菜、切片做汤等，这些吃法都以新鲜马铃薯作为原料，随着马铃薯主粮化的实施，将有更多马铃薯作为粮食产品的一部分进入市场。云南消费者不仅仅消费新鲜的马铃薯，而且在口感和味道适宜的情况下，也会消费更多的马铃薯主食产品，马铃薯的传统消费结构将有所改变。

第二节　云南冬早马铃薯生产前景

冬早马铃薯是冬季马铃薯和早春马铃薯的统称。冬季马铃薯 10～12 月播种，2～4 月收获，一般在海拔 1600 米以下的坝区及江边河谷区种植。早春马铃薯于 1～2 月播种，

4～6月收获，多数在1600米以上的湖滨坝区种植。

云南具有种植冬早马铃薯的先天优势。由于云南大部分地区冬春少雨，在低海拔河谷地带，温度适宜，无雨无霜或是少霜，错开了因降雨而带来的晚疫病发病期，病虫害极少。而我国北纬25°以南适宜种植冬季马铃薯的地区中，广东、广西、海南等地区却正值梅雨季节，降雨量大，产量普遍都不高。因此，云南是全国最适宜种植冬早马铃薯的地区。

一、冬早马铃薯生产仍具拓展前景

云南作为最适于冬早马铃薯的栽种地区，仍具有较大的发展潜力。在市场价格维持稳定波动不大的情况下，冬早马铃薯呈现出明显的经济效益，冬早马铃薯种植必将成为更多适于种植区域农户的选择，预计云南省未来冬早马铃薯可发展至13.33万公顷左右。

（一）冬马铃薯最具有拓展前景

滇南地区由于冬季气候温和、土地肥沃，适于种植冬马铃薯的区域较广，2013年冬季马铃薯种植面积仅占适于种植面积的约三分之一。以红河为例，该州适于种植面积约为5万公顷，2013年的种植面积仅为1.67万公顷。因此，冬马铃薯仍具有6.67万～10万公顷的发展潜力。

（二）早春马铃薯仍可适度开发

滇东地区马铃薯种植历史久远，当地农户一直都把马铃薯作为主要粮食作物种植，当地老百姓也喜爱吃马铃薯。特别是在近年来冬早马铃薯市场需求旺盛，市场价格较好的情况下，大部分土地都种植了马铃薯。以昭通、曲靖为例，2013年马铃薯种植面积2.67万公顷，适于种植面积约3.33万公顷，已经开发了80%的面积。当冬早马铃薯价格持续稳定的情况下，仍有20%的面积可开发，早春马铃薯仍有1.33万～2万公顷的发展潜力。

二、冬早马铃薯消费具有较大的市场前景

冬季马铃薯的市场需求以鲜食需求为主。由于富含维生素A和维生素C以及矿物质，优质淀粉含量约为16.5%，还含有大量木质素等，马铃薯作为一种营养价值很高的食物受到越来越多的消费者喜爱。寒冷的冬季和初春，火锅则是我国大江南北喜爱的御寒烹饪方式，马铃薯是火锅的必点菜肴之一。据调查，全国冬马铃薯以现有的生产水平，需66.67万公顷才能满足国内的需求。资料显示，北京市马铃薯需求量仅一天就需500吨，全国冬季早春的马铃薯需求旺盛。而在北方的冬季和早春，马铃薯收获的季节早已过去，尽管马铃薯生产大区已经修建了部分储藏窖，但口感及营养价值已远不及新鲜马铃薯。近年来，市场对云南的冬早马铃薯的需求旺盛，销售地区远至北京、上海、山东、河北等地，近至四川、重庆、贵州、广东等地，每年还有部分出口至东南亚。从冬早马铃薯供给来看，仅有云南、广东、广西和贵州等少数几个南方省份适于种植。因此，由于气候条件的限制，冬早马铃薯供不应求的状况将会持续，冬早马铃薯价格大幅下跌的可能性较小，种植冬早马铃薯有利于保证农民收益。

三、冬早马铃薯生产面临的挑战

（一）竞争性作物将会制约冬早马铃薯生产面积提升

竞争性农作物可能制约冬早马铃薯生产面积潜力开发。冬季和早春季节，低海拔河谷地带适于种植的农作物不止马铃薯一种，还有很多经济作物，如某些特色蔬菜、药材等，种植农户将根据比较效益进行选择。

（二）外省马铃薯冷藏技术将改变冬季马铃薯市场供求

省外主产区采用了马铃薯冷藏技术。由于马铃薯不耐储藏，每年大春马铃薯收获季节，马铃薯主产区的薯农们急于出售，相互竞价，导致市场价格不断下降，出现了"薯贱伤农"的现象。省外部分主产区开始采用了马铃薯冷藏技术。例如2015年，甘肃省在农产品产地初加工补助政策支持下，共建成1.53万座马铃薯贮藏设施，累计新增贮藏能力42万吨。马铃薯使用冷藏技术延长了马铃薯的上市时间，改善了大春马铃薯的供求结构，有利于保护薯农的收益。但随着大春马铃薯的销售期延长，可能冲击到冬早马铃薯的市场，影响冬早马铃薯的价格，从而影响冬早马铃薯农的收入预期。

第三节　云南大春马铃薯的生产前景

一、云南大春马铃薯生产的机遇

（一）不断成长壮大的科技支撑优势

云南省2009年启动了8个农产品现代农业产业技术体系建设，马铃薯为其中之一。马铃薯产业技术体系采用以产业技术研发中心为龙头、综合实验站为成果展示区、区域推广站为成果示范区的团队合作模式。团队成员围绕产业发展需求，聚集优势资源，进行共性技术、关键技术和品种研究、集成、示范和推广；收集分析产业的发展动态和信息，系统开展产业技术发展规划和研究，为政府决策提供咨询，提供信息服务；开展技术示范、技术服务体系的建立和运行，为马铃薯新品种的研发、种植期间的病虫害防疫、防止老品种的退化、种植规程的设计、新技术的推广和应用等科技支撑奠定了坚实的基础，形成了产学研一体的农业科技团队。

（二）马铃薯品种资源丰富将获得有效利用

云南拥有丰富的种薯资源。世界种植的马铃薯品种有400个，云南省农业科学院保存了300多个品种，在云南有种植的品种达100多个，居全国第一。

云南马铃薯品种培育获得了较大成就。云南马铃薯科研体系应用先进的脱毒技术，选育出适于云南种植的高产新品种，其中有代表性的有'会-2'、'威芋3号'、'合作88'和'丽薯6号'等高产优质品种。

利用马铃薯种薯资源优势将成为云南马铃薯产业进一步发展的基石。尽管云南马铃薯在育种方面取得了较大进步，但大春马铃薯的产量仍处于较低水平。因此，利用云南丰富的马铃薯种薯资源优势，培育适于云南各地区不同气候、不同海拔的种植需要的大春生产的新品种，挖掘云南未来发展马铃薯大春生产的潜力。

（三）云南马铃薯单产将有较大的提升可能

相对于世界单产水平，云南省马铃薯的单产仍有提升空间。云南马铃薯平均单产从2004年以来一直稳定在15～17.4吨/公顷的水平。作为中国马铃薯种植大省，这一水平高于中国马铃薯平均单产水平，也高于亚洲马铃薯平均单产水平，但仍低于世界平均单产水平。因此，随着云南马铃薯科研的不断创新发展，应有可能使得云南马铃薯平均单产达到甚至超过世界水平(表9-1)。

表9-1 马铃薯单产量历年变化趋势对比表 　　　　　　　　　　　　单位：t/hm^2

年份	世界	亚洲	中国	云南
2004	17.55	16.65	15.75	17.41
2005	16.95	16.05	14.55	15.83
2006	16.65	15.15	12.75	15.95
2007	17.25	15.90	14.70	15.45
2008	18.00	16.50	14.70	15.49
2009	17.85	16.95	14.55	15.36
2010	18.15	17.25	14.25	15.50
2011	18.00	17.10	14.10	16.06
2012	18.30	17.55	14.10	16.93

注 ：数据来源 FAO，中商情报网。

高产示范为进一步提高单产提供了可能。据云南日报报导，2013年，在中国工程院院士朱有勇教授带领下，云南农业大学冬季马铃薯研究团队推广的冬马铃薯在建水县甸尾乡示范田创下了亩产5.5吨的最高产，据了解，这不仅是迄今为止我省冬马铃薯最高产，在全国也颇为少见。2012年，通过对宣威、寻甸、麒麟、兰坪、师宗等5个县(市、区)马铃薯示范区的实收测产，马铃薯平均单产(鲜薯)达到2.31吨/亩，比非示范区亩增产0.254吨，增产12.3%。将这些马铃薯示范区的种植管理方法、病虫害防疫技术进行总结提炼并推广，将有助于全云南省马铃薯平均单产水平的提高。

马铃薯原原种繁育研究取得了较大进展。使用马铃薯原种种植的马铃薯单产水平较高，但马铃薯原种居高不下的价格已经成为农户使用原种播种的障碍。会泽县待补镇野马村以5克微型薯为种薯，按马铃薯晚熟高产栽培模式种植的'云薯401'，平均单株产量1.14千克，折合亩产达3.25吨，亩产量比普通种植的'云薯401'增产1.537 44吨，增产89.8%，创国内同类地区马铃薯原原种繁育原种的最高产量。随着原原种的高产，将有望降低马铃薯原种的成本，消除大规模使用马铃薯原种的障碍，有利于提高云南马铃薯平均单产水平。

二、云南大春马铃薯生产的挑战

（一）自然灾害的抵御能力有待提升

自然灾害对云南大春马铃薯生产的危害依然严重。云南马铃薯大部分种植在山区坡地和旱地上，水利条件有限，主要靠天看收成。春天干旱影响出苗；夏天降雨多、光照不足，造成徒长，适于晚疫病发生；当降雨量与马铃薯生产的需雨量矛盾时，也将造成大春马铃薯的减产。2010 年初，云南遭遇 60 年一遇的旱灾，使得全省马铃薯产量损失惨重：据初步测算，马铃薯受灾 3.22 万公顷，成灾 1.73 万公顷，绝收 0.026 万公顷。因此，如何有效抵御自然灾害或减轻自然灾害带来的损失，仍有待从种植产业整体进一步提升应对能力。

（二）技术储备和先进种植技术推广应用不足

相对我国北方马铃薯主产区，云南马铃薯研究与开发起步较晚，难满足云南马铃薯产业快速发展对科技的迫切需要，特别突出的问题表现在加工型的专用马铃薯品种缺乏、脱毒种薯生产效率低下和脱毒种薯使用率不高。

马铃薯对水肥非常敏感，精耕细作是获得马铃薯丰产的基本保障。云南马铃薯种植主要分布在高海拔冷凉山区，种植模式粗放，先进种植模式难于推广。

（三）农业基础设施薄弱、机械化程度较低

农业基础设施薄弱，抗御自然灾害的能力不强。云南马铃薯大春种植地区大部分都属于欠发达地区，对农业基础设施的投入长期不足，导致水利设施老化、有效灌溉面积增加较慢。易涝易旱没有根本解除，旱涝灾害对马铃薯生产的影响较为严重。

机械化程度较低，成为产业发展的一大瓶颈。就全国来看，马铃薯的机械化水平远低于小麦、水稻和玉米等主要粮食作物。云南马铃薯种植基本在山区和坡地，特别需要小型机械。但目前小型机械缺乏，大型机械则依赖进口。据统计，全国马铃薯播种和收获的机械化水平分别只有 19.6% 和 17.7%，云南马铃薯机械化水平则远低于这一比例。由于云南马铃薯农艺标准不一、种植规模小、产量差距大，马铃薯产区机械化发展非常不平衡，马铃薯种植和收获机械化仍是亟待突破的薄弱环节。

第四节　云南马铃薯加工前景

一、云南马铃薯加工业机遇

（一）马铃薯主粮化为马铃薯加工发展提供良好机遇

马铃薯主粮化战略将为云南马铃薯加工产业的发展带来前所未有的机遇，并将促使云南马铃薯加工产业再上新台阶。云南马铃薯淀粉加工企业受到国外进口的低价马铃薯淀粉冲击，加之云南马铃薯淀粉原料居高不下，马铃薯淀粉企业近几年都处于亏损状况，云南几个较大型马铃薯淀粉加工企业不得不停产减产，使得发展壮大云南马铃薯加工产

业的步伐停滞不前。马铃薯主粮化战略将促进把马铃薯淀粉加工成可作为粮食、方便食用、适应于消费者需求的多样化商品的加工产业的发展。作为我国马铃薯的主要产地之一，这一战略的提出必将为云南马铃薯淀粉加工和食品加工产业的发展带来不可估量的机遇。

（二）马铃薯加工的区域优势进一步提高

云南地处我国西南部，背靠大西南，面向东南亚，东与贵州及广西相连，北与四川为邻，西北与西藏相接，西与缅甸交界，南与老挝、越南毗邻。因此无论是面向国内市场还是面向国际市场，云南都具有得天独厚的地理区位优势。云南具备冬春向北、夏秋向南供应优质新鲜马铃薯的能力，在满足本省需求的同时，还可满足国内其他省份以及东南亚马铃薯加工食品公司的需求。

（三）马铃薯加工成为研发体系中的重要部分

云南马铃薯科研体系长期以来将马铃薯种植的研发作为重点，经过马铃薯产业研发的不断发展探讨，云南马铃薯产业初步形成以政府、企业、科研机构为中心，涵盖种薯培育、生产，商品薯生产、加工等多方面的研发体系。云南马铃薯在产品开发方面，与多家国内外研究机构开展冷冻马铃薯产品、脱水马铃薯产品等研发。并且形成了产学研一体的趋势，企业与科研积极进行交流合作与研发。

二、云南马铃薯加工业威胁

（一）国外低价格马铃薯制品涌入冲击加工企业

在 2000～2013 年期间，马铃薯进口数量最高的一年是 2010 年，为 14.25 万吨，是 2012 年的 407.04%。中国商务部自 2010 年 8 月 30 日起对原产于欧盟的马铃薯淀粉展开反补贴调查，并于 2011 年 5 月裁定从欧盟进口的产品存在补贴，认为该补贴致使中国马铃薯行业和企业受到冲击。这是中国第一起反补贴调查，显示出中国已经开始用法律手段保护本国产品在国际市场中的利益。2011 年，中国马铃薯淀粉的进口量骤降到 2.31 万吨，仅为 2010 年的 16.25%。尽管进口马铃薯淀粉数量已经减少，但进口马铃薯淀粉对市场冲击仍然存在，马铃薯淀粉价格仍处于较低水平，云南几个大型马铃薯淀粉企业都在这次冲击中被迫停产或倒闭。

（二）企农利益脱节制约了淀粉加工业的发展

云南马铃薯加工业现状是多家产能较大的马铃薯淀粉加工企业皆处于停产状态。究其原因是产品原料价格过高，生产成本过高导致亏损停产。淀粉生产品种需要单产高、出粉率高的专用淀粉马铃薯，才能适应淀粉加工的低成本要求，但这类马铃薯品种不能满足食用的口感需求。农户种植这类马铃薯意味着淀粉企业是其唯一的市场，农户相对企业而言缺乏议价权，在没有一种较好的市场机制平衡两者利益时，农户不愿意种植这类特殊品种。

（三）土地流转不畅制约了加工企业廉价原材料获取

从世界的发展方向来看马铃薯加工具有较大潜力，云南马铃薯的种植条件能为马铃薯加工提供丰富的原材料，马铃薯加工也能为马铃薯种植进一步发展提供广阔的市场。现阶段原材料和加工的矛盾可以说是小农经济和现代化农业经济的矛盾，加工业生产需要现代化农业提供的廉价且大量的原材料，这是小农经济所无法提供的。云南马铃薯种植以小农经济的经营方式为主，农户种植马铃薯除了考虑商品化需求外，大部分还需考虑自给需求。而作为马铃薯淀粉生产企业，在土地流转相对困难或是流转成本较高的情况下，无法建立自己廉价的原材料基地。因此，如何通过市场机制发展马铃薯加工业的廉价原材料，实现种植与加工的双赢，仍有很多难题需要解决。

三、提升马铃薯加工产业的发展前景建议

（一）增加马铃薯加工企业的马铃薯采购补贴

为了发展马铃薯加工产业，适当对马铃薯加工企业进行采购成本补贴，以降低马铃薯加工企业的成本，使企业达到盈亏平衡点，维持正常经营，才能与国外低价格的马铃薯淀粉等加工制品进行市场竞争，并逐步形成自我发展能力。

（二）通过"公司+农户"的形式连接企业与农户的利益

建设马铃薯生产加工体系。扶持马铃薯生产、加工和产品营销龙头企业，重点支持"企业+基地(农户)+市场"的马铃薯产业发展模式，让农户在种植加工专用薯时的合理利益得到保证，同时构建和完善面向市场具有可持续发展和市场竞争力的马铃薯产业。

（三）加快土地流转进程降低加工专用薯的生产成本

要抓住城镇化进程的机遇，加快土地流转进程，建立马铃薯企业自己的马铃薯生产基地。企业要获得继续生存的空间，就需要建立低成本的规模化的专用加工薯基地。由于经济发展条件、历史的土地使用权归属问题和农村传统观念的影响，使得企业这一需求难以满足。随着未来十年，我国将进入高速的城镇化阶段，农民将平等地享有城镇的社会福利待遇，越来越多农民将会毫无顾忌的离开土地，使得土地流转变得更加简单便捷和低成本，从而进一步实现加工专用薯种植的规模化、机械化，将极大地降低生产成本，增强云南马铃薯加工企业的国际和国内竞争力。

第五节　云南马铃薯消费前景

一、云南马铃薯消费的机遇

（一）省外国外消费需求旺盛

云南马铃薯销往省外及东南亚国家的马铃薯占云南马铃薯总产量的 37%，其中，以

冬早马铃薯外销数量最多，其次是马铃薯种薯的销售。在冬季和早春时节，我国马铃薯生产大省——内蒙古、甘肃都已进入冰封期，而贵州也是冻雨霏霏，无法进行马铃薯种植，云南特有冬早马铃薯获得省外国外消费者的青睐，市场需求旺盛。与云南比邻的东南亚国家近年也开始大规模种植马铃薯，对云南马铃薯的种薯需求也比较旺盛。

（二）云南省人均消费量长期来看仍有一定发展潜力

云南省人均鲜食消费量约为 45 千克/年，比我国乃至世界的平均消费量高。但比起欧洲、美国等一些发达国家而言，仍然比较低(参见图 9-1)。这与饮食消费习惯和消费观念有关。马铃薯作为美味、营养丰富且安全的食品，被越来越多的人接受和喜爱。马铃薯食品消费的增加是人们逐渐认识马铃薯营养安全和改变"马铃薯是贫困者粮食替代品"观念的一个过程，马铃薯食品消费的增加需要长期消费习惯的逐渐培养。

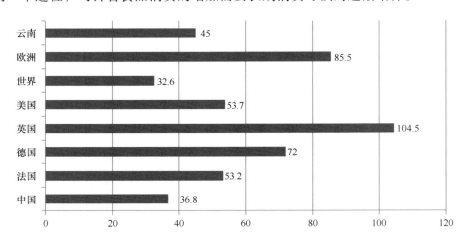

■ 人均年消费量/(千克/每人每年)

图 9-1 云南与全国及世界其他地区的马铃薯人均消费比较图
数据来源于联合国粮食及农业组织的统计资料

（三）马铃薯加工消费具有较大前景

目前，云南马铃薯加工鲜薯消费量比例偏低，仅占鲜薯产量 3%，而在欧美发达国家，这一比例在 70%以上。我国马铃薯淀粉的进口量每年为 20 万吨左右，亚洲其他地区如日本需要进口 15 万～20 万吨，韩国 12 万～16 万吨，我国台湾地区 8 万～10 万吨，东南亚国家 20 万～30 万吨。随着我国马铃薯主粮化战略的提出和实施，为云南省马铃薯加工的发展带来了巨大机遇，马铃薯的加工消费也将会有明显提升。

二、马铃薯消费的挑战

（一）饮食习惯和意识形态的影响

马铃薯是从西方引入的作物。很多地区没有栽种马铃薯的历史和条件，马铃薯只是这些地区偶尔的菜肴，没有经常食用马铃薯的饮食习惯。很多人对马铃薯的营养价值缺乏认识，认为马铃薯除了淀粉，没有其他营养，是穷人缺乏粮食时用于果腹的补充物，这些认识都抑制了马铃薯的消费。

（二）运输消耗水平较高提升了马铃薯成本

受到现有马铃薯的运输储藏技术的限制，马铃薯运输储藏损耗占比为马铃薯总产量的 8%。马铃薯的特点是皮薄、肉嫩、含水量高、易碰撞损伤、多病害、易腐烂，而且对环境非常敏感，冷了容易冻伤，冻伤后不能保管，食味变差，严重冻伤的不能食用；热了容易生芽，生芽的马铃薯产生毒素，影响人体健康。空气干燥时，水分蒸发快，薯块皱缩；空气潮湿又容易发汗，造成大量腐烂。因此，每年马铃薯在运输和储藏过程中的损耗占总产出的 5%～8%。这些损耗增加了马铃薯的运输成本，提高了马铃薯的市场价格，进一步影响消费。

三、拓宽马铃薯消费前景的建议

（一）通过宣传逐步培养人民消费更多马铃薯的习惯

通过宣传让人们认识到马铃薯的营养价值。马铃薯中的蛋白质比大豆还好，最接近动物蛋白。马铃薯含有丰富的赖氨酸和色氨酸，这是一般粮食所不可比拟的。马铃薯还是富含钾、锌、铁的食物，所含的钾可预防脑血管破裂。它所含的蛋白质和维生素 C，均为苹果的 10 倍，维生素 B_1、维生素 B_2、铁和磷含量也比苹果高得多。从营养角度看，它的营养价值相当于苹果的 3.5 倍。

通过宣传让人们意识到马铃薯的相对食品安全性。蔬菜上的残留农药已经成为人们对食品安全的担忧因素之一。马铃薯属于块茎类植物，生长期相对较长，农药残留相对要少很多，比起很多蔬菜相对更安全。

通过更多更广泛的宣传马铃薯的营养价值及其食用的安全性，让更多的人喜爱品尝马铃薯，让人们更多的消费马铃薯，逐步增加对马铃薯的食用量，既有利于人类的身体健康，也有利于挖掘马铃薯的消费潜力。

（二）投入马铃薯的运输存储技术研发降低损耗

研究马铃薯的存储运输技术有利于云南马铃薯的省外和国外消费。马铃薯现阶段的粗放式运输存储方式提高了马铃薯的成本，必然降低云南马铃薯的市场竞争力。目前，云南省马铃薯的研究主要集中于育种和栽培方面，马铃薯的储藏和运输技术在云南省的研究仍比较少，研究马铃薯的存储运输技术有利于云南马铃薯的省外和国外消费，因此，从长远来看，有必要将马铃薯的储藏和运输技术研究纳入到马铃薯产业研究的科研体系范围内。

第六节　云南马铃薯市场前景分析

一、云南马铃薯市场机遇

（一）冬早马铃薯市场需求旺盛

近年来，市场对云南冬早马铃薯的需求旺盛，销售地区远至北京、上海、山东、河北等地，近至四川、重庆、贵州、广东等地，每年还有部分出口至东南亚国家。从冬早马铃薯供给来看，仅有云南、广东、广西和贵州等少数几个南方省份适于种植。因此，由于气候条件的限制，冬早马铃薯供不应求的状况将会持续，冬早马铃薯的市场需求将进一步保持旺盛。

（二）东南亚马铃薯市场前景广阔

东南亚国家对于鲜薯的需求非常大，受地理环境和气候的影响，东南亚国家和地区均不是马铃薯的主产国，其本身能供给的不多。另一方面，中国马铃薯的产量非常大，使得马铃薯的价格偏低。通过比较优势可知，云南马铃薯对于东南亚国家的马铃薯价格上有着巨大的优势，云南马铃薯鲜薯出口东南亚竞争力巨大。东南亚国家对马铃薯加工产品的需求量也非常大，每年进口 50 多万吨的淀粉及变性淀粉，4 万多吨的雪花粉和全粉，16 亿元人民币以上的其他马铃薯加工食品，约 40 亿元人民币的速冻薯条进口。随着老挝、越南等东南亚国家马铃薯种植面积的扩大，对马铃薯种薯的需求量也不断增加。

（三）国内种薯市场需求旺盛

我国南方沿海地区如广东、福建、海南等省均属低纬度、低海拔亚热带地区，危害马铃薯的各种病毒毒源多而杂，病害严重，且全年均有蚜虫危害，马铃薯退化速度十分快，不能就地留种，因此，必须每年从北方一作区大量购入种薯以保证当地马铃薯的正常生产。据粗略估算，广东、福建等地每年从北方购入的种薯达 10 万吨以上。中原二季作区是我国重要的马铃薯产区，在该区域，马铃薯生育期间，传毒介体蚜虫发生频繁，种薯感染病毒退化速度快。据实验，脱毒种薯在中原只能种两年四季，第三年春季则由于植株感染病毒增殖累计，表现退化，产量大幅下降. 虽然有些地区采取了防蚜传毒的就地繁种措施，但繁种数量有限，从高纬度、高海拔地区购种，是解决种薯短缺的主要途径。据不完全统计，这些地区每年购种量在 5 万～10 万吨。北方一季作区是我国重要的也是最大的马铃薯产区。据不完全统计，仅内蒙古每年就有 10 万余吨的优质种薯销往山东、河南、河北、陕西、山西、宁夏、甘肃、广东、福建等省区。同时由于北方一季作区马铃薯种植面积中仅有 10%～20%的地区为适宜留种区，而大部分地区均需 3～5 年更换一次种薯以解决退化问题。因此，北方一季作区的大部地区也急需大量适于市场需求的优质脱毒种薯。

对早熟和适于加工、出口品种的种薯需求量将逐年增大。随着许多中小型淀粉及粉丝加工厂、大型精淀粉厂、全粉加工厂、薯条薯片加工厂的建立，刺激了马铃薯种植面积的增加，直接带动了种薯市场的繁荣。

（四）未来马铃薯深加工市场潜力巨大

马铃薯作为农产品出售虽然有很大的市场，但其经济效益不显著，长期依靠销售鲜薯初级产品不利于云南省整体经济的发展。不断开拓马铃薯深加工市场有利于稳定马铃薯价格，有利于云南省经济的发展。马铃薯种植业发展与加工业发展紧密联系，相互依赖，相互促进。马铃薯种植业发展离不开马铃薯深加工市场的开辟，马铃薯加工市场是未来最具潜力的市场之一。马铃薯加工业的发展离不开马铃薯种植业的发展，马铃薯加工业需要通过马铃薯单产的提高，提供更加低廉的原材料。

云南省马铃薯的市场潜力开发应主要发掘具有比较优势的领域，同时，不断增强市场短板，为马铃薯产业链的良性发展创建坚实的下游产业基础。

二、马铃薯市场面临的挑战

（一）交通不发达制约东南亚市场开发

云南属云贵高原，多山地，交通主要靠汽车运输。近二十年，云南省内的交通状况有了明显改善，高速公路不断开通，缩短了新鲜农产品的运输时间，使得农产品能够大量的运至省外销售。然而，与云南接壤的老挝、越南国家的交通状况仍不令人满意。现阶段铁路修建仍在进行中，因此，交通运输成为云南大量出口鲜薯的一大障碍。

除一些个体商贩从事马铃薯营销外，没有真正组建起马铃薯产品营销协会，加之缺乏专业批发市场，产品流通不畅，信息闭塞，仅靠农民自行廉价销售，致使效益不高，市场开拓有限。

（二）种薯生产规模小且不规范制约马铃薯和薯市场

由于马铃薯产量的大幅度提高和质量的明显改善有力推动了市场对种薯的需求。但是因为脱毒苗快繁、原原种种薯以及合格种薯存在生产成本较高、周期长、风险大、经费短缺等原因。所以种薯生产规模一直难以扩大。

种薯市场缺乏规范。种薯市场不规范，劣质种薯充斥市场，薯农缺乏对优良种薯的辨别能力，致使薯农无法购买到合格的优质种薯。合格的优质种薯存在着严重的供不应求的状况。

三、提升云南马铃薯市场前景建议

（一）发展跨境交通运输业，提升东南亚市场潜力

大力发展云南的跨境交通运输服务业，扩大云南在东南亚的影响。云南与东南亚之间的贸易交往主要欠缺的是铁路运输，通过加快铁路修建和提高公路和河运的运输服务力度，加强运输保障力度，提升运输综合质量，努力打造云南通往东盟国家的运输动脉，可缩短云南到东南亚国家的运输时间和运输成本。另外，云南的交通建设方面可以和周边的东盟国家进行合作，引入国外的民间资金，共创云南和东盟双赢局面；合理投入边境通关设施，提升云南的货物通关能力；努力将云南建设成通向东盟的桥头堡和出口战略基地。

（二）树立品牌形象，开拓市场

利用云南省生态条件良好的有利条件，利用电视、广播和互联网等多种形式，加强宣传推介，同时在产品包装、深加工方面下功夫，采取多种促销手段，扩大云南马铃薯知名度。创建品牌，积极引进龙头企业，推进产业化经营。创建马铃薯协会，积极发展种植大户、运销大户、龙头企业加入马铃薯协会，依靠协会引进技术、了解信息，引进客商联结市场与生产，积极发展订单生产和网上交易，以销售促效益，以效益促生产，使马铃薯产业的良性发展得以继续。

云南马铃薯产业发展已经取得了巨大的成就。云南马铃薯作为一个生机勃勃的高原特色农业产业，不管是从生产、加工，还是从消费、市场来看，仍具有较大的发展空间和发展潜力。在进一步发挥云南马铃薯产业优势的基础上，不断补足短板、挖掘潜力，云南马铃薯产业将会取得长足进步。

参 考 文 献

曹莉琼.科技创新与提高锡林郭勒盟马铃薯种薯产业发展水平[J].现代农业，2013，12:82-83

杜涛.云南与东盟经贸现状分析及对策研究[J].云南财经大学学报，2006(6):102-106

李勤志.中国马铃薯生产的经济分析[D].武汉：华中农业大学博士学位论文，2008，36-37

隋启君，李先平，杨万林.中国马铃薯生产情况分析[J].西南农业学报，2008，21 (4)：Ⅰ182-Ⅰ188

孙茂林.云南薯类作物的研究和发展[M].昆明：云南科技出版社，2003(4): 17

徐元明.我国农产品国际贸易状况及发展对策[J].世界经济与政治论坛，2005 (6): 58-62

张敏，段毅.云南知名洋芋品种名录[N].春城晚报，2004-03-26

中商情报网公司.2011-2015年中国马铃薯市场调研及发展趋势预测报告[OL]

周文良，庄丽娟.云南与东盟农产品贸易的现状及对策研究[J].商业研究，2009 (3): 185-188

第十章 "互联网+"与云南马铃薯产业发展

近几年来，"互联网+"已经改造影响了多个行业。当前大众耳熟能详的电子商务、互联网金融(ITFIN)、在线旅游、在线影视、在线房产等行业都是"互联网+"的杰作。而利用信息通信技术以及互联网平台，让互联网与马铃薯产业深度融合，创造新的发展生态，即充分发挥互联网在社会资源配置中的优化和集成作用，将互联网的成果深度融合于马铃薯的产业链中，形成广泛的以互联网为基础设施和实现工具的马铃薯产业发展新形态。

第一节 "互联网+"的概述

一、"互联网+"的内涵

（一）概念提出

在国内，"互联网+"理念的提出可以追溯到 2012 年 11 月于扬在易观第五届移动互联网博览会的发言。易观国际董事长兼首席执行官于扬首次提出"互联网+"理念。他认为在未来，"互联网+"公式应该是我们所在的行业的产品和服务，在与我们未来看到的多屏全网跨平台用户场景结合之后产生的这样一种公式。我们可以按照这样一个思路找到若干这样的想法。

2014 年 11 月，李克强总理出席首届世界互联网大会时指出，互联网是大众创业、万众创新的新工具。其中"大众创业、万众创新"正是此次政府工作报告中的重要主题，被称作中国经济提质增效升级的"新引擎"，可见其重要作用。2015 年 3 月，全国两会上，全国人大代表马化腾提交了《关于以"互联网+"为驱动，推进我国经济社会创新发展的建议》的议案，对经济社会的创新提出了建议和看法。他呼吁，我们需要持续以"互联网+"为驱动，鼓励产业创新，促进跨界融合，惠及社会民生，推动我国经济和社会的创新发展。马化腾表示，"互联网+"是指利用互联网的平台、信息通信技术把互联网和包括传统行业在内的各行各业结合起来，从而在新领域创造一种新生态。他希望这种生态战略能够被国家采纳，成为国家战略。

2015 年 3 月 5 日上午十二届全国人大三次会议上，李克强总理在政府工作报告中首次提出"互联网+"行动计划。李克强在政府工作报告中提出，制定"互联网+"行动计划，推动移动互联网、云计算、大数据、物联网等与现代制造业结合，促进电子商务、工业互联网和互联网金融健康发展，引导互联网企业拓展国际市场。

2015 年 7 月 4 日经李克强总理签批，国务院印发了《关于积极推进"互联网+"行动的指导意见》(以下简称《指导意见》)，这是推动互联网由消费领域向生产领域拓展，加速提升产业发展水平，增强各行业创新能力，构筑经济社会发展新优势和新动能的重要举措。

（二）基本内涵

"互联网+"实际上是创新 2.0 下的互联网发展新形态、新业态，是知识社会创新 2.0 推动下的互联网形态演进。新一代信息技术发展催生了创新 2.0，而创新 2.0 又反过来作用于新一代信息技术形态的形成与发展，重塑了物联网、云计算、社会计算、大数据等新一代信息技术的新形态，并进一步推动知识社会以用户创新、开放创新、大众创新、协同创新为特点的创新 2.0，改变了我们的生产、工作、生活方式，也引领了创新驱动发展的"新常态"。简单来说，"互联网+"其实就是指，要打破信息不对称、降低交易成本、促进分工深化和提升劳动生产率的特点，为各行各业进行转型升级提供重要平台和机遇，就是要将互联网与传统行业相结合，促进各行各业产业发展。

"互联网+"代表一种新的经济形态，即充分发挥互联网在生产要素配置中的优化和集成作用，将互联网的创新成果深度融合于经济社会各个领域之中，提升实体经济的创新和生产能力，形成更广泛的以互联网为基础和实现工具的经济发展新形态。

"互联网+"的概念其实远远大于"互联网+传统行业"的概念。因为，互联网已经不再是一个行业，跳出了一个行业范畴，互联网早就随风潜入夜，润物细无声，再也没有传统企业这样的概念了。互联网就成为了国民经济的一个大的引擎，是效率的引擎，是创新的引擎。所以，"互联网+"时代，应该是介于互联网时代和后互联网时代之间的这段时期。最近的概念，可以类比于"PC+"。如今互联网技术发展越发成熟，而传统企业也正在不断尝试互联网营销。"互联网+"概念简单理解，就是将非互联网传统行业与互联网结合，实现进一步发展，这是一个非常广泛的概念。比如农业产品也可以实现在互联网销售，其不仅有利于降低成本，还可以销往全国甚至全球等。

二、"互联网+"的特征与优势

（一）特征

"互联网+"主要有六大特征。

1. 跨界融合　跨界，就是变革，就是开放，就是重塑融合。敢于跨界了，创新的基础就更坚实；融合协同了，群体智能才会实现，从研发到产业化的路径才会更垂直。融合本身也指代身份的融合，客户消费转化为投资，伙伴参与创新等等。

2. 创新驱动　中国粗放的资源驱动型增长方式早就难以为继，必须转变到创新驱动发展这条正确的道路上来。这正是互联网的特质，用所谓的互联网思维来求变、自我革命，也更能发挥创新的力量。

3. 重塑结构　信息革命、全球化、互联网业已打破了原有的社会结构、经济结构、地缘结构、文化结构。权力、议事规则、话语权不断在发生变化。互联网+社会治理、虚拟社会治理会是很大的不同。

4. 尊重人性　人性的光辉是推动科技进步、经济增长、社会进步、文化繁荣的最根本的力量，互联网的力量之强大最根本地也来源于对人性的最大限度的尊重、对人体验的敬畏、对人创造性发挥的重视。例如用户原创内容(User Generated Content，UGC)、卷入式营销和分享经济等。

5. 开放生态 关于"互联网+"，生态是非常重要的特征，而生态的本身就是开放的。我们推进互联网+，其中一个重要的方向就是要把过去制约创新的环节化解掉，把孤岛式创新连接起来，让研发由人性决定的市场驱动，让创业并努力者有机会实现价值。

6. 连接一切 连接是有层次的，可连接性是有差异的，连接的价值是相差很大的，但是连接一切是"互联网+"的目标。

（二）优势

伴随知识社会的来临，驱动当今社会变革的不仅仅是无所不在的网络，还有无所不在的计算、无所不在的数据、无所不在的知识。"互联网+"不仅仅是互联网移动了、泛在了、应用于某个传统行业了，更加入了无所不在的计算、数据、知识，造就了无所不在的创新，推动了知识社会以用户创新、开放创新、大众创新、协同创新为特点的创新2.0，改变了我们的生产、工作、生活方式，也引领了创新驱动发展的"新常态"。

1. 理性消费 在"互联网+"模式下，由于互联网与企业的有效结合，消费者能够更快、更多地掌握商品信息，从而使传统市场经济结构中买卖双方信息不对称趋于对称，提高消费者对商品的判断能力，避免消费者在信息不对称状态下对商品的盲目选择，进而使消费者选择更加理性。

2. 降低成本 在"互联网+"模式中，由于网络宣传成本低于传统宣传成本，企业更倾向于在互联网上向顾客提供详细的商品信息，以展示其商品特性，从而提高商品的竞争力。麦克布赖德认为，企业会在互联网中广泛使用因特网为其服务。比如，企业会借助电子邮件与顾客沟通；会利用因特网降低营销成本、在线销售商品和服务以及建立客户资料数据库等。莱德勒等认为，在互联网经济中，企业会广泛使用因特网并将其作为市场研究工具用于营销情报的搜集、企业商品和服务信息的发布、企业与客户关系的改善及其企业商品的在线销售与服务。

3. 经济发展新动力 加快推进"互联网+"发展，有利于重塑创新体系、激发创新活力、培育新兴业态和创新公共服务模式，对打造大众创业、万众创新和增加公共产品、公共服务"双引擎"，主动适应和引领经济发展新常态，形成经济发展新动能，实现中国经济提质增效升级具有重要意义。

4. 产业升级 顺应世界"互联网+"发展趋势，充分发挥我国互联网的规模优势和应用优势，推动互联网由消费领域向生产领域拓展，加速提升产业发展水平，增强各行业创新能力，构筑经济社会发展新优势和新动能。坚持改革创新和市场需求导向，突出企业的主体作用，大力拓展互联网与经济社会各领域融合的广度和深度。着力深化体制机制改革，释放发展潜力和活力；着力做优存量，推动经济提质增效和转型升级；着力做大增量，培育新兴业态，打造新的增长点；着力创新政府服务模式，夯实网络发展基础，营造安全网络环境，提升公共服务水平。

第二节　马铃薯大数据

一、大数据现象

（一）大数据背景

未来十年，全球数据量将以每年 40%的数据增长，而且到了 2020 年全球数据量将达到 35ZB。通过互联网、物联网、移动终端、社交网络等形形色色的途径，人们将每时每刻面对海量数据。有分析表明，过去两年内产生的数据量，就占了有史以来的 90%。在大数据、云计算、移动、社交等全球趋势下，我们正进入一个全新的以大数据为核心的时代。

（二）大数据的含义与特征

1. 大数据含义　大数据，广义上说是经济社会离散化结构之后的数字化表达，表现为海量数据的价值关联。宏观而言，是行业之间海量数据的跨界融合；微观而言，是行业内部海量数据的深度挖掘。

2. 大数据的特征　国际上普遍将大数据的特征归纳为"4V"，即大量(Volume)、多样(Variety)、价值(Value)和高速(Velocity)。

大量：数据体量巨大，超出了处理能力。

多样：数据来源复杂，数据结构复杂，分化为结构化数据和非结构化数据。相对于以往便于存储的以文本为主的结构化数据，越来越多的非结构化数据大量产生，给整个社会提出了挑战，对数据的处理能力也提出了更高的要求。

价值：整体价值巨大，但是价值密度的高低与数据总量的大小成反比。如此稀薄的价值分布需要海量数据支撑，同时需要强大的算法进行价值挖掘。

高速：高速采集数据、迅速给出处理结果。这是大数据区别于传统数据挖掘最显著的特征。现代信息科技的发展，使得数据处理能力呈现几何级数提升，同时使得数据产生速度也呈现几何级数提升，两者具有对立统一关系。

二、大数据带来的变革

大数据时代的到来使得原有的很多生产经营方式发生了巨大的变化，给许多行业带来冲击，迫使许多行业进行变革以适应时代的要求。

（一）大数据带来的信息不对称变革

行业的界限或者商业盈利的核心其实就是信息不对称，而要获得这些信息就要付出成本。占有信息的人在交易中获得优势，这实际是一种信息收益，也是每一个交易环节相互联系的纽带。大数据到来后会发生以下变化。①信息表达方式发生质变：信息过去大部分以模拟与形象的形式存在，而今完全通过数字化的形式存在，将过去形象的信息表达变成了数字表达。②信息的传递方式发生质变：过去的信息传递需要通过人与人之间的个体口头交流，或者以书信的形式几天之内传递只言片语，而今信息的传递可以瞬间无成本完成。③信息的获取方式发生质变：过去，信息的获取，需要人员去耗费时间排队，耗费金钱去购买，耗费精力去见面沟通。而今在大数据时代，信息的获取完全可以通过海量互联网资源、通过高速计算手段、通过免费的应用服务获取个人乃至企业所需信息。综上，大数据使得信息不对称发生重大变革。

（二）大数据带来的成本变革

在大数据时代，随着传统信息不对称的颠覆，商品传统成本几乎完全透明。所有基于物质、人力、资金的成本，都可以在数据化之后，通过现代信息技术迅速透明化。因此传统成本将在成本组成中逐步从关键变量变为次要变量。大数据对于市场的意义和价值就在于，它形成了新的交易成本的革命，在降低企业直接交易成本的同时，却从另一方面产生了新的间接交易成本——数据成本，因此，市场最终的决定权落到了能够控制数据成本的企业手中。

（三）思想变革

大数据通过对过去信息的离散化表达，使得信息能够被低成本获取、低成本传递，因此使构建局部全样本成为可能，最终使得局部全样本达到个体精准。信息技术的发展推动了大数据时代的到来，也促进了整个社会离散化的进程，同时也继续通过信息技术对离散化的信息和数据进行聚类整合形成平台。

三、农业大数据及其运用

（一）农业信息化与农业大数据

农业大数据与农业信息化紧密相联。农业信息化是一个动态的概念，也是未来农业发展的趋势，其含义是利用现代信息技术和信息系统为农业产、供、销及相关的管理和服务提供有效的信息支持，并提高农业的综合生产力，促进农业结构战略性调整和经营管理效率的提高。简单地说就是在农业领域充分利用信息技术的方法手段和最新成果的过程。具体地讲就是在农业生产流通、消费以及农村经济、社会、技术等各环节全面运用现代信息技术和智能工具实现农业生产经营、农产品营销和农产品消费的科学化和智能化的过程。而农业大数据是指以大数据分析为基础，运用大数据的理念、技术及方法来处理农业生产销售整个链条中所产生的大量数据，从中得到有用信息以指导农业生产经营、农产品流通和消费的过程。农业大数据涉及农业生产销售过程中的方方面面，是跨行业跨专业的数据处理过程，农业大数据的实现过程也是农业信息化很重要的一个组成部分。大数据的应用与农业领域的相关科学研究相结合，可以为农业科研、政府决策、涉农企业发展等提供新方法、新思路。

（二）大数据在农业中的应用

大数据在农业中运用广泛，通过大数据分析与研究，农民能够预测最佳播种时间、用什么类型的种子以及在哪里种植，以提高产量、降低运营成本，并尽量减少对环境的影响。在农业生产和科研中产生了大量的数据，这些数据的集成和未来的挖掘、使用对于现代农业的发展将会发挥极其重要的作用。如果农民能随时掌握天气变化、市场需求和供给、农作物生长等数据，农民和农技专家在家就可观测到田地里的情况和相关数据，准确判断农作物是否要施肥、灌溉或施药，不仅能避免因自然因素造成的产量下降，而且可以避免因市场因素给农民带来的经济损失。当前，在精准农业、农产品流通体系、农业气象预测、粮食安全、病虫害预测与防治、土壤治理、动植物育种、农业结构调整、农产品价格、农副产品消费、小城镇建设等诸多农业领域，都可通过大数据技术进行预测和干预。

大数据在农业中的应用包括：

1. 精准农业 精准农业是信息技术与农业生产全面结合的一种新型农业，其由六个子系统组成：全球定位系统、农田信息采集系统、农田遥感监测系统、农田地理信息系统、农业专家系统、智能化农机具系统，其核心是建立一个完善的农田地理信息系统。大数据以对不同系统获取的庞大信息量为基础，为精准农业的发展提供了大量的机会。可以用于土壤肥力管理、农田边界图管理、产量分布图管理、精确定位病虫害控制方法和施肥决策管理等。

2. 农产品流通体系 大数据可以提供经系统整合的相关气候、农产品价格走势、进城道路交通信息、终端消费需求等相关数据，辅之以菜场超市摊位监测评估数据体系等，通过对这些专业数据的解读，可以判断农产品需求、价格变动等情况。

3. 农业气象预测 通过建立天气识别模型，然后将这些模型与当前的气候条件进行比较，再运用预测性分析，进行天气预报。这种情况下，对气象的预测时间更长、准确度更高。

4. 环境预测 进行环境预测需要了解获得区域作物、土壤、水、动物、气候和天气之间复杂的相互作用。需要收集这些不同因素的数据进行分析，大数据技术有助于整合提高不同地区的海量数据。

5. 提升人类健康 通过对人和周围生物群落之间的相互作用分析，包括生物群落的基因组、动物的营养、人类的营养状况数据，大数据可以更好地预测人类的健康和幸福感。并通过对农作物的基因组进行测序，从质上改变农作物的质量，培育出营养价值更高的农作物，提升人类健康水平。同时，随着大数据与农业的深度融合发展和基础设施、信息管理模式、软件技术的改进，以前依靠传统方法和技术解决不了的诸多问题也会迎刃而解。

四、马铃薯大数据工程

随着物联网、云计算、移动互联等技术的飞速发展，数据呈现海量爆发趋势，可以说是跨步迈入了大数据时代。数据是能力，是竞争力，也是战略资源，将在马铃薯流通中发挥不可或缺的重要作用。

（一）运用大数据细分市场

在传统的马铃薯销售中，农民对马铃薯顾客群体不确定、泛化，对其需求不了解，这种无法有效识别顾客的现象，不仅造成马铃薯适销不对路，而且加大了营销成本，企业将营销费用花在价值较低，甚至是无需求的顾客身上，影响了企业效益。计算机和互联网技术让大规模处理个人信息成为可能，企业可以根据网络平台上参与、浏览人数、年龄、性别、区域等数据，对受访群体进行细分，准确了解消费需求，运用 BCB (Business-to-Consumer-to-Business)模式，开发精准马铃薯市场，首先精准定位目标客户，针对网上顾客群体的需求特征、购买动机和购买行为模式提供马铃薯特色产品、特色服务，以精良的客服实现与客户的密切互动，开发精准而广阔的马铃薯市场。其次，把商家资源聚合放大，发展为农贸商圈，对马铃薯消费者再对所有的商家，建立"商家-消费者-商家"互惠互利的良性关系和销售模式。

（二）利用云计算和大数据指导农民进行营销

马铃薯生产与销售密不可分，盲目生产、泛化营销是马铃薯的两个相互制约的顽疾。针对这个问题，充分利用互联网海量数据资源打造马铃薯网络市场和生产良性互动营销模式。在大数据领域，电信运营商是海量大数据用户的拥有者，仅移动用户数一项，三大运营商总数已经达到了 13 亿。庞大数据的背后隐藏着巨大的财富。政府应该在马铃薯网络销售中对这些数据资料加以甄别和分类，在全国甚至全球范围内结合政治、经济、社会、气候等因素对马铃薯供求进行分析、预测，从而确定马铃薯种植规模，对马铃薯结构进行合理调整，从根本上改变生产和销售的关系，运用大数据分析定位消费者的需求，按照消费者的需求组织马铃薯的生产和销售，从而实现马铃薯的零库存，实现良性而科学的市场与生产互动。

（三）运用大数据实现马铃薯精准农业

大数据在农业中应用最普遍的领域之一就是精准农业。为了能够以最佳方式种植农作物。例如，如果农民知道第二天会有大雨，他们可能会决定今天不施肥，因为肥料将会被冲走。知道是否即将下雨也可能会影响何时灌溉。将大数据应用于马铃薯的种植，可以使农民通过对气候、土壤和空气质量、作物成熟度，甚至是设备和劳动力的成本及可用性方面的实时数据收集，预测分析以做出更明智的决策。利用遍布田间的传感器测量土壤和周围空气的温度与湿度，此外，卫星图像和无人机会被用来拍摄田地的照片。精准农业中心会对传输过来的数据进行处理，农民通过对数据进行分析来判断是否需要施肥、灌溉以及喷洒农药，并进行病虫害的防治。随着时间的推移，图像会显示作物成熟，农民可以准确预测产量，加上对未来 48 小时的精准天气预测模型，可以帮助农民决定什么时候进行马铃薯的收获，从而帮助农民做出前瞻性的决策。这就使马铃薯种植过程中节约了大量的人力、物力、财力，提高了效率。

（四）运用大数据实现马铃薯科学运输、存储

大数据遍布于农业生产的整个价值链，在物流环节大数据同样发挥着重要作用。沃尔玛就率先将大数据运用到自己货物的配送过程中，实现了精准定位，大大节约了时间与成本，同时也提高了企业的竞争力。大数据在产品流通业的运用取得了巨大成功，在农业流通体系中发挥着同样的作用。以天气为例，在马铃薯收获季节，农民可以通过数据了解未来几天的天气情况，以及哪些区域会受到影响，就可能提前做出更好地部署决

策。作物收获之后，如果未来几天将其运输到配送中心的物流至关重要，大量的马铃薯浪费发生在分配环节，因此尽快在合适的温度下运输马铃薯很重要，而天气会对运输造成影响。如果很多道路是泥土路的话，大雨就会导致卡车陷入泥中。通过了解哪里会下雨，有哪条路可能会受到影响，公司就可以更好地选择出运输马铃薯的最佳路线。如果未来几天不适宜运输，也可以及时将马铃薯进行存储，避免发生损失。

第三节　马铃薯电子商务

一、马铃薯电子商务的内涵

（一）马铃薯电子商务的含义

马铃薯电子商务就是在马铃薯生产、销售、初级加工以及运输过程中全面导入电子商务系统，利用一切信息基础设施来开展与农产品的产前、产中、产后相关的业务活动。从而促进农业发展，增加农民收入，推动社会经济水平的整体提高。

（二）马铃薯电子商务的内容

马铃薯电子商务的内容包括农民、农业企业、商家、消费者以及认证中心、配送机构、物流机构、金融机构、政府部门等方面。马铃薯电子商务把传统的交易流程搬到网上，既节约了成本也实现了将马铃薯推向全球市场的愿望。开展马铃薯电子商务就是要在马铃薯生产与流通过程中引入电子商务系统。例如生产之前需要利用信息设备搜集最新的需求信息，了解市场动态与趋势，利用市场信息进行生产决策，以保证生产出来的产品能够找到市场；在生产过程中要及时了解影响马铃薯生产信号，用以指导生产过程，在生产过程中还要考虑到生产的标准化问题，交易中买卖双方可以通过电子商务平台进行咨询洽谈，签订电子合同，还可以通过网络支付结算；在产品运输过程中利用电子商务物流系统监控整个运输过程。在农业部门应用信息手段开展农产品电子商务，实际上是将现代信息技术、网络技术与传统马铃薯生产贸易结合起来，以提高效率，节约成本，扩大马铃薯的市场范围，改善农业价值链，提高马铃薯的竞争力。

（三）发展马铃薯电子商务的必要性

电子商务所具有的开放性、全球性、低成本、高效率的特点，使其大大超越了作为一种新的贸易形式所具有的价值。它一方面破除了时空的壁垒，另一方面又提供了丰富的信息资源，不仅改变了生产个体的生产、经营、管理活动，而且为各种社会经济要素的重新组合提供了更多的可能，这些将影响到一个产业的经济布局和结构。这些电子商务的特点更多突出了马铃薯发展电子商务的必要性。

1. 解决农产品生产信息畅通问题　大力发展马铃薯电子商务，可以将农业生产的产前、产中、产后诸环节有机地结合到一起，解决农业生产与市场信息不对称的问题，可以有效避免盲目发展带来的对农业农村的不良影响。传统的马铃薯营销过程环节太多，价格也因此翻了两三番，由于信息流通慢，不能及时了解信息，致使马铃薯找不到有利的销售市场，而电子商务则能拓展马铃薯的销售市场。电子商务的发展为解决农业发展中马铃薯的流通问题提供了广阔的空间。

2. 传统马铃薯突破生产的时空限制的需要　马铃薯的产销过程环节多，复杂且透明度不高，其交易市场集中度较低，买卖主体众多，交易信息的对称性较差。而电子商务跨越时空限制的特性，使得交易活动可以在任何时间、任何地点进行，非常适合这些分散的买卖主体从网络上获取信息并进行交易。在马铃薯生产中导入电子商务，充分发挥其所具有的开放性和全球性的特点，打破传统生产活动的地域局限，使马铃薯生产成为一种全球活动，每一个网民都可以成为目标顾客，扩大马铃薯市场。

3. 提高马铃薯生产的组织化程度的需要　流通环节长，交易成本高，供需链之间严重割裂造成的马铃薯结构性、季节性、区域性过剩，是马铃薯市场的普遍性问题。主要是以下两个方面。

(1) 小而散的生产方式与大市场的矛盾　在农村，大多数农民只是看电视、听广播，或看看邻居种什么，自己跟着种，今年什么东西好卖，明年就种植什么。不仅缺乏快捷、准确捕捉市场信息的能力，更缺乏科学的试产分析和预测，结果是造成产品多了烂，少了抢，其实质问题是小农经济的生产经营与大市场、大流通不相适应的矛盾。

(2) 马铃薯交易单一，交易市场管理不规范　现在传统的方式主要是一对一式的现货交易，现代化的大宗马铃薯交易市场不普及，期货交易、远期合约交易形式更少。这种状况造成交易市场运作效率很低。电子商务的应用，给马铃薯流通注入了新的生机和活力，通过对各种资源的整合，利用先进、便捷的技术，搭建马铃薯信息应用平台，在网络上组织和实施马铃薯的交易。

4. 创新的交易方式，规避马铃薯价格波动的风险　开展马铃薯电子商务，让马铃薯的生产者能够以一种新的途径及时了解生产信息，根据市场合理组织生产，避免产量和价格的大幅波动，从而更好地对抗马铃薯价格波动风险。

5. 马铃薯自身特点的需要　马铃薯交易的数量大，次数多，市场变化快，其产量的变化也非常快，交易对象和经营主体经常变化，需要不断搜寻新的更合适的交易对象，这都给电子商务的发展提供了很好的机会。通过电子商务可以构造一个全国性的统一市场交易平台，甚至与全球马铃薯市场接轨，以帮助马铃薯的产销各方面更好地掌握市场脉搏，抓住机会。

二、马铃薯网络营销

随着社会经济的发展，网络技术的应用改变了企业的营销理念和营销方式。现阶段消费者的需求呈现如下新的特点：消费需求更具个性化；消费者消费的主动性增强；消费需追求购物乐趣和便利性。同传统营销相比，网络营销更能满足消费者个性化的需求，以更快的速度、更低的价格向消费者提供产品和服务，实现与消费者的互动，更有利于开拓国内外市场。网络营销是在网络技术发展基础上的营销手段和方法，其产生和发展适应了消费者需求特性的变化。

我国马铃薯产品直接面对国外同类产品的强势竞争，小生产和大市场的矛盾对我国农业竞争提高的束缚更加明显。再加上马铃薯生产者营销意识不强，马铃薯市场细分不足、流通渠道不畅、缺乏有效的农产品促销等，更需要我们开拓马铃薯网上销售渠道。

（一）马铃薯产品网上交易

1. 运用大数据细分市场　在传统的马铃薯销售中，农民对马铃薯顾客群体不确定、广泛化，对其需求不了解，这种无法有效识别顾客的现象，不仅造成马铃薯适销不对路，而且加大了营销成本，企业将营销费用花在价值较低，甚至是无需求的顾客身上，影响了企业效益。计算机和互联网技术让大规模地处理个人信息成为可能，企业可以根据网络平台上参与、浏览人数、年龄、性别、区域等数据，对受访群体进行细分，准确了解消费需求。

2. 加快马铃薯网络站点建设　建设马铃薯网络营销的发展，要求有极快的网络传输速度和畅通的网络传输渠道，农村网络基础设施与信息网络建设尤为重要，更要建设有特色的马铃薯营销站点，要加入各地农业信息网。马铃薯网络营销不管是线上做推广宣传线下销售，还是线上直接销售，最重要的是要让你的目标客户在浩如烟海的网络信息中找到你。要实现"如何才能让你的客户找到你"，首先你要在网络上有自己的阵地。在沿海经济发达、农民素质较高的地区，马铃薯产品营销主体具有一定的规模和实力，建立了特色产品站点营销平台和无站点营销平台，龙头企业主和农民上网接受网络信息咨询指导等服务，获取产品供求与市场价格信息，从而与需求者最短时间内完成网上订购与交易。因此，以点带面在全国范围内加快网络营销站点建设，加大对农村网络基础设施的投资与基础建设，利用各地农业信息网络平台为农业、农村与农民提供优质的服务。

3. 通过第三方交易平台发布供求信息　这些第三方交易平台既有专门服务于马铃薯产品交易的，如农市通 B2B、农产品交易网、农产品信息网等，也有跨行业的广义第三方交易平台，如阿里巴巴、慧聪网、中国制造网、自助贸易、环球经贸网、百业网、全球采购等。产品企业运用电子商务技术进行农产品价格、供求等信息的收集与发布，利用在线拍卖、网上招投标等交易模式，依托农产品生产基地与物流配送系统，以网络为媒介，实现农产品安全快捷的交易活动。在 B2B 第三方交易平台上发布供求信息，使信息公开、公平和透明化，价格信息反映出供求关系，引导各级政府主管部门和农户科学安排生产，为农产品网络营销提供了一条有效的途径。农产品企业在选择第三方交易平台时要根据农产品产出和各用户捕捉市场信息的能力选择信息服务平台，因为农产品会随季节和气候年份不同而产生一定的波动，所以该模式的网络营销有时表现出一定的随机性。

4. 建立销售网店　随着网购逐渐成为购物的主流，网店的交易量将随之大幅增加，马铃薯产品深受消费者的喜爱，网络订购产品的需求自然也跟着急剧增长。再加上实现产品订购、配货、城市物流、在线支付的条件逐渐成熟，很多的农业企业开始建立自己的网上销售店铺，马铃薯销售服务逐渐面向个体消费者。如同过去几年网络零售的快速发展一样，面向个人的马铃薯产品网络营销也将进入快速发展的阶段。为了提高马铃薯的销量，除了产品具有特色和保证质量外，还要加强产品的宣传与推广：①在客流量大的 B2C 网站建立店铺。马铃薯企业要选择在知名的客流量比较大的 B2C 第三方交易平台上建立销售店铺，如淘宝商城、京东商城等，这有利于潜在客户的寻找。②加强店铺的宣传与推广。电子商务不仅是渠道，也是媒体，要想提高马铃薯产品的知名度和销量，就必须加强店铺的宣传与推广。具体的方式包括论坛里多发帖子、写博客和 QQ 空间、限时折扣、满就送、秒杀、在网站上做广告、免费试吃等。

（二）品牌产品的电子商务平台

企业要突出马铃薯产品特色，实施产品品牌战略。创建一个好的品牌名称。品牌名称，是实施产品品牌战略的一部分，而且是很关键的一个要素。例如，"联想"让生活充满联想；"美的"原来生活可以更美的。这些都是非常好的品牌名称。和现实生活中一样，品牌名称是否正气，响亮，易记，对品牌的形象和宣传推广也有很大影响。

1. 突出马铃薯产品特色 加强品牌宣传与推广品牌是指社会公众对产品的品质和价值肯定。品牌对企业来说具有获利效应、促销效应、竞争效应、乘数效应和扩张效应。在网络市场上非品牌化的产品可能无人问津，因为需求者在网络上不能现场评价和检测产品的质量，更多的是依靠供应商的信誉和产品的品牌。要创立马铃薯产品品牌，需要建立马铃薯的差异，突出不同品种的特色。如果是同质或者是没有什么特色的产品，消费者就没有必要对产品进行识别、挑选。在创建马铃薯产品品牌后，要及时地加强品牌宣传与推广，就像上文所描述的那样，电子商务不仅是渠道，也是媒体。通过宣传和推广农产品品牌，可以向需求者传递农产品的质量和特色信息，提高农产品的知名度和客户的忠诚感，巩固和扩大其市场份额，增强其市场竞争力。

2. 重视商标注册和保护意识 商标是商品生产者和经营者为使其产品与其他同类或相似产品相区别而附加在产品上的标记。对很多人特别是农民朋友来说，商标也许是一个很空泛很抽象的概念，但它对提升农产品品牌效益和附加值有着不可估量的作用，它是马铃薯产品的一个无形资产。但马铃薯产品的生产经营者大多为农民，由于传统农业生产经营方式的惯性，市场意识、商标意识淡薄。注册商标是产品取得法律保护地位的唯一途径。一旦名牌商标被他人抢注或冒用，不但商标价值大打折扣，更糟糕的会是损害品牌产品的形象，影响产品的声誉。因此，马铃薯产品生产企业在创立品牌的同时，应积极进行商标注册，使之得到法律的保护，获得使用品牌名称和品牌标记的专用权。

（三）价值链整合的电子商务模式

开展价值链整合电子商务模式，主要是资金比较充足的上市马铃薯企业或行业内知名企业集团，对于一般企业应用这种模式还存在着一些困难和障碍。主要表现在环境问题、相关价值链上企业间的配合问题、人口问题等方面，而最重要的还是资金问题。虽然电子商务能够降低交易的成本，但是，庞大的资金投入也不是一般企业所能承担的。因此，采用价值链整合模式的马铃薯企业自身必须是一个具有号召力的大企业或服务提供商，往往这种模式的采用者大多是具有知名品牌和较大规模的马铃薯企业。

（四）农村信息网基础设施建设

与发达地区相比，云南省农村信息网络基础设施建设仍然较落后。首先，互联网上的马铃薯信息是促进马铃薯电子商务发展的重要内容，具有较强的信息权威性和可信性，政府必须重视。其次，提高农村信息化硬件设备的普及率，政府采取相应的措施或出台相应的政策增加农村信息终端设备。一方面，政府可以和信息终端的设备运营商进行合作，为农民提供适合他们的终端设备，如廉价的手机、电话、电脑等。同时，可以不定期或定期向农户发送马铃薯价格信息、供求信息、天气信息等，指导农户生产；另一方面，可以对农民购买的信息化基础设施进行财政补贴，提高农民购买的积极性，比如实施减少农村宽带费用、电脑下乡等政策。

（五）积极引导农民成立专业合作社

由于农民生产经营分散、农民获取信息的成本较高，农产品的生产、流通具有盲目性。可根据当地马铃薯的生产情况建立农村专业合作社或合作协会，增强农户抵抗风险的能力。

首先，通过农民专业合作社实现小农户与大市场的对接，及时为当地农民提供马铃薯信息，组织农民进行马铃薯标准化生产，为农民提供新产品推广、新技术培训以及马铃薯产品质量检测与认证等方面的服务。

其次，行业协会或农民专业合作社可以依靠经济实力和人才优势，组织建立马铃薯电子商务网站，通过电子商务网站发布马铃薯供求信息与生产资料的需求信息，通过互联网与交易对象进行业务洽谈、在线交易等。同时，还可以通过互联网搜集马铃薯信息，进行分析整理后，与成员进行信息共享；行业协会或专业合作社还可以组建马铃薯物流中心、马铃薯交易市场等，为农户提供马铃薯加工、储藏、运输、销售等相关的技术和信息服务。

（六）培养和引进马铃薯电子商务人才

加快云南省马铃薯电子商务的发展，引进和培养专业化的马铃薯电子商务人才是关键环节。首先，可以根据马铃薯电子商务发展的实际需要，马铃薯电子商务企业与高校进行对接，为马铃薯电子商务的发展制定符合企业实际需要的人才培养计划。其次，马铃薯电子商务企业可以利用各大高校的教育资源对企业的优秀人才进行培训，提高企业员工的实际操作能力和理论能力。第三，云南省政府与马铃薯电子商务企业制定优惠的人才引进计划，在全国范围引进优秀的电子商务专业人才，依靠其丰富的经验建立、维护、管理专业化的马铃薯电子商务网站，指引云南省马铃薯电子商务的发展方向，促进云南省马铃薯电子商务的发展。

三、马铃薯第三方物流的应用

（一）"第三方物流"的概念与特征

1. 概念 第三方物流(Third-Party Logistics，简称3PL，也简称TPL)是指企业动态地配置自身和其他企业的功能和服务，利用外部的资源为企业内部的生产经营服务。TPL有利于生产经营企业集中精力搞好主业，把原来属于自己处理的物流活动，以合同方式委托给专业物流服务企业，同时通过信息系统与物流企业保持密切联系，以达到对物流全程管理控制的一种物流运作与管理方式。因此TPL又叫合同制物流。

2. 特征

(1) 关系契约化 物流经营者与物流消费者之间业务关系的规范，物流联盟参加者之间责权利的划分，都是通过契约的形式来实现的。

(2) 服务差异化　对第三方物流企业而言，一方面要根据不同物流消费者的消费需求提供不同的物流服务和增值服务，另一方面也要根据市场竞争的需要形成自身服务特色。

(3) 信息网络化　信息化是第三方物流的生命。信息技术的应用程度直接影响着物流的效率和效益。

(4) 功能专业化　从物流设计、物流操作过程、物流技术工具、物流设施到物流管理必须体现专门化和专业水平，这既是物流消费者的需要，也是第三方物流自身发展的基本要求。

(5) 管理系统化　第三方物流需要建立现代管理系统才能满足运行和发展的基本要求。

（二）物流基础设施

专家和学者们已经对物流基础设施的界定进行了广泛的探讨。孙明贵认为，物流基础设施是指构成物流网络系统的有形资产，如交通运输设施(如公路、铁路、机场)，各类流通中心及其厂房、硬件设备(如机器设备堆高孔、货架等)。王薇认为，物流基础设施基本包含交通运输设施、仓储设施、信息通信设施以及货物包装和搬运设施等。徐杰认为，物流基础设施包括物流专门设施、物流功能设施、交通设施和通信设施。丁俊发认为，物流基础设施包括五大运输方式中的重大设施，特别是铁路、公路、万吨级以上泊位、航空港、火车与集装箱大型编组站、油气管道等；也包括区域性物流中心(园区)、公共配送中心、公共信息平台等。在本书中，我们定义物流基础设施是为生产、生活提供物流服务的场所和设施的统称，既包括交通运输设施，如机场、港口、铁路、公路和管道等，也包括仓储配送设施，如物流园区、物流中心、配送中心及货运场站等。

物流网络包括物流组织网络、物流基础设施网络和物流信息网络。物流组织网络是指由参与物流活动的实体性或虚拟性物流组织所构成的开放网络，网络中每一个组织成员可以根据用户的需求，动态重组为不同类型的服务组织，如物流联盟等，从而为物流网络的运行提供组织保障。物流信息网络是基于企业内部网和外部互联网技术，建立物流网络成员间开放的、信息充分共享的网络信息系统，是物流网络运行的技术保障。物流基础设施网络作为物流网络的有形部分，是由物流节点和连接物流节点的物流线路所构建的物流网络，是物流网络运行的基础和前提，既包括机场、港口、铁路站、物流园区、物流中心、配送中心、货运场站等物流节点，也包括公路、铁路、航空、水运和管道运输等物流线路。根据物流基础设施网络服务范围的大小，还可以进一步划分为国际型、区域型和城市配送型物流基础设施网络，分别为国际市场、区域市场和本地市场提供综合物流服务。物流基础设施网络是马铃薯产品服务实现的载体和集聚地，具有典型的外部经济功能、产业集聚功能和竞争优势功能。

充分发挥紧靠东南亚的优势，加快马铃薯产品物流基础设施建设的步伐，把云南建设成东南亚国际航运中心，推进国际物流中心建设的步伐，加速货运铁路线和云南铁路主干道线以及各地区的连接。马铃薯产品物流园是现代物流业发展到一定阶段的产物。根据云南各地主要城市总体规划和现代物流发展规划，整合现有物流资源，建设一些层次高、服务功能强的现代物流示范园。集中各地中心城市物流资源，吸引实力强的物流企业和本土物流企业参与园区建设，实现园区企业集群式、集约化、网络化、信息化、国际化发展。

四、建立安全可靠的支付体制

市场交易完成的标志是支付环节的完成，也是人们经常说到的"一手交钱，一手交货"，对于电子商务活动来讲也是如此，买方按时收到符合质量要求的货物，卖方按时收到货款。目前在其他行业电子商务使用的支付手段主要通过商业银行的银行卡进付。但是对于马铃薯电子商务来讲，面临着一大问题就是进行电子商务的主体主要是农户以及马铃薯经营企业，而商业银行几乎没有在农村地区设立网点，因此给电子支付带一定难度。利用农村地区的信用合作金融系统发展电子支付，只要电子商务网站的支付系统与当地的信用合作金融系统连接到一起，就可通过网站进行在线支付了。

互联网金融，即用互联网的思想和技术去解决目前金融业存在的问题，让金融回归服务本质。互联网金融是一种革命，是将互联网的思想(开放、责任、透明、分享、互动等)应用于金融业。互联网金融与传统的金融业相比，不仅具有运营多平台互相开放、关注客户体验、交互式营销等典型互联网思维特征，而且在业务运营模式实现互联网思维、新技术与金融核心业务的深层次融合。目前已出现第三方支付，P2P信贷、众筹融资、互联网理财等新业务模式。

马铃薯产品应充分利用互联网金融平台进行融通、融资、融智、融商。通过终端版、PC版、手机版三种载体，提供覆盖产前、产中、产后的全过程、全方位、全领域的金融服务，精准支持马铃薯发展的每一个环节。互联网金融应以客户为中心，推出系列化金融服务产品。应根据"本土化"原则，打造具有云南特色的金融产品来满足农民的需要。开展扶助、创业、致富、安居乐业等马铃薯系列贷款；开展成长、周转、投资等小企业系列贷款；开展马铃薯农村经济组织、农特专业市场担保公司合作贷款；开展理财、融资、票据、担保等投融资业务；开展代理、投资、汇兑、国际业务、银行卡、电子银行、网上银行、咨询、托管等中间业务。

第四节　马铃薯物联网

一、有关概念

物联网是指通过各种信息感知设备和系统如射频识别(Radio Frequency Identification，RFID)、各类传感器、扫描仪、遥感(Remote Sensing，RS)、全球定位系统(Global Positioning System，GPS)等，基于无线通信与信息技术整合的 M2M(Machine-to-Machine)无线自组织通信网络，将任何物品与 Internet 连接起来进行信息交互与通信，以实现智能感知识别、跟踪定位、监控管理的一种智能化网络。

农业是物联网技术应用需求最迫切、难度最大、集成性特征最明显的重点应用领域之一，目前，农业物联网尚没有统一明确的定义。中国农业大学李道亮教授认为，农业物联网是运用传感器、RFID、视觉采集终端等各类感知设备全面感知采集大田种植、设施园艺、畜禽养殖、水产养殖、农产品物流等领域的现场信息，利用无线传感器网络、电信网和互联网等多种信息传输通道实现农业信息多尺度的可靠传输，并将获取的海量信息进行融合、处理后通过智能化操作终端实现农业生产过程的最优化控制、智能化管理和农产品流通环节的电子化交易、系统化物流、质量安全追溯等目标。由此可见，农业物联网是贯穿于农业的生产、加工、经营、管理和流通等各个环节的物联网应用体系。

马铃薯物联网就是物联网技术在马铃薯产业中的具体运用。通过感知技术对马铃薯生产过程进行识别和感知，通过网络互联，进行传输、计算、处理，实现对马铃薯生产的实时控制、精确管理和科学决策，实现生产过程的最优化控制和智能化管理。在马铃薯流通环节实现电子化交易、电子化物流，达到质量安全追溯的目标。

二、马铃薯物联网体系架构

根据物联网特有的全面感知、可靠传输和智能处理三大特征，可将马铃薯物联网划分为信息感知层、网络传输层和处理应用层三层体系。信息感知层主要通过 RFID 标签和读写器、传感器、摄像头、GPS 和 RS 技术等采集马铃薯生产过程的数据及相关事件，这一层次要解决的重点问题是感知、识别物体与采集信息，如土壤肥力、马铃薯生长环境与苗情长势、空间定位信息、产能等信息；网络传输层是物联网成为普遍服务的基础设施，包括各种通信网络与互联网形成的融合网络，通过向下与感知层的结合、向上与应用层的结合，将各类数据通过有线或无线方式以多种通信协议向局域网、广域网发布，使马铃薯在全球范围内实现远距离、大范围的信息传输与广泛的互联功能；处理应用层是将物联网技术与马铃薯专业技术领域相结合，通过对数据挖掘、分析与融合处理建立相应的监控、预测、预警、决策、自动控制等智能信息处理平台，从而对马铃薯生产过程进行精准化管理、智能化控制，并制定科学的管理决策。

三、马铃薯物联网的实现

（一）物联网技术在马铃薯质量安全追溯领域的应用

农产品质量安全问题是当前社会较为关心的一个焦点，尤其在提出马铃薯主粮化战略后，马铃薯的质量安全问题显得尤为重要。运用物联网技术，通过对马铃薯生产、流通、销售过程的全程信息感知、传输、融合和处理，可实现马铃薯生产、流通、消费整个流程的跟踪与溯源，实现马铃薯流通全过程的监管，为马铃薯质量安全保驾护航。

（二）GPS 和 GIS 技术实现了农机资源的充分利用

基于物联网技术实现省际乃至全国范围内的大型农机作业进行有效监控管理，通过专业管理平台实现对大型农机作业情况、作业质量、耕地效果进行远程监控指导，能够有效地为我国农业产能提供保障。

基于 GIS 和 GPS 技术的农业作业机械远程监控调度系统，可实现农机的精准远程定位和部署，从而优化农机资源分配，避免盲目调度。基于 GIS、GPRS 及 GPS 技术以及相关寻路算法，还可以规划农机的调度路径，实现农机的有效管理和调度，提高作业效率。

中国农业部 2013 年启动的农业物联网区域试验工程建立了基于物联网技术的农机作业质量监控与调度指挥系统，在粮食主产区基于无线传感、定位导航与地理信息技术，开发了农机作业质量监控终端与调度指挥系统，实现了农机资源管理、田间作业质量监控和跨区调度指挥。

（三）农业物联网成为电子政务创新的"智慧神经"

电子政务的核心是政务，但现代的政务管理是建立在电子信息和通信技术之上的。物联网连接的是物理感知域，具有信息感知和协同处理的功能，可应用于监控、预警和指挥等系统。因而物联网的应用能够提升政府部门在公共安全、公众服务、市场监管、社会管理等领域的实时感知和智慧处理能力。

农业物联网在技术方面的先天优势决定了其在农业资源调查、农业环境变化与污染监测等方面能够做到准确感知、及时反馈，以帮助政府部门和管理者及时掌握情况，做出正确决策。

四、马铃薯物联网发展趋势

马铃薯物联网的广泛深层次应用，能够促进马铃薯生产方式向高产、高效、低耗、优质、生态和安全的方向转变。

（一）智能化数据处理成为马铃薯物联网发展的前沿

物联网的感知层、传输层和应用层实现了农业数据的采集、传输和人机交互，而物联网的核心是对数据的处理和分析，并最终用来辅助人类的决策行为。而数据的分析处理涉及人工智能、概率论、统计学、机器学习、数据挖掘以及多种相关学科的综合应用和计算机建模与实现，是当代信息技术的核心与前沿，是"智能化"的源泉和动力，只有实现了智能的数据处理，马铃薯物联网才能真正展现出其巨大优势。农业传感器、无线网络及开发应用系统技术的应用已较为成熟，"智能化"必将成为下一阶段马铃薯物联网研究的重点和前沿。

（二）低成本、小型化与移动性感知设备成为马铃薯物联网应用的关键

平板电脑、智能手机、定制智能移动设备的发展已成为现阶段信息技术发展的重要组成部分，与之相关的软件产品和硬件产品发展迅猛，成本不断降低，性能不断提升，在很大程度上彻底改变了人类的生产、生活方式。其低成本、操作简便、功能强大等特征决定了基于移动智能设备的马铃薯物联网产品必将得到大范围的普及与应用。

（三）与时间和空间要素的结合成为马铃薯物联网扩展应用的重点

随着 GIS 和时空数据分析处理技术的发展，时空要素已能够与应用系统较好地融合。时间性和空间性特征是农业系统的固有属性，离开了时间和空间要素，农业数据和信息的处理就会发生偏差。在现有先进信息技术的支撑下，马铃薯物联网应用系统必将实现与时空信息的集成与融合，从而实现灵活的时空信息环境下的数据分析与处理，进而提高马铃薯决策的精确程度。

（四）统一的应用标准体系将成为马铃薯物联网的基础

我国已制定了一些农业物联网标准，但是这些标准无法构成完整体系，不能有效支

撑农业物联网良性发展。比如设施监控，摄像头由于标准不一样，设备兼容性差，互换性较差，一旦原来公司倒闭，无法更新或修复设备，那么原来的设备将要重新更换，造成浪费。别外由于标准体系的缺失，导致应用不规范，没有良好的效果。虽然投入很多钱，但实际上可能运行很短时间，再往后无法升级，造成很大浪费。因此，统一用标准体系的建立，是马铃薯物联网发展的基础。

参 考 文 献

安勤.新疆干果类农产品电子商务物流发展问题研究[D].长春：吉林大学硕士学位论文，2013

白雪.农业电子商务内涵与发展意义[J].企业家天地(理论版)，2011，5：230

车愔. 中国农产品网络营销的问题与对策[J]. 湖北农业科学，2012，20：4638-4640

陈天宝.我国发展农产品电子商务的机遇与挑战[J].北京农业职业学院学报，2003，3：38-41

冯稚进.云南农产品电子商务发展研究[D].昆明：昆明理工大学硕士学位论文，2007

耿朋飞. 我国农产品网络营销的策略及模式研究[D].武汉：武汉工业学院硕士学位论文，2011

韩倩.河北省农产品电子商务发展对策研究[D].保定：河北农业大学硕士学位论文，2006

侯艳艳.农产品电子商务发展对策研究[D].北京：中国农业科学院硕士学位论文，2008

胡开炽. 农产品网络营销的问题研究[D].长沙：湖南农业大学硕士学位论文，2007

焦霖. 中国农产品网络营销现状及发展研究[D].长沙：湖南农业大学硕士学位论文，2004

瞿彭志.网络营销[M].北京：高等教育出版社，2004，99-101

李道亮.农业物联网导论[M].北京：科学出版社，2012，187-191

刘静.我国农产品电子商务发展现状及其对策研究[D].武汉：华中师范大学硕士学位论文，2014

刘瑞献. 网络与实体相结合的农产品营销模式创新研究[D].西安：西北大学硕士学位论文，2010

石鲁达.黑龙江省农产品电子商务发展对策研究[D].哈尔滨：东北农业大学硕士学位论文，2013

石泽杰.营销战略升级与模式创新[M].北京：中国经济出版社，2013，109

孙学军. 中国农产品网络营销策略研究[J]. 新西部(下旬.理论版)，2011，7：64-65

杨雄锈，齐文娥. 中国农产品网络营销的现状及问题研究[J]. 南方村，2013，9：9-13

杨玉. 我国农产品网络营销策略研究[D].长沙：湖南农业大学硕士学位论文，2006

第十一章　云南省马铃薯产业发展的思考

国家启动马铃薯主粮化战略，标志着马铃薯已"晋升"为我国主要粮食作物。云南省是中国马铃薯优势特色产区，种植面积和总产量均位于全国前5名，是我国4个千万吨级马铃薯生产大省之一。马铃薯作为云南重要的农作物，种植面积仅次于玉米和水稻，在解决云南粮食安全问题及推动全省农业农村经济发展、农民增收致富中发挥了十分重要的作用。如何进一步促进产业持续健康发展，在生产、加工、消费、市场等各环节都需要不断创新，从制度、技术、政策等层面进行深度思考，推进产业全面发展。

第一节　加快马铃薯种薯育繁扩体系建设

品种是解决产业发展和确保生产稳定的核心，要积极引进马铃薯种质资源，以现代生物技术为手段，进行马铃薯种质资源创新；要深化常规育种和生物技术育种的结合，大规模开展马铃薯育种研究。

一、建立健全种薯繁育体系

建立健全种薯繁育体系，生产优质马铃薯种薯，推广脱毒马铃薯的培育，做好基层农技推广体系，要岗位、专家、技术集成，建设好脱毒马铃薯生产基地、实验室。如果种薯生产基地过于分散，种薯的运输成本将会大大提高，从而造成马铃薯生产成本的提高，最终影响云南省马铃薯产业的竞争力。因此，应坚持多地育种，云南省特殊的地理、气候环境，适合多地生产马铃薯种薯，在主产区建立大型种薯育种基地，培育适合本地栽培、质量高的种薯，同时免去了异地调运种薯的麻烦，节省了不必要的成本开支。建立以市、县、乡三级种薯繁育生产体系，地级以脱毒苗、微型薯原种为主，县、乡以一、二级生产种为主。改善技术粗放对种薯繁育造成的影响，合理安排种薯种植密度，加强田间管理，防止病虫害交叉感染。

提高和保证种薯质量是马铃薯种薯脱毒快繁体系建设的核心内容。因此，要建立健全严格的繁种制度和种薯质量保障制度，特别应尽快完善病毒检测体系和建立种薯质量监控体系，对茎尖组培苗和引进的试管苗必须先进行病毒检测，合格后再投入大量快繁生产，以实现脱毒种薯生产与供应的制度化、标准化与专业化。

二、抓好良种繁育基地建设

通过财政、扶贫、信贷等部门多渠道筹集资金，满足科技开发、良种繁育、技术推广所需资金。在海拔较高的山区，选择交通方便，土质肥沃，集中连片，马铃薯种植面积大，生产水平高，群众基础好的村户作为良种繁育基地，由技术人员承包负责，引进经过试验表现优良的新品种原种或脱毒微型薯，按良种繁育操作规程严格把关，签订产销合同，优惠价收购，收获后以补贴价向适宜区推广，更新更换生产上已经退化的品种。力争形成布局合理、分工明确、地块稳定的原种扩繁基地、良种扩繁基地，基本满足市场对一级种薯和二级种薯的需求，成为面向省内、省外的种薯基地，甚至面向东南亚各国的马铃薯种薯出口大省。

三、加强育种研究，推广优良品种

品种的好坏是提高马铃薯整体质量和效益的关键，也是实现马铃薯生产规模化的根本保证。目前我省马铃薯生产种植多以自留种薯为主，脱毒马铃薯的推广使用率低，主栽培品种单一，新品种应用速度慢，种薯基地建设落后，集约化、机械化水平都有待进一步提高。从省内消费来看，加工用马铃薯的消费量占比最少，主要是因为能够提供给加工企业生产加工用的专用型马铃薯供给不足。因此未来云南省应加强育种研究，不断完善种薯繁育体系，大力广泛推广优良品种的栽培使用，改善加工专用型马铃薯的供需不平衡情况。

四、健全种薯质量控制体系和监测机构

种薯质量事关种薯繁育基地是否能够生存的大事，因此，严格按照种薯生产技术操作规程进行生产，健全种薯质量控制体系和监测机构，是促进云南省脱毒种薯推广和产业发展的一个重要因素。为保证马铃薯种薯质量过关，种薯检验和定级是一个重要环节，按照《种薯质量管理和检验标准》对品种的典型性、纯度、块茎病虫害危害、植株生长及环境污染源等内容进行检测和评价，从而达到对种薯定级的目的。如果种薯达到了检验标准，则可以进行分级，并储存作为种薯；如果种薯检验未达到标准，则降级作商品薯出售。

五、加强种薯市场管理

云南省种薯市场尚处于建立初期，经营者经营规模小，质量意识、信誉意识差，非常有必要加强种薯市场监管，以规范经营者行为，使之做到依法经营，诚实守信，增强质量意识。种子法及农业部相关法规规定，马铃薯属主要农作物，其种子的生产和经营均实行许可证制度；种子销售时应向种子使用者提供特定图案及文字说明(标签)。从种薯的市场准入和标签标志管理方面入手，依法对种薯市场进行规范和治理，以创造良好的市场经营环境，促进云南省种薯市场的健康发展。

六、培育独特品种

彩色马铃薯在市场上初露头角，具有分布广、容易栽培且多用途的特点，如可以进行色素提取，紫色、黑色、红色马铃薯所含花青素丰富，可以作为提取花青素的原料；食用营养丰富，据研究，彩色马铃薯所含花青素较葡萄等的提取物更稳定、抗氧化性更强，正是由于这种高抗氧化性，食用彩色马铃薯诱发人体食欲，起到一定的食疗作用；作为特色加工型马铃薯，由于彩色马铃薯的高抗氧化性，油炸后仍保持原色，可以用来加工彩色薯片等。由于彩色马铃薯的"独特性"、"个性化"，且由于其巨大的市场潜力和产业发展前景，利用彩色马铃薯来开拓市场，不失为一条"个性化"路线。

云南省农业科学院已经培育出了既可用于提取花青素原料，也可开发为特色食品的高产优质彩色马铃薯新品种，在全国市场上都是一个空白，利用云南省自身科技优势和自然生物资源优势生产出这种独特的具有很大市场潜力的科技新产品，将云南省彩色马铃薯推向全国，带动本地经济发展，丰富全国人民的菜篮子，从而对于促进云南省彩色马铃薯产业的发展，起到了至关重要的作用。

第二节　提升马铃薯生产能力和水平

一、提高认识，放宽政策

首先，地处中国西南部的云南省是我国马铃薯的主产区之一，要认清马铃薯发展对整个社会和经济发展的深远意义和影响，将马铃薯的生产作为整个经济工作的重要组成部分和农业生产的长期战略任务来抓。其次，根据省委、省政府关于做强做大马铃薯产业的工作思路，充分认识和科学定位云南省马铃薯产业，抓住促进马铃薯发展的各项契机，加快马铃薯产业发展。

另外，加大扶持力度，放宽政策，鼓励马铃薯相关产业的发展，建设"生产—加工—销售"一条龙的规模生产体系。加大资金投资力度，大范围多渠道筹集资金，抓住西部大开发的契机，积极争取国家建设资金，从社会上募集资金，改善马铃薯种植区的基础设施环境，为科技发展提供可靠保障，为马铃薯产业发展扫清障碍，从而增强云南省马铃薯产业的竞争力。

二、改善基础设施建设，提高马铃薯生产能力

云南是一个山区面积占95%的省份，坝区、河谷、山区、丘陵相间分布，地形复杂多样。马铃薯多种植在高寒冷凉地区，虽适合马铃薯生长，但地块规模小，机械化水平低，严重制约了云南省马铃薯集约化、规模化的生产发展。云南省马铃薯单产水平较国内其他几个主要马铃薯主产区比相对较高，但从自身的发展过程来看，单产水平没有显著的提高。因此，一方面云南省应制定策略，积极引导，鼓励农民增加对设施的投入，另一方面，奖励扶持全省马铃薯生产，鼓励和促进马铃薯的规模化生产，积极开展马铃薯生产机械化的示范推广工作，进一步提高和改善现有设施的科技水平，继续加强对农田水利基础设施的建设，改善生产条件，提高马铃薯生产能力。

三、以科技为支撑，全面提高马铃薯的生产水平

积极鼓励各地科技推广部门、龙头企业与省内外高等院校、科研院所、马铃薯生产加工企业、营销组织挂钩，建立长期、稳定的协作关系，引进先进实用的新技术，并加大科技示范推广的力度，狠抓乡村干部、基层农科人员、科技示范户及广大农民群众的宣传培训工作，提高马铃薯产业化的整体发展水平。

在一些高寒偏远山区、交通运输等各方面都落后的地区，种植户深受传统栽培习惯的影响，对规模化、标准化、技术化种植意识薄弱，接受新技术、新思想、新品种的能力差，仍在运用传统的种植栽培管理模式，管理模式粗放，投资基金不足，大多数农民

仍然采用自留种，食用与种用不分，种性退化严重，病虫害严重。

加大科技支撑，合理应用高产栽培技术措施，大幅度提高云南省马铃薯单产水平，提高单位面积的产量和质量，让农民用最小的投资尽可能获得最大的收益，实现平均单产稳定的种植目标。

加强对云南马铃薯科技的投入以及马铃薯农业科技的推广，依靠科技创新来提高马铃薯产品的质量和马铃薯产品的科技含量，进行马铃薯产业结构的升级改造，是云南省增强马铃薯产品竞争力的重要措施。云南省可以将具有比较优势的马铃薯产业作为重点进行研究。比如利用马铃薯新技术培育一些优质、高产的品种，提高马铃薯鲜薯的产量和质量。在马铃薯种薯的培育方面加大科技力度，引入国外的先进科学技术和人才，大力研发属于云南的优质马铃薯种薯。提高马铃薯产品的深加工，实现马铃薯的多次转移增值，降低生产成本，建设高新示范园区。扩大对外交流与合作范围，使得云南马铃薯产业融入世界马铃薯产业的大市场。

四、转变生产经营观念，大力调整马铃薯生产结构

马铃薯生产应转变观念，改变"自己想种什么就种什么"的观念，注重马铃薯生产经营观念和结构调整在马铃薯产业发展中的核心位置，为薯农提供技术、市场信息等社会化服务，增强抗御自然灾害和市场风险的能力，加强马铃薯产业化经营主体的自我服务组织。

（一）调整马铃薯生产结构

在马铃薯产品的结构上进行调整，从比较优势出发，对于竞争性较弱的产品提高质量，进行品质改良，追求质量效应。而对于竞争性较强的产品，云南省可以重点培育，然后不断优化自身的竞争结构。云南省的马铃薯具有全年播种收获的特点，全年可以不断生产。所以正是因为这个原因，云南应该大力发展冬早马铃薯的种植以增加其产量。对于种薯方面，应该大力生产合格种薯，使得种薯质量更好，竞争力更强。所以云南省在生产马铃薯加工品的时候不应该注重量的多少，而应该提高加工品的质量。

（二）实施马铃薯产业化经营

由于云南省自身种植业的原因，马铃薯种植业大部分是以家庭为单位的生产和销售，其特点就是规模太小。而且云南省高原山地地形复杂多变，整体来说交通运输也不便，这就使得云南省马铃薯产业不能像发达国家走机械化、集约化、一体化的农场经营模式。云南省应该认识自己的情况，选择合适的农民分散经营产业化的经营模式。大力培育以一体化经营为核心的农业产业化经营组织。另一方面，云南省马铃薯生产规模较小、数量较多，而这种小规模的生产方式会导致马铃薯的生产成本很高，在市场上交易的效率不高，这使得云南马铃薯在商品化、专业化和社会化方面的进程大大减慢。所以通过建立马铃薯经济合作组织就会降低马铃薯的生产成本和交易成本，提高云南马铃薯的竞争力，例如，"公司+协会"、"营销大户+协会"等。在政府部门方面，应该向马铃薯合作经济组织提供政策上的帮助和资金上的支援，例如，小额信贷、农业项目扶贫等。

（三）建立和完善以销定产或订单农业经营模式

为了保证农民利益和带动农民种植加工专用型马铃薯的积极性，需确立和完善以销定产或订单农业经营模式，根据各加工企业对原料的品种和质量的要求不同，从品种搭配、产地生产季节等方面合理规划布局原料生产基地，促进原料生产基地与企业的直接对接。订单农业实际上就是通过订单反映市场需求，让农民按照市场需求进行生产，保障农户和加工商双方的需求。

第三节　大力发展马铃薯加工业

一、提高产品的科技含量以及加工技术水平

没有加工业的农业是不完整的农业，是低效益的农业。我国马铃薯在加工技术方面鲜有自主创新，技术已经远远落在了其他国家的后面，自主创新产品也非常少，加工产品档次较低，造成了马铃薯加工行业产品质量偏低、销售困难等众多发展瓶颈，因此我们要加大资金投入，扩大企业规模，与国内外科研机构紧密联系，吸收最新成果并得到积极转换，改变加工产品单一或雷同的局面，延伸产业链，拓展市场空间，开发适合中国市场的马铃薯新产品、新技术和新设备。

（一）加大科技投入，提高深加工能力

在已经形成的加工能力的基础上，提高马铃薯加工制品的质量，引进先进技术和设备，改造现有加工企业和升级原有的设备条件，积极进行生产能力的更新换代，加快加工方面的专业技术人才队伍的建设，提高科技含量，实现加工能力的提升。并根据市场需求导向，积极开发市场潜力巨大的马铃薯休闲食品、薯条等快餐食品与方便营养食品等相关马铃薯产品，开发科技含量高、附加值高的深加工产品，提高马铃薯产品品质，增强市场的竞争力。

（二）改善贮藏技术，研发相关设备

云南省马铃薯运输贮藏损耗近产量的 8%，马铃薯多以土地自藏为主，贮藏成本低，但也由于贮藏技术水平的落后，造成了损耗量高的现状。现有的贮藏运输技术成本高，没有一种廉价且适用于马铃薯贮藏运输的技术或设备，如果能做相应研发，鼓励大型农产品批发市场、马铃薯流通企业加强运输工具、贮藏技术等基础设施建设和科研开发的力度，从长远来看，对马铃薯市场的发展和相关粮食安全有着重要的作用。

二、促进高附加值马铃薯加工产品生产

通过发展精深加工，完善生产经营模式，加强核心技术创新，促进加工增值，是提高马铃薯产业整体素质和效益、增强产业竞争力的有效途径。

（一）增加马铃薯附加值，发展精深加工

在马铃薯产品加工、生产方面，能代表我国马铃薯加工技术水平的是薯类淀粉及其制品加工、马铃薯膨化小食品加工、油炸鲜马铃薯片以及近年发展起来的全粉和速冻马铃薯条加工。我国的马铃薯加工业与发达国家相比还有很大差距。在我国，大部分马铃薯产品还是被人们大量鲜食、鲜贮、鲜运、鲜销或者大批量应用在低附加值的马铃薯加工业上，如应用在加工制作粗制淀粉、粗制粉丝、粉条和酒精等，在加工、生产方面还有很大的拓展空间，政策鼓励，技术支持，开发加工具有市场前景的精深加工品，投资更多的马铃薯加工企业，延长产业链，提高附加值，同时也要处理好马铃薯实现经济价值和环境保护之间的矛盾，做到废弃物合理利用，开发副产品，促使我省马铃薯的资源优势转化为经济优势。

（二）完善生产经营模式，提高马铃薯加工品的附加值

充分发挥各级科研单位、技术推广单位、马铃薯供应商的优势以及龙头企业对农户的带动作用，结合消费需求并以市场为导向，鼓励并引导企业加工薯片、淀粉、速冻马铃薯条及鲜薯系列产品，建立"种植+协会"等，进一步完善"公司+基地+农户"的生产经营模式。在各级政府机构整体规划和宏观调控下，实现以上各个方面的直接经济利益利害关系的优势组合，实现加工能力的提高，增加马铃薯的附加值。

三、积极发展加工型马铃薯

首先，加工马铃薯品种应专用化。在马铃薯的育种目标上要转向专用型育种，为生产上提供优质专用品种；种植上立足于专用化生产，不断扩大油炸型、淀粉加工型、鲜食和出口型专用品种的面积。其次，种植区域化，要根据自然生态条件，合理规划各种专用马铃薯种植区域。再者，技术标准化，满足马铃薯加工市场对商品薯的外观和内在品质都有特殊的要求，在选定品种后应加强栽培技术推广，制定标准化栽培技术操作规程，提高马铃薯的产量、质量。

要抓住城镇化进程的机遇，加快土地流转进程，建立马铃薯加工企业自己的生产基地。企业要获得继续生存的空间，就需要建立低成本、规模化的专用加工薯基地。由于经济发展条件、历史的土地使用权归属问题和农村传统观念的影响，使得企业这一需求难以满足。随着我国将进入高速的城镇化阶段，农民将平等地享有城镇的社会福利待遇，将越来越多的农民会毫无顾忌地离开土地，使得土地流转变得更加简单便捷和低成本，从而进一步实现加工专用薯种植的规模化、机械化，将极大地降低生产成本，增强云南省马铃薯加工企业的国际和国内竞争力。

四、加大马铃薯加工龙头企业扶持

制定和落实各项扶持政策，在财政和信贷方面给予马铃薯加工企业优惠，提高企业经营水平。引进其他省或国外的资本进入马铃薯产业，补充新鲜血液，同时也引进先进的经验。鼓励和加强马铃薯加工企业与种薯生产企业、原料供应商和种植农户的合作。建立互惠机制，促进马铃薯种薯和原料的生产。

云南省马铃薯加工品及深加工品比较少，竞争力不强。造成这个现象的原因就是云南马铃薯加工技术的落后以及规模并不够大。我们都知道规模经济能够带来更多的利润。因此，在发展马铃薯加工品产业的时候应该培育龙头企业，以龙头企业来带动马铃薯加工品产业园的发展，形成一定的规模效应，提高马铃薯加工品的加工技术与效率，降低加工品的成本。这样就能使龙头企业实现马铃薯加工品的增值，在市场上更加具有竞争力。在构建龙头企业方面应该要充分利用云南省马铃薯的资源，多元启动，资源整合。通过企业合并或者外资入股来建设一批马铃薯的加工品贸易龙头企业，而政府应该在此方面给予相应的资金和政策扶持。

第四节　开拓马铃薯消费市场

一、引导消费观念，扩大消费需求

随着城镇化的发展以及农村劳动力的转移，城镇马铃薯消费者日益增加，其消费观念、方式将会对马铃薯需求形成一定影响。马铃薯有着营养价值高和食用安全等特点，通过宣传、倡导健康、合理的饮食习惯和膳食结构，引导消费者认识到合理的马铃薯摄入量对人体健康的意义与重要性，引导消费者转变消费观念及消费认知，让更多的人喜爱马铃薯食品，逐渐增加马铃薯消费需求量，有利于马铃薯产业的良性发展。

二、树立马铃薯品牌形象

云南省马铃薯基本以零散农户生产的马铃薯为主，而这种方式带来的问题就是马铃薯的产品质量及品种参差不齐。现代的商品消费观正在改变，消费者对于商品的品牌效益的需求正在逐步增加。由过去的无名牌的偏好正在向有名牌的消费转移。因此云南省马铃薯的出口应该建立自己的品牌效应。通过法律效应来增加该品牌的知名度。对于马铃薯的名牌产品应该进行大力的宣传，政府在这方面应积极给予政策上的优惠和资金上的投入。

利用云南省生态条件良好的有利条件，通过电视、广播和互联网等多种形式，加强宣传推介，同时在产品包装、深加工方面下功夫，采取多种促销手段，扩大云南省马铃薯知名度。创建品牌，积极引进龙头企业，推进产业化经营。创建马铃薯协会，积极发展种植大户、运销大户、龙头企业加入马铃薯协会，依靠协会引进技术、了解信息，引进客商、联结市场与生产，积极发展订单生产和网上交易，以销售促效益，以效益促生产。

三、提升储存能力，平抑市场供求

改善储存现状，利用调节马铃薯储存，避免出现季节和局部性的市场供应不稳定，对马铃薯整个产业而言是一个重要的环节。一般而言，在马铃薯上市高峰期，会出现运输压力大，价格大幅下滑，马铃薯堆放损失大等问题，为了避免这些问题，可以鼓励农户、营销企业和加工企业改善储存现状，提高储存技术，根据市场需求，自由收放，稳定市场价格。基于以上所述，有以下具体对策和建议。

主产区的马铃薯营销企业和加工企业联合，建立一个规模化的专业商品薯储存库，这样可以避免因为农户散存马铃薯，造成的资源分散，块茎质量低，损失大等众多问题，对调节市场供应不定可起到不可忽视的作用。

近年，在主产区很多农户已经建立了家庭小仓库，把马铃薯储存在不见光、湿度大的小仓库中，大大提高了马铃薯的质量以及储存卫生，这对于农户以往的储存方式而言，已经可以称得上一种进步。对于一些偏远山区的农户，政府可以给予政策和资金上的支持，并辅助以现代储存技术支持，如调控温湿度、怎么充分利用自然条件、块茎入库前应做的技术处理、如何改善库房周围环境等一系列技术性问题。

四、加快马铃薯市场体系建设

由于市场信息滞后，往往造成生产出来的马铃薯销售不畅，严重影响了农户种植马铃薯的积极性，制约了马铃薯产业的发展。促进马铃薯生产，建设种薯基地，各种支持政策都是为了马铃薯最终进入市场而服务的，其中最重要的，也是最关键的实现马铃薯价值的环节是销售。因此，促进马铃薯生产，发展马铃薯产业必须始终坚持以市场为导向，同时，建设并开拓马铃薯市场是促进马铃薯生产发展的客观需求。在建设马铃薯市场体系的过程之中，要充分发挥市场连接企业和种植农户的桥梁作用，形成各利益相关体互惠互利的共赢局面，此外要调动各个主体参与市场体系建设的积极性，政府提供各种优惠政策吸引企业外资参与其中进行经贸洽谈，同时要大力支持种植农户自主成立个体或者合伙马铃薯企业，拓展马铃薯流通渠道。云南省作为面向西南开放的"桥头堡"，其地理优势和政策优势明显，在此环境之下拓展东南亚马铃薯市场是必然趋势，而东南亚一些国家不适合进行马铃薯生产，但是对马铃薯的需求却很大，这些都为加大马铃薯的出口创造了有利条件。

五、开辟马铃薯期货市场

政府应支持马铃薯期货市场交易，为马铃薯期货的顺利推出提供有利条件。开展马铃薯期货交易，薯农可以根据期货市场的价格信息和价格变化趋势，调整种植、贮藏和销售节奏，拥有还价议价能力。马铃薯期货市场交易有助于薯农避免马铃薯价格的暴涨暴跌，保护农民利益，规避市场风险，增加农民收入；还可以为政府的产业政策制定、农民的马铃薯种植销售、企业收购提供权威的价格指导。

六、建立完善马铃薯价格预警信息系统

建立科学准确、反应灵敏和运转高效的马铃薯价格预警信息体系，是促进云南省马铃薯产业发展的重要保障。

（一）规范马铃薯价格预警报告内容

预警报告是马铃薯价格预警研究工作成果的深加工和集中反映，更是薯农、经营者、消费者和各级政府赖以随时掌握马铃薯市场价格情况和变动趋势，及时进行决策的重要依据。因此，马铃薯价格预警报告的准确、及时和细致程度直接影响到马铃薯市场参与主体的利益，以及各级政府决策的有效性。

（二）建立不同层次的马铃薯价格预警信息发布机制

建立省、州(市)、县、乡、村级的多层次的信息发布平台，满足不同需求者的要求。马铃薯价格预警信息的服务对象是广大的薯农、经营者、消费者和各级政府的相关决策部门，应该定期发布预警结果，并且这类信息的发布应该是公开的、无偿的。对于某些马铃薯生产相关的大型企业和组织，还可以提供针对性的报告和咨询服务。

（三）开发多种信息发布查询渠道

充分利用各种媒体，多渠道发布马铃薯价格预警信息，提高信息需求者及时获取所需信息的便捷性。价格预测预警信息发布渠道主要有：①通过互联网发布。互联网具有信息量大、传输速度快、没有时间和地域限制、便于查阅等优点，是马铃薯价格预警信息发布的重要形式。②通过广播电视发布。广播电视覆盖面广、听(观)众多，是信息发布的重要阵地。③通过报刊固定版面发布。作为纸质媒体，报刊具有易于保存的优点。④通过新闻发布会的方式发布。新闻发布会一般由政府官员或专家召开，具有权威性强、影响力大的优点。⑤通过咨询电话发布。这种方式能够增强预警信息供求之间的针对性。⑥通过短信平台发布。随着手机的普及，通过短信息的方式发布预警信息具有无可比拟的及时性和快捷性。马铃薯价格预警信息要保证真实可靠。对于马铃薯市场中的虚假信息及其发布者要通过法律手段进行坚决制止和严厉打击。

（四）完善马铃薯价格预警指标体系

深入分析马铃薯价格形成的内在机理，准确找出马铃薯价格波动的影响因素，不断完善马铃薯价格预警指标体系，确定合理的警限和警度，以适应马铃薯价格预警的需要。应提高价格预警指标的代表性和准确性，在指标数据的可获得性和数据指标的代表性之间进行平衡。指标的选择要有客观标准，不能仅仅依靠主观判断。

（五）培养高素质马铃薯价格预警人才

马铃薯价格预警研究涉及多学科的综合应用，当前云南省极其缺少马铃薯价格预警人才，尤其在应对突发事件时显得力不从心。因此需要加强专家队伍建设，开展人才合作，搭建专家交流合作平台，整合资源，合理配置，形成合力，为建立科学合理的马铃薯价格预警体系提供人才支持。

七、提升云南省马铃薯对外贸易

（一）加强政策服务，提高贸易信息服务

政府部门在加强政策服务的同时也应该提高对马铃薯贸易的信息服务。利用一些驻外的国家机构，随时关注国外一些农产品尤其是马铃薯方面的消息。比如国外市场马铃薯的需求与供给状况或者是农业扶持政策的变动等，以便于省内生产者对症下药，促进云南省马铃薯产品的出口。在省内农业机构设立研究所，对于马铃薯各方面的信息加以公布。例如对于各地方的农业技术推广站随时更新相关的数据，并根据数据进行分析和预测。以便于农户和企业随时了解详情。在政府农业网站专门建立相关的马铃薯网站，向农户和企业反映省内马铃薯贸易情况。

（二）提高贸易技术壁垒信息服务

在双边贸易中，技术性贸易壁垒是各国常用的一种贸易保护手段。这对于贸易保护国来说可以进行贸易保护，对于出口国来说可能就会导致其利润损失。这对于马铃薯出口国外市场影响很大。所以政府方面应该建立相关的平台，随时向省内出口企业告知相关的技术性贸易壁垒信息。以便于规避其给省内马铃薯出口企业和出口商带来的风险。具体可以在马铃薯的生产技术标准，马铃薯表面农药化肥残留量以及包装要求方面加以反映。整体提高云南马铃薯出口国外市场的标准。增强竞争力。

（三）加强与国外马铃薯交流贸易机制

建立相关的云南与国外马铃薯交流平台，开展各种形式的马铃薯经济交流。在具体措施方面，云南省可以开展与其他国家定期或者不定期的双边马铃薯展销洽谈会以及马铃薯技术合作论坛等。与其他国家农业部加大交流和研讨会的深度，促进双方对于对方的马铃薯的了解和沟通。云南省还可以与其他国家成立专门的马铃薯机构，在马铃薯种植、加工、销售方面进行投资和合作。双方还可以探讨马铃薯双边贸易的绿色通道等。

（四）加强与国外马铃薯合作贸易机制

在合作贸易机制方面，首先应该加强马铃薯科技合作理论研究的交流。省内高校研究马铃薯产业的很多，应该鼓励研究团队走出去了解市场，以及进行科技理论研究交流。重点建设相关马铃薯科技信息研究和咨询平台。制定相关的云南与国外马铃薯科技合作计划。加快云南与国外的马铃薯科技合作交流。在省内应该采取各种方式大力培养马铃薯竞争力，在与国外合作的基础上，建立马铃薯产业体系，优化省内的资源配置，提高马铃薯国际竞争力。加快建立云南与国外双方、多方马铃薯科技合作试验园区，共享马铃薯资源和信息，实行政府扶持，搭建一个合作交流平台。

（五）努力发展云南省马铃薯的边境贸易

由于云南省很多边境地区都与他国居民混居，在这些地方，历史上就有长期的经贸往来。所以应该对于云南省马铃薯进行文化包装。由于云南边境地区与一些国家有着许多相似的文化积淀，这对云南省马铃薯在品牌上提升对于东南亚国家的亲和力，加强东南亚国家对云南马铃薯的认同感很有帮助。从这个方面提高云南马铃薯的竞争力，加强云南马铃薯与东南亚国家的边境贸易。在边境地区应该多进行云南马铃薯品种的展览活动，以此来吸引东南亚国家的厂商，这样可以挖掘云南与东南亚国家马铃薯的双边贸易潜力。在大力发展云南边境地区旅游业、加大双边教育交流的同时，应该多宣传云南马铃薯的宣传，这为云南马铃薯的边境贸易具有重要的作用。

人民币在云南的边境贸易中实行结算试行，这给云南马铃薯边境贸易的商家提供了很大的便利。云南边境地区通过人民币结算可以扩大云南边境的旅游业以及交通运输业。这都为云南马铃薯边境贸易提供了方便，对云南边境马铃薯贸易有着促进的作用。云南政府应该在边境地区多设立边境银行服务点或者货币兑换点，支持商业银行为云南边境贸易提供融资帮助，在云南与东盟的马铃薯边境贸易上，尤其是各种商品贸易上提供金融便利。同时还应该鼓励云南的银行和东南亚的银行进行业务上的来往，可以让云南的商业银行在东南亚国家开展个人业务，加强人民币汇率的沟通协商，为云南与东南亚马铃薯边境贸易提供更多更好的金融支持。

第五节 积极推进马铃薯主粮化战略

一、加强对马铃薯生产的支持力度

首先，政府应加大对马铃薯产业的财政投入力度。政府应该结合国家、企业、种植农户三者之间的实际情况多方面筹措资金支持马铃薯的生产，提高财政投入在马铃薯生产中的比重，其中主要是加大对马铃薯产业科研方面的投入力度，比如提高加工技术和效率、进行技术整合、研发新品种、开发新设备、与国内外科研机构共同合作进行马铃薯研发等方面的投入力度。

其次，政府应加大对马铃薯主产区基础设施建设和生产条件的投入，特别是农田水利设施的修复和建设，提高马铃薯生产抵御自然灾害能力。自 2010 年以来，云南省连续3 年遭遇特大干旱，大多数农作物减产和绝收，这其中也包括马铃薯，给农民的生产、生活以及云南省农业经济带来重大损失。所以，目前加大农田水利设施的建设刻不容缓，政府应结合云南山区特点，规划建设符合当地农业生产的水利设施，并通过多渠道筹集资金，加大水窖和水库建设和修护的费用，为马铃薯生产提供相应的保障。

最后，政府应该制定各种鼓励政策。具体措施上，一是制定马铃薯价格支持政策，使马铃薯与水稻、小麦一样实施最低价格保护政策，提高种植农户的积极性；二是制定优惠税收政策，对于引进国外先进技术和先进设备的加工企业，政府应该给予关税上的优惠，对于那些马铃薯生产加工一体化企业，政府应该减免其一定的税收；三是政府应该积极招商引资，鼓励和吸引国内外的马铃薯加工企业参与产业开发，在原有产业规模的基础上，引导现有加工企业进行技术的升级和设备的改造，开发出科技含量和附加值双高的马铃薯产品。

二、提高科技人员和种植农户的整体素质

在加强农业科技推广的过程中，培养、造就一批马铃薯生产加工方面的技术带头人和岗位专家。种植农户是马铃薯生产加工的"第一车间"，是各种研发成果的实际的应用者，要加强对种植农户的教育，使他们的知识水平和文化素质得到提高，同时也应该提高广大种植农户的科学技术能力。唯有如此，才能增强种植农户对新技术新品种的接受能力，增强他们对马铃薯科学规范种植、标准化生产的意识。

三、育种技术的提高

马铃薯为无性繁殖作物，野生种质资源抗旱、抗寒的优良性状很难被直接"拿"过来。为此，必须做好以育种亲本为代表的种质资源收集和遗传基础研究。从技术层面来讲，从育种方面提高马铃薯的单产是现实可行的，而且不难做到。我们应在提升马铃薯

种薯品质上下功夫。继续建设新技术示范基地，引进扩繁市场看好的保健薯新品种、企业需要的高淀粉新品种、适合南方专用的新品种以及适合全粉生产的主粮化品种。

当前，云南省马铃薯种植面积稳定在 66.67 万公顷以上。随着马铃薯主粮化战略的提出，未来马铃薯种植面积增加主要为山区和冬闲田。受耕地面积、水资源、气候变化等因素影响，小麦、水稻、玉米等传统粮食作物继续增产的难度越来越大，但马铃薯增产潜力远优于小麦、水稻和玉米等传统作物。

四、合理调整马铃薯种植结构

由于中国种植马铃薯一般作为菜食，人们多愿意种植价格较高的蔬菜型马铃薯，而淀粉含量高的马铃薯则无人问津，导致马铃薯加工企业原材料价格过高，加工企业投入回报不成正比，行业萎缩，因此必须合理调整云南省马铃薯种植结构，规范菜用型马铃薯和加工型马铃薯的价格。

现在，马铃薯早已从蔬菜定位到了粮食，因此，马铃薯价格差异化必将不可忽视。作为粮食，马铃薯的价格必将不可定位过高，作为蔬菜，人们对优良、精品马铃薯的需求越来越大。同时，优良品种的商品薯价格将继续走高，品质较差的品种价格将继续下滑。

五、实施消费导向主导的马铃薯新食品的研发

要使得消费者接受马铃薯作为主粮，特别要在四个方面进行改善：首先是外观品质，外观上要吸引人；其次是营养品质，要从人们身体需要的基本营养方面多下功夫，向广大消费者宣传马铃薯的营养价值；三是质地品质，严把质量关，通过高标准、严要求提高产品质量；四是商品品质，通过市场导向、不断强化市场思维，提高马铃薯产品市场化水平。

六、推进马铃薯种植规模化、机械化耕作

目前，云南省马铃薯种植主要还是以一家一户的分散经营为主，实行规模化种植的农户较少，这也就间接导致了机械化种植普及率较低，从而也加大了种植马铃薯的成本，降低农户的实际收益。实现土地的适度规模化经营是提高马铃薯生产规模效益的前提条件，随着人均耕地面积的减少，农户独自种植的方式对马铃薯生产效率产生了负面的影响。因此，现阶段在稳定家庭联产承包经营的基础上，应通过政策和舆论导向加快土地经营权的流转，积极探索土地规模化经营的形式，促进土地适度规模经营，实现马铃薯种植的规模化，以降低马铃薯的生产成本，扩大提高马铃薯生产效率的空间。农业机械的推广是以土地的规模化经营为基础的，所以说，马铃薯种植的规模化，也能扩大种植过程中机械化的使用程度，而目前按人口平均分配土地使得土地过于零散，现代化的机械耕作方式很难大范围地推广，因而导致小农经营的原始耕作方式仍在很多地方保持，这也极大地降低了农业机械在马铃薯生产中的运作效率。所以目前可以在全省进行马铃薯区域规模种植试点，并逐步推进马铃薯生产的规模化，从而带动机械化耕作，实现马铃薯种植的机耕、机种和机收的全程机械化，达到节本增收、降低劳动强度的目的，以适应农村剩余劳动力转移，农民向城镇集中的发展需要。使用专业的马铃薯种植和生产

机械，不仅可以提高工作效率和马铃薯产量，还能保证产品的优良品质，以适应市场和企业的高品质要求。由于云南省特殊的地理环境，90%的耕地都在山区，所以，云南省必须引进适合山地耕作的中小型马铃薯生产专用机械，这样才能顺利地开展机械化种植，最终降低劳动成本，提高种植效益。主要从以下方面入手：一是推进规模化种植，建设高产稳产农田，大力发展农民专业合作经济组织、农庄、公司等的规模化种植，以农田治理重点，加大投入，建立山区高产稳产农田，尤其增加小库塘蓄水及灌溉等水利配套设施，改善旱灾对生产的影响。二是加强机械化耕作的科技水平，根据云南山区的特点，研究整地、种植、中耕管理、收获等各环节的机械化技术，提高机械化耕作的科技支撑水平。三是研究和引进适应山区马铃薯生产的机械设备，降低劳动成本，提高种植效益。

七、大力发展马铃薯加工业

缺乏加工业的农业是效率低下的农业，通过深加工精加工才能提高农产品的价值和竞争力。马铃薯作为初级农产品销售，其价值很低，再加上运输和储存过程中的损坏，增加了其生产成本和销售风险，因此，只有通过对马铃薯进行加工，才能使其增值。在云南，马铃薯在食品加工、淀粉、发酵制品等方面有良好的开发前景，同时马铃薯通过初级加工和深加工后，会伴随大量副产品的产生，这些副产品的利用又进一步带动了相关产业的发展，再一次提升马铃薯的经济效益。目前，云南已经有一批马铃薯加工企业：云南鑫海食品有限公司、云南天使食品有限公司、昆明嘉华食品有限公司、昆明子弟食品有限公司、云南昭阳威力淀粉公司，这些加工企业使马铃薯产品附加值增加，有效地促进了马铃薯的生产，即使如此，云南省马铃薯在加工方面仍旧有很大的拓展空间。因此，政府应该在现有加工企业的基础上，加大招商引资力度，进一步拓展加工领域，发展一批具有现代化水平的马铃薯精深加工企业，培育产业集群，使云南省马铃薯资源优势变为经济优势，最大限度地实现马铃薯加工增值，提升云南马铃薯产业化经营水平。

八、健全马铃薯的社会化服务体系

社会化服务体系是马铃薯产业化经营的重要保障，实践证明，社会化服务体系的水平在一定程度上制约着农业产业化经营的发展进程。因此，要以农业产业化经营为契机，以农村各种专业合作组织为基础，依托政府职能部门，大力发展马铃薯市场化服务组织，逐步建立起网络完善、功能互补的马铃薯产业社会化服务体系。大力发展马铃薯专业合作组织(协会)，加强马铃薯产业化经营主体的自我服务。合作组织(协会)应该是按照自愿互利、民主管理原则建立起来的新型自我服务组织，具有适应性强、带动面广等特点，在衔接农户与市场、联结企业与农户方面发挥着重要的中介作用。另外，应该充分发挥政府经济技术职能部门的作用，为马铃薯产业化经营搞好信息、指导服务，建立信息网络，既为指导马铃薯生产经营提供决策依据，又为企业和农户提供市场、价格、技术信息，引导企业和农户按照市场需求安排生产，改变过去市场信息不灵、行情不清、盲目生产的状况，帮助农民抢抓市场机遇，大力发展马铃薯订单生产、合同生产，克服马铃薯生产中的盲目性和分散性。

参 考 文 献

陈国明，张德亮.云南省马铃薯产业比较优势分析[J].当代经济，2011，(2)：98-99

丁鲲，丁福祥.云南省马铃薯产业发展研究[J]．云南科技管理，2012 (3)：19-22

高明杰，罗其友.2011 年马铃薯滞销现象、成因与对策[J].农业消费展望，2011 (12)：49-51

金璟，龙蔚，张德亮，等.浅析云南马铃薯加工业发展[J]．中小企业管理与科技（下旬刊)，2012，(5)：194-195

李勤志，冯中朝.中国马铃薯生产的经济分析[M].广州：暨南大学出版社，2009

李文娟，秦军红，等．从世界马铃薯产业发展谈中国马铃薯的主粮化[J].中国食物与营养，2015，21 (9)：
5-9

李志勤.我国马铃薯产业的经济分析[D].武汉：华中农业大学硕士学位论文，2005.

刘洋，罗其友.我国马铃薯批发市场价格波动研究[J].中国蔬菜，2011 (7)：14-17

王希卓，朱旭，等．我国马铃薯主粮化发展形势分析[J]．农产品加工，2015 (2)：52-55

谢从华.马铃薯产业的现状与发展[J].华中农业大学学报(社会科学版)，2012 (1)：1-4

杨剑.定西马铃薯产业竞争力评价及其提升研究[D].兰州：兰州大学硕士学位论文，2011

杨万林，杨芳.中国马铃薯标准体系建设与发展策略[J]．中国马铃薯，2013，27 (4)：250-254

余欣荣．以科技创新引领马铃薯主粮化发展[R]．2015 年 1 月 6 日马铃薯主粮化发展战略研讨会发言材料

彩 图

图 2-1　'会-2'的植物学特性(白建明提供照片)

图 2-2　'合作 88'的植物学特性(白建明提供照片)

图 2-3　'宣薯 2 号'的植物学特性(白建明提供照片)

图 2-4　'中甸红'的植物学特性(白建明提供照片)

图 2-5 '丽薯 6 号'的植物学特性(白建明提供照片)

图 2-6 '滇薯 6 号'的植物学特性(杨艳丽摄)

图 2-7 '丽薯 7 号'的植物学特性(白建明提供照片)

图 2-8 '云薯 301'的植物学特性和炸片情况(白建明提供照片)

图 3-1 马铃薯纺锤块茎类病毒薯块症状
(杨琼芬摄)

图 3-2 马铃薯核心种苗保存(杨琼芬摄)

图 3-3 马铃薯脱毒苗培养(杨琼芬摄)

图 3-4 基质法生产马铃薯原原种(杨琼芬摄)

图 3-5 雾培法生产马铃薯原原种(杨琼芬摄)

图 3-6　马铃薯原原种收获(杨琼芬摄)

图 3-7　马铃薯水培苗生产(杨琼芬摄)

图 3-8　雾培法马铃薯原原种收获(杨琼芬摄)

图 3-9　马铃薯原种、一级种生产(李燕山摄)

图 3-10 马铃薯病毒病症状表现(丁铭摄)

A. 黄化；B. 矮化；C. 花叶；D. 皱缩

图 4-1 马铃薯高垄双行栽培模式(徐发海提供照片)

图 4-2　马铃薯玉米间作栽培模式(杨艳丽摄)

图 4-3　马铃薯甘蔗间作栽培模式(陈际才提供照片)

图 4-4　烟后马铃薯栽培模式(陈建林提供照片)

图 4-5 马铃薯地膜抗旱保墒集雨栽培技术(陈建林提供照片)

图 4-6 马铃薯膜下滴灌高效节水(陈建林提供照片)

图 4-7　马铃薯全程机械化作业(陈建林提供照片)

图 5-1　马铃薯晚疫病发生症状(杨艳丽摄)

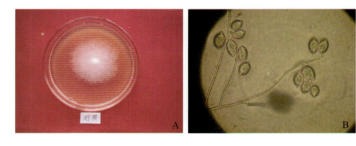

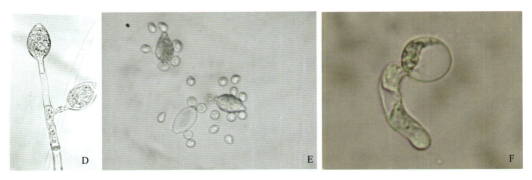

图 5-2 马铃薯晚疫病菌无性世代(杨艳丽摄)
A. 晚疫病菌菌落；B. 孢子囊梗"溢缩现象"；C～E. 孢子囊和游动孢子；F. 游动孢子萌发

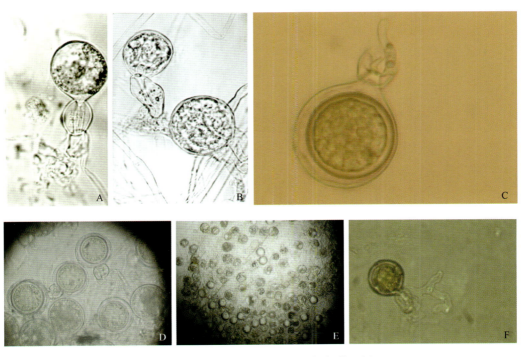

图 5-3 马铃薯晚疫病菌有性世代(杨艳丽摄)
A～B. 藏卵器穿雄生殖；C～E. 卵孢子；F. 卵孢子萌发

图 5-5 马铃薯早疫病症状(杨艳丽摄)

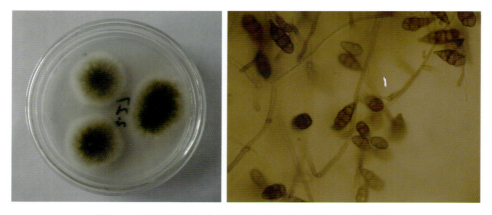

图 5-6　马铃薯早疫病菌菌落及分生孢子形态(杨艳丽摄)

图 5-7　马铃薯黑痣病(茎溃疡病)症状(杨艳丽摄)

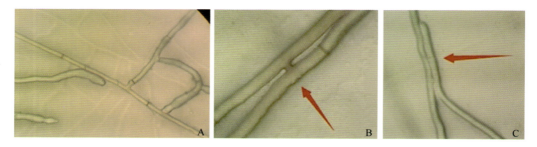

图 5-8　马铃薯黑痣病(茎溃疡病)菌融合形态(杨艳丽摄)
A. 菌丝结构；B. 为点融合；C. 为面融合

图 5-9　马铃薯粉痂病症状(杨艳丽、刘霞摄)

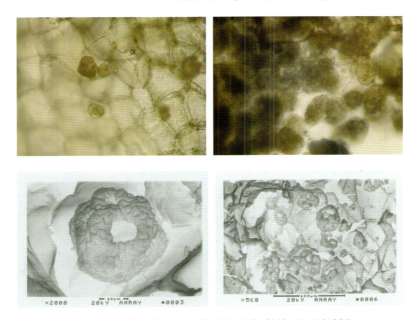

图 5-10　马铃薯粉痂病菌休眠孢子囊(杨艳丽、刘霞摄)

图 5-11　马铃薯病毒病症状类型(张仲凯、董家红摄)

A. PLRV 引起的卷叶；B. PVY 引起的植株矮化；C. PVY 引起的花叶；

D. PVA 引起的花叶；E. TZSV 引起的马铃薯茎坏死及环斑；F. TSWV 引起的顶枯及萎蔫

图 5-12　PVY 侵 '合作 88' 引起的花叶及其病毒粒体(张仲凯提供照片)

A. 病株症状；B. 病毒粒体

图 5-13　PVX 侵染中甸红引起的花叶及其病毒粒体(张仲凯提供照片)

A. 病株症状；B. 病毒粒体图片

图 5-14　马铃薯青枯病症状(杨艳丽摄)

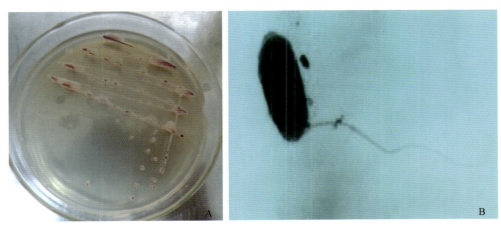

图 5-15　马铃薯青枯病菌培养性状(黄琼提供照片)
A. 青枯菌在 TTC 培养基的菌落特征；B. 青枯菌菌体形态

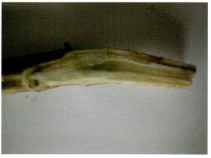

图 5-16　马铃薯环腐病症状(杨艳丽摄)

图 5-18　马铃薯黑胫病症状(杨艳丽摄)

图 5-19　马铃薯疮痂病症状(杨艳丽摄)

图 5-21　马铃薯植原体病害症状

图 5-23　马铃薯根结线虫病症状(胡先奇、杨艳丽摄)

图 5-24　马铃薯块茎蛾危害状(陈斌摄)

图 5-25　马铃薯块茎蛾生物学特性(陈斌摄)

A. 成虫；B. 卵；C. 幼虫；D. 蛹；E. 茧